上海有个引翔港

合肥人闯荡的天地

牛忠玉　林彦—— 著

中国华侨出版社
·北京·

图书在版编目（CIP）数据

上海有个引翔港：合肥人闯荡的天地 / 牛忠玉，林彦著 .—北京：中国华侨出版社，2024.6

ISBN 978-7-5113-9041-7

Ⅰ . ①上…　Ⅱ . ①牛…②林…　Ⅲ . ①上海—地方史—近代　Ⅳ . ① K295.13

中国国家版本馆 CIP 数据核字（2023）第 118924 号

上海有个引翔港：合肥人闯荡的天地

著　　者：牛忠玉　林　彦

责任编辑：张　玉

策划编辑：张　博

项目统筹：蔡子凤

封面设计：王玉美

装帧设计：云想文化

经　　销：全国新华书店

开　　本：787 mm×1092 mm　1/16 开　　印张：38.5　　字　数：530 千

印　　刷：佛山市合创展印刷有限公司

版　　次：2024 年 6 月第 1 版

印　　次：2024 年 6 月第 1 次印刷

书　　号：ISBN 978-7-5113-9041-7

定　　价：168.00 元

中国华侨出版社　北京市朝阳区西坝河东里 77 号楼底商 5 号　邮编：100028

发 行 部：（010）64443051　　　　　传　真：（010）64443051

网　　址：www.oveaschin.com　　　E-mail：oveaschin@sina.com

如果发现印装质量问题，影响阅读，请与印刷厂联系调换。

谨以此书献给

引翔港的合肥人，

献给首次工业移民的上海工人先驱们。

他们在上海百年之变革中，

自强不息，砥砺前行，

谱写了上海工业的辉煌。

上海有个引翔港
——合肥人闯荡的天地　编辑委员会

主　　编：牛忠玉

总 策 划：林　彦

总 顾 问：黄宝妹　牛忠俊　金祖人

编　　委：牛忠贤　牛中权　牛和恩　李克新　牛国兵　许家森　牛和厚　牛福权

　　　　　牛进生　牛　维　俞新宝　姚从林　史俊麟　黎邦品　卞业桢　牛忠福

　　　　　王新华　张智才　牛忠麟　万家胜　王文锦　万家宣　吴冬生　殷来法

　　　　　柳世俊　王平生　徐民和　包开安　牛忠云　牛忠海　牛忠育　牛和玉

　　　　　范　平　姜建华　潘林涛　何继骏　殷建华　杨本富　牛忠心　吴英平

　　　　　佘晶晶

执行编辑：蔡子凤

绘　　画：牛忠仁

序言

2022 年，是上海"一·二八"抗战 90 周年纪念。

开埠岁月，李鸿章亲自率领淮军穿越太平天国铁桶般严密的防区驰援上海，尽管上海士绅们翘首以待的淮军头包布帕、身穿短褂、足蹬草鞋、裤腿肥大，甚至被讥笑为"叫花子军"，但正是这支队伍率先配置了大炮洋枪，保卫上海。相隔 70 年后，1930 年，这里发生了一场更大的灾难，张治中将军主动请缨带兵二度血战淞沪，佩戴德式钢盔的中央军德械师，是上海抗战初期战斗力最强的中国部队。

上海曾经遗忘过合肥，但合肥人却并未因此忘记上海。

1923 年，引翔港三友实业社的纺织人用三角牌毛巾，把一墙之隔的生产铁锚牌毛巾的日本东华毛巾厂驱逐出中国，此举成为爱国抗日的象征。三友实业社赢得了商战的胜利，却在抵制日货中被日本人视为眼中钉，引发了日本浪人的挑衅。三友护厂队的合肥人凭借牛门洪拳功夫，将故意滋事的日本人打得一死二伤，此事在历史上被称为"三友实业社事件""日僧事件"。日军以此为借口纵火焚毁三友实业社厂房、机器。1月28日晚，日军突然向闸北中国驻军发起攻击，由蔡廷锴任军长的19路军随即奋起抵抗，"一·二八"淞沪抗战瞬间爆发，掀起了一场空前热烈的抗日救亡高潮。

引翔港，上海东北部有400多年历史的古镇，其所属的杨浦区是中国近代工业的发源地。早在李鸿章把上海作为洋务重镇的时候，合肥人紧跟着成为我国近代最早的城市移民。上海的黄金时期，它崛起占据了长江流域城市制高点，成为移民涌入的新家园。地处长江吴淞口与闵行区城中间位置的引翔港，对于那些迟到的冒险者，它的区位优势被凸显。租界东扩，公共租界东北部界限横穿引翔乡，引翔港注定要被开发。在这块华界、租界分治的接壤地，甲午战争后，近代工业企业在此拉开了序幕。沿着黄浦江岸，码头、工厂、道路率先在沪东出现，缫丝厂、纺纱厂、织布厂聚集在这里兴办，外资、华资、中外合资企业纷纷亮相。从第一家华资企业上海机器织布局在引翔港创立开始，这里就成为世界棉纺织业竞争的前沿，留下了著名的国棉十九厂、十七厂、十二厂、十厂、九厂等。

劳动者用勤劳的双手，日夜不停、源源不断地织出了大上海的繁华。

来自合肥长临河的土布技术，率先破解了日本毛巾技术壁垒，开创了中国毛巾产业的先河。靠着这份手艺，合肥人从巢湖北岸奔向大上海，进入引翔港三友实业社，三友厂的三角牌毛巾，第一次将日本毛巾产品驱逐出中国市场，开启了中国纺织业的民族品牌梦，毛巾由此成为上海家纺的领军产品。

引翔港是合肥人的聚集区，语言、风俗、生活习惯，有那么多的江淮元素。他们彼此之间通过故乡和亲人的纽带联结成为一个整体，抱团取暖，形成地缘性组织安徽驻沪劳工总会，后来壮大为上海劳工总会。凭借着武功和侠气，合肥人与江湖黑帮、资本家、日本人开战。三友毛巾、斧头帮、一·二八淞沪抗战导火线，合肥人形成救国决死队。一件件惊心动魄的事件后面，来自巢湖北岸的王亚樵，用侠义撑起了上海滩劳动者的一片天。

引翔港，上海纺织时代的民族骄傲，棉纺织业的辉煌地标，合肥人在上海滩艰苦奋斗的家园。透过岁月的雾霭，我们又看到淮军文化留给合肥人精神生活的深刻印痕，他们带着巢湖岸边移民的尚武侠气，又有着浓浓的乡土观念。

到 21 世纪，合肥人到上海最早的纺织世家已延续了七代人。

回看百年变迁的历史，原来引翔港人赖以生存的棉纺织厂、码头、河流，早已淹没在钢筋混凝土的建筑下面，如今，引翔港则成了一个居民小区——引翔港小区。那些工业时代的生存法则，如同今天的黄浦江两岸，已被信息网络时代彻底改写。思想、创新、智慧和生态空间被留在这个城市。

人的迁徙与流动，改变着上海，也改变着中国。

正如外来移民为大上海所做的贡献一样，他们虽然离开了故乡本土，却依旧与家乡、家族保持着千丝万缕的联系。

　　在历史的转型期，合肥与上海因长江互通互联，迎来长江三角洲都市圈同城发展的机遇，这是长江流域大家园的胸襟。

　　曾经，引翔港引领了我国近代的棉纺织业，拥有棉纺织业的半壁江山。

　　今天，有着失落的英雄情结的一代，不忘先辈们在上海的拼搏业绩，他们展示巢湖岸边气质的另一面：师夷长技以制夷。借鉴一切先进文明，取长补短，学习创新。

　　割不断的长江水，将他乡与故乡融合在一起。合肥人倾心经营与奉献，并最终把一生留在那里。

牛忠玉

2022 年元旦

第二篇 实业救国纺织路

第三章 棉纺织业的投资热土

第三篇 合肥人拳打上海滩

第六章 劳工运动先行者

第四篇 工业遗产华丽变身

引翔港在唐末宋初成陆，地处上海县东北，拥有水道之便、舟楫之利。明清时期随着新移民不断到来，渐渐有了村落，明万历年间形成引翔港镇。上海开埠后，这里成为中国近代工业企业设立的集群区域，长江流域皖籍、江浙籍的大批移民拥入引翔乡，公共租界东区填浜筑路的实施，使引翔港镇加快了城市化、工业化的发展脚步。

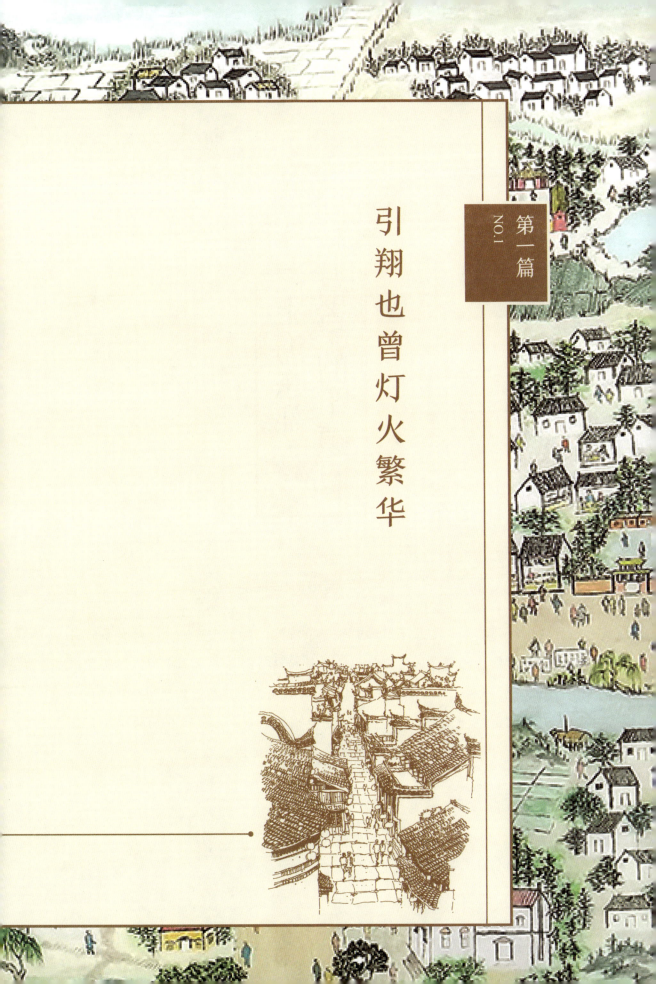

第一篇
NO.1

引翔也曾灯火繁华

第一章

上海东部最早的市镇

引翔港本是上海东北部的一条河流，今宁武路、长阳路交界的引翔港镇，因河得名。它位于长江吴淞口与上海十六铺中间，因其区位优势，成为上海滩租界东扩的瓜分地，继英法租界后被划为公共租界。后来是20世纪30年代"大上海计划"的市中心，近代的快速发展让人看到引翔港的前途。

一、港是河名，后成地名

"港"的上海用法

上海，城以港兴。"港"在上海话里一语两意，既指通航的江河，又指商业贸易（或军事）港口。

"港"是与江、河、湖泊相通的水道，适宜船只停靠、避风的码头。这样的河流码头，可能仅仅就是一条石板路，沿着河岸下来，或是用木桩搭建的栈桥，临水而栖。当船靠近河岸，朝岸边架上一块宽而平的木板，就可以上岸。码头相邻甚密，相隔不足数米，可以随意停靠。以入志的河流统计，在上海地区称"港"的河流占40%，称塘、河、泾的占48%。

引翔港原是一条河流的名称，也是码头，后成为镇名、地名，乃清末上海县浦西东北角唯一的市镇。

古代江、港同源。沪方言中，"江"与"港"的发声基本一致。"江"和"港"的互通用法，与上海这一带河道变迁、港口盛衰密切相关。

在利玛窦的札记中记载，他发现中国是一个"南船北马"的国家，这种印象与他在中国游历时所使用的交通工具有关。北方以京城为中心，其宫廷生活、军事生活等，大多以"马"为交通工具，因此北方人善于骑马；而南方则以港口为中心，通商活动、风土人情，大多以"船"为交通工具，长久以来，南方人善于驾船。古代交通运输以水路为主，因此，"江"与"港"便成为城市与河流关系意味深长的概括。

"江"字，在上海基本特指吴淞江。历史上的吴淞江是苏南浙北地区最大的河流，也是流经上海最大的河流，所以上海旧志或其他著作中单独使用一个"江"字，往往就是指吴淞江。

唐代时吴淞江的出海段，与现在的杭州湾非常相似。出海口形似喇叭，上游小口在青龙镇，下游大口在浦东中部。河口很宽，有20里，因其地域辽阔，波涛万顷，形似大海，故被称为"华亭海"。江水浩浩荡荡，直泻东海。被称为"江"的地位是老大级别的，是直接奔入东海的。"江"所不能直泻入海者，则亚为浦、洪、泾、浜，从大小形态看，泾、浜最小。

"浦"是江的大支流，最著名的就是黄浦。

明初，为了解决吴淞江长期淤积通航不畅的问题，户部尚书夏原吉听取当地士绅叶宗行的建议，另行开辟新出海道，即黄浦代替吴淞江泄洪出海，这一工程被称为"黄浦夺淞"。

明中叶，黄浦江的地位超过了吴淞江，吴淞江在改道后叫作苏州河。一条泄洪的黄浦升格为"江"。从此，黄浦江从吴淞江一个泄洪支流，发展成为奔向东海的一条大江，轮船、巨舰可直达上海城下。凭借黄浦江的优良航道，上海港日益兴起壮大。

晨曦里的吴淞江

黄浦江从吴淞江一个泄洪支流，变成了奔向东海的一条大江，轮船、巨舰可直达上海城下，凭借黄浦江的优良航道，上海港日益兴起壮大

　　自古以来，上海地区著名的"港"，如青龙镇港、浏河港，都分布于通向东海的大江。从"江"到"港"的转变，都是贸易兴衰时代变迁的印记。

　　唐朝青龙镇港，名称来源于青龙江。据记载，三国时孙权曾在这里建造青龙战舰，训练东吴水军，青龙江以此得名。这条吴淞江的支流相当宽阔，海外商船直抵青龙镇，是海船停泊的理想港口。贸易兴旺，集镇繁荣，青龙镇成为唐朝盛极一时的贸易港口，是当时上海地区第一个大镇。

　　五代十国时期，青龙镇港与日本、高丽、契丹、大食等地有商船往来，为苏州的通海门户和上海地区最早的河口海港。

　　北宋，青龙镇港设市舶司，管理中外商船来港贸易和税收。周边的杭、苏、湖、常等州每月有船前来贸易；福建的漳、泉以及明、越、温、台等州，一年至少来两三次；两广及至日本、新罗每年一次。当时青龙镇的税收几乎占华亭县税收的一半，有"江南第一贸易港"之称。

　　由于吴淞江不断淤塞，出海口与青龙镇的距离日远，海船难以溯江而达青龙镇，到北宋末年，这个曾经名扬天下的港口就衰落了。

　　青龙江水道一旦变化，就失去了通海的作用，青龙江因此被上海人称为"青龙港"，从"江"降到"港"。

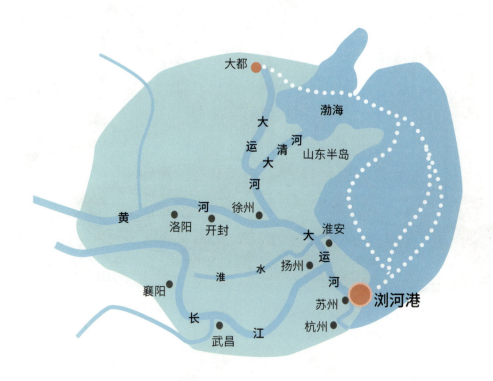

元代刘家港（浏河港）的海运路线

在元代，上海西北部的浏河港（刘家港），曾有一段作为河口海港的历史。浏河是古娄江的下游，为太湖东北地区分泄洪涝的骨干河道。它面朝长江，通过大运河与江南城市苏州相连接，在元代时通过此河来运输江南产的粮食到元大都。明代时，从浏河港出港的船只载满了棉花、棉布等，一路朝江苏北部进入山东半岛，这些船只在山东半岛的港口再装满大豆和用作肥料的豆渣然后返回浏河港。

浏河港还曾是郑和远征队的集结地，当年港口附近的海面上停泊着规模庞大的舰队。但是，进入永乐时期，随着大运河的改修完成，江南物资的运输完全依靠大运河来进行，面向海运的港口日渐失去了往日的繁荣。清朝颁布的海禁令和迁界令，严格禁止商民船只私自入海，并将福建、广东、浙江、江苏、山东、河北六省沿海及各岛屿的居民向陆地内迁三十里至五十里，居民官兵全部迁移到海界线以外，致使沿海一带一度形成一个个无人区。港口萧条，浏河港的名字也逐渐被人淡忘。

浏河港在长江口，长江的潮汐对它影响明显，主要是浏河泥沙淤塞，港口逐渐萎缩。如今浏河水断流，在接近入江口的百米处萎缩成一汪小溪流。

长江通往海上的港口位置不断向东移到了出海口，面向大海的江南乍浦，迅速发展成为清朝赴日商船的出港地，替代了浏河港的地位。

"港"与港口城市的命运紧密相连，以港兴市，以港扩城。

1842年，中英《南京条约》签订，开放上海等五处为通商口岸。特殊的出海口地位，使上海港逐渐将内河、长江、沿海和远洋的航运贸易联系在一起，地理上形成了一张以上海为中心的世界性贸易网。仅十年，上海就取代广州，成为全国最大的对外贸易口岸。

港口壮大了城市发展，带动了上海的贸易。上海作为枢纽大港和经济中心城市崛起，又对与它毗邻的城镇经济变迁产生重大影响。

引翔港是地处黄浦江出海口的河流，因港兴市，引翔港镇是明清以来历四百年之久古老而繁荣的集镇。上海开埠后，引翔港因地理位置更加接近上海港而占据优势，引翔港镇由此崛起，成为上海最大的沪东工业区、最大的棉纺织基地、最大的城市移民区，是"大上海计划"的市中心。

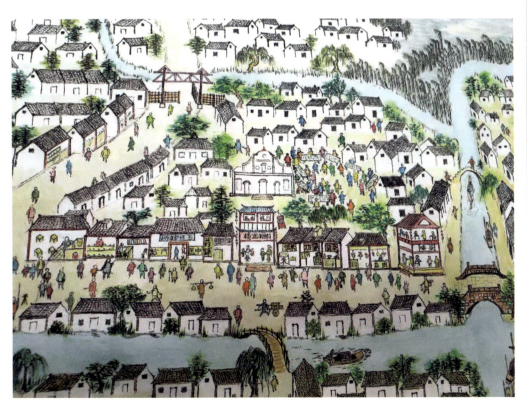

青龙镇一度有"江南第一贸易港"之称（牛忠仁　绘）

引翔港的先天优势

　　引翔港地处东海之滨，黄浦江的出海口，由泥沙淤积成陆，因海潮倒灌，形成一片江滩沙洲。唐末宋初，这里已有开拓的先民登陆，凭借着这片地势平坦、河道纵横的广袤滨海滩地，先民以稻、棉、盐、航运为生计。这里的居民以渔民、盐民、农民为主。

　　引翔港在历史上有三次机遇，"黄浦夺淞"、公共租界向东扩展、"大上海计划"新市区中心，成就了它的发展，引翔港在上海的区位优势被凸显。

　　"黄浦夺淞"之后，上海东北部地区不断扩为陆地，客观上扩大了如今上海的版图范围，引翔港成为上海东北部唯一的市镇。

　　北宋时，太湖的其他泄水通道都已被阻绝，只有吴淞江一个主要出海口。河道变窄淤塞的情况，到南宋时期更为严重。古人沿着吴淞江两岸，利用支流开凿、疏浚吴淞江的大支流，这些吴淞江的大支流一律称之为"浦"。上海历史上就有"十八浦"之地名称谓，上海浦、下海浦、南及浦、江苧浦、烂泥浦等。因此，引翔港之前又有迎祥浦、尹祥浦的谐音名字。

　　黄浦，代替吴淞江（苏州河），改由范家浜横贯引翔港南部再北折入吴淞口，不仅凭借宽而深的河道解决了太湖洪水的问题，原本淤积在吴淞江的那些泥沙，被黄浦江带到了吴淞口，并在此逐渐堆积，使上海东北部地区不断扩为陆地。

　　摇船而来的邻县乡民从长江口沿黄浦江进入引翔港时，黄浦江与吴淞江汇合出海的整个下游河段，自然是他们落脚安家的首选地。这里渐渐成为邻县乡移民垦殖的家园，黄浦江沿江及其支流两岸逐渐形成自然村落。

　　清《同治上海县志》里，自西向东排列着的6条水道：虹口、下海浦、杨木浦、引翔港、西虬江、蕴草浜，这6条水道都是直接通黄浦江。引翔

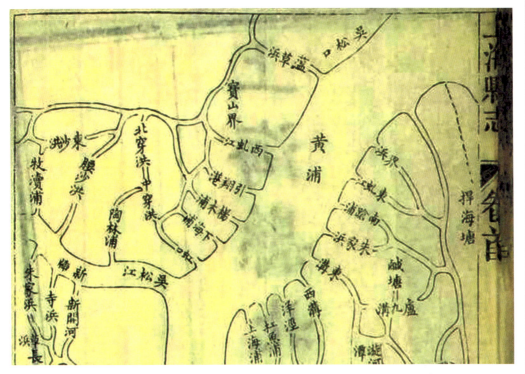

《同治上海县志》卷首水道图中标注的六条水道图，当中就有引翔港

港处在吴淞口与上海县城中间的位置。

　　引翔港位于上海县东北 20 里，距离吴淞口 16 里。西至杨木浦，北通西虬江，南出黄浦江，水路交通十分便捷，水道可通帆船，沙船可以从黄浦江直达引翔港镇。又近吴淞海口，是吴淞江口的警防要地。为上海东北部最重要的水道及四个泄洪口之一。

　　明末清初渐形成引翔港、殷行、沈家行码头集市，手工业和航运业相应发展。

　　引翔港东通黄浦江，有黄浦江的引翔港码头，位于今天的制皂厂码头处入口。引翔港河经铜梁路、宁武路河道，与周塘浜（今长阳路）交汇，北至唐家浜（今杨浦公园西部）。引翔港与周塘浜两条水道贯穿古镇，渔副产品、棉布等农产品经二条河运抵镇上，辐射周边。全镇河流纵横、水网密布，水路交通便捷，商品经济发达，商贸兴盛。

　　明万历年间引翔港一带形成村落，农作物以稻、棉为主。引翔因积沙成

①②引翔港老码头，现为制皂厂码头
③码头上的老物件——铸铁系船柱
④走马塘现貌

引翔港东通黄浦江，这里有黄浦江，引翔港码头，引翔港的河经铜梁路、宁武路（今河道，引翔港与周塘浜（今杨浦公园西部）、唐家浜（今杨浦公园西部）。在引翔港与交汇长阳路，两条水道的交西阳路，率先成市的周塘浜成为当时上海东北部唯一的市镇，引汇之处，成为当时上海东北部唯一的市镇。

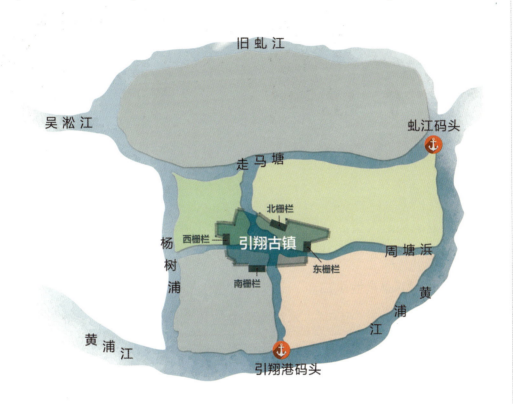

陆，棉花比水稻更适宜种植，成为主要农作物。这里生产的土布也是特产，俗称"东稀"，是棉布粗布类中的一种阔布，按布匹的规格，稀布比标布还要阔三四寸。"东稀"厚实保暖，不仅热销上海本埠，而且远销北方。当时引翔的村民织布技术已经十分精良，农闲季节，每日可以织出的土布相当可观。稀布的质量上乘，每到收布旺季，来自四面八方的小布贩坐地大量收买各村农户所织的棉布，再转手卖给各大布庄。棉布的收购贩卖，带动了引翔市镇的繁荣，引翔港因此成为当时上海东北部唯一的市镇。

虹口历史街区

　　引翔港码头是入黄浦江的重要的泄洪出口。清乾隆上海县志所刊河道图，东北部只载虹口港和迎祥口，即引翔港入黄浦江之口，而不载杨树浦，因为虹口港和引翔港原是泄洪口。

　　虹口港原来又叫"洪口"，本意为沙洪的入黄浦口。据载，洪口外通大海，内达吴淞，水急河阔，在上海县东北五里，道光年间逐渐成市，多聚客民，称虹口市。1845 年，美国基督教传教士文惠廉就在虹口"永租"了五十二亩土地，在这里建造教堂和传教士宿舍。1848 年，文惠廉又向上海道申请，希望在虹口建立美侨居住区，上海道同意将"吴淞江虹口沿江三里之地"辟为美国人居留地。后来，苏州河北岸的租界为"虹口美租界"，随着租界的扩展，虹口作为地名的区域也随之扩大。

　　清乾隆十八年（1753 年）修筑淞浦西北岸土塘，西起虹口港，沿今东大名路、杨树浦路、黎平路和军工路，至虬江止。土塘即堤岸，如河塘、海塘、护海塘等人工修建的堤岸。加高修筑堤岸的目的是使堤内的土地免于涝渍，有利于耕种。遇台风雨季高潮，则以阻抑狂澜，保人畜房舍安全。土塘外是芦苇丛生的滩地。

1753年，上海县修筑浦西北岸土塘土堤时，将引翔港入黄浦江的出口进行了填埋，引翔港码头也废弃了。引翔港的路基为今天宁武路的身。引翔港与黄浦江不再直接相通，便改道循周塘浜接杨树浦入黄浦江。四通八达：沿杨树浦引翔港市镇的水道又通，引翔港市镇接杨树浦浦北行接虹口去萧江可入黄浦王庙南行则进入浦北行，经周塘浜引翔引翔港市镇，出虹港北行可入走马塘出虹江口。

土塘的修筑，导致迎祥口泄洪口由此堵塞，引翔港码头消失了，船舶改由杨树浦入口经周塘浜到引翔港镇。乡人借周塘浜舟楫之利，聚族而居，引翔港镇人口日增。后来，土塘在1869年筑杨树浦路至杨树浦港。1872年，继续建至黎平路底，至1918年筑军工路后土塘全部消失。

引翔港北通西虬江，可以直接出吴淞口，是直接入海口的河流。

引翔港境内多河道，曾有一百多条河流。明清时期，引翔河港纵横，好比陆地上阡陌交错。水路比陆路更为发达，可直通长江。而陆路当时大多为泥土路，遇上雨季便泥泞不堪，况且舟船装货比陆路的推车马车装得更多。

当时引翔港码头是一个重要的水旱码头，商贸交通十分繁华，舟船是人们货运出行的主要交通工具。引翔港码头意味着船只的频繁进出，船舶停泊期间，经常有必要的船舶维修保养，木工、铁器等手工业随之兴起。距离码头不远处，相隔500米就有引翔港船坞、和丰厂船坞，这也是上海最古老的船坞，后来被耶松船厂拥有。

1753年，上海县修筑浦西北岸土塘土堤，将引翔港入黄浦江的出口进行了填埋，引翔港码头至此废弃。今天宁武路的路基为引翔港河身。引翔港

引翔港地势低平，河道纵横，此为引翔港现今河道

与黄浦江不再直接相通，改道循周塘浜接杨树浦入黄浦江，这条水路是引翔港市镇去往上海县城的必经之路。这一新航道的开通，使得引翔港市镇的水道又四通八达：沿杨树浦港北行，接虬江去萧王庙，南行则进入黄浦江；经周塘浜可入引翔港市镇，引翔港北行可入走马塘出虬江口。

引翔港地势低平，河道纵横，水网发达，与宋代以来吴淞江的治水泄洪有关。充沛的水系如同血管一样构成了"横向走马塘，纵向杨树浦"的横塘纵浦、河湖港汊的优美自然风光。

杨树浦港，西北起走马塘，东南注入黄浦江。原名杨树浦，亦名杨浦港、杨名浦、杨木浦、兰路港、兰州河。19世纪末叶后，人口增多，工商繁荣，杨树浦逐渐成为区片名称，为使区片名和河流名有所区别，后将河流杨树浦改称"杨树浦港"。因为是主干河道，有航运和泄洪之利。长阳路以南可通行15吨级以下小船，主要还是排水防汛作用。

走马塘，西起嘉定县，东流入虬江。走马塘原称钱溪，亦名钱家浜。据说南宋抗金名将韩世忠屯兵于大场、江湾一带，驻军走马于塘岸，遂称为走马塘。

老照片的原址就是现在的虬江（走马塘）河面

走马塘在引翔港区域的一段，亦名虬江。原系吴淞江故道，江面开阔，后中间淤成圆沙，四周环以河道，统称虬江。清《同治上海县志》将北段称界浜、界泓浜，是宝山、上海两县的分界线。南段称走马塘，这是沿用江湾以西走马塘之名延伸而来。

虬江与走马塘相抱成圆形。走马塘经虬江入黄浦江，后来"大上海计划"在此修建虬江码头。虬江通潮汐。潮水每日涨落，周而复始，不仅清洁了河道，又带进来鱼虾、毛蟹，是这一带生态水乡地区生活的特点。

引翔港区域有 100 多条河流，如今只剩下杨树浦港和虬江（走马塘）。

现已湮没的河流，有黄浦江之流引翔港、夏家浜、水漏浜、定海港、小洋浜，还有些河流不大，多以浜为名。在以农业为主的时候，主要用于灌溉、航运，故纵横交错，遇淤则疏，为地方官的一大政事，见于地方志者甚多。1863 年，杨树浦以西沦为公共租界，兴建厂房、住房，河道逐渐被填没。直至 1937 年抗战前夕，这里仍属农村风貌，少数河流尚存，其中大部分是在中华人民共和国成立后被填没，最后一次是在 1958 年间，从此以后少有变动。

而自然村借用河浜的地名比比皆是，如小宅浜、小洋浜、长浜、石家浜、包氏家浜、邢家浜、朱龙浜、朱家浜、江新浜、杨家浜、芦家浜、护塘浜、邱家浜、张家浜、陆家浜、陈四房浜、茅家浜、周家浜、周塘浜、南尤家浜、南泓浜、穿心浜、祝家浜、屏风浜、姚长浜、钱家浜、徐家桥浜、曹家浜、蒋家浜、新江桥浜、新沟浜、蔡家浜、横浜、瞿家浜等。

奚家浜，原为引翔港的东西向支流。宋末，有奚姓者从安徽经商来此定居。奚有三子，按兄南弟北各建一座院宅，长子居住位于南面，故称南奚家角，弟居住为北奚家角。清初有渔民在岸边定居，后来逐渐发展成村落。清康熙年间，有安徽人在村西建屋定居，为奚家宅。四周均是农田坟山。

引翔港河面宽约 8 米，水道可通帆船。三桅船可以从黄浦江驶经杨树浦港，直达引翔港镇，既可直接由引翔港接奚家浜出吴淞口，又可以经走马塘与腹地相连。引翔港是当地商贸的主要河道。在以河流作为交通运输通道的时代，引翔港成为这片地域的名称。

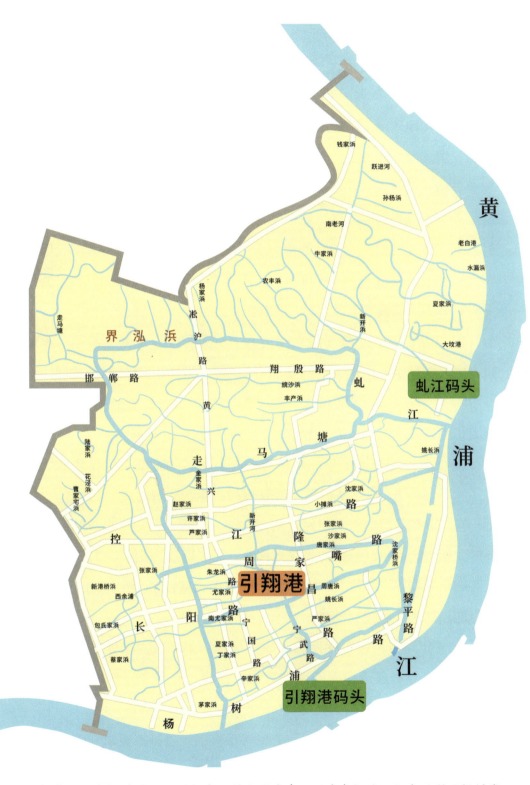

黄

浦

江

钱家浜

跃进河

孙杨浜

南老河

老白港

水漏浜

牛家浜

夏家浜

农丰浜

杨家浜

淞沪路

新开浜

大坟港

界泓浜

走马塘

邯郸路

翔殷路

姚沙浜

丰产浜

虬江码头

虬

江

塘

路

姚长浜

黄

陆家浜

金家浜

花泾浜

赵家浜

沈家浜

小摊浜

路

曹家宅浜

许家浜

张家浜

走

兴

江

新开河

芦家浜

控

沙家浜

隆

唐家嘴

沈家桥浜

张家浜

朱龙浜

周

黎平路

引翔港

家

昌

尤家浜

周唐浜

新港桥浜

西余浦

长

阳

南尤家浜

宁

姚长浜

路

严家浜

路

包氏家浜

国

宁

夏家浜

路

武

蔡家浜

丁家浜

路

浦

路

辛家浜

引翔港码头

茅家浜

树

杨

杨浦区历史河道图。20世纪末，引翔区域有一百多条河流，如今只剩下杨树浦港和虬江（走马塘）

　　租界东扩，加速了引翔港的变化，我国近代工业企业生产由此拉开了序幕，工业化的进程率先在引翔港启动。

　　上海开埠后，外国人大量拥入，租界用地紧张，他们迫使清政府扩大租界。

　　1848年，美国圣公会传教士文惠廉（1811～1864年）在苏州河北岸虹口地区购地建屋，建立教堂。上海道同意把"吴淞江（苏州河）北岸虹口沿江三里之地"辟为虹口美国租界，当时并无正式协定，也未确定四周界址。随着美租界的东扩，高昌乡23保（后称引翔乡）的浦西沿江地带杨树浦西侧逐步纳入租界辖区。这个地区是苏州河以北沿黄浦江的一块广阔的区域。虽然被称作美租界，但实际美籍的居民并不多。后来，它的大部分区域被日本人占据了，虹口地区俗称日租界，那里集中了日本风格的各种设施和很多面向日本人开的商店。

　　1863年，美驻沪领事与上海道就美租界界址议定划界章程：界址西起护界河（泥城浜）对岸（今西藏北路南端），向东沿苏州河及黄浦江到杨树浦（港）向北为止。为了防备太平天国军队的多次进攻，加强租界整体的防卫，美英租界合并成立"公共租界"，公共租界向北、向东扩张。

　　1873年，美驻沪领事熙华德与上海道正式确定虹口租界北界计划，先拟了一份建议书：提议从租界西面苏州河北岸的原定起点（今西藏北路南端）划一直线到靶子场（今武进路、河南北路）附近，再划一直线到原定租界东界的北端。这条尚存争议的界线被称为"熙华德线"，但与原来的差距很大，上海道台未同意。直到1893年7月，双方正式签订了《新定虹口租界章程》，租界的东界延伸到杨树浦港。

　　1899年7月，经公使团和清政府批准，上海公共租界东界越过杨树浦桥东扩，自今周家嘴路至西画一直线，横穿引翔港镇，到顾家口（今平凉路底）。

　　这次公共租界扩大以后，为防现有租界以外各国都要求开辟租界，经中英双方协定，改公共租界为国际公共租界，意为无论何国籍人均可享有居住于租界的权利。

长 江

黄

引翔港乡

引翔港镇

江湾车站

天通庵站

真如车站

上海北车站

公 共 租 界

浦

上海市

法租界

上海南车站

徐家汇车站

江

1863 年，美英租界合并成立"公共租界"，向北、向东扩张。1899 年，公共租界扩充，横穿引翔港镇到顾家口

这个区域没有形成租界中心部繁华的商业、消费空间，而是由黄浦江沿岸的码头、仓库、工厂、住宅支撑着工业开发区的欣欣向荣，形成近代工业与传统乡村城市景观多样性的空间。

1872年杨树浦路开通后，东区道路网开始铺设。杨树浦从河名、区片名变为路名，为了区别，原来的杨树浦改为"杨树浦港"。

在路网取代了河网的时代，杨树浦路名也成为后来的杨浦区名称。

杨树浦路沿江地带成为吸引中外投资办厂的一块热土。近代工业在这里兴建发展。公共租界的公用事业先后在杨树浦路规划：煤气厂始于1865年，自来水厂1883年投产，发电厂1882年供电。公共租界的三大公共支柱事业落户杨树浦，赋予近代上海工业强大的生产动力，带动了沪东工业区的崛起，其中，棉纺织业引领中国纺织业近百年，占据当时上海纺织业的半壁江山。

1927年上海特别市建立，为抗衡租界发展，开辟一个新市区的"大上海计划"，开启了上海近代以来100余年的经济发展建设，引翔港迎来了全面发展的机遇。

1927年以后，在上海市政府"大上海计划"的强力推动下，短短的几十年，引翔港由一个传统的江南市镇一跃成为上海大都市的市中心区。这一奇迹般的发展过程，完全是被"大上海计划"制造出来的。

1924年，在引翔区，由嘉定富商范惠春集资100万元，买地865亩，建造了远东公共运动场，事实上也是作为跑马赌博之用，又称引翔跑马场。1926年1月31日，远东公共运动场正式开幕，带动了引翔区沈家行的发展。

1927年，上海特别市政府成立以后，开始准备在这一带建设新城。1929年7月，上海特别市政府提出了宏伟的"大上海计划"：将江湾、殷行、引翔三区交界的区域约6000亩地划为大上海市中心区域，期望将其建设成为上海新的城市中心，以同租界抗衡。到1937年日本全面入侵以前，市中心区域的建设已初见规模。在引翔港镇北部江湾五角场，以行政中心严整的空间轴线为主导的空间形态已经基本形成，一系列气势恢宏的建筑也逐渐完工。

市中心区正式作为行政区划的名称是在日军占领上海时期。

1938 年 12 月，当时的日伪政权，合并江湾、殷行、引翔三区及吴淞区蕰藻浜以南地区，设置了市中心区，是日本侵略者都市计划实施的重点区域。五角场区域，聚集大批的军营、住宅、办公楼、教育建筑等，是上海的军事和政治中心。1941 年太平洋战争爆发后，日本接管了租界，彻底改变了城市的发展方向，市中心区的城市重要性开始显著下降，这也预示着引翔区将在以后的几十年里被边缘化。

抗战胜利后，行政区划再一次发生了变化。市中心区被划分为两个区域：大致以五角场环岛为界，西南部分为引翔区，改称新市街区，1947 年改称为新市区；东北为江湾区。1952 年新市、江湾两区合并为江湾区，1956 年隶属北郊区，该地区从 1956 ～ 1984 年先后划入杨浦区。

2001 年国务院批准的《上海市城市总体规划》将江湾五角场作为上海城市的四个副中心之一，带动了这一区域的飞速发展和重新崛起。拥有 400 年历史的引翔古镇在轰轰烈烈的新一轮商业开发浪潮中被改造、拆除、重建，一座座高层的密集型住宅楼拔地而起。

引翔港滨江区工业遗产带街景

高昌乡改名引翔

上海地区古代没有大山，只能以河为界。

吴淞江是上海地区行政区划的界河，自唐代开始，以吴淞江为界分为淞南、淞北两大区域。吴淞江以南属于华亭县，是最早的上海县。

在宋代华亭县辖有集贤、华亭、修竹、胥浦、风泾、新江、北亭、海隅、高昌、长人、白沙、仙山、云间13个乡，1000多年来，乡名及乡界始终不变。

1292年，元朝划华亭县东北境长人、高昌、北亭、新江、海隅5乡26保地，置上海县。

有高昌、长人二乡，共12个保，每个保下有十几到三十几个图。

高昌乡下设有22～30保的9个保，一直保持到清末。"保"之本意为保卫、守卫，古代寓意防止盗贼，取"保"字作为乡以下编户单位，保下面"图"的区域对应于今天的街道。

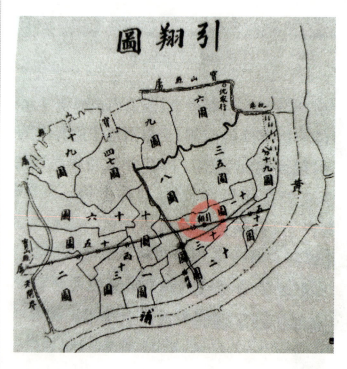

引翔乡的地域：西部至虹口港，西北部以虬江为界河

引翔港镇属于高昌乡 22 保，浦东的曹路镇同属高昌乡 22 保。高昌乡和长人乡的范围是跨越黄浦江两边的，这两个乡覆盖了今天高桥镇以南、老护塘以西的整个浦东新区和上海老城厢。长人乡是今天浦东南汇一带，而高昌乡涵盖了今天的老城厢、浦东浦西以及法华镇，高昌乡就是上海县中心区域。"乡保制"一直沿用到民国时期。

清末，推行立宪自治，乡（镇、市）成为县以下的基本行政区划，具有独立的行政机构和明确的治理范围。1910 年，上海县《城乡自治章程》颁行，上海县高昌乡第 23 保改为引翔乡。

虬江在引翔港北部，曾是上海、宝山两县的分界线。民国元年（1912 年），以虬江为界，虬江以北属宝山县殷行乡，虬江以南、租界以北属上海县引翔乡。

太平天国时期，出现有行政区划性质的团练局与学区。清光绪三十二年（1906 年），改团练局辖区为学区，北乡联区辖老闸、引翔港、新闸 3 个学区。

老闸。清康熙十四年 (1675 年)，为调节苏州河水位曾在今福建路桥附近建有一座水闸，后人习称"老闸"。老闸地区处于水陆交通要冲，水路通太湖流域，陆路是上海县城至嘉定、太仓等地的重要通道，因此客商往来频繁，发展较早。明代已有竹、木、漆等交易活动。嘉庆年间已形成老闸市集，并有通至上海县城北门的道路，后老闸坍毁。

新闸。清雍正十三年 (1735 年)，老闸遗址西侧，在吴淞江上建新闸及桥，即今新闸路桥附近，人称"新闸"。该地区是太湖流域竹木器材、农副产品集散地。于是也形成上海县北部的一个市集，至清末，全街商业、手工业盛极一时，亦称为"老闸镇"。

清咸丰元年（1851 年），引翔镇里人周锡璜慷慨解囊，修筑了一条便民石道，从引翔镇开始，往西通到虹口，石道连接了老闸镇与引翔港集市之间的陆路交通，石道也成为引翔港通行上海县城的要道之一，上海县城与老闸镇、引翔港镇因此联系在一起。

清宣统元年（1909 年），清廷颁布《府厅州县地方自治新制》和《城镇乡自治章程》，规定县治所在地为城，人口 5 万以上者称镇，不足 5 万者为乡。今上海市境县级以下的区划形式由此统一。

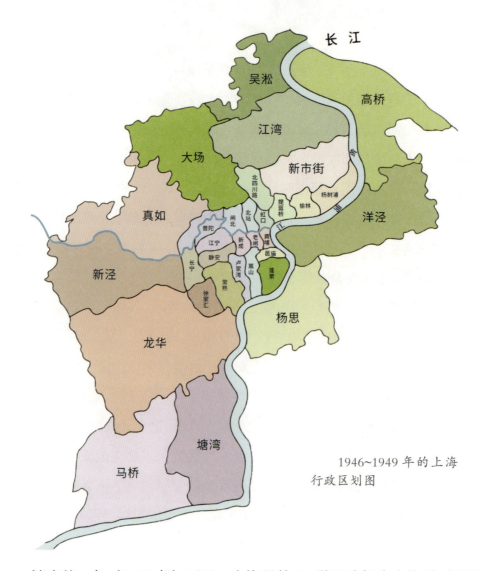

长 江

吴淞

高桥

江湾

大场

新市街

北四川路

搓蓝桥 榆林 杨树浦

真如

北站 虹口

闸北

普陀 江宁

静安 新成 老闸

洋泾

长宁

卢家湾 崇山

黄浦 邑庙

新泾

常熟

徐家汇

蓬莱

杨思

龙华

塘湾

马桥

1946~1949 年的上海
行政区划图

清宣统二年（1910 年）正月，上海县的 24 学区改划为上海城（原城厢、新闸、老闸、江境庙）、蒲淞镇（原新泾、江桥、诸翟、虹桥）、东泾镇（原东乡联区所辖塘桥、洋泾、陆行、高行）以及引翔港、法华、漕河泾、曹行、塘湾、闵行、马桥、颛桥、北桥、陈行、三林塘、杨思桥 12 乡。引翔港改称引翔港乡。

1927 年，上海特别市政府成立，公共租界以北分属引翔、殷行和江湾区。引翔乡改称引翔区，划归上海市。在近代上海市区的地图上，公共租界的东北界线，1927 年后它是上海特别市引翔区与租界的分界线。

1937 年上海沦陷后，到 1942 年，日本、汪伪政府占有租界，引翔区属市中心区。日军在翔殷路、国和路一带建有新市街居民点及新市街警察局。1945 年抗战胜利后，为新市街保甲区。1947 年，改称为新市区，将旧的租界设置为上海第十九、第二十两区，即榆林、杨树浦区。这条租界的分界线又成为新市区与榆林、杨树浦区的分界线。

1952年，新市、江湾两区合并为江湾区。

1952年起，在上海市属区下设办事处，1960年改为街道办事处，为区政府的派出机构，简称"街道"，街道办事处下设若干居民委员会，为居民自治组织。

1956年，江湾、大场两区的农村部分和吴淞区合并，建立北郊区。

1958年，撤销北郊区，引翔分属榆林、杨浦区和宝山县。随着引翔区的边缘化和郊区化，市中心区包括新市区的名字也逐渐消失在历史中。

引翔区从1956～1984年先后划入杨浦区。从此，引翔从上海行政区域中撤销。

1986年前后，引翔港古镇在上海城市改造大潮中消失了，留下引翔港居民小区。1981年拆迁了双阳支路以南的棚户简屋，新建了十四排多层工房。1985年起，整个引翔港镇由中国房屋开发公司改建。基地占地6.4公顷，拆迁1391户，改建面积18.95万平方米。到1993年年底，已建成14.75万平方米。

1981年拆迁了双阳支路以南的棚户简屋，新建了十四排多层工房

1986 年前后，引翔港古镇在上海城市改造大潮中消失了，留下引翔港居民小区

引翔港在明清时代水网密布，这对商业、市镇发展非常便利，是先天的优势。近代开埠以后依港扩市，充分利用了地理优势和黄浦江沿江工业基础，在租界和华界之间、市区与郊区之间、工厂区与农业区的马路和田埂之间发展，在"大上海计划"中，一跃成为大上海的新市中心区。

随着引翔港的开发，聚集了来自安徽合肥巢湖北岸的移民，他们看中了引翔港的发展势头。因为有不断新增的纺织厂，他们在这里安顿下来后，开始了家庭式的手工织布、织毛巾，不分穷富，家家都是织户。有土织机，有新铁轮织机的称大机房，凭借着从合肥长临河镇带来的毛巾工艺和技术，除了养家糊口外，还用技能传帮带，同乡结识关照，很多学会技术的人最终也进了工厂，有了一份体面的工作。三友实业社引翔总厂生产三角牌毛巾，工厂的技术工人大多来自合肥的长临河。

合肥话是引翔镇的通行方言，这里通常不讲上海话。引翔镇是合肥人在上海打拼的聚集地，引翔港就是上海合肥人的代名词。

千古太平寺复建

引翔港镇中心的周塘浜接杨树浦港入黄浦江，这条水路是引翔港市镇去往上海县城的必经之路。杨树浦港旁的太平寺，庙会盛行，引翔港的"东稀"布凭借庙会之力行销各地，声名远播。

太平寺，引翔港人又叫老庙，建造于北宋太平兴国年间（976～983年），距今已有1000多年。北宋初年，这一带已有先民垦殖、定居，太平寺是引翔港远古变迁的证物，是引翔港地区最早的佛寺，与建于南宋建炎二年（1128年）的浦东庆宁寺相望。

据历史记载，北宋太平兴国年间，有僧人操舟云游，夜泊范家浜，听到芦苇丛中有钟鼓声，疑附近有佛寺，便前往察访，结果未见寺宇，却掘地得一尊铁佛，于是建寺。

太平寺图。每逢佛教节日或香期，善男信女烧香者络绎不绝。暮春三月，乡民迎神赛会，各种民间杂耍集于寺侧，城乡民众纷至沓来，绵延数里，十分热闹（牛忠仁 绘）

寺庙初建时，地域广阔。全盛时期，山门宽敞，旗斗高耸，殿宇巍峨，黄墙环抱。殿共三进，依次为天王殿、大雄宝殿、观音殿，另有阎王殿。殿后为僧寮，僧人住所。寺旁有僧田和僧众墓地，墓地有舍利塔1座。寺内多植银杏，浓荫覆盖。尤其是大雄宝殿后面的三株银杏，树龄都在200年以上。最大一株银杏需三人合抱。寺后沿河浜种有20余株百年银杏。寺僧最多时有100余人，是一座历史悠久的古刹。

明清以来，太平寺是上海东北部香火很旺的寺庙，农历初一和十五，引翔港古镇周边乡民到太平寺进香的人很多。路远的人晚上回不去，就坐在庙里，通宵念经。正月十五，庙里挂灯，在大殿前面空场上有一根旗杆，上面挂了串灯笼，老远就可以看到庙里的红灯笼。乡民都跑到太平寺来看灯，手里还提一盏灯，庙前庙后，到处都是灯。烧香的、看灯的，把太平寺里外挤得满满的。

每逢佛教节日或香期，善男信女烧香者络绎不绝。暮春三月，乡民迎神赛会，各种民间杂耍集于寺侧，城乡民众纷至沓来，绵延数里，十分热闹。

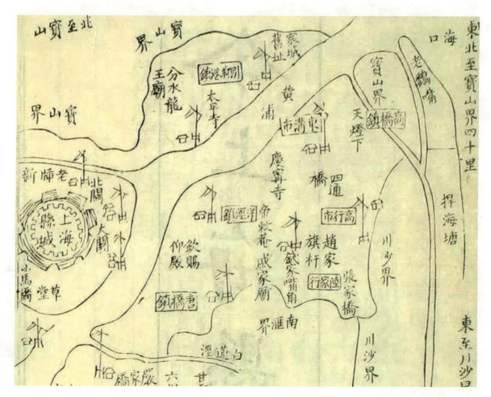

清同治《上海县志》卷首地图中标注的"引翔港镇""太平寺"

后公共租界当局出面以赛会妨碍交通安全为由禁办庙会，寺庙就衰败了。寺僧则以典租庙屋、出售土地为生。

20世纪60年代后，太平寺仅留大殿空架一座为杂物所居，破旧的寺院四壁斑驳陆离。但殿宇巍峨，飞角重檐，昔日北宋太平寺雄姿依稀可寻。

改革开放后，承载千年佛教文化的古刹太平寺迎来了重建。2009年5月29日，举行太平报恩寺重建奠基。慧明大和尚主持了奠基典礼。

宋时古刹得以重建，设计规划在考证历史的基础上，修建了大雄殿、药师殿、观音殿、五百罗汉堂、钟鼓楼、阎王殿。外形与汉地佛塔相结合，是金刚宝座式佛塔建筑，具有现代建筑风格，又是庄严巍峨独具特色的佛教道场。

太平报恩寺建成后，矗立在杨树浦港岸，成为沪东的新地标。

新建的太平报恩寺

二、商业繁荣的人气集镇

·

十字街口栅栏墙

·

据清代旧志记载，引翔港在上海县东北，清康熙年间名迎祥浦、尹祥浦，又名尹翔港。同治年间始名引翔港，皆谐音的演变。

引翔港古镇中心有十字街，向四周辐射逐渐形成东、西、南、北四条街。西街最长约400米，北街次之，东街又次之，南街最短约200米。街道宽1丈，弹石路面。四街的市梢位置分别在今双阳路口、宁武路东、河间路北、双阳路南。西街之北有一条后巷，名为小北街，纯为居民住宅区。

各条街口砌有3米高的栅墙，装有栅门，早启夜闭，以策安全。镇上的栅墙安全设计，起源于明嘉靖以后，浙江沿海地区饱受倭寇侵扰之苦，为防范倭寇而修建，在上海乡镇建设历史上实为罕见，是古镇的一大特色。

明嘉靖年间（1553～1556年），上海地区遭受倭患。曾经是入海口标志的宝山堆所在地嘉定县青浦镇，在宝山堆的指引下，最先被倭船登陆抢劫，倭寇大掠后焚烧，致使这座因盐业兴起的青浦古镇一蹶不振。

据记载：明嘉靖三十二年（1553年），有倭寇船只8艘驶入引翔港，抢劫了镇上布商的布匹和里人周富豪家族的大量财物。周边南汇、青村城都被倭寇攻破，庐舍焚毁殆尽。

为了防止倭寇船溯吴淞江直上，沿江各处多钉栅筑堤。上海县城赶工，在两个月内修筑了椭圆形、高8米的城墙，全长4.5公里，开有6个城门，城外开凿有宽约20米的护城河，城墙直到1912年才被拆除。倭寇入侵上海的三年间，上海附近的青龙、蟠龙、乌泥泾、下砂、新场等市镇均遭焚毁，尽成瓦砾，元气大伤，民众流离失所，上海县城也受害惨烈。

引翔镇人民几遭劫掠，决意修筑栅栏御倭，全镇人民自动出钱、出地、出力，在四个街口筑栅栏墙，抵御倭寇、海盗的骚扰洗劫。栅栏墙守护引翔港古镇长达 360 多年。

无独有偶，魏源《海国图志·筹海篇》记载外夷之兵法相同策略："缅甸用兵，遇强敌，则专用大木树栅，为不可拔，有时守御坚固，虽英吉利军亦为所拒。而据栅为固，终不可败。"

以守为战之法，暹罗军栅亦然，引翔栅栏墙同样是上策。

魏源的《海国图志》记载："弃宝山专守上海，沉舟筏，阻江湾，而后诱其入江，潜以桩筏塞东沟下游，而火舟水勇攻歼之者上策……"

倭患平息后，至明朝隆庆、万历年间，引翔镇逐渐复兴。外地人以徽商为多，携巨款来镇上购土布。清朝最初在浏河港开辟海运业的是新安商人，他们把从苏州过来的河船的货倒装到远洋的船上。后来，浏河港因泥沙淤积衰败后，他们从长江进入吴淞口，引翔港有舟楫运输的便利，收布的徽商便瞄准了引翔。当时引翔农村以产棉为主，男耕女织，几乎家家纺纱织布，因而纺织土布成为引翔农村的家庭副业，这里逐渐成为棉布加工的集散地，镇周围四乡所产的"东稀"布，厚实保暖，畅销远近。

清康乾以后，社会安定，人口日增，市场繁荣。晚清镇上有居民约 500 家，以周、沈、万、赵、王五姓为主。后来，奚家浜一带有安徽移民迁入。

老街、绿树、田园、流水、小桥、人家，是江南村镇的典型风貌，引翔港也不例外。

四条古街各有其经营特色：东街以香烛、文具等店铺为多；南街以中药、染坊、典当业为主；西街经营粮食、糟坊、南北杂货居多；北街以五金、服装等为多。店铺依河傍水，多数是砖木结构的矮平房，两两相对，鳞次栉比。铺面宽一至二开间的居多，三开间以上的很少，进深二三埭不等。

镇中心有一块空地为市场，鱼、肉、禽、蛋等俱全。当时全镇有五爿茶馆、五家饮食店，其中侯天元香店、晋源米店、周永成京货店、裕大酱园、天一堂中药店等，都是镇上有名的店铺。

每天早晨，四乡农民即挑运各种农副产品，上街赶集。集镇上人们熙来攘往，人声鼎沸；河港中舳舻相接，店铺里人头攒动，非常热闹。

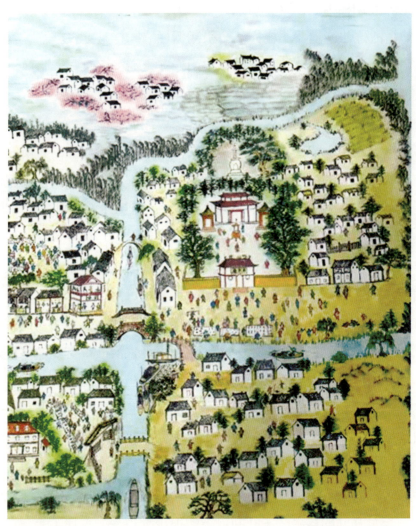

老街、绿树、田园、流水、小桥、人家，是引翔古镇的典型风貌（牛忠仁　绘）

每天下午至晚上，有艺人在茶馆说书，演唱滩簧。南栅口和西栅口外空地上常有江湖艺人演杂耍、耍猴子、演戏等，丰富了古镇人民的文化娱乐生活。

镇中心有家"桥门头"茶馆，四面临窗，凭栏俯视，河中船只穿梭于店堂之下；早中晚三市，喝茶、歇脚、谈生意听书的，络绎不绝。街上行人，奔忙于店铺之间。

镇上的主要建筑是寺观、善堂。东栅口外有明万历年间建造的五开间三埭的白衣庵，俗称东观音堂。庵内供奉着观音大士、城隍老爷等佛像。每逢农历初一、十五，庵内香火鼎盛。观音的三个生日——三月十九降世、六月十九得道、九月十九坐莲台，以及佛诞四月初八，抬佛化装游行，万人空巷。每隔三年举行一次庙会，善男信女，四方云集，挂灯结彩，敲锣打鼓，盛况空前。

庵前有横跨周塘浜的香花桥（已废），庵西有刘公祠，清末民初，这里曾为乡议员办公地，后为警察局四区五分所所在地。

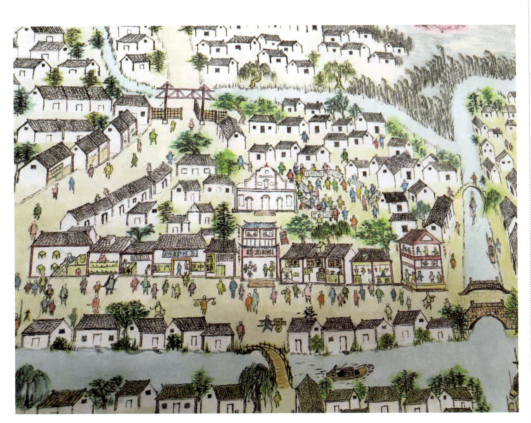

晚清镇上有居民约500家。市集热闹，街上行人来来往往（牛忠仁　绘）

镇西部（今辽阳新村街道）远近闻名的萧王庙，建于明代万历年间，上海开埠前，这里还是荒郊僻乡。"荒郊闲散步，西北见青山。田妇携儿归，村童带犊还。秋江衰柳碧，萧寺夕阳殷，绕遍南塘路，人因笑我顽"。在乡绅王焕崧的眼里，萧王庙周围是一片乡景，阡陌交叉，村落遥望。

清末引翔西郊远景

每年清明、农历七月十五以及十月萧王庙都出庙会，热闹非凡，是这一片村庄的文化中心。正月初三至十八日，庙前旗斗上悬宝塔形吊灯，夜晚上灯，庙内挂灯结彩，旗杆上串灯，附近村庄可见。正月十三至十六日，各村庄轮流设祭，是一年香火最盛期。

萧王庙在清代曾多次修建，清末由张姓道长世袭。庙有二进，头进山门是三大间，山门与二进正殿之间为广场，中有大香炉。正殿供奉萧王，东群王，西偏殿为东岳行宫、城隍庙。庙外为农田。

萧王庙地处市郊接合部，曾是中共地下党的活动据点。庙内的广场，提供了集会和游行准备的场所。

1925年"五卅"惨案，沪东地区工人常在萧王庙集会，方志敏、瞿秋白、恽代英、刘华等共产党早期领导人常在此演说。1927年4月27日，祥泰木行地下党组织为抗议蒋介石"四一二"叛变大屠杀，曾组织七百余名工人群众在萧王庙广场上举行集会和游行。

1948 年年初，住持张湘荣协助中共地下党员在庙内创办萧王义务小学，作为开展地下党活动的基地。他以道士身份，掩护地下党员在该庙活动。党组织以学校为依托，开展附近地区的工农群众工作。利用学校地处比较偏僻的市郊接合处这一优势，让一些在革命斗争中暴露身份的党员来校避难，后再安全将其转移。中华人民共和国成立后，萧王义务小学改名控江小学。庙观继续开放。在市政建设中，萧王义务小学旧址现为控江路 1674 弄 11 号，位于紫荆广场附近。

萧王义务小学开学典礼历史照片

厚仁堂引翔医院

镇中十字街口西侧有座厚仁堂，建于清道光二十七年（1847年），是里人周、沈、杨、王等姓大户捐资创办的地方慈善事业机构。由里人王森澍、周锡琮议定筹建，占地11亩多，堂内可寄放棺柩，并出田5亩为义冢。这座善堂的厅堂悬挂着由上海知县兰蔚雯题款的"惠普桑梓"匾额。

厚仁堂在杨树浦一带有堂田四百余亩，每年收入租金供地方慈善事业之用，除用作栅栏墙贫困子弟免费入学和引翔医院免费施诊给药费用外，每逢年岁，饥则施粥，寒冬给衣，年年如是，从不间断。在镇上周、王、沈、杨等大姓的赞助下，厚仁堂后来又添设义塾，以及消防水龙、水桶，办理抚恤寡妇、代葬施棺、寄放棺柩等公益设施。清末乡人周志容又以七十余亩田归厚仁堂，收取租金充实堂费。

1937年"八一三"战火将原厚仁堂舍化为灰烬，慈善工作停顿。抗战期间，执事堂务者数易其人，且办事不力，引翔乡二图内的堂产、义冢被乡董王运铨等人私自盗卖，旋又转抵给虹口藏源大酒店。后经陈刚恭等人诉县公署，要求追回未果。抗战胜利后，新市区十四保（引翔镇地域）保长陈玉凤、吴克明等人继续上诉，追还了厚仁堂所有堂产，随即恢复学校，重组医院，复办社会慈善事业。引翔镇的慈善家依然沿用乡绅办善举的习惯方式。

厚仁堂内的先董祠设有诊所，先后有七代祖传王姓名医为民解除病痛之苦。民国时，由乡公所拨款发展为引翔医院，后迁至引翔镇南栅口。

先董祠既是纪念造福乡里的先辈们的殿堂，也是王氏世医坐堂义诊的地方。王氏行医七代相传，世称引溪王氏世医。历经清乾隆后各朝、民国时期，及至中华人民共和国成立，前后延续210年。

王焕崧，引翔港王氏名医第三代王森澍之子。他自幼秉承先祖庭训，著有《冬荣室诗钞》。王焕崧对家乡的最大贡献是他曾编成《引翔乡志》一卷，这也是引翔乡有史以来记录乡土史迹的唯一历史读本，遗憾的是，这本珍贵的《引翔乡志》和厚仁堂都毁于战火。

自清乾隆四十五年（1780年）始，首代王占三在高昌乡行医、种痘，妇孺皆知，为引翔中医世家的第一代。王占三，是杨浦区有据可查的最早的个人行医者。七代世医多擅长小儿医术，并有一家传秘方，凡小儿患肺风疾、喘症、高烧、抽筋、咳嗽、气急、鼻煽，服此秘方立奏功效，惜后失传。七代中名医多，第三代王森澍被列入《中医人物词典》；第四代王光煦载入《上海县续志》；第六代王超然曾积极推行《中西医学参合共商治案》，参加过反对国民党"废止旧医"的抗争；第七代王玉润学贯中西，被列入《中国当代医学家荟萃》第二卷及《上海当代名中医列传》。

第五代王仲康于清同治十年（1871～1926年），全家移居引翔镇南木桥。王仲康是清末上海滩上有名的中医。他在镇上厚仁堂义诊。王仲康之前二代每天去施诊两小时，至第五代王仲康每旬在此为贫者义务施诊三次，"尤精儿科术，医者坐常满，寒暑不辍，造福乡里"。其他时间在家便诊行医。第六代王超然时以其专长内、幼科行医于引翔港，他偕子第七代王玉润共诊，声播沪东、吴淞、宝山一带。

"荒郊闲散步，西北见青山。田妇携儿归，村童带犊还。秋江衰柳碧，萧寺夕阳殷，绕遍南塘路，人因笑我顽"。王焕崧《冬荣室诗钞》中华书局1906年铅印本

民国初，乡绅周树兰、朱之翰、辛世铭等 7 人呈准县府创办引翔医院。

院址暂借厚仁堂先董祠余屋为院舍，以乡公所拨款 1000 元，常年补助 100 元为经费，乡绅辛世铭独筹垫 1500 元。这所医院的经营，主要靠引翔镇的慈善家办善举的方式维持，施诊给药，经费由各慈善家捐赠募集。

引翔医院后移至南栅口西侧，在今河间路 735 号，占地面积 1000 平方米，建筑面积 300 余平方米。医院布局呈长方形，四周围以一人高的铁栅栏，沿河间路北侧设有门房间，入院为前花园，院中央为一幢"人"字形屋顶的两层楼房，四面装有明窗，内铺设地板，宽敞明亮。楼东侧为 2 间 20 平方米的太平间，旁边有一通道，直通后花园，其内栽有树木花草，环境幽静。医院规模不大，但中西医各科俱全，一般病症均能诊治，在当时具有一定名气。

1937 年日军侵犯上海时，医院遂为日商美华印染厂（今第五印染厂）占用为宿舍。1945 年抗战胜利后，由国民党作为敌产接管，后经引翔镇绅董交涉复归还镇管辖。

中华人民共和国成立前夕，引翔医院停办。1956 年 4 月，私立引翔小学由原址引翔北街 56 号的三间草房校舍迁至引翔医院办学，名为河间路小学。

学堂新式教育

北街引翔港西岸有座文昌阁。清同治六年（1867 年）由里人周志溶捐建，是座江南园林。阁高 2 丈，四边开门，屋顶为尖塔形，周围建有两层砖木结构的大厅和一些古典建筑。阁内供奉着孔子塑像及七十二贤人牌位。文昌阁东为魁星阁，西为环秀亭。引翔图书馆也集中在这里，这里是古镇的文化中心。

引翔镇的新式教育，开埠后自发形成，而且在市郊乡村范围，办学颇有成绩。1905 年，废科举，兴学堂，但引翔的教育已遥遥领先。

1861 年，厚仁堂创办的义塾是引翔港乡第一所小学堂。1868 年，知县将其收为官学，后为引翔港小学堂，比老城厢文庙边的上海第一所新式小学梅溪学堂还早。梅溪小学诞生于 1878 年。

高昌乡改称引翔乡后，《上海教育状况》中记载，引翔乡的教育投入有12728 元，仅次于上海市。办学经费公办 4677 元，私立 21774 元。

引翔乡有 5 所小学，其中 4 所在虹口地区，1 所在引翔镇。1913 年，引翔镇利用旧时文昌阁，添建楼房四幢为办学场所，兴办引溪国民完全小学。

根据 1917 年上海县 4 个市 15 个乡的学龄儿童就学率调查记录看，引翔乡的儿童就学率为 32%，仅次于上海市的 37%、马桥乡的 33%，居市、乡第三位。当时引翔乡有一所私立高等小学，男生 186 人。公办国民学校 9 所（男 349 人、女 15 人）、私立学校 4 所（男 435 人、女 16 人）。

清同治、光绪年间，引翔港农家女蔡秀倩，自号"锦塘女史"，时投诗文坛，男子为之敛容。她的十首《无题》诗，脍炙人口。她著有诗集《续余小草》二卷。蔡秀倩之诗有文士气，如鲁迅所说，看来是用功读过诗书的。引翔乡开启的办学堂、兴教育，开风气之先，让女子也有了接受文化教育的机会。

宁国路教堂"西洋景"

鸦片战争后，传教大门被打开。1843 年，基督教英国伦敦会麦都思、雒魏林、慕维廉最早来到上海，建立教堂，开办医馆、印刷所，建造住宅。基督教在上海的传教士开始并不多，1855 年仅有传教士 20 多人，但增长速度很快。其后，英国圣公会、美国圣公会、美国长老会、美国浸礼会、美国监理会等基督教各宗派先后来沪建堂传教。到 20 世纪初，上海已成为基督教在华传教事业的中心。英、美基督教的主要派别在上海建立了传教的立足点，基督教原先没有成立差会的较小的宗派也派遣传教士来上海，如内地会、基督会、宣道会、公谊会、基督复临安息日会等，以及基督教青年会、基督教女青年会等社会服务团体和慈善救济团体也进入上海。基督教各差会在上海陆续建造了一些教堂。除了教堂以外还包括教会学校、医院、慈善机构等。

上海的教堂在鼎盛时期曾经达到 771 所，形态各异，成为各区域的标志景观、文化中心。宁国路教堂是引翔港一带的"西洋景"。

基督复临安息日会是美国的一个基督教派。1901 年，医生弥勒尔最先率领该教派来华传教。1911 年秋，弥勒尔医生来引翔港镇传教，买下镇西南部 50 亩土地（今宁国路东西两侧），建立安息日会中华总会，创立了引翔港镇第一座教堂，第一家近代印刷厂，第一所大、中、小学校，第一批独立花园住宅的基督教神职人员宿舍，形成了引翔港最早的现代社区综合体。

◆ **建住宅**。1912 年，安息日会先建造了供神职人员住宿的西式楼两层，及总会办公大楼 2 幢，还有独立式花园 11 幢，作为神职人员宿舍。神职人员开始把自己的家眷都带来上海。1924 年，在龙口路至长阳路口的宁国路一带建有里弄楼房 17 幢。后来，教堂及其周边的空间出现了住宅里弄，有的以业主姓名命名，如爱文坊为蒋爱文所建，广林里是广东林姓所有。有的用业主堂号，如斯文里属斯文洋行。

　　1911 年，基督复临安息日会创立了引翔港镇第一座教堂，第一家近代印刷厂，第一所大、中、小学校，第一批独立花园住宅的基督教神职人员宿舍，形成了一个社区综合体

　　引翔港的旧式里弄，于 1918 年至 1931 年间大量兴建，比上海市中心区迟了近半个世纪。1860 年太平天国军队逼近上海，地主、富商等有钱人纷纷迁居租界，以求庇护。租界为了人口骤增的住房需求，1869 年开始建里弄石库门房屋。进入 20 世纪，沪东近代工业开发区工厂不断建立，引翔港吸引了一批工人，英、日、德、美开办的工厂，所建立的工房成为居住的基本形式，发展形成华洋杂居的局面。

　　◆ **办印刷厂**。1912 年，建造二层楼的上海时兆印刷厂，印刷宗教刊物及《时兆日报》。1950 年改为上海印刷学校。20 世纪 60 ～ 70 年代停办。1978 年复校后，改名为上海出版印刷专科学校，属大专。

　　◆ **办学校**。1919 年，在宁国路 458 号创办三育大学、中学、小学。

　　上海三育大学是基督复临安息日会在中国开办的最高学府。与沪江大学（美南浸信会、美北浸礼会）、圣约翰大学（美国圣公会）、天主教震旦大学（天主教法国耶稣会）为上海四大教会大学。

三育大学学生来自中国 17 个省份，高丽、新加坡等国和地区亦有学生来此就读，学生总数前后约有千人。学校设传道、医预、事物、师范几个学科。学生离校后服务于中国各省安息日会者，约占该会各省传道人员的五分之三。1900 年学校创始于河南周家口，初名道医官话学校。1911 年，迁至上海宁国路安息日会中华总会处，定名三育大学。1925 年，再迁至江苏省句容县桥头镇。

三育指灵、智、体并重，智、仁、勇兼备的意思。1949 年后，三育大学停办。

1950 年，三育中学改为民联中学，后为区教育局。1926 年，开办的远东中学，专供神职人员子弟入学，师生皆欧美人，后为宁国路小学。

◆ **建教堂**。1911 年建造最早的宁国路 496 号教堂，后来陆续建有 4 所，分布在杨树浦路、杭州路、双阳路、平凉路上，至 1924 年，已建成大小教堂 5 所，一个差会同时建造 5 所不同风格的教堂，其中宁国路教堂（沪东堂）是最具有代表性的基督教堂。

坐落在宁国路 458 弄 51 号的沪东堂，是早期成立却没有独立教堂的差会建造的新教堂的代表，供神职人员及其子女进行宗教活动，一幢西式二层楼房，面积 400 平方米，楼上为礼堂聚会用，设有圣坛，西式装修，清静整洁，可容 400 人做礼拜。楼下为办公室和接待室。堂南天井中建有 150 平方米的布道所和 175 平方米的活动房，周围绿树成荫。

沪东堂从侨民教堂成长为当地的社会文化机构。历任沪东堂的负责人有傅守英、孟昭义、史约翰（美籍人）、谭心虚、卓英民、姜立中、焦洪胜、周康伟等人。他们都是牧师和传道者，或是长老。堂务会议由长老和执事组成，管理堂内一切事务，安排每个休息日讲道以及其他活动。

安息日上午把安息日学聚会的信徒分成人、蒙童、幼稚蓝几个班。青年人在安息日下午组织青年布道团，有时去教堂附近传福音，有时为贫苦人施诊给药；中青年信徒组织家庭布道团，挨家挨户探访信徒和进行布道活动；妇女做救济服务工作，如募捐寒衣济贫。

1949 年以后，国外传教士纷纷回国，西方教会在上海近一个世纪的宣

①②宁国路基督复临安息日会遗址
③宁国路小学原址在高速路下面
④沪东堂

教和建堂工作落下了帷幕。1958年，杨浦区十多个教堂脱离派系，成立统一基督教联合组织，以沪东堂为联合礼拜堂，至今沪东堂仍然作为教堂在使用。1966年，沪东堂停止一切宗教活动。1982年12月复堂。

恢复了活动的沪东堂，每周参加礼拜的人数超过5000人。随着信徒逐年增多，就要建造新的沪东堂。新沪东堂位于江湾五角场国和路350号，1996年10月25日奠基，至1997年秋季落成，占地3亩。新沪东堂建造耗资近千万元，资金主要来源于信徒奉献。

新沪东堂分为三层，一次可容纳1800名信徒聚会，总建筑面积2370平方米。主堂高24米，钟楼为八层，高42米，气势庄严，为钢筋混凝土框架建筑结构，呈哥特式现代建筑风格。1997年12月25日圣诞节，在沪东堂新堂举行了隆重的献堂礼拜。沪东堂新堂建成，为目前上海解放以来新建的最大教堂。

◆ **建医院**。圣心医院、市立第二劳工医院、中纺公司第二医院，解放前是沪东地区三大医院。

圣心医院是沪上仅存的教堂医院。创办人陆伯鸿不仅是实业家，也是上海著名天主教徒、公教进行会会长，一生从事慈善事业。20世纪20年代，他看到杨树浦一带工厂林立，工人患病却无钱也无处求医，于是就近租房，请天主教方济各会的医士施诊给药。每日上门求治者，有五六百人之多，于是创办圣心医院。1923年6月，圣心医院成立。医院占地面积60余亩，两幢砖混结构教堂式建筑，原为两层，中间的主体部分改建为四层，室内窗户镶嵌欧式彩色玻璃，图案别致、色彩绚丽，铺设地面所用的马赛克拼嵌的几何图案亦为民国时期所盛行。病床100张，职工多为天主教徒。医师为各国专科特约医生及沪上中西医。门诊病房均分等级。医院先后办过养老院、孤儿院、小学、保产院。

1931年，圣心教堂落成于圣心医院内，与医院合用，沿用了医院建筑的样式，钢筋混凝土结构，中部设有象征哥特式建筑风格的八边形钟塔。

圣心医院的建筑有独特的历史与艺术价值，医院本身也是沪东一带的地标。

①圣心医院的天主教教堂建筑，是圣心医院建成后扩建，于1931年竣工

②圣心医院圣心石

③教堂左侧大楼为1933年所建的中比镭锭治疗院（肿瘤医院前身）

④⑤圣心医院建筑局部

⑥上下两层窗户镶嵌左右对称的欧式彩色玻璃

沪江大学与沪东公社

20 世纪 20 年代，沪江大学无论是办学规模还是学生人数，均居全国教会大学前列。

"每一艘开往上海的轮船，都必须在这座大学的视线内经过。在这样一个校园里，任何一个有思想的学生，都不得不感到自己生活在一个大的世界里。"校史馆里，沪江大学第一任化学系主任梅佩礼先生的这句话，承载着沪江大学的办学理念，也是选址于引翔港的用意。

1900 年，因庚子之变，美国南北浸礼会成员都来到上海避难。其间他们达成了共识，决定在上海联合创办一所高等学校。校址的选定是决定学校办学理念的一个重要步骤。1905 年的一个炎炎夏日，10 个兴致勃勃的人在引翔港黄浦江边上的一片沼泽地上，穿行于高达 3 米的芦苇丛中。他们在为一所大学找一块中意的地皮。

看来这里不是块很理想的地，到处是泥泞沼泽，低洼的稻田向后面都市方向延展数公里。除了一条羊肠小道之外没有别的道路。最糟糕的是滩地土质松软，没有可供建筑的坚实地基。但是，这块地也有优点，就是对黄浦江这条上海大都市与世界商业往来的通道一览无余。

沪江大学校园总体规划设计师亨利·墨菲的塑像，树立在校园内湛恩大道旁的草坪中。墨菲左手拿手杖，右手持一卷图纸，似乎在观看着校园规划的效果，他看到一所大学慢慢地、费力地建起，从淤泥中成长起来。

墨菲于 1899 年毕业于美国耶鲁大学，他先后为中国的教会规划设计了多所大学校园或主要建筑，如沪江大学、清华大学、燕京大学、复旦大学、福建协和大学、长沙湘雅医学院、金陵女子大学、岭南大学等。沪江大学的设计建筑形式各异，以后期罗马风格和哥特式建筑风格为主，多为砖混结构，建筑细部丰富，清水红砖和双坡红瓦屋顶，或处于绿树浓荫之中，交相辉映，

VIEW TOWARDS RIVER.

① 20 世纪 30 年代的沪江大学全景图
② 20 世纪 20 年代的沪江大学校园
③ 钱振亚与夫人张守知
④ 沪东公社职员合影

风景秀丽。

沪江大学的建设，最初雇了许多劳工。每人肩上扛着扁担，两头挂着像蛤壳似的小竹篮，篮内盛着一堆泥。一部分的地被用来挖土，把这些土一篮一篮地堆到别的地上，使这些地基高于一天两次从长江冲入黄浦江的高潮潮位。垫高校园的地基被一筐一筐的泥打造起来。1906年，在看得见任何一支中外船队进入上海的滩涂上，沪江大学拔地而起。

由于大学在公共租界的外面，与上海市区间的各种交通设施必须作专门安排。通过柏高德校长的努力，上海道台在1909年开筑了一条6米多宽的碎石路，从公共租界线到校园边上，大约1.6公里长，路边还栽上了行道树。电话公司把电话线从公共租界拉到了校园，由大学付给年租费。中国的邮局很慷慨地为校园提供邮递服务。然而，大学最初仍然没有自来水和电，这些都是后来才得以供应的。

到了1924年，沪江大学选科制被定为五科：教育学科、宗教科、社会学科、商科、理科，包括医学校预科、格致师范和工业化学课程。

①沪江大学老校牌
②理工大学（后为上海机械学院）

钱振亚社长筹募捐款建筑教室，于 1929 年夏天落成

　　1937 年全面抗战爆发后，军工路的沪江大学校址成了日本侵略军的兵营，校本部迁到城中区商学院，与东吴大学、圣约翰大学组成教会联合大学继续开课。太平洋战争爆发后，上海租界沦陷，教会联合大学解散，学校易名为"沪江书院"。抗战胜利后，沪江大学复学。

　　1952 年秋，全国高等学校进行院系调整，沪江大学各科系分别并入复旦大学、华东师范大学、上海财政经济学院、华东政法学院、上海交通大学。之后，第一机械工业部在沪江大学原址组建上海机械学院、上海理工大学。

　　校园内现存的 36 幢沪江大学历史建筑中，30 幢单体建筑已列入上海市第二、第四批优秀历史建筑，10 幢同时列入杨浦区文物保护单位。上海理工大学拥有目前上海保存最完好的历史建筑群。

　　◆ **创立社会学系**。1914 年，沪江大学创立了中国大学第一个社会学系。创系主任是葛学溥，这位 25 岁的美国布朗大学硕士毕业生踌躇满志，作为传教士来到中国，在沪江大学成立了中国高校第一个社会学系（1915 年改为社会科学系）。沪江大学社会学系学科建设颇具特色，集教学、科研与社会服务于一体。该系先后经葛学溥、韦爱伦的苦心经营，成为沪江大学的一大特色，所开设的专业课程比当时国内其他大学都多。直到燕京大学1923年成立社会学系以前，沪江的社会学一直在国内居首屈一指的地位。

葛学溥在教授"社会调查"课程的过程中，指导学生在引翔港地区的东部搜集有关住房、人口、工业、教育、宗教等方面的资料，并制成图表，这是中国大学中最早进行的社会调查。他指导学生对引翔港邻近的沈家行进行调查。当时沈家行住户近百家，有三成家户务农，其余经营服务业和小手工业营生。沈家行已形成早、夜二市，顾客多来自周边四五十个村庄。当地所织土布拿去引翔港出售，而棉花、粮等农产品则去江湾镇销售。沈家行的研究从城市边缘侧写上海城市化的进程，并试图通过了解该社区的社会结构以及习俗、传统与宗教信仰等发现地方变迁的动力。

葛学溥在沪江大学校内组织了一个"沪江社会服务团"，本着慈善原则救济贫苦，并且希望通过对社会状况的深入研究，达到改正社会陋习的目的。"沪江社会服务团"附设了8个小组，开展面向贫民的社会服务工作，如平民教育组担负指导学校校工和学校周围农村儿童的读书写字工作，娱乐组

沪江大学社会学系创系主任葛学溥（后排右一）当时也执教于体育系

则尝试教村童们怎样游戏。他将原先校内社会服务的范围扩大，在校外设立了一个社区服务中心，英文名字为"The Yangtzepoo Social Center"，直译为"杨树浦社区中心"，葛学溥给它起了一个很优雅的中文名字——沪东公社，它是中国近代第一家社会服务机构。

◆ **钱振亚与沪东公社**。当时引翔港地区是上海最大的工业区，也是中国最大的工业区之一，工厂林立，工人众多，社会文化设施却相形见绌。1917年，葛学溥于此购房建立沪东公社，开展针对妇女、儿童和工人的教育、医疗、法律等社会工作。沪东公社为当地居民提供的社会服务，主要集中在教育领域，那时中国工人基本是文盲，从对周围工厂的工人开设补习班开始起步，最初，沪东公社在祥泰木行开设工人补习班，次第推及各工厂。

沪东公社提供的大众教育，一是正规教育，开办了一所学校，设男女学校，各分日夜二部，授以普通英文、算术、图画、音乐、体操等课，夜校增设职业科。女校则授以缝纫、刺绣、织花边及普通国文、地理、英文和简易算术课。此外尚附有暑假补习学校及幼稚园。后来设立中小学，收取低廉的学费，使劳工子弟能普遍受到教育。运动部，在操场上建有秋千架、足球场，还备有各种球类及游戏。譬如周六举办工人文艺活动，孩子们上台表演。在这些活动过程中，学生自然而然地提升了自己的舞蹈、音乐、语言表达、设计搭建人工舞台等各项能力，还丰富了学生们的生活，顺便可以培养他们为社会服务的意识。

二是在引翔港地区对周围工厂的工人开设职工补习学校、纺织补习学校、平民女校和短期扫盲班等社区教育形式。书报部有《申报》《新闻报》《新申报》《四明日报》《国文报》《月报》等报纸，均为各报馆馈赠；还有各种关于职工技能教育的书籍，如《棉花种植》《木工制造法》等，都是沪江大学学生捐赠，以供一般工人阅读。开办了阅览室、民众图书馆、民众代笔处、民众食堂、民众茶园、民众同乐会、施诊所等，为社区居民提供多样化的服务。

1919年，沪东公社开办了有22张床位的劳工医院和一间诊所。施诊所对社区及周边地区的"贫苦而无钱就医者"进行义诊，每天下午2时至5时开门接诊，对上门求医者分文不取，并动员社会力量捐助患者治疗所需的药费。

沪东公社所开办的各项事业能够维持下去，其经费一部分来自所办学校收取的学杂费，另一部分来自社会各界的捐款，其中包括学校教职工的捐款，更重要的是沪东公社第三任社长钱振亚对社务的推进。

钱振亚（1891～1934年），江苏镇江人，是沪江大学1918届的毕业生，1925年去美国读书，获得哥伦比亚大学社会学硕士学位。1928年回国，在沪江大学社会学系任教。1930年以前，他是社会学系唯一的中国籍教师，其余教师都是美国籍。

鉴于校舍不敷应用，钱振亚筹募捐款建筑教室，于1929年夏天落成；同时又建筑门面房5栋，收取租金，以为日后自立自养之用。此后随着办学经验的积累和经费资助来源的扩大，从开办小学日校招收附近工厂工人的子弟，到开设夜校辅导在职的工人，其形式根据对象的不同而纷繁多样，在校学生的规模也不断扩大。1931年，沪东公社所办学校立案，日校学生有400人左右，夜校学生也将近400人，这在当时是个很可观的数字。聘用的教职员有20多人，都富有教育的兴趣和经验。

在向周围工厂的工人提供就学方面，沪东公社采取了一些灵活的措施，如1930年11月，永安公司送女工一百余名前来求学，为适应工人就业的实际情况，公社创办了晨校，自上午6时至7时授课，钟点工友求学者极踊跃等。

思裴堂老照片

1921 年，沪东公社得到霍金斯捐赠的电影放映机，从此放映电影即作为公社提供给平民娱乐的重要形式。工人大都是文盲，年龄小，多数是童工。当时，在上海看电影是一种象征都市文化的时髦享受，让工人及孩子们看电影，是工人俱乐部特有的创意，孩子们像盼过年那样期待看电影的日子。钱振亚的第七个女儿钱美得 90 多岁高龄时，仍记得小时候骑在父亲肩膀上看公社给工人放卓别林的电影。

钱振亚的八个子女，就是在这样的环境中熏陶成长的。大女儿钱玫荫是中国水利界泰斗、清华大学副校长张光斗的夫人。

体育活动也是社会工作服务的重要部分。葛学溥自己就是一位体育爱好者，他不仅担任人类学教师，还身兼大学的体育教练。后来以沪东公社为基础，钱振亚组建了足球队。据说，沪江大学的足球队水平相当不错，曾被纳入上海足球队。那时就有自来水厂的足球场，足球场现在还保留着。

1929 年，沪东公社还创办了劳工托儿所，免费招收女工子女入所。

到 1930 年，社会学系成为沪江大学除商业系外学生最多的学系。至此，沪大社会学系的发展达到一个小高潮。据服务于北京协和医院的社会工作专家吴桢回忆，他在 1934 年从沪江大学社会学系毕业后，进协和医院社会服务部申请工作，接待他的是社会部主任浦爱德小姐和副主任于汝麒女士。当她们二位得知吴桢在沪江大学学习个案工作，而且授课老师是钱振亚时，表示很满意，也没有依据惯例向他要介绍信、毕业证书或其他证件，只是要他拟一份个案史的提纲，阅后就直接录用了。这说明，钱振亚在当时国内社会工作学界和实务界的影响力是很大的。

沪东公社的作为，就是社区建设，为工人和百姓提供最基础的救助和一系列社区服务，其中包含教育、文化、娱乐等服务。1949 年后，杨树浦的工厂国有化，组织了工人俱乐部开展了各种活动，延续之前的传统以及相关活动，这是那个时代的传承。

1937 年 2 月，为提倡沪东工厂工人补习教育就读便利起见，公社在韬朋路与沈家滩两处增添分校。1937 年"八一三"事变爆发，社会环境急剧变化，使沪东公社的活动也有了很大的变化，主要表现在直接参与当时的难民救济以及专门面向学徒开设夜校等，一直持续到抗战胜利。此后因战乱频发、社会动荡而停顿。1949年之后，美方陆续切断在华教会学校的资助，沪江大学亦被政府接纳管理，适用教育部通行的课程表。全国高校院系调整中，沪江大学这类综合性教会大学走上解体道路。沪江大学社会学系并入华东师大，社会学由于在苏联的学术体系中被视为伪科学而被取消。沪东公社也结束了它的历史使命。

　　钱振亚既有美国留学背景，又在大学任教，同时还担任沪东公社社长，是一位非常重要的人物。他把葛学溥的很多设想落实了，将社会学理论与实务管理经验集于一身，开创性地实践开发了物业租金，维持沪东公社的运作，第一次建立了工人俱乐部，创建足球队。钱振亚因积劳成疾于1934年英年早逝。

杨树浦路眉州路就是沪东公社。当时办了学校、医院等许多组织。杭州路第一小学，正是资料记载的沪东公社原址所在

三、昔日跑马厅荣光

·

万国体育场竟是跑马厅

·

当年上海有五个跑马场，两个建在引翔区域内。

万国体育场又名江湾跑马厅，这是中国人开设的第一个跑马场。20世纪初，在上海日益火爆的跑马比赛中依然没有华人的一席之地，早期上海的跑马场为洋人所开，有一条歧视性的规定：总会大楼和看台只对洋人开放，华人只能在栏杆外观看。叶贻铨，上海"五金大王"叶澄衷的四公子，由于爱好骑马，申请参加跑马总会，但未被通过。后叶氏又设法参加香港赛马会比赛，返沪后想援例加入跑马总会，仍遭拒绝。他忍受不了这种侮辱，于是决心在华界建造中国人自己的跑马厅。华人第一个跑马场——江湾跑马厅就在这样的背景下建立起来。

清宣统元年（1909年），叶贻铨选农田1200亩，以今武川路、武东路交叉点为中心，建造跑马厅。征地时，以每亩高出时价10银圆购地（时价银圆50），让农民得到实利，并当场向农民付款。整个工程包括跑马场地、看台以及娱乐设施等，仿照洋人开设上海跑马厅的式样，在看台南侧造一座大自鸣钟，另铺设一块高尔夫球场，也称绿房子拍球会。马厩建造在跑马场西侧的小吉浦河边。赛马均为精选的蒙古良种，除少量为叶贻铨购来畜养外，大部分是上海驯马好手寄养在这里的。

江湾跑马厅建成后，为扩大股份，又邀请洋人入股，改名为万国体育会。据旧报记载，"惟江湾有万国体育会赛马场，来者不论国界，亦于春秋二季行之，前数日必登报宣布，观者甚众"。后每月举行一次赛马，门票1元。

沪上巨贾"五金大王"叶澄衷（左）的四子叶贻铨（右），集股创办了江湾跑马厅，图为叶氏父子像

为了方便游客，修筑了三条马路通往市区，是为通江湾火车站的体育会路（今纪念路）、通虹口的东体育会路、通北站的西体育会路。

清宣统三年（1911 年）5 月 6 日，跑马厅举行开幕典礼。叶贻铨请来了上海名人、政界要员和各国驻沪使节参加盛典。当时，引翔、虹口、闸北、江湾一带城乡居民纷至沓来，都怀着好奇心情前来观看开幕典礼。场外车水马龙，三条马路上汽车、马车、黄包车首尾相接，途为之塞。江湾跑马厅开业后，赛马赌博盛极一时，成为沪上第一跑马厅，每年上交政府库税高达百万元，从民国十三年（1924 年）起，每年认捐平民教育款项 4000 元，按季兑付。所以当时的上海市府专门设警察分驻所和保安队，维护跑马场秩序。至 1935 年，由于战争迫近，赛马日趋冷落，跑马厅宣布停业。

1937 年"八一三"抗战爆发，跑马场遭炮火轰击，建筑几乎全毁，沦为荒僻之地。日军侵入上海后跑马场被占，用做仓库、养马场、兵营和工厂。中华人民共和国成立后，在跑马场旧址，新建了工厂、学校以及上海自行车三厂、上海手表三厂、江湾机械厂、建材学院、上海铸锻厂、建筑机械厂。

当年跑马场鼎盛时期，叶贻铨为进一步吸引更多的人前来观赛，便在跑马厅的东北角处继续购地并建造花园，作为跑马赛赌客们的娱乐休闲场所。这处花园因投资人为叶贻铨，被俗称为"叶家花园"。保留至今的叶家花园经历了近百年的时代变迁，是岁月的见证。

叶家花园犹在

江湾跑马厅之旁的叶家花园，是上海市目前保存最为完善的老上海私家花园。1910 年江湾跑马厅建成后，叶贻铨建造了这座花园，主要是供赛马赌客休息游乐的配套设施。民国 12 年（1923 年）春对外开放，内设弹子房、舞厅、电影场、高尔夫球场等。花园一经开业便迎来了众多客人的光临，一时风光无限，被称为"夜花园"。叶家花园的喧嚣引来了与之相毗邻的英商祥茂肥皂公司老板的不满，在这位洋大班向当局提出严正抗议后，叶家花园被勒令停业。1933 年，叶贻铨与恩师颜福庆相见，一段师生之谊，后使得花园重新焕发了生机，惠及了更多的民众。

20 世纪 30 年代，上海肺结核病猖獗，即便是上海这样经济发达的大城市也十痨九死，当时，痨病是不治之症。在肺结核病无药可治的时代，"肺部感染"使得平民百姓发病率、死亡率一直居高不下。为了控制痨病传播，上海社会各界建立了一些公益性的组织，社会精英发起社会活动，宣传防痨知识，呼吁全社会参与，筹建痨病疗养院。颜福庆联合了社会上一些有识之士组建防痨协会。

颜福庆是当时国立上海医学院院长，著名的医学教育家与公共卫生学家。他早年曾在圣约翰、耶鲁等名校攻读医学，是亚洲第一位耶鲁博士，回国后先后参与创办湖南湘雅医学专门学校、国立第四中山大学医学院（上海医学院的前身）、中山医院等。经他之手，创建了一流的医科大学，建成了一流的私立医院。

叶贻铨早年也曾在圣约翰大学求学，颜福庆是他的业师。颜福庆想筹建一所专门医治肺结核病人的医院。受到颜福庆的感召，叶贻铨向老师提出，愿意将叶家花园捐献，用于"抗痨防痨"工作。

颜福庆，我国著名的医学教育家与公共卫生学家

叶贻铨为纪念先父叶澄衷，将叶家花园改名为"澄衷疗养院"，1933年正式开放，首任院长为颜福庆。

澄衷疗养院致力于寻求肺结核的有效治疗方式，希望为病人解除痛苦、挽回生命。从一开始，澄衷疗养院就定为上海医学院第二教学医院，具备了培养人才的功能。1934年4月，中华慈善协会在院内增建病房，首创为儿童设立的肺病疗养机构。

澄衷疗养院

①湖心岛主岛上有一座小白楼，名为延爽馆，是叶家花园的主楼。
建筑四面环水，底层有东、南、西三面环廊，柱廊为爱奥尼柱式，
1920年代建成。叶家花园改为疗养院后，延爽馆曾是病人的疗养
病房

②金锁桥上的八角琉璃瓦亭子，嵌有西式彩色玻璃

③叶家花园湖心亭

④叶家花园義象桥

上海市肺科医院

　　叶家花园占地 77.636 亩，花园系日本人设计，布局别具一格。亭台楼阁错落有致地分布在岗岭之上和湖中绿岛土丘之间。园内有桂花、玉兰、乌柏、龙柏、香樟、罗汉松、朴树等古树群，树木参天；樱花、红枫与竹丛等木本花木葱翠，环境幽雅，让无数身患肺疾的病人在此得到了有效的医治、疗养，康复出院。

　　叶家花园的独特环境，还曾为淞沪战役做出了贡献。

　　叶家花园的卧龙岗有一座四角十二柱的水泥亭子。抗战时，爱国将领张治中将军指挥所辖的八十七师、八十八师将士们英勇杀敌。八十七师不仅是国民党的中央军，更是中央军中的主力师，八十七师师部设在叶家花园。

　　淞沪会战开始后，张治中将军被任命为第三战区第九集团军总司令，全面指挥淞沪会战。当时上海敌情复杂，敌我双方犬牙交错。汉奸、特务、日本浪人四处活动，暗中打信号弹、点篝火、指示目标，配合日军航空兵轰炸我军重要目标。中国守军的防空、反间谍任务十分艰巨。第九集团军总司令部设在南翔镇一个小村里，在指挥江防作战时，各条电话线被汉奸和日谍炸毁或切割，通信中断。张治中不得不坐着小汽车赶往各线指挥，但日军飞机认准小汽车里会有大官就轰炸。从南翔镇到江湾叶家花园八十七师师部，张治中是骑着一辆传令兵的自行车才到了叶家花园。

叶家花园有"卧龙岗"与"伏虎岭"，山岗横卧在花园南北两侧，环抱着园中的湖泊池塘，构成一个龙虎戏珠的整体。湖内有大、中、小三个岛成倒"品"字排列，构成花园的主体；山岗、假山、湖泊，形成天然的防御工事。卧龙岗树林茂密，掩映在树丛中的四角十二柱水泥亭子，是张将军运筹帷幄、稳定军心、支援江防军的作战指挥部。八十七师的战士白天、晚上都活跃在江湾叶家花园内外，布岗查哨，组织防空，保护着指挥部的安全直到撤离。

抗战期间，叶家花园被侵华日军占领。侵华日军将领冈村宁次与土肥原一度僭居于此，名为"敷岛园"，为日本特务机关驻地。直到抗战胜利，叶家花园才由上海医学院收回，仍名"澄衷疗养院"。1949年上海解放后，叶家后裔将叶家花园献给国家。1959年，疗养院改为上海市第一结核病防治院，现为上海市肺科医院。

医院一角

马玉山路通达引翔跑马厅

远东公共运动场内并没有供人跑步的跑道，它是一座跑马场，俗称远东跑马场，也是著名的引翔跑马厅。

1924年，引翔港乡董王际亨协助嘉定银行老板范惠春建成远东公共运动场（又名引翔港跑马厅），是继万国体育场后国人创办的第二个跑马场，集股资本100万元购地856亩，于军工路西侧，走马塘北岸，今黄兴公园东侧。1926年建成，每周赛马一次，每年5月和11月举行大香槟赛马，每逢春秋赛马季节，车水马龙，小贩云集，极一时之盛。

为了观看赛马方便，一些资本家沿跑马厅之西的马玉山路和观音堂路筑有乡村别墅数幢，人称"红房子"，马玉山路由此闻名。

双阳路原名马玉山路，曾经是三友实业社毛巾总厂

双阳路62号，三友实业社毛巾总厂旧址

马玉山（1878～1929年），广东香山人，1919年10月18日在上海成立"马玉山饼干糖果公司"。1922年，在南京路福建路转角购进地产自建大楼，孙中山、唐少川、杨晨、胡汉民等广东著名政客及各报记者等280余人参加大楼开幕仪式，孙中山题赠"脍炙人口"匾额。上海公司刚开始收入不错，决定筹资购进吴淞地百余亩，新建中华制糖厂——上海创办的第一家机器制糖工厂。马玉山还建造制糖厂的职工宿舍，上下班用专车接送，拨款在工人住宅区修建了一条可以通车的马路，这条路被叫作"马玉山路"（今双阳路和营口路）。

马玉山路南起引翔港镇，北经马桥折向东北经杨家浜镇、卢家桥，越浣纱浜折向东，经小杨家浜，北至沈家行止。马玉山路的修筑，与引翔港乡董举人王际亨的操持分不开。

马玉山路址原系乡村通道，王际亨代粤商马玉山在瑶阶弄村西修筑了马玉山私人花园，利用余资将原有乡道拓宽筑成纵贯南北道路一条，成为连接引翔港镇、马桥、杨家浜镇、卢家桥、瑶阶弄（姚家弄）和沈家行镇的一条通道，也是市区前往远东公共运动场参加赛马的一条主要道路。

马玉山路开通后，不仅解决了这一带不通道路的交通问题，也带动了学校的兴办。王际亨秉承母亲的教诲，并以自身苦学成才之经历，深感办学之重要，辟瑶阶弄宅第西厅为学馆，办义塾虹溪小学，在马玉山别墅后建平房5间，作为虹溪小学校舍。又于引翔镇办引溪小学，对贫寒子弟除免费入学之外，还发给书籍文具。

每逢周末，很多人从市区去远东运动场赛马，引翔古镇是必经之路。这就为引翔镇的繁荣与发展创造了条件，引翔镇的商业兴旺起来。马玉山路南边热闹的地段有一间盛昌南货店，偌大的店铺经营南北干货，当时的生意十分红火，在引翔港名气也很大。

自引翔镇北向辟筑的马玉山路的建造情景

明园跑狗场

旧上海曾有三处跑狗场：公共租界的明园、法租界的逸园、西区的申园。1928年，由上海跑马总会会员英商麦边洋行经理麦边提议、跑马总会筹建，设立了明园跑狗场，这是上海第一家跑狗场。

跑狗场筑有围墙，正门设在引翔港华德路（今长阳路、许昌路），四面有售票处。场中央为绿绒般草地，内铺有专供电兔前导的椭圆形轨道，场南沿汇山路装有操纵电兔的控制台，旁有赛狗洗澡的露天浴池和狗舍。跑狗场每逢星期一、三、六晚上6时至10时开夜场，每15分钟举行一次赛狗。门券依其座位层次，分别支付银币六角、四角、二角不等。明园开幕之初，轰动一时。

比赛时，作为诱饵的电兔沿导轨急速前进，赛狗竞逐，以第一、第二名为胜，其实就是赌博业。许多人置工作和生计于不顾，全身心地投入赌博当中，赌资少者三五元，多者成百上千元，甚至有工商巨贾以工厂、商店押赌。很多人原本打算用来养家糊口，用于生产、经营的钱，甚至是省吃俭用的存款，都被当作赌资流入赌场。绝大多数人血本无归，导致公司破产，妻离子散，有的甚至家破人亡。

由于危害极大，工部局慑于社会舆论，决定于1931年3月31日起禁止明园跑狗，此后即改名为明园游艺场，内设温水游泳池、电动空中飞车、电动椅等，放映无声电影，另有骑驴、唱戏、杂耍等游艺活动，招徕众多游客。后来，此地演变成为名噪一时的"江北大世界"，成为走江湖、卖拳头、杂耍、卖唱和小商小贩糊口的场所。

1937年"八一三"事变后，日军在此建军用养马场。日军投降后，这里逐渐演变成沪东地区有名的贫民窟棚户区。一直到20世纪50年代初，长阳路往北一带，依然是大片的农田。20世纪70年代初，政府开始对长阳路沿街棚户危房进行改造，在此建有许昌体育场和明园新村。

①明园跑狗场正门及开业当日的报道

②申园、明园被取缔后，逸园独揽上海滩跑狗业。为招揽观众，逸园还想出各种噱头，例如让打扮好的猴子骑在猎狗身上，进行"猴骑士"比赛

③逸园跑狗场主建筑

④逸园跑狗场俯拍图

江淮大戏受追捧

20世纪二三十年代的上海，已是国际大都市，这里有与欧美同步的摩登生活，从欧洲的交响乐到美国的爵士乐，从好莱坞的电影到巴黎的歌舞，都在这里集聚交融。本地的江淮戏和京剧、越剧、沪剧一起，构筑了多层次的城市艺术景观。

沪东是乡土戏的天下，引翔港上演的戏曲是江淮戏。

江淮戏是晚清民间小调"门弹词""香火戏"的组合，吸取徽剧的剧目和表演艺术形成的乡土小戏。发源地是江苏盐城阜宁、两淮一带，流行于苏北、皖北地区。1912年，江淮戏艺人到上海演唱，出现在上海街头。

20世纪初，上海外滩风光

江淮戏的演出多以家班为形式，进入上海后沿用户外流动表演的方式，早期的演出场所在路边空场，如引翔港、闸北、定海桥等。在空旷地垒土为台，或拼几张桌子，上铺门板为舞台，也称为"平地大舞台"。演出过程中，台上有 2～3 人，外加伴奏人员，演出形式活泼、随意。演员长期流动性户外演出，磨炼出的特殊硬功夫是立足江湖的支点。

大约在 1920 年，江淮戏观演在引翔港发展。

江淮戏讲究"文戏唱得痛苦，武戏打得热闹"。最受观众欢迎的一是苦戏，越苦越吸引人；二是快节奏的戏，情节紧张曲折，武打热闹。与柔美委婉的越剧比，它以唱腔、表演粗犷"硬邦邦"而叫座，适合工业区观众以男性劳工为主的审美需求。

剧目以"三小戏"——小生、小旦、小丑为主，唱词俚俗，生活气息浓郁，表演风格明快。江淮戏的武打受徽剧影响较深，武功路数较多，看得热闹。如演《滚灯》时，头顶一叠碗，最上面一只碗里盛油点灯，演员顶碗仍可以做钻桌子、上凳劈叉、倒立、乌龙搅等动作。在武功、特技方面一般用刀、枪、棍、棒、翻、打、扑、跌，还有耍盘子、耍流星锤、耍手帕、踩木球等杂技。

引翔港街上，锣鼓伴奏，声音嘈杂，马路戏天天在演。只要在空地上放几只长凳，围着凳子外的人站着看，演戏时收费，有些人就走开，不给钱，但坐在凳子上的必须给钱。

马玉山路上，有玩杂耍的、打卖拳的、沿街路边拉黄包车的、唱小曲的，在茶馆有唱评弹的，扬州说书每天来上一小段，连本的能说上几十天。

中华新戏园（兰州路，1921 年）、朝阳戏院（沈阳路 17 号，1924 年，初名为中华新舞台）经常演出的剧种为江淮剧、扬剧，间演越剧。

楚城戏院（周家牌路 91 号，1946 年），创办者来自古楚封地的两淮，以演江淮戏为主，演出传统剧目有《阮八姐》《赵五娘》《文天祥》等，江淮戏延续着悠悠的乡音。胜利戏院以演越剧、沪剧为主，后来改演江淮戏，1959 年改名为胜利书场，专以说书为业。

引翔港镇上的东华戏院（长阳路 2010 号）是由引翔港合肥人王老七与南京人合开的。王老七是引翔的江湖人物，南京人，八面玲珑，拳脚功夫也了得，他和王老七合开戏院，是能压得住场面的。来东华戏院看戏的有钱人多，江湖上头面人物多。戏院里演些折子戏、上海本地的滑稽（独脚）戏，也演连本大戏。中华人民共和国成立后，东华戏院收归国有，政府把戏院隔成一间间屋子，分给居民，长临河牛官堡的牛进清分了间房子，曾经是东华戏院的票房。

清末民初，上海的戏院全部为京班所掌握，正式称为"京剧"。江淮戏也与京剧、徽剧同台演出。戏院演出收入的分配，是采取京班的做法：对半拆账，戏院老板、戏班各得五成。

早年京剧大师梅兰芳来上海在沪东演戏，各路名流慕名捧场。王亚樵与贴身保镖牛安如一同前往。梅兰芳看到相貌堂堂的牛安如小试身手，对他的武功十分赞许，奉上 200 大洋，俗称拜码头。

1945 年，上海成立"江淮戏联谊会""江淮戏公会"，江淮戏和京剧、越剧、沪剧一起，成为上海戏曲舞台上的"四大金刚"。

五爱典当行所在的位置，是沪宁戏院的旧址，在长阳路北、兰州路东。兰州路长阳路桥就是原来的高郎桥，属杨树浦港流域。沪宁戏院是淮剧戏班在高郎桥地区进行户外流动性演出的一个落脚地，20世纪 50 年代初期沪宁戏院内曾住进 50 户淮剧演员家庭

四、民国"远东第一市中心"

·

东方大港崛起

·

　　黄浦江是上海的生命线，上海是依托黄浦江发展起来的港口城市。1843 年开埠后，上海因其独特的港口地理区位，在短短的几十年间，成为一个人口超过数百万的大都会，这在世界上史无前例。1857 年，上海港就超过广州，成为中国内外贸易的中心。到 1931 年，上海进口贸易额最低占全国的 40%，最高占 55%。1931 年，进口船舶吨位 2100 万吨，居世界港口第七位。

　　上海港虽为世界著名大港、中国第一大港，但由于黄浦江的管辖权长期被西方列强控制，西方列强占据了浦江沿岸的主要码头，未能有序发展；黄浦江的疏浚，制约着上海港的扩大。

　　黄浦江的通行能力因泥沙的沉积不断下降。浚浦局历年的疏浚工作，也没能够从根本上解决航道淤浅问题。另外，船舶的吨位不断扩大，需要用驳船运货物登岸，码头设施逐渐落后，而且主要码头散布于浦江沿线，难以组织铁路联运、货物运输，极为耗时伤财。进入 20 世纪以来，上海港已经处在发展的瓶颈。

　　最早注意到上海的重要，要把上海建成东方第一大港的国际商港城市，以港口建设推动中国的现代化的，是孙中山。孙中山在《建国方略》中毫不客气地指出"任从何点观察，上海皆为僵死之港"。明确表达了要改造上海，"以上海为东方大港"的观点，此观点影响了后来历届政府编制的上海发展规划。

　　1918 年 6 月 26 日，孙中山来到了上海。此时离辛亥革命已过 7 年，但整个中国在南北军阀的统治下，割据混战。孙中山专心著书，总结经验，规划未来。上海建东方大港，这个作为《实业计划》构想中的第二规划，最先发表在1922年出版的《建国方略》之中。

孙中山设计了两项关于东方大港的建设方案——甲：计划港，绕开上海，在乍浦另建一港；乙：以上海为东方大港。

计划港方案：选择杭州湾的乍浦，在此建港水深40米，可以停泊当时世界上最大的远洋货轮。孙中山当然了解上海港的重要性，黄浦江岸线都被列强控制了，所以孙中山只能在上海周围另找一个海港，又无河流淤泥之患，但这里属于未开发地区，建设一个新港，最现实的问题是巨额资金难以筹集，且需要很长时日。

为此，孙中山提出了第二个方案，计划"以上海为东方大港"。

上海，在孙中山的整个《建国方略》中有其特殊的地位，在上海建造东方大港是上海发展的核心。这个方案最大的问题是长江沙泥淤塞问题，如能妥善解决这一问题，上海就能被建造成为国际性的大都市。上海港自建立以来，以其优越的地理条件，汇聚了长江三角洲、长江流域和全国的物流、人流、资金流，如果对上海港进行改造，具有投资少、速度快、连续运行性好、经济效益佳等优点，还能进一步改善投资环境，更多、更快地吸引外资。

孙中山设想：从上海浦东东北部的高桥河与黄浦江交汇处，开挖一条弧形运河，让从长江或东海进入上海的轮船通过这条浦东运河直溯黄浦江中游，并将弯曲而又有大量泥沙淤积的黄浦江下游填埋了。这样设计是考虑到了上海的租界问题，由中国政府自己来新开一条河道，既可以建设市中心，又可以将这些新增繁华地带土地价格上涨的收入作为改造上海港的资金来源。

孙中山的上海建设规划构想，成为国民政府"大上海计划"的原型。

"大上海计划"的落地与嬗变

　　1912 年民国政府建立后不久，欧洲便陷入了一战，无暇东顾。由于政府工商业政策的支持，中国的民族资本主义迅速发展。以棉纺织业为例，1914～1919 年，上海华商纱厂的纱锭数便增加了 34%，甚至在 1920～1929 年仍然保持着高速增长。一战也给面粉工业带来了重大的国外市场，使得上海的面粉厂在这一时期的盈利率高达 127.63%。上海的民族工业出现了战后的黄金发展时期，到 20 世纪 20 年代，上海逐渐成为远东重要的经济、金融和贸易中心，远东第一大城市上海，更是成为各方军阀势力争夺的对象。

　　此时的上海，形成了华界、公共租界、法租界三足鼎立的局面。租界从诞生以来，就通过种种方式屡次扩张，版图不断扩大。到 1914 年，公共租界、法租界的面积，已经远远超过了上海县城的面积，给华界增加了极大的压力。

　　民国成立以后，南京临时政府决定撤道，裁府、州、厅。上海地区废除上海道，并对清政府时期的行政辖区进行了重新划分，上海县辖境为四市十五乡，即上海市、闸北市、蒲松市、洋泾市，塘桥乡、高行乡、陆行乡、漕河泾乡、塘湾乡、曹行乡、引翔港乡、法华乡、三林乡、陈行乡、杨思桥乡、闵行乡、北桥乡、颛桥乡、马桥乡。

　　1924 年 9 月，江苏和浙江之间的军阀战争爆发，上海和江浙地区遭受巨大损失。上海士绅提出成立上海特别市，将上海定为永不驻兵的区域，讨论将上海和宝山两县合组为淞沪特别市。1925 年，孙传芳在军阀混战中，占领了江苏、安徽、上海，决定划上海为特别区，设立淞沪商埠办公署。1926 年 5 月 5 日，孙传芳在上海商会就任淞沪商埠督办公署，发表了著名的关于华界发展和"大上海"的演说。这篇演说是由丁文江撰写的，率先提出了"大上海"的概念。丁文江任淞沪总办时期，上海第一次有统一的市政、财政和现代化的公共卫生管理。丁文江也是后来的"上海特别市"的创立者。

　　1927年7月7日，上海特别市正式成立，直属南京国民政府，不入省、县行政范围。除了原淞沪商埠督办公署所辖的上海县大部分和宝山县一市五乡之地外，另又增划了江苏省宝山县属的大场、杨行两乡，松江、青浦两县所属的七宝乡的一部分，松江县莘庄乡的一部分和南汇县周浦乡的一部分，归上海特别市治辖。上海特别市还正式收回了原属于各区域市政机构的权力。这样，上海就跨有上海、宝山、松江、青浦、南汇五县之地，拥有市乡共30个，占地面积494.69平方公里，单从面积说，"大上海"的空间格局正式形成。

　　由于江苏和上海划界上的种种困难以及历史上形成的地方上错综复杂的矛盾，到1928年的7月，市政府实际只正式接收到上海和宝山两县的17个市乡，其余尚须缓行接管。为了与以前的行政区划有所区别且管理方便，市政府将旧市乡一律改称为区。17个市乡先行改为如下17个区：沪南区、漕泾区、法华区、蒲淞区、闸北区、引翔区、殷行区、吴淞区、江湾区、彭浦区、真如区、高桥区、高行区、陆行区、洋泾区、塘桥区、杨思区。

　　上海特别市宣布租界为其特别区。上海始有区一级建置。上海特别市的成立，标志着"大上海"的正式形成，也意味着在统一市政机构的领导下，上海获得了宝贵的发展机会。1930年7月，上海特别市改称上海市。

"大上海计划"鸟瞰图

　　蒋介石在 1927 年 7 月 7 日上海特别市政府成立会上说："上海不仅要成为中国各地的模范都市，更要依据总理《建国方略》中的规划，一个一个地完成。"从黄郛、张定璠到张群，历任上海市长都对这个计划特别关注。上海特别市第一任市长黄郛结合前人的构想，提出了两项建议："一是筑一条环绕租界的道路，二是在吴淞筑港，并在吴淞与租界之间开辟一新市区，以削弱租界的重要性。"这两个设想集中体现了市政府在城市建设上的潜在意图：限制租界，建设新城并逐渐取代租界。"大上海计划"具有特别的政治意义，由此，也形成了上海城市规划的指导思想。

　　1929 年，上海成立中心区建设委员会，并制定了《大上海计划》，该计划未纳入租界，新市中心区选址是核心内容。经过对全市 11 个区的考察，避开了人口稠密的城市中心区，确定了大上海计划市中心区域的选址：在引翔、江湾、殷行区的交界区域，优点是靠近吴淞深水港，南临租界，东滨黄浦，地点适中，交通便利，地理位置具有更大的港口优势；另外，地势平坦，村落稀少，减少了拆迁和征地的费用，而无改造旧市区之烦，费用省而收效易。

　　《大上海计划》主要完成了开辟新市中心区、辟建道路网、建造轻便铁路"三民路支线"的三项重要任务，具体制订了《市中心区域计划》(1929 年)、《市中心分区计划》(1930 年)、《黄浦江虬江码头计划》、《市中心道路系统图》(1930 年)，对交通设施，包括铁路和港口进行了完整规划。

　　《大上海计划》正如其名，充分展现市政府建设大上海的宏大构想，市中心区域第一期计划涉及的范围达到了 6000 亩，包括新商港、浦江两岸、干道两旁用地等，强调了港口和铁路等基础设施的建设，并以此作为城市发展的推动力，抓住了上海作为商埠城市的主要特征，符合城市发展趋势。

　　引翔区因此从田野之地走到了中国现代化的前排，开始了跨越式发展，这是引翔百年市政文明的肇始，体现了在租界压制下，中国人力求自主发展和自强不息的努力。新市中心、新商港、五角场道路枢纽建设，都留下了《大上海计划》深深的印记。

　　◆ **五角场道路枢纽建设**。道路计划是"大上海"重要的专项计划，也是市政建设的主要成就之一。大致包括三个主要内容：一是全市干道系统，二是旧市区道路系统的整理，三是市中心区域的道路计划。

市中心区的道路系统，最大限度地利用了已有的城市道路，黄兴路、翔殷路、淞沪路、军工路都是利用原有道路，先开始对这几条主要道路进行拓宽和修整。在翔殷路、黄兴路、四平路、邯郸路、淞沪路等 5 条路交会处，5 条路呈辐射状向五个方向伸展，犹如五只角。这一带在清末原为阡陌纵横的农村田野，属上海县引翔乡二十三保六图、九图。地广人稀，单从城市道路而言，这里几乎是上海的死角。后来共修建了 72 条道路，超过了东区租界已修的 60 条道路。

1930 年 12 月，其美路以辛亥革命党人陈其美之名命名（今四平路），开始动工修筑，此路为市中心区域的主要交通干线之一，当时新建了斜向的其美路，作为连接引翔、闸北租界的路，交通便捷，曾名翔闸路。

黄兴路，南接宁国路，至五角场环路相衔接，是引翔区南北主要干道。1926 年，引翔跑马厅为解决赛马时车辆人流疏散问题，辟筑控江路至华德路（今长阳路）北侧一段道路，煤屑路面，名淞沪路。1930 年，为迎接第一届全国运动会在江湾召开，修筑翔殷路至控江路一段，北与淞沪路相接，合并为黄兴路，于 1931 年 10 月完工，以近代民主革命家黄兴之名命名。1964 年改为宁国北路，1985 年复称黄兴路。

翔殷路为线状道路，邯郸路为翔殷路西段，原来已有 8 米的路基。这些主要道路计划宽度为 35 米。这几条主道路，构成市中心区域的道路骨架，以此为基础，形成了方格型路网与放射性路网结合的道路系统，成为市区通往新市中心区的必经之地，来往于此的车辆和人逐渐增多，附近居民就称之为五角场。

在五角场形成道路交通的枢纽时，商业区和住宅区的功能分区概念也首次引进。

"大上海计划"是近代上海第一个大型的、比较完整的城市规划，具有开创意义。其首次引进功能分区概念，根据区位和基础条件，将上海城市的用地性质划分为行政区、工业区、码头区、商业区、住宅区五种。

《大上海计划》以政府建筑为中心向四周环状辐射，有序齐整的道路密布其中：红色路段为宽度在25米以上的主干道，黄色路段为宽度25米以下的支路，黑色单线为乡道。中轴呈十字垂直相交，方格路网对称工整，至五角场区域以其为中心向外放射，连通闸北等地

新市中心行政区的规划方案，具有浓厚的政治色彩。行政区位于中心区域，是中国传统建筑元素古为今用集中的实践区，"大上海计划"建筑设计成果最集中的展示区。为了表现出行政中心在政治上的象征意义，规定在行政中心租地的"建筑物须得具有相当规模，且外观为本国建筑式样"，采用了"民族固有形式"。依中国传统城市建筑中轴线对称，坐北朝南的空间结构，从中轴线突出主要建筑物的特点，在行政区布置了市政府大楼、体育场、市图书馆、市博物馆、市医院和卫生实验所等建筑群。

商业区位于市中心区域之北，邻近商港，并通客运总车站。

住宅区相对范围比较大，"市中心区域及附近之地，除已规划为政治区及商业区之部分外，余均为住宅区"。住宅区分甲乙两种：甲种住宅区为建筑高等住宅之用，务求幽静，故其地位在园林空地之近旁；乙种住宅区系建筑普通住宅之用。

◆ **资金的筹集**。"大上海计划"是一个极为宏大的都市计划，涉及的资金更是一个天文数字，实施的关键是资金问题。1927年，上海市政府一年的财政收入大约为400万元，而当时对建设市中心区所需的资金进行了估算，仅第一期建设费就高达5000万元，相当于市政府大约12年的财政总收入，上海市政府开始多方面筹资准备大上海计划的运作。

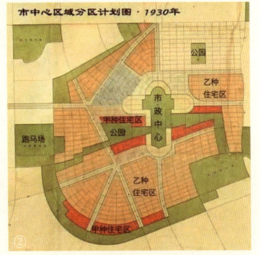

①上海市土地执业证（1935年）
②③上海市中心区域计划图（1930年）
④复兴新上海建设计划分区图

征收土地。资金来源充分利用市政府土地征收的特权，通过超量征收土地，多余土地供出售之用，设相当经费以为建设各种事业之用。一旦该段地价增高，市政府所获之利益必可偿清债务而有余。按照这一方法，征收了市中心区翔殷路以北、闸殷路以南、淞沪路以东之土地约 6000 亩。跨引翔、殷行、江湾三区。收用价格，由市财政局、土地局、工务局共同商议决定。其中引翔最贵，殷行、江湾次之。同一区域的地价又分为上中下三等，沿马路最贵，宅基坟地为中等，普通田地为下等。淞沪路和翔殷路最高价为每亩 800 元，沿翔殷路最高为 700 元，沿淞沪路、闸殷路等为 500 元左右。宅基坟地 300～450 元不等，普通田地为 200 元。涉及坟墓和房屋拆迁，市政府给予一定补偿。"每迁枢一具给费二元，浮厝每座四元，灰坟每座十元，砖坟每座十六元。拆屋贴费由工务局逐户确定"。办理方式由业主首先将"产权证据缴送土地局查验，与册相符者，即按照地价等级，添给领款凭证，向财政局兑取现金"。

"大上海计划"的土地运作，就是充分利用政府对土地的特殊控制权，选择土地原始价值较低的，通过基础设施建设将其变为熟地，并通过种种方式提升土地价值，部分自主建设，部分对外出售，从中获取利益。土地运作中，规模具有决定性的影响。因此，政府在市中心区域以最高 800 元、最低 200 元一亩的价格，一次性强制取得了市中心区一期建设范围内的土地约 5400 亩。

市政公债发放。市政府以财政收入作为抵押，发行公债。1929 年，第一期市政公债 50 万元，促使市中心区域建设起步。1932 年，市长吴铁城挪用了部分总数为 500 万元的"市政复兴公债"，完成了市政府大楼的建设。1934 年，市政府再次发行 340 万的公债，完成了图书馆、博物馆和体育馆的建设。

市中心区域的土地招领。由于市政府资金紧张，需要支付的征地款项迟迟没有着落，为尽快实现土地招领，希望借此可有资金入库调度，已是势在必行。招领土地定价为"沿干道及邻近公园者为甲等，每亩二千五百元，其余为乙等，每亩二千元"。1931 年 7 月，第一次招领土地反应相当热烈，大有供不应求之势。后来又进行了两次，到 1935 年年底，市政府放领土地计划基本完成。放领的土地占到征收土地总量的 30% 左右。"卖地"和发行公债双管齐下，基本上凑足了"大上海计划"前期建设所需的启动资金。

由美国归来的清华毕业生、中国建筑师学会会长董大酉出任市中心区域建设委员会顾问，同时兼任委员会下设的建筑师办事处的主任建筑师。董大酉主持了一系列富有特色的建筑设计与建造，如市政府大楼、各局办公楼以及市立运动场、市立图书馆、市立博物馆、市立医院、市立公园、国立音专等。其中市政府大楼是上海近代最宏伟的宫殿式大屋顶建筑，首层被做成了台基样式，是 20 世纪 30 年代中国建筑师设计的"民族风"宫殿式大屋顶代表性优秀作品。现为上海体育学院行政大楼。

一直到抗战爆发前，"大上海计划"进入大规模的开发建设阶段。1932 年 1 月，日军制造"一·二八"事变，核心地工程所在的五角场至江湾地区陷入战争被迫暂停。1933 年 3 月上海实现停战，工程继续进行。

1933 年 10 月 10 日，上海市政府大楼完工，同时落成的还有社会、教育、卫生、土地、公务等五局的房屋。同年年底，市政府和上述五局相继迁入新建的市中心行政区大楼办公。此时，市政府鼓励非营利性机构在市中心区域兴办公共事业，并提供了减免地租等优惠政策，尤其是教育机构。除了复旦大学、同济大学等高校外，很多中学和小学也纷纷在此选址建设新校舍。上海国立音乐专科学校（上海音乐学院前身）、国立上海商学院（上海财经大学）

1935 年 8 月，由运动场、体育馆和露天游泳池三大部分组成的上海市体育场落成

同时在 1935 年竣工。市中心实验小学、岭南中学（殷高路上海交通大学附属中学）一期竣工。

到 1936 年年底，市中心区域的主要道路框架已经基本形成。新的水厂、电厂、虬江码头一期工程等重要基础工程基本完成。这些设施的建设水准大部分超过了租界而引领上海。干道宽度都在 30 米以上，几条主要的道路宽度更是达到了 60 米，而此前租界最宽的南京路，宽度亦不到 30 米。在建筑设计上，市中心区域的建筑力求规模和气势上的宏大。图书馆、博物馆的规模，在当时的上海名列前茅；江湾体育场号称远东最大，设备最先进。上海国立音乐专科学校、国立上海商学院、复旦大学、同济大学、军工路上的沪江大学等各校建成，初步形成了高等教育系统；由市体育场、江湾跑马场、万国体育场等形成了市域体育运动场所配置。市政府职员宿舍、花园住宅，集合住宅以及一些配套设施，包括含有小学的居民区也逐渐形成。

市中心区域实际的建设不过六七年，却使引翔地区发生了重大转变。以行政中心严整的空间轴线为主导的上海政治秩序和文化精神象征已经基本形成，成为众多历史事件发生的舞台。

1933 年 10 月 10 日，在民国国庆纪念日，市政府大楼举行盛大的落成典礼。当天参加典礼的民众达到了十万余人。时任上海市长吴铁城主持了落成典礼仪式，开始阅兵。

1935 年 4 月 3 日，在市政府新厦举行上海首届"集体结婚"。时有 57 对新人参加，场面颇为壮观

1935 年 4 月开始在此举办近代著名的"集体婚礼"共五次，并一直坚持到 1937 年日本全面入侵，是当时"新生活运动"重要的都市事件。

1935 年 10 月 10 日至 22 日，在新落成的上海市体育场举行的第六届"全运会"也是一大盛事。

1934 年开始建设的上海体育场，是行政中心区建筑风格转变的典型代表。它没有采用中国建筑的固有形式，而是巧妙运用传统建筑的元素构筑现代建筑类型，在总体布局、功能设置、空间形态、立面处理、材料运用、细部处理上皆有独到之处，如体育场的大门采用竖向构图，巧妙结合石材斗拱、拱门、传统装饰纹样等元素，外墙均用红砖，因其质坚价廉。压顶及勒脚则做人造石饰，以中国雕纹装饰，材料对比更体现建筑的鲜明个性。

上海市体育场在原市立第一公园的用地上，由董大酉设计，包括运动场、体育馆、游泳池三部分，以及远期的网球场和棒球场，占地 300 亩，运动场的建设规模当时号称"远东第一"，即使在今天看来，也完全称得上气势恢宏。运动场采用链环形，容量为 4 万个座位和 2 万个立位，总计可容纳 6 万人。现为上海市江湾体育场，位于今淞沪路 245 号。

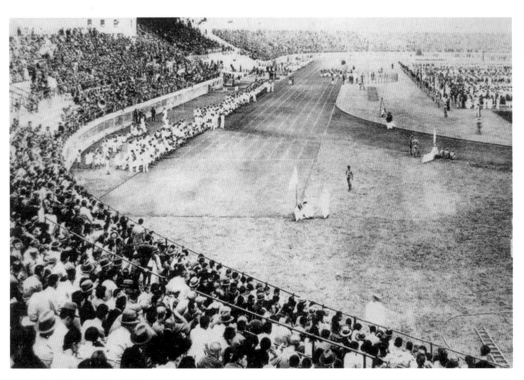

民国上海市体育馆

现在的上海市江湾体育场

　　1937 年中日淞沪会战后，上海沦陷。日本对上海长达 8 年的占领，彻底改变了上海的发展轨迹。从以战养战出发，日军扶持了傀儡政权，成立了复兴局，中日合资的上海恒产股份有限公司负责市政管理和建设，但实际批准和执行权完全掌握在日本军部的手里。

　　在日本占领上海的初期，租界依然不在日军的掌控之中，大量的资本和难民涌入租界，还形成了租界的孤岛繁荣。从政治角度看，日军需要气势宏大的新中心区域与租界竞争和抗衡。在军事上需要自己的军事基地，尤其是港口和机场。

　　日军在军工路、闸殷路之间设置了军用机场。机场内原有约 500 米长的街市、400 多年历史的古镇——殷行镇，殷行镇在淞沪抗战中遭到严重的破坏，沈家宅、虎王堂、周家湾、杨树园等 68 个村庄被夷为平地。殷行镇以及周边区域约 7000 亩土地被强占，设置了江湾机场。

　　从经济上看，战争需要大量的资金，通过建设新城区，强行征收土地，促使地价增高，土地出售后日军可获得相当利益。从 1938 年开始，上海恒产股份有限公司为此制定了《大上海都市建设计画》（注：计画，即计划）

与《上海新都市建设计画》，恒产公司通过制定相关的法律以及傀儡政权的协助，强行占用了大量的土地和房屋，以低于市价 20% 的价格，用一半现金一半债券的付款方式，陆续在引翔、殷行、江湾等地征收民地 1.6 万多亩，获得了实施都市计划需要的土地。在土地征收后很短的时期内，恒产股份有限公司就开始进行土地分售。1938 年 12 月，当时的日伪政权合并江湾、殷行、引翔 3 区以及吴淞区蕴藻浜以南地区，设置了市中心区，是都市计划的重点区域。

旧上海特别市政府大楼（现上海体育学院）是上海近代最宏伟的宫殿式大屋顶建筑，首层被做成了台基样式

1939 年 10 月 21 日，都市计划举行了正式动工仪式。实际的建设活动早已在此前展开。日军占领时期，以今天的五角场为中心的区域道路系统趋于完善，环岛和放射性特色路网结构基本形成。尤其是黄兴路和邯郸路之间的道路系统，大部分保留到今天。军用机场、军事设施和部队营地的建设，是当时建设的重点。在今军工路、闸殷路之间设置的军用机场于 1941 年上半年竣工，即后来的江湾机场。虬江军用码头也同期建设完工。日本驻军共建

设28处驻地房舍：政肃路的日本空军宿舍（今复旦大学宿舍）；体育中路的特种部队驻地（后改为八一电影机械厂）；邯郸路四平路口的华中派遣军司令部（今空四军营房）；翔殷路国和路的警备队驻地（后改为上海钢丝厂）等。

此时的五角场区域是上海军部和居留团的主要聚集地，位于黄兴路、翔殷路转角的恒产股份有限公司的上海恒产大厦为代表，聚集了大批军营、住宅、办公楼、教育建筑等，形成了区域的管理和生活中心，是上海的军事和政治中心。具有代表性的上海恒产大厦在2006年五角场改造中被拆除。相比之下，原市中心区域的行政中心有衰落的迹象，除国民政府时期的既成建筑外，新的项目很少，真正的区域中心逐渐移到了今天的五角场环岛周边。

1941年年底，太平洋战争爆发后，日本接管了租界。租界再也不是上海城市发展的阻碍，这一根本性的转折，彻底改变了上海城市发展的总体格局，城市发展模式也由建设新城为主变为旧城改造为主。在新的都市计划中，原来的租界和新市区合二为一，进行整体规划。其主要变更点为政治中心设于租界与新市区中间地带的闸北，北站作为新的中央车站，市内设置纵横高速铁路，并与浦东相连。市中心区在城市中的重要性开始显著下降，这也预示着今后几十年，五角场逐渐被边缘化的命运。

当年江湾新市中心辟建的市政道路

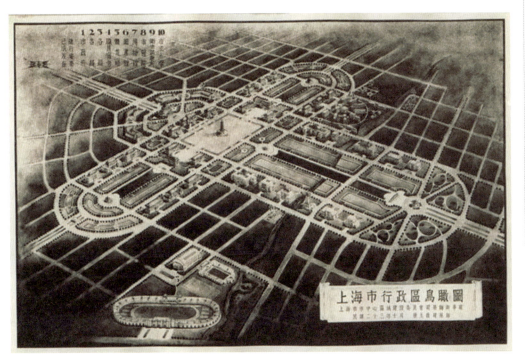

上海市行政区鸟瞰图

　　1945年抗战胜利，国民政府接管上海市，鉴于租界已经收回，开始拟定《大上海都市计划》，为上海全行政区的未来50年做了详细的市政规划，确立了以人口、土地利用、交通系统三大部分作为都市计划核心内容的模式。1946年完成初稿，1949年6月完成三稿。上海解放后，由人民政府接管，上海市市长陈毅批准，特予刊印三稿。这个计划最终只留在纸面上并没有实施。

　　计划经济体制下，上海的城市发展完全取决于中央的政策。在整个计划经济时代，上海对国家的发展贡献巨大，上海逐步由过去远东的金融、文化、商业中心，转变成为一个全国性的工业中心。政治制度和经济模式的剧变，使近代上海城市史有一个根本性的转折。私有土地与私有财产权的取缔，产生了新的城市建设模式，即社会主义城市的模式，城市建设只能通过政府和集体才能实行，个人业主几乎完全消失。

　　1949年以后上海的历次规划中，均以工业发展为城市首要目标，上海城市规划已经完全抛弃了"大上海计划"时期的构思，而转为配合国家计划的安排，为工业生产和城市人口疏散服务。在具体的规划理念上，上海采用了单中心的城市结构，以人民广场一带为城市中心，逐渐向外扩展。"大上海计划"时期初见成效的行政中心，分别被不同的大型单位占据。同时由于政治上的因素，原行政中心在历史上的价值已成为过去时，因而在长达几十年的时间里持续地衰败。到今天，行政中心的十字形轴线几乎已经难以辨认了。

改革开放后，"大上海计划"中的新市中心区交通枢纽江湾五角场大变样，成为上海四大城市副中心之一，一个融大学城、知识产业园区、现代生活区和商业区于一体的城区已经崛起。五角场环岛上空的"巨蛋"更是以其独特造型成为上海地标。

今日黄兴路

虬江码头

　　虬江码头在虬江与黄浦江交汇的入口附近，虬江码头路附近。今天看上去是一个不起眼的小码头。

　　得天独厚的地理优势，使上海发展成为中国最大的对外贸易港口，也促进了城市的飞速发展，港口和码头从一开始就是市中心选址的重要因素，也是"大上海计划"的重要组成部分。1929年，市中心区域建设委员会提出了《新商港计划》，拟在蕴藻浜入浦一带设立新的深水港。后来采纳技术顾问提出的建议，在今天复兴岛和共青森林公园一带，建设大型商港，选址在虬江口一带设置码头。而上海真正的现代大型集中港口，直到1990年以浦东开发为契机全面开展城市建设，才开始在外高桥展开。

　　虬江曾是上海北部的一条重要河道。旧时的虬江原为吴淞江下游出海故道，虬江被截弯取直，多处填河建房筑路，如今仅留互不相连的西、中、东三段河道。虬江东段从复旦大学西北角向东经沈家行向东入黄浦江，这里是黄浦江下游，靠近吴淞口，江面宽阔，水流深缓，腹地较大，交通方便，远比旧有黄浦江沿岸上海港区位置优越。

虬江桥是虬江码头的配套工程之一，图为虬江桥旧照

虬江码头路

　　清末民初，上海港的海关管理权、外轮进出口批准权、引水权、港口的管理权等，均处于租界的控制，华界在占用码头长度、轮船吨位等方面，也处于明显的劣势，更重要的是，上海港本身也面临发展的瓶颈。

　　沙船时代，上海港十六铺是大上海的代名词，当时泥沙淤积的问题对吃水比较浅的沙船来说不是特别突出。十六铺是一个内河型的海港，它不是直接面对大海，而是从长江口进入吴淞口，吴淞口进入陆家嘴，然后到十六铺。后潮汐和泥沙问题越来越突出，黄浦江渐渐淤浅，商船不能顺利驶抵上海。

　　清末，吴淞镇因地扼中外船只的入港要口，备受各方青睐，英、美、法等国多次要求清政府准许其在吴淞设码头起货，并将吴淞也辟为租界，曾试图在吴淞建港，通过铁路运输货物转运至上海。清政府为了保持主权完整，断然拒绝了这一要求。此后，列强将重心放在了黄浦江的疏浚上，并将疏浚浦江的条款写入了《辛丑条约》。1905年，上海设立浅浦局对黄浦江进行疏浚，保持黄浦江航道低水位时有8米深，便利商船进出。此后上海港的重心一直保持在黄浦江沿岸租界附近。而黄浦江靠近吴淞口的深水岸线此时并未被利用。

　　进入20世纪，世界航运业已经有了船舶大型化趋势，万吨级的轮船只能趁潮汐进入上海港，因此深水港的优势日益显现。随着航运量日增，租界附近码头渐不敷用，且租界系外人管辖，因此"大上海计划"在蕴藻浜以南、黄浦江西岸虬江口建造可停泊百万吨级以上巨轮的新商港。

由于新商港计划耗资巨大，需要中央批准，短期内难以实施，于是政府提出了过渡性的方案，决定先在虬江一带沿浦建设码头。1930年12月，公布了《上海市黄浦江虬江码头计划书》，计划中的虬江码头在浦江西岸，军工路之东，虬江口以北，上河路以南，岸线长确定为1400米左右，总面积约800余亩。距离吴淞口约13公里，水深平均为8.5米，加以疏浚后水深平均可达9.3米。

建设计划分为三期，第一期新建两个码头泊位，用钢筋混凝土固定码头，两座水泥仓库，双层办公楼一座，仓库后敷设铁轨三条，实现水陆联运；第二期建设一个码头泊位，双层水泥仓库两座；第三期计划接通三座码头，建设四个水泥仓库，五座铁皮仓库。

由于上海市政府资金紧缺，无力开发虬江码头。1934年，市政府和中央银行联系，商定由中央银行对虬江码头进行开发和建设。中央银行组织了虬江码头计划委员会，由孔祥熙任主席，拟征收土地2500亩，编制了虬江码头建设第一期计划。虬江码头由此正式动工建造，到1936年秋天，工程大体完成。1937年淞沪会战爆发，虬江码头第一期工程已经完成，第二期工程还在建设中，已经可以实现同时停泊两万吨巨轮两艘和一万吨巨轮一艘。

1937年"八一三"抗战爆发后，虬江码头作为当时中国军队最大的军用码头，成为日军最初就要抢夺的重要目标。日军第三师团在吴淞镇附近登陆，淞沪反登陆作战，虽然只持续了几天，而且以中国军队的失败告终，却让日军付出了极为惨重的代价，虬江码头一带成为反登陆战中最惨烈的战场。

日军从刚完工不久的虬江码头（第一期）登陆，新市中心区又成中日交战战区，大上海计划的道路系统为日军提供了极大的便利，日军沿着翔殷路一路进犯，不久便攻占了新市区全境。已建成的虬江码头（第一期）也被日军占用作为物质储运码头，将从中国各地掠夺来的资源通过海路运回日本。

日军占领期间，"大上海计划"的主要原则进行了一定程度的延续，并在此基础上提出了《上海新都市建设计画》，涉及的建设范围，"由黄浦江下流左岸中央码头（虬江码头）至吴淞镇沿岸一带地域，总面积约七千五百五十万平方米，约合现租界全面积二倍以上"，达到惊人的 11 万亩，远远超过了国民政府的大上海市中心区域第一期建设约 6000 亩的范围。同样，以军事港口、码头占据了重要的位置。新都市主要功能区域是虬江码头附近建设中央码头，接近码头岸壁及华亭湾船舶系留处，设置商业地区及临港设施用地，即仓库地区。由码头至中心区沿干线道路设立公共地区，即高层建设地区。

太平洋战争爆发后，日军占领了租界。新都市的战略地位已不复存在，新都市建设计划的构想没有进入实施阶段。中华人民共和国成立后，由于历史原因，这些地区主要的军事用地，包括虬江码头在内自然成为人民解放军的驻地、军工单位。

领潮时代的上海市图书馆

保存完好的图书馆建筑是上海极其珍贵厚重的文化遗产。

坐落于黑山路 181 号"大上海计划"时建造的上海市图书馆，历经八十余年，建筑保留完好，修缮后为杨浦区图书馆新馆，重新对社会开放。这不仅是对图书馆旧建筑的简单利用，还是对城市文化的保护性开发。

"大上海计划"中江湾文化中心建设，是旧上海市图书馆兴建的主要原因。另外，它代表了上海图书馆事业的发展成果。

上海最早由外国传教士和侨民先后创办了第一批图书馆。1936 年，上海全市有图书馆 300 余家，有公共图书馆、私立图书馆、租界图书馆、学校图书馆、儿童图书馆及教会图书馆，在全国都是领先的。著名的有现在仍然作为图书馆对公众开放的，如徐家汇藏书楼、圣约翰大学罗氏图书馆、市立图书馆、明复图书馆、海关（赫德）图书馆等。1931 年，上海第一家市

上海市图书馆位于府前右路（今恒仁路）与府南右路（今黑山路）之间，坐西朝东，恰好与市博物馆相向而立，其外观式样与博物馆大同小异，堪称"姐妹楼"

立图书馆在南市文庙建立，藏书仅 2 万册。于是另觅新址建造新馆，1936年 5 月建成开放，而文庙内的市立图书馆则改名为南市分馆，市立图书馆的建设在不断提升。

民国初年，中国出版业大多集中在上海。上海图书馆数量之多与商务印书馆、中华书局、开明书店等上海文化出版印刷业发达密切相关，当时全国 10 本书 9 本是上海印的。

1932 年"一·二八"事变中，日军蓄意破坏中国的文化设施，商务印书馆位于宝山路的总厂被炸毁，损失惨重，最为沉痛的是东方图书馆藏书 46 万册，包括宋、元、明、清版本，抄本和稿本等珍本善本，还藏有比较齐全的地方志和中外杂志报纸等被付之一炬，享有"世界第三、远东第一"的东方图书馆藏书片纸不留，王焕崧编撰唯一的《引翔乡志》一卷也在这场战火中被烧毁，此卷被焚对了解引翔乡历史造成不可挽回的损失。

时任东方图书馆馆长、商务印书馆董事长的张元济先生痛心疾首，遂联合了爱国人士叶景葵、陈陶遗建立了合众图书馆，共收集 24 万多册历史文献，奠定了上海图书馆历史文献收藏的基础。由在燕京大学图书馆工作的顾廷龙先生南下担任馆长，后为上海图书馆首位馆长。

"上海市图书馆"建设属于"大上海计划"的二期工程项目之一，按照当代图书馆标准规划的上海市图书馆，成为市民关注的文化设施建设项目。

董大酉设计的上海市图书馆原图纸

由董大酉和助理王华彬设计，采用的是现代建筑与中国建筑之混合式样。平面为"工"字形，前部两端横展向前突出，总面积 3470 平方米，并为将来扩建留有余地，容量可增加一倍。图书馆中央正面设计模仿传统门楼，门楼很大程度上只是一种标志物。在平顶的两层建筑上，设置中国固有形式的重檐歇山门楼，左右对称。室内装修采用红柱、彩画的传统风格。

1933 年 8 月开始筹建，市政府拨款 30 万元，9 月动工兴建，组成了蔡元培、王云五、张元济、李公朴等 8 人的董事会。洪逵、杜定友任筹备处正副主任。当时限于经费不足，设计蓝图并没有全部实现。图书馆仅建成了接近一半的建筑体量，呈"工"字形，就投入了使用。大部分为二层建筑，约可藏书 40 万册，阅览座位 300 个。1936 年 5 月 1 日，上海市图书馆正式成立，时任市长吴铁城举行招待会。同年 9 月，试行开放。该馆直属市政府，洪逵任馆长。据当时藏书统计，除订购及入藏未编目者外，计有中外文图书 2500 种，阅览室陈列各种丛书及新到图书约 6220 种。

上海市图书馆"外中内西"。外表是中国传统的，内部设置与设施安装等借鉴了当时欧美国家最新图书馆的配置模式，密集型的钢制书架位于建筑中部，二层正中有阅览室、借书室、目录室等。两翼房屋，左面下层为办公室，右面下层设儿童阅览室、演讲厅，楼上左右均为研究室。周围设置有各种类型、服务不同人群的多个阅览室。

图书馆于 1936 年 9 月对外开放，以其规模来说，是上海市公共图书馆史上的一件大事，引来了众多的读者。一是借阅方便，有正当职业、固定住所的市民交纳 2 元押金后即可办理借书证借阅图书；二是在不办理图书证的情况下，支付与所借图书等价的押金即可借阅。图书馆还向市政府厨房接洽代办午餐，为了方便读者可以全日在馆内读书。

"生不逢时"的图书馆开放未满一年，就在 1937 年"八一三"事变爆发后被迫关闭，除少量珍贵图书已事先转移外，其余馆藏荡然无存。抗战胜利后，在福州路工部局图书馆原址复馆开放。1951 年改称为上海市人民图书馆。

图书馆建筑虽得以幸存，但 80 年间几易其主，曾经一度作为同济中学的校舍使用，在同济中学迁出后又空置多年。2004 年，图书馆建筑被列为

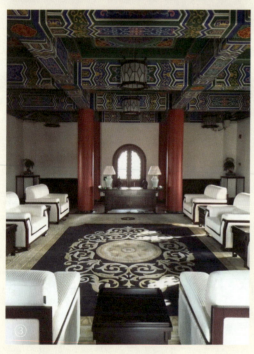

①②杨浦图书馆
③民国时期上海特别市图书馆贵宾室
④杨浦图书馆室内采取红柱、彩绘的传统风格

杨浦区文物保护单位，于 2014 年 4 月归入现有市级文物保护单位"大上海计划"公共建筑群。于 2012 年，杨浦区决定将旧上海市图书馆改建为杨浦图书馆新馆，并于 2015 年 4 月开工建设。历经 3 年多的修缮扩建，一座古城楼式的图书馆焕然新生，重现昔日光彩。修缮单位以"修旧如旧"的原则进行修缮，明黄色琉璃瓦、重檐歇山式屋顶、精巧的彩绘、富丽堂皇的门楼，都是根据遗留下来的少量信息，比对原本收藏的图纸和存档的照片复原，每个楼层中央都保留了最具特色的一排铁制雕花门——"孔雀门"，扩建部分也是根据董大酉的设计原稿进行，新旧风格保持和谐一致。

2018 年古城楼式的杨浦图书馆焕然新生，明黄色琉璃瓦、重檐歇山式屋顶、富丽堂皇的门楼熠熠生辉

　　杨浦图书馆重修后，建立了文献借阅、数字服务、展览展示、主题活动4个基本功能区。同时，还开辟了供学习或交流的小型空间，服务专业会议、学术讨论、演讲报告的大型场所等，具有本地区社会文化中心的功能。

　　图书馆藏书以"上海近代市政文献馆"为主题，选择"大上海计划"与百年市政发展进程中的重要人物、事件、文献、图集、影像，系统收集反映杨浦区域百年脉络，对上海近现代化进程形成巨大影响的各类文献。

● 第二章 ●

近代第一个
开发区：
引翔

　　上海开埠十年，太平天国打过长江后上海面临沦陷。李鸿章亲自率领淮
军东下保住了上海。这个契机让上海成为中国向西方学习实施洋务的重镇。
最初的工业化集中在这里，人才、资金以一种空前的规模聚集到上海。公共
租界东区筑路拉开了近代中国第一个开发区建设的序幕。

　　1882 年在南京路 31 号，世界第三个发电厂建成；又过了一年，两江总督
李鸿章打开黄浦江边的引水闸门，上海进入自来水时代；1908 年 3 月 5 日，
第一辆电车从晨钟暮鼓的静安寺开到了熙熙攘攘的外滩。

一、李鸿章的上海创业神话

·

淮军上海保卫战

·

历史上的三次战事客观上促进了上海的发展：第一次是 1842 年上海在英军炮火中开埠，这是上海历史上第一次沦入外敌之手，是租界的起源；第二次是 1853 年上海小刀会刘丽川起义，起义发生后，华人大量涌入租界，导致了"华洋杂居"，租界的城市功能也逐步得到全面开发，由此，上海租界迅速崛起；第三次是太平天国起义，江苏、浙江及长江一带人民聚集上海租界，此时的上海"十里洋场"，富庶繁华，大量的华人资本流入租界。三次战事客观上带来了上海的阶段性发展，特别是第三次太平天国起义。

1853 年，也是太平天国定都南京后转而北上、西征和东进的第一年，江南沦陷。作为江南地区唯一的安全区域，上海租界自然地成了首选的避难所。最初的难民是上海周边的，后来江、浙、粤、徽等各省的绅商难民涌向租界。大批逃难民众涌入租界，租界人口从 1853 年前不到 300 人，骤增至 2 万人；到 1864 年太平天国运动平息时，租界人口创纪录地达到 50 万人。

这些人中很多是江南有钱的人、有文化的人，如南浔富商之首刘镛、湖州丝商陈熙元、苏州席氏等；文人有苏州进士冯桂芬、镇江的马相伯等。人与财富，因为战争，以空前的规模聚集到上海，上海开始走向繁荣，成为江南新的中心城市和长江三角洲地区社会经济发展的龙头。苏州、杭州无可挽回地在太平天国运动中衰落。

①李鸿章雕塑
②合肥李府巷
③合肥市李鸿章故居

淮军组建了中国近代第一支炮兵部队

清朝已经无法维护它自身的安全，上海地方官利用租界的特殊情况，组织了外国人在租界的雇佣军"洋枪队"（正式名称"万国商团"），出兵协助清军"剿灭匪乱"。1860年又出现了一支"华尔洋枪队"。上海守军是3000名洋人的"万国商团"和3000名中国人组成的"常胜军"，上海士绅和商人出钱，为他们装备了来复枪和榴弹炮，保卫租界与上海。

1862年年初，太平军在连克宁波、杭州之后，忠王李秀成统率12万大军包围了上海。与太平军相比，洋人有限的兵力杯水车薪。上海受到太平军威胁，官绅惊恐万状，派代表到已克复安庆的曾国藩处求援。

当时还是曾国藩幕僚的李鸿章，力劝曾国藩援救上海。考虑到湘军兵勇严重不足，曾国藩派李鸿章回乡组建淮军，领兵援沪。这对李鸿章来说是改变一生命运的关键一步，也是必然的结果。早在1853年太平军从武汉顺江东下，攻占安徽省城，杀死安徽巡抚，安徽地方当局一片混乱，犹如惊弓之鸟，纷纷兴办团练自保。此时李鸿章还在京城当翰林院编修，听闻后投笔从戎，赶回家兴办团练。当时李鸿章乃一介书生，无权无饷，后来投奔曾国藩。由于庐州团练的基础和李鸿章在当地的各种关系，此次组建淮军的招募比较顺利。

巢湖地区自古民风强悍，民间纷纷结寨自保图存。这里是大别山余脉，冈峦起伏，丛林茂密。庐州地区的团练武装，有三股势力最大，周公山、大潜山、紫蓬山，号称"合肥西乡三山"，百里之内，互相声援。打仗亲兄弟，上阵父子兵，合肥西乡有周公山的张树声、张树珊、张树屏兄弟；紫蓬山的周盛波、周盛传兄弟；大潜山的刘铭传，以及周围的唐定奎、唐殿魁兄弟；还有以三河为中心的潘鼎新、吴长庆、董凤高。这些团练的亡命之徒厮杀起来，带有浓厚的"血亲复仇"性质，常常是父死子继，兄亡弟承，一人战殁，合家上阵。

李鸿章首先通过张树声招募了合肥西乡三山的诸部团练。1862年春节过后，第一批成军的淮勇淮军、最早的部队树（张树声）、铭（刘铭传）、鼎（潘鼎新）、庆（吴长庆）四营即陆续开赴安庆集训。这只是一个开始。此后从安徽投奔而来的兵勇越滚越多。当时，庐州一代有一句顺口溜，"会说合肥话，就把洋刀挎"，在这样的煽动和蛊惑下，巢湖一带的青壮年开始源源不断地投身于淮军之中。

1862年4月初，李鸿章率领刚刚练成的6000多名淮军，雇用当时世界上最为先进的水上交通工具洋火轮，挂着英国旗，兵分三次从安庆而下，神不知鬼不觉地穿越太平天国铁桶般严密的防区，顺利抵达上海。上海各界翘首以盼的援兵终于到来。而从船舱走出的淮军土里土气，这一支刚组建起来的淮军乡勇来自农村乡下，头上布帕包头，穿着前面是个"淮"字、后面是个"勇"字的短褂，手中武器大多是大刀长矛。简陋的装备令他们多少感到失望，与租界的洋枪队相比，这些大兵的模样儿简直不堪入目，被人称为"叫花子兵"。

来自农村乡下的淮军乡勇被人称为"叫花子兵"

　　淮军的到来，并不让人看好，李鸿章却一点儿也不在乎，面对这些讥笑，淡然说道："军队重要的是能打仗，不是看装饰外观，等我试一试，再笑也不迟。"短短的几句话鼓舞了军队士气，也体现出李鸿章破釜沉舟的气概。两个月后，让李鸿章"试一试"的机会来了。虹桥、北新泾、四江口三场大战的胜利，改变了苏南战局，挽救了1862年的上海，"叫花子兵"竟成为角逐上海滩的赢家。

　　李鸿章刚到上海时，淮军一直隐忍避战。李鸿章深知淮军初建尚不能蛮战，要学得西人一二秘法。他跟老师曾国藩说："抵达上海后我三天三夜足不出户，还趁机化装上了英舰。英法联军司令何伯从圆明园回来，我就跟随在上海道台吴煦的后面，跟洋人谈判、会谈。在洋人兵舰上留意观察，看到了西人大炮坚利、战舰威武雄壮、步伐整齐。我们只要有了开花炮和火轮船两样，就可以让洋人不敢小看我们。"

　　认识到不足，李鸿章虚心求教、尽力改进，一方面狠抓军事操练，另一方面则尽可能地为草创的淮军购置洋枪洋炮。他拜托在广东办厘捐的兄长李瀚章，迅速从香港买了3000支洋枪，组建了自己的洋枪队。根据战争的实践，将洋枪洋炮集中使用，仅此一项，就使淮军的战斗力迅速上升。

　　李鸿章又在亲兵营中增设200名炮兵，组建了中国近代第一支炮兵部队。当时，淮军炮队已有六个营之多。他委托洋人在松江城外的一座庙宇里，建"上海洋炮局"。最初50名工人完全手工操作，每天生产炮弹百余发。这是中国近代史上第一家工业企业，也是清政府经营最早的兵工厂，后来"上海洋炮局"随淮军由苏州而至南京，改称"金陵机器制造局"，经过多次改名以后最终成为今天的长安汽车集团。

　　李鸿章带兵也有一套。1862年6月18日，虹桥之战关系上海安危，又是淮军援沪之后的第一战，只能成功，不能失败，因为通过这第一战淮军才能够立威扬名。淮军非常重视这次作战，李鸿章搬了一把椅子坐在虹桥的桥头亲自督战，战斗打响后就把全军的大部分兵力集中，亲自带大队分三路进援。战斗中，张遇春的"春"字营败退下来，李鸿章心里很窝火，早在拉团练时张遇春就是他最忠实的部下。他面无表情地说："拿把刀来把他头砍了。"

吓得张遇春赶紧从地上爬起来，又上前线去了。当军情危急时，李鸿章跃马而出，以"不作生还之想"激励部下，一往无前，置之死地而后生。显然这种姿态不仅是给部下将士，更是给近在咫尺、按兵不动的洋人们看的。李鸿章受命以来首战大捷，一时被上海百姓视为天兵天将，连向来鄙视中国士兵的《北华捷报》也刮目相看，改称"叫花子兵"为"优秀的军队"。

1862 年下半年，太平军在上海远郊四江口围困清军。李鸿章命程学启、郭松林、刘铭传各统一路进击，自己骑马驰骋于众部将之间，来往调度督催。这是一场恶战，从早上 7 点一直打到下午 5 点，两军酣战近 10 小时。太平军依仗人多势众，越来越占上风，李鸿章见势不妙，用他的合肥土话把淮军统将兵士骂了个遍，这种激励方式果有奇效，淮军上下破釜沉舟背水一战，程学启、郭松林、刘铭传三路一齐发力，反扑太平军，踏破营垒二十座。该处河港众多，而败退的太平军仓皇中将浮桥压断无处逃生，以致被生擒三四千人。

四江口之役后，上海之围彻底解除，太平军被迫退守苏昆腹地，李鸿章也很快于年底实授江苏巡抚，这样李鸿章便成为上海乃至长江下游清军的主帅，淮军变成了可以调用上海全部财源的主力军。李鸿章将此视为全局的根本转机，励精图治，在上海及苏南地区做出了一番成绩，这些成绩使得上海这座城市的社会经济有所发展。这一年，上海承担了对外贸易总额 63%，广州仅占 13%，确立了上海在国内外贸易的首席地位。

上海滩上演了近一个世纪的传奇。中国历史上还没有哪座城市像这时的上海，充满了各种机会，让每一个人都可以重新定位和塑造自己，这里成为各色人等的竞技场。李鸿章有胆有识，在这片舞台上演绎洋务强国富国的梦想。

洋务基地大开发

鸦片战争失败以后，林则徐提出"师夷长技以制夷"的主张，但是清朝依然沉浸在天朝帝国的迷梦中，他的主张直接被冷落、拒绝。直到领略到洋枪洋炮的厉害，李鸿章从平定太平天国运动中掌握了相当的权力后，冲破重重阻力，开启了中国近代第一次运动——以引进大机器生产、制造先进枪炮轮船、铺铁路架电线、引进西方科技知识、派遣留学生为主要内容的洋务运动。

在上海局面渐稳，主要战场开始向外围转移后，上海有了一个太平环境吸引全国的资金，李鸿章当即把洋务基地落到了上海，江南制造局、轮船招商局，开启向西方学习先进军用、民用技术的进程。

李鸿章生平创设的军用、民用企业为数不少。1863年，李鸿章雇用英国人马格里首先在松江创办了一个洋炮局，1865年扩建江南制造局，1872年年底，首创中国近代最大的民用企业——轮船招商局。还有第一个煤矿——河北磁州煤铁矿（1875年）、第一家纺织厂——上海机器织布局（1878年）、第一家电报局——天津电报总局（1880年）、第一条铁路——唐胥铁路（1881年），据统计他开创了47个"第一"。其中规模影响较大的有江南制造局、轮船招商局、机器织布局和电报局，这几项事业的基地都在上海，对上海本地影响深远，为上海打下了工商业长期领先于全国的扎实基础，同时也起到了开风气之先的重要作用。

◆ **创办江南制造局**。江南机器制造总局（简称"江南制造局"）是晚清洋务派创办的规模最大的军工企业。江南机器制造总局分为机器制造局和江南船坞两个独立企业。1865年，李鸿章在虹口创办江南制造局，采用了先收购、然后扩大规模的模式。他看中了上海虹口美国人开办的旗记铁厂，这是当时上海外商所办的铁厂中较大的一家，能修造大小轮船及开花炮、洋枪各件。李鸿章用4万两银子购入，并将原有两个洋炮局并入，组建江南制造局；后来，容闳赴美国购办的100余台机器于1865年运抵上海，李鸿章将其全部划归江南机器制造局所有，成为其很长一段时间内的主要生产设备，开始了中国最早使用大规模机器生产的近代军事工业，也是中国近代工业的开端。

江南制造局培养出我国近代第一批产业工人和技术人才。许多工人为其他后起的近代企业所用。在江南制造局初步组成时，原有的本国工人才二三百人。这些工人主要来自福建、广东、宁波等开放之地，具有一定的机器制造技术。在早期的工人中没多少上海本地人，因为当时有谣传："进局的人要被丢到大烟囱里去""要被机器轧死"。直到开办近二十年，上海本地人看到，在制造局工作并没有什么危险，才愿意进制造局做工。

随着工厂的发展，机器日增，场地无法安置，江南制造局于1867年夏迁至上海城南黄浦江边的高昌庙镇。江南制造局占地400亩，作为中国第一个大型近代企业，产生了中国第一批正规产业工人。到1890年，上海的外国报纸称"江南制造局一共雇用了约二千工人"。此后，由于炼钢厂、无烟火药厂等的建立，工人数字又有新的增加，发展至近3000人。这些人里有一些技术骨干和熟练工人被李鸿章调往天津。

①当年江南制造总局炮厂的机器房
②当年江南制造总局生产的后膛钢炮

①江南制造局大门
②江南制造局创办3年后，设立翻译馆。经徐寿、华蘅芳等人建议，由两江总督曾国藩奏请成立翻译馆，这是近代中国第一个由政府创办的翻译西书的机构，图为当年翻译馆开设后的工作人员

江南制造总局在 1868 年生产了中国第一艘自造汽船"惠吉"号，另外总局所建造的轮船、挖泥船、测量船，广泛使用于长江航运、沿海航运，并且这些船在航道保障上都起着重要的作用。经清政府批准，一度获得了修造招商局轮船的专利权，招商局成了江南制造局业务上的主要对象。它开展的船舶修造业务直接服务于上海港的航运，间接促成上海这座城市向近代的转型。

1890 年后期，江南制造总局已成为中国乃至东亚最先进的机器工厂。1890 年江南制造总局筹设的炼钢厂，于 1891 年第一次炼钢铁成功，是中国近代炼钢工业的首创，从此炼钢厂具有轧钢生产能力，能将钢坯加工成钢板、方钢、圆钢、扁钢等不同钢材。江南制造局生产的钢材除了本地自用以外，一部分还运往福州等地。

当年江南造船厂（制造局）为美国承造的第一艘"官府"号于 1920 年 6 月下水，1921 年 2 月开赴美国。1921 年，之前承接建造的四艘巨轮全部按时交船，经验收各项指标均达到要求，其中船速还超过合同指标。美方对此非常满意。"官府"号是远东乃至亚洲制造的第一艘万吨远洋巨轮，国人无不骄傲自豪。

◆ **建设洋务重镇高昌庙**。这里原是上海老城区外黄浦江边的一片农田，随着江南制造局的落户，高昌庙地区从一个传统的村落进而成为洋务重镇。

1897 年，上海绅商集资在此开办自来水厂；1901 年，上海邮政局设江南邮政分局，也称高昌庙邮政分局；1906 年，李平书等在此发起成立电灯公司。沿黄浦江相继出现开平煤栈、三北轮船公司码头等，周边还陆续开设了求新机器制造轮船厂等一大批各类工厂。大量物资的汇集和人员的聚居，推动着上海城南一带城市化的进程。

在江边空地上，逐渐形成了两条狭窄的街道，一条是高昌庙街，又称老街；另一条是广东街，因广东人多而得名，原来农村面貌的高昌庙，已成为早期江南工人集中居住的"棚户区"。一个多世纪积累下的工业基础，使得高昌庙成为无可争议的工业区，制造局路、局门路、局门后路等与其相关的若干路名存留至今，江南制造局在上海城市发展进程中烙下深刻印记，直接影响着当地的社会经济发展。

高昌庙因制造局成为洋务重镇

　　当北京还在为要不要学西学吵得不可开交时，李鸿章和他的淮系集团把持下的上海江南制造局里，却已经在进行着一场静悄悄的革命。因为看到人才的重要性。1863 年，李鸿章奏请设立外国语言文字馆，形式仿照京师同文馆之例，开始称上海同文馆，4 年后改称"上海广方言馆"，招收 14 岁以下幼童学习外语和近代自然科学。李鸿章命冯桂芬为第一任学监。这是上海第一所外国语学校，广方言馆先后开办长达 42 年，培养了中国第一代精通西文西学的学生和外交洋务人才。

　　江南制造局创办 3 年后，设立翻译馆，先后聘请伟烈亚力、傅兰雅、林乐知等传教士，还有近代中国著名科学家李善兰，华蘅芳、华世芳兄弟，徐寿、徐建寅父子等，翻译西方书籍。在翻译引进大量科技类书籍的同时，也出版了众多政治、法律、军事方面的社科类书籍，对近代中国的有识之士产生了巨大的影响。1898 年，又设立工艺学堂，培养工艺技术人才。科技、教育、文化在勃兴。

至1904年，江南制造局已有13个工厂，下属机构包括：机器厂、铸铜厂、铸铁厂、炼钢厂、轮船厂、枪炮厂、火药厂、汽炉厂、公务厅、工程处、炮队营、广方会馆等，职工3000余人，房屋2000余间。其产品主要有枪炮、水雷、弹药、机器等，并能修造轮船。那时的中国虽没有大学和科研机构，但这家为"自强"而生的企业在100多年前创造生产了许多个"第一"：中国第一支步枪、第一艘机动轮船、第一门钢炮、第一炉钢。到了20世纪二三十年代，又诞生了第一艘万吨轮、第一批巡洋舰、第一架舰载飞机。洋务军事工业的创建为上海打下了领先全国的工业基础。

◆ **创建轮船招商局。** 上海水陆交错，腹地纵深，长江航运意义重大。1858年，清廷被迫与俄、美、英、法等国签订《天津条约》，不仅增开了沿海沿江的多处口岸，并且允许外国商船可在长江各口岸自由往来，开了长江港口和北方沿海港口开埠通商的先例。吸引着外商航运企业蜂拥而至，并以上海为基地积极向中国内地扩张。

中国由于多年海禁，传统沙船日显落后，毫无江海竞争力，外国轮船遂乘虚而入。靠走私鸦片发财的美商旗昌洋行开辟上海到汉口的轮船航线，坐地起价；怡和、宝顺、太古等洋行与旗昌几番角逐，他们包揽了中国沿海、长江乃至远洋的航线。长江与北方沿海水面中国的江海航权被逐步侵占。

轮船招商总局

轮船招商局从英国购买"伊敦"一船,航线由上海至汕头,试航成功,开辟了从上海到汕头的中国第一条沿海航线

1864年,李鸿章奏请建造船厂并允许华商置买洋船,但此奏章一等就是8年。后李鸿章采取"招商"形式,在上海创办轮船招商局。

创办时,轮船招商局从英国购买"伊敦"号轮船,航线由上海至汕头,试航成功,开辟了从上海到汕头的中国第一条沿海航线;接着,开辟从上海到汉口的第一条长江航线;再是从上海到日本神户的第一条远洋商业航线。很快,中国各通商口岸也被连为一体。至此,轮船招商局与其他商船开始江海航权的争夺。

旗昌和太古洋行联手压价,将运费降低七八成之多也在所不惜,只为挤垮羽翼未丰的轮船招商局。招商局依仗漕运垫底,每年有20万担的漕粮,不愁无货可运,与洋商打了三年商战,直到对手几乎无利可图。规模最大的旗昌洋行将16艘轮船和各口的码头仓库卖给了招商局,由此招商局囊括了"江海生意之大半"。到1877年冬,招商局又迫使太古、怡和签订了"齐价合同",中外公司在各条航线上共同议定统一的价格。这样,江海航权的外商垄断格局被打破。

到甲午战争前，轮船招商局航线已形成沿海、内河、远洋三大系统。远洋可至英国、美国、日本、南洋各处；沿海可南至香港、汕头、台湾，北达天津、牛庄；内河可至长江各口。纵横交错的航线都连接到一个点——上海港。上海的轮船修造业由此发展。

1894 年，上海有 45 家修船厂，企业数目在各个工业门类中名列第一。最大的耶松船厂公司，有祥生厂、新船坞、老船坞、引翔港船坞、和丰厂船坞、董家渡船坞。上海以船舶修造业为先驱，初步奠定了其全国工业中心的地位。

招商局捐办的南洋公学，即现在的上海交通大学。1896 年，盛宣怀加紧筹建南洋公学，学校经费半由商民（即招商局、电报局）所捐，半由官助，是为"公学"；清末称今上海地区为"南洋"，故学校取名为"南洋公学"。1904 年，经清廷批准，南洋公学改为高等商务学堂，几经更名，后改为上海交通大学。

1872 年 8 月 11 日，清政府派遣首批 30 名留美幼童在上海轮船招商总局门前合影

南洋公学成为一所专门培养从政务商人才的新式学校，立志造就像曾国藩、李鸿章那样的经世致用之才。南洋公学成立，并最终选定上海徐家汇为公学的校址，地理位置优势以及历史积淀，必然使后来的上海交大在国内高等院校中名列前茅。

纺织业的摇篮

李鸿章淮系集团与中国纺织业的发展关系相当密切。

盛宣怀，江苏常州人，长期担任李鸿章幕僚。李鸿章苦心筹划的上海纺织机器局由于一场大火毁于一旦，盛宣怀接受了李鸿章的任命，并按李鸿章的要求，迅速处理好火灾遗留问题，加紧恢复重建，成效明显。之后筹办华盛纺织总厂，经营良好。华盛纺织总厂及其在上海、无锡等地的裕源、业勤等七家分厂，是近代纺织业创始时代的代表企业。李鸿章之后，淮系幕僚相继创办了众多的纺织企业，到1913年纺织工业在我国当时的整个工业经济中占了投资总额、厂数、从业人数三项第一。这些企业以"华盛""华新""裕中""裕源"为名，反映了洋务派富民强国的思想。

◆ **上海机器织布局**。1878年李鸿章主持筹建上海机器织布局，这不仅是中国第一家机器棉纺织工厂，而且是中国纺织业的摇篮，造就了近代纺织业发展的一批人才。此时正是棉纺织工厂在亚洲出现的早期阶段，最为突出的是上海及其周边地区传统的手工棉纺织业面临着前所未有的冲击。19世纪50～70年代，棉纺织工厂几乎与缫丝厂同期被引进远东地区。印度的机纱业始于1851年，1857年印度的孟买有了首家棉纺织厂，随后孟买跃居为印度的棉纺织工业中心。1871年印度的纱厂扩充异常迅速，其中许多厂是专为中国市场的消费而设置的。印度和日本大阪形成了棉纺织工业的先行区，机纺棉纱输入中国最先在沿海城市站住脚。上海也有四家英国人和美国人开的纱厂。

此时李鸿章已当上了"总督之首"直隶总督，他非常在意上海织布局的筹建，事无巨细地在千里之外的直隶遥控过问。为扶持这个新生的民族企业，李鸿章在政策上请准了十年专利及减免税厘的特权。

①馆藏旧广告纸
②"上海机器织布局，至今尚为国人所经营，即杨树浦路申新纺织第九厂"，后申新九厂变身上海纺织博物馆，图为博物馆陈列
③上海机器织布局局部
④周谷城题写的"衣被天下"匾额
⑤博物馆展出的丝织品

上海机器织布局车间。1878年李鸿章主持筹建上海机器织布局，它不仅是中国第一家机器棉纺织工厂，而且是中国纺织业的"黄埔军校"

织布局所产的布匹，在上海本地销售可以免纳厘税，如果运往内地或分运其他通商口岸再转入内地销售，则仅在上海新关完一正税，内运沿途不再交纳税厘。如此，一则可以比进口洋布少纳 5% 的进口税，二则运入内地时又可以比洋货少负担 2.5% 的子口税，这是非常优厚的特权。这种特权显然有利于织布局同洋货的竞争，从而为它在开工以后带来了丰厚的利润和蒸蒸日上的局面。

为了减少来自外商的竞争，李鸿章采用独霸上海市场的"十年专利"。李鸿章指出，用机器代替手工，其利无穷，正是为了"稍分洋商之利"。为了实现这一目的，郑观应主持织布局实务的 1880 ～ 1882 年，根据西方各国通例并结合中国实际情况，向李鸿章提出建议。郑观应等人以进口的外国纺织机不适应中国棉花的特性，需对外国机器进行适当改良为由，提出了一定年限的专利权的申请，保护织布局相对安全和平稳的发展。

清廷向来对李鸿章在洋务上的创举极为重视，这次也不例外，于是织布局幸运地获得了 10 年的专利期。这一特权不久即发生了实际效用，1882 年，美商丰泰洋行经理华地码与买办王克明筹划开办"丰祥织洋棉纱线公司"，织布局马上根据所获得的专利权加以驳斥，美商未获成功。在 10 年专利期间，它阻止了外商在中国境内开设棉纺织厂的企图，为准备不充分的私人企业主赢得了时间，从长远来说，确实保护了中国新兴民族资本的利益，客观上起到了一定的作用。但由于 10 年专利期间"只准华商附股搭办"，不准华人再设新厂，因此在当时也曾遭到来自各方舆论的强烈谴责。

到 1891 年，织布局才完成筹建，整个筹建期历时 10 年。经郑观应与丹科等勘察，上海机器织布局的厂址选在了杨树浦沿江的一块 300 余亩的土地。之所以选在这里，一是地沿江滨，装卸货物方便；二是不在租界，不需向工部局纳捐；三是地面宽阔，又近马路。后来，杨树浦的沿黄浦江岸布满了中外纺织厂，留下了著名的国棉十九厂、十七厂、十二厂、十厂、九厂等。

织布局的建筑规模浩大，安装了英国辊轴式轧花机 40 台、织机 500 台，而环锭纺机、汽炉（500 匹马力）却是美国货。1889 年 12 月 24 日，上海机器织布局锅炉正式点火，500 马力的轮机当即旋转如飞，厂内外欢声雷动。上海机器织布局年产布 18 万匹。开工第一年，除去开支，盈利 20%。开办之初，在上海的外国人前往参观，"莫不叹为奇举"。对此，李鸿章很是高兴。他致电中国驻英使臣薛福成，要代购新式纺织机器，并在资金方面给织布局以方便。

当时织布局厂房的建筑是砖木结构，因为没有经验，清花、轧花场地共置一幢厂房，与机房、栈房距离较近，很不安全。1893 年 10 月 19 日，织布局厂房的清花车间忽然起火。起火时，厂方及上海官府一再要求租界当局派消防水龙驰救，外国人却以不在租界内而坐视不理。大火从上午 7 时一直烧到下午 5 时，因来不及扑救而延烧全厂，织布局瞬间化成灰烬，损失约 70 万两白银，中国最早的一家机器棉纺织厂就此付之一炬。

在如此巨大的挫折面前，李鸿章没有就此放弃。他上奏申请重建织布局，这项奏议仍旧得到清廷的支持。就在大火后一个月，李鸿章调天津海关道盛宣怀，会同上海海关道聂缉椝负责规复织布局。

上海国棉九厂遗址

1893 年 12 月 13 日，盛宣怀来到上海，会同聂缉椝、丹科等人，对灾后织布局所剩的地基、余屋、损伤机器、钢铁废料等进行清点。规复工作进行得相当顺利，1894 年 4 月，新厂建筑基本完成。9 月中旬，新购的机器安装完毕。9 月底，新的织布厂开车投产。这个厂，按照李鸿章的意思改名为"华盛纺织总厂"，地址仍在上海机器织布局的旧址，规模比原局还大。旧局有布机 500 台，纱锭 2.5 万枚；新局有布机 750 台，纱锭约 7 万枚，并在上海、宁波、镇江等地分设十厂。

这就是一个农业古国纺织工业的起步。华盛纺织总厂 1931 年被荣氏家族收购，成为荣家的申新第九纺织厂。今天申新九厂的原址上是中国纺织博物馆。

◆ **华盛、华新等纺织厂**。华盛纺织总厂开办后不久实际上即演化为官僚的私产，成为私人资本的企业。华盛对民族资本的一个好处，就是允许普通商人在"分厂"这一名义之下，可以集股另立新厂，从而为商办纺织厂打开了大门。

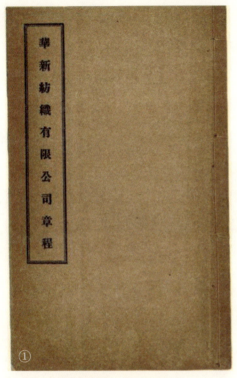

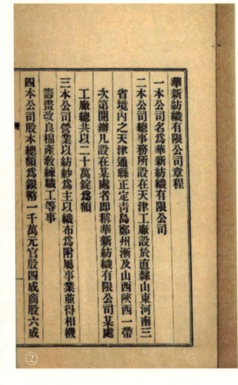

華新紡織有限公司章程

一 本公司名爲華新紡織有限公司

二 本公司總事務所設在天津工廠設於直隸山東河南三省境內之天津通縣正定青島鄆州漸及山西陝西一帶大宗開辦凡設在某處者即稱華新紡織有限公司某處工廠總共以二十萬錠爲額

三 本公司營業以紡紗爲主以織布爲附屬事業並得相機籌票改良棉產教練職工等事

四 本公司股本總額爲銀略一千萬元官股四成商股六成

①②《华新纺织有限公司章程》
③华新纺织"三燕"牌商标

在华盛建成前后，就有原上海机器织布局的部分股东周晋镳、苏葆生、徐士恺、唐廉等人，另行筹集白银24万两，创建了专门从事纺纱的华新纺织新局。盐商朱鸿度则独资创建了裕源纱厂，该厂于1894年末即在上海麦根路（今淮安路与苏州路南段）建成投产。与清廷官僚有密切关系的，聚集在上海的一些官僚也都参与其中，如上海候补道唐松岩、江苏候补道龚寿图；前上海海关道聂缉椝，聂是曾国藩最小的女婿，又是李鸿章在沪大办洋务时的得力干将，皆参与筹办官商合办企业华新纺织新局。

因织布局失火退出的杨宗濂、杨宗瀚杨氏兄弟，经历丰富，追随淮军，上过战场，办过洋务。其中，杨宗濂率无锡团练，跟随李鸿章守住上海，以军功荣升道员，后出任北洋武军学堂监督及督办新设的机器纺织局事务。1895年，应两江总督张之洞电邀到南京商议政事，杨宗瀚趁便请求在无锡开设机器纺纱厂，获得支持。次年正式投产，这是无锡第一家商办的使用机器生产的工厂，是第一家民族工业资本的专业棉纱厂，还是全国第一家环锭纺织厂。

在上海，浙江候补道朱鸿度之子朱幼鸿于1898年创办了裕通纱厂，1902年徐润创办了景纶纺织厂，1906年郑孝胥等创办了日晖织呢厂，1907年朱志尧创办了振华纱厂、1908年与沈仰高等合办同昌纱厂，1910年祝大椿创办了公益纱厂。

◆ **湖北织布局**。从1889年开始，两广总督张之洞转任湖广总督。张之洞在广州时，打算发展民族机器纺织业。他特意致电李鸿章，说明广东创办织布局只是供给广东市场，李鸿章也同意了张之洞的想法。当时，张之洞将布样及国产棉花样本寄给驻英公使刘瑞芬，请他在英试织，并订购机器。清光绪十六年（1890年），这批织机从英国运抵广东。此时张之洞已经在湖北，他与继任两广总督的李瀚章商议后，将这批织机转运至湖北武汉，建成了湖北织布官局。

◆ **苏经丝厂、苏纶纱厂**。陆润庠（1841～1915年），江苏元和（今苏州）人，曾总办苏州商务。清同治状元。辛亥革命后，留宫中，为溥仪的师傅。1896年，陆润庠在苏州创办江苏省内第一家使用动力机械的缫丝工厂——苏经丝厂。

1897 年，机械化大工厂苏纶纱厂建成投产。苏经丝厂、苏纶纱厂的创办，标志着苏州近代工业的发端。

◆ **广益纱厂**。曾任清政府光绪帝师的孙家鼐在河南安阳创办广益纱厂。清朝咸丰状元孙家鼐与马吉森等 3 人集资 200 万元，徐仙洲为总办兴建，引进近代纺织机械，规模为 22344 锭，占地 330 亩，房屋 2724 间，为河南省机器纺纱工业最早、规模最大的纱厂，居全国民族资本纺纱厂第六位。

◆ **华新纺织**。周学熙，安徽东至人，李鸿章幕僚、清末两江总督兼南洋大臣周馥的第四子，我国北方近代民族工业的奠基人，与南方实业家张謇并称为"南张北周"。第一次世界大战爆发后，帝国主义对中国出口减少，一时货源紧缺，周学熙着手组织华新纺织股份有限公司，1919 年正式成立，两个月即获利 10 万元；1919 年 3 月至 1920 年 2 月，计获利 137 万余元。此外，周学熙还先后在天津、青岛、唐山等地建厂。天津华新纺织厂创办后，对北方的棉纺织业起到了推动作用，他先后在天津建起纱厂 5 家，在济南建起纱厂 3 家，奠定了北方纺织业的基础，与日本垄断资本进行了有力的竞争，又打下了棉纺织业的基础。周学熙十分关注棉花的质量与供应，1919 年，周学熙任全国棉业督办，在天津设立筹备处。同时筹办天津兴华棉业公司，由周学辉任经理，在直隶、河南、山东、山西、陕西设立棉花收购厂。他制订《整理棉业计划四条》，提出改良棉种、培养技术人才、成立棉业公会等措施，并成立了长芦棉垦局，开始大规模植棉。

◆ **大生纺织**。张謇，江苏南通人，早期为淮西将领庐江人吴长庆和李鸿章幕僚桐城人孙云锦的参谋。1894 年在南通设立大生纱厂，1899 年投产。张謇注重棉花种植生产和机器纺织之间的关系，1901 年建成通海垦牧公司，以棉纺织为核心建立了从棉花种植到机器纺织和纺织机械的大型集团企业，1913年，张謇任北洋政府农林工商总长，制定民族纺织保护条例。大生纺织是近代纺织第二个黄金时期的代表性民营纺织企业。

◆ **永泰丝业**。薛南溟，薛福成长子，依靠父亲的荫庇进入李鸿章门下。薛南溟目睹了晚清官场的黑暗和腐败，又气愤洋人横行不法，萌生了经商发展民族工商业的想法。在上海，薛南溟遇上了无锡老乡周舜卿，合资 5 万

薛南溟无锡南长街永泰丝厂旧址，现为中国丝业博物馆

两白银，于 1896 年在上海七浦路开办永泰丝厂。由于缺少管理经验，永泰丝厂很快因经营不善而亏损。周氏因需要资金周转，不得不从永泰丝厂抽资撤股。薛南溟只好变卖上海的部分房地产以渡过难关。第一次经商失败并没有击垮薛南溟的信心，他重整旗鼓后，又聘用经验丰富的人员任永泰丝厂经理，同时注重加强工人技术培训、重视产品质量。自此永泰丝厂走上正轨，所产出的"金双鹿""银双鹿"牌优质白丝远销海外，获得美国纽约万国博览会金奖，丝厂也开始扭亏为盈。至清光绪末年，该厂已拥有 480 台缫丝机，在厂职工 1000 余名。

1926 年，上海租地契约期满，薛南溟将永泰丝厂迁至老家无锡，依托便利的运输条件而将工厂开在了运河边，从此开启了永泰的辉煌时刻。此时，64 岁的薛南溟已退居幕后，丝厂由他的幼子薛寿萱接替管理。薛南溟病逝后，其子薛寿萱努力经营，很快登上"中国丝业大王"的宝座。

◆ **裕中纺织**。陈惟彦，安徽石台人，1884 年入李鸿章幕府，和张謇是儿女亲家。第一次世界大战爆发后，外国纱布进口锐减，陈惟彦有了在芜湖创办纱厂的想法。芜湖当时是安徽最大的通商口岸，交通便利，附近盛产棉花，具有发展纺织工业的良好条件。1916 年，陈惟彦以振兴实业为名，创

①陆润庠（1841～1915年）
②周学熙（1866～1947年）
③薛南溟（1862～1929年）
④张謇（1853～1926年）

大生一厂旧貌，1898年开始在唐闸建厂

芜湖裕中纱厂车间

办裕中第一纺织股份有限公司，向英国订购机器。1919 年投产，生产"三多""四喜"牌粗纱，芜湖裕中纱厂是安徽第一家机器纺织工厂，揭开安徽近代机器纺织序幕。

1937 年 12 月，芜湖沦陷，日本侵略军将该厂交给日本裕丰纺绩株式会社，采取掠夺式经营，使该厂日产棉纱锐减到两三件。解放战争时期，一度由申新公司投资开工生产。1951 年 9 月，人民政府收购了该厂设备，改名为芜湖纺织厂，全厂拥有纱锭 2.3 万枚，织布机 285 台，日产棉纱近百件，既纺又织，成为较大规模的纺织工厂。

李鸿章淮系集团的华盛纺织班底在运营、产品质量等方面领先于当时其他洋务集团。湘系集团左宗棠在甘肃兰州主持织呢局，经过两年艰苦筹备和生产，其产品因为羊毛原料"几乎完全不能出售"，并与进口产品抗争；1883 年，织呢局锅炉爆炸，彻底停工。洋务主帅张之洞在武汉筹建湖北纺织四局，因筹款困难、资本不足、管理不善，四局共欠款近 170 万两，生产难以为继，连年亏损。

李鸿章从筹办上海纺织机器局开始，就注重用人和筹款两项办厂要点。

在 1893 年上海纺织机器局毁于一炬后，李鸿章坚持恢复生产，日后上海成了中国最大的纺织基地。纺织行业一直到 20 世纪 80 年代末，始终是上海的第一大产业。淮系集团在天津、青岛等地也极力推动机器纺织的发展，形成了近现代中国著名的"上青天"（上海、天津、青岛）纺织基地，推动了中国近现代工业化的发展和壮大，功不可没。华盛纺织总局自然成为纺织业的"黄埔军校"。

进入民国时期，棉纺织业更是如雨后春笋般遍地而起，成为我国近现代史上对外商最具有竞争力的民族工业，并长期影响着国民经济，这都离不开李鸿章的筚路蓝缕之功。

除了抵御外资侵略的民族性之外，织布局对上海社会经济的影响也是不容低估的。它是近代上海在与国计民生密切相关的经济领域中，迅速缩短与国际先进工业技术之间差距的开端，奠定了上海棉纺织工业在全国的领先地位。

李氏家族的上海资产

  辉煌至极的李鸿章本人虽然没有常住上海，但他在上海却留下了影响深远的事业。上海交通大学发端于由李鸿章授意盛宣怀创办的南洋公学，学校门前的华山路两边的任何一幢老建筑里都刻着上海的历史。如今这些老建筑已是文物了。华山路当年是由李鸿章批准建造的，这里还有不少他的地产。老上海人有句话叫"半条华山路都是李家的"。

  华山路是上海知名度较高的马路。1860年，李秀成率太平军东进军逼近上海，江南局势发生明显的变化，租界当局与清政府联手镇压太平军。上海西行无路，李鸿章同意租界当局在租界外筑路，以利军行，这种路称之"越界筑路"。英租界筑从静安寺至徐家汇的马路，称"英徐家汇路"。1921年公共租界将"英徐家汇路"重新命名为"海格路"，1943年改称华山路。

李公祠（后为纪念复旦公学创始人之一的李登辉先生，将李公祠改称为登辉堂）

清末，清朝官吏在华山路沿线建了不少豪宅，这些豪宅占地面积很大。进入民国后，随着这里地价不断攀升，不少豪宅就被房地产商重建为高档的住宅区。华山路是由李鸿章批准建造的，沿路有不少李鸿章的产业：李鸿章的祠堂李公祠、李鸿章姨太太的豪宅、李鸿章小儿子李经迈的房产"枕流公寓"、侄孙李国楚的花园洋房和丁香花园。

◆ **丁香花园**。丁香花园是上海百年来最负盛名、保存最为完好的花园洋房之一，与众不同之处在于它是上海滩第一座中西合璧的花园别墅，也是最具代表性的。花园主楼为住宅楼，典型的英国乡村别墅风格。斜坡屋顶，尖顶天窗，中部为双坡山墙露木构架，上下两层的木柱敞廊又带有优雅的古典韵味。南部是花园。楼房间环绕着蜿蜒起伏的龙墙，入口的洞门称为"龙门"，一条鹅卵小径可通。园中有碧湖一泓，湖上有九曲桥通向湖心亭。湖心亭素色琉璃瓦八角攒尖顶，顶上立着一只金凤凰。

丁香花园一角

丁香花园原是晚清北洋大臣李鸿章的私家花园。从 19 世纪 60 年代后期开始，李鸿章在上海开办江南制造局、机器织布局、轮船招商局，经常住在上海，晚年娶了年轻的第七房姨太太丁香。据说丁香的父亲是个武官，作战时殉命，丁香不甘心做姨太太，与李家人不和，李鸿章便委托盛宣怀在上海为丁香置办一房产，盛宣怀便在海格路置地建园，请美国建筑师设计，建有两栋别墅，融西洋花园官邸建筑与中国江南园林于一体。园内种有丁香，有长达 100 多米的琉璃瓦龙墙与湖中八角亭顶端的凤凰相望，称为"游龙探凤"，这便是今日的丁香花园。园内两栋房子，一栋给丁香住，另一栋为李鸿章藏书楼，现在的一号楼是英国乡村式假三层小楼，三号楼是英国现代式花园住宅，后来传给了李庶出的幼子李经迈。如今丁香花园占地约 2 公顷，内设有餐厅，部分对社会开放。

20 世纪 80 年代，上海旅游局的涉外游览介绍中标注："丁香花园——李鸿章私邸，位于华山路（原海格路）849 号，始建于 19 世纪末，上海第一座西式花园住宅。上海解放后，丁香花园曾为华东局机关所在地，中共中央华东局、上海市委机关设在这里。陈毅、潘汉年、刘亚楼在此办公、居住。后来这里成为兴国宾馆的分部。毛泽东到上海视察时曾在此入住；贺子珍也在此养过病。1961 年，开国大将陈赓，因病逝于丁香花园。"

当初的丁香花园占地多少无从考证，至今仍占地 30 余亩。在距离丁香花园仅一二百米的安福路 318 号内是一块占地不小的墓地，这里就是李鸿章的衣冠冢。李鸿章是靠淮军在上海起家的，1870 年继曾国藩之后任直隶总督兼北洋通商大臣，掌清廷外交、军事、经济大权，驻天津。但其妾浦氏与正妻赵氏不睦，所以正妻住天津，妾住上海。1901 年李鸿章逝世后，妾为李鸿章建衣冠冢。

◆ **枕流公寓**。在丁香花园的东北约百余米处是"枕流公寓"。"枕流"出自成语"枕流漱石"。该地块也是原丁香花园的一部分，1930～1931 年被建为公寓。这里原是英资泰兴银行大班 1900 年建造的花园住宅，不久被李鸿章家族购去，业主是李鸿章的第三子李经迈，还有多户李氏后人居住在公寓内。一如当初"枕石漱流"的设想，此后各界名流纷纷在此隐居。

1932 年起，周璇就在这里居住，直到她离世，住了 25 年。

中华人民共和国成立后，枕流公寓又搬入更多文化名流和学者，有著名越剧演员范瑞娟、傅全香、王文娟和孙道临夫妇，演员乔奇、孙景璐夫妇，文艺理论家叶以群，篆刻家吴朴堂，曾任《文汇报》总编辑的老报人徐铸成等。

◆ **南洋公学**。甲午战争后，1896 年李鸿章出访欧洲时与比利时国王商谈修建从北京卢沟桥至汉口的"卢汉铁路"，即后来的"京汉铁路"。次年 5 月，盛宣怀与比利时代表在武昌签订《卢汉铁路借款合同》。为了培养建设、经营、管理铁路的专业和专门的人才，合同签订前，在李鸿章授意下，盛宣怀在天津和上海分别创办"北洋公学"和"南洋公学"，即现在的天津大学和上海交通大学。

所谓"南洋""北洋"，在鸦片战争前已有，此乃一种地域概念。清朝时，出吴淞口，以南由浙及粤，皆为"南洋"；以北通海山东、直隶及关东，皆为"北洋"。但"南洋""北洋"真正作为一种政治意义上的概念，则是在第一次鸦片战争后开始的——清末袁世凯集团为首的北洋集团左右了中国政局。

南洋公学大门

南洋公学图书馆，1919年建，砖木结构，具哥特式特征，现为上海交通大学校史馆

　　"南洋公学"一开始就抢占了地域优势。如今淮海中路与华山路东北角的一幢洋楼就是校长宿舍，相邻的"又斯顿公寓"（今登云公寓）等是高级员工宿舍。20世纪初，南洋公学先后更名为上海高等实业学堂、上海高等实业学校。1907年，著名教育家、国学大师唐文治担任上海高等实业学校校长后，将学校改为工科大学，聘请了一批高水平的教师，直接采用美国哈佛大学、麻省理工学院等著名大学的教科书，极大地提高了学校的办学质量和水准。

　　南洋公学确实是在中国教育史上做了很多项的"第一"，设置了师范院、上院（大学）、中院（中学）和外院（小学）这样的院系设置，开启了中国师范教育的先河，南洋公学的师范学院是中国第一个师范学校。而大学、中学、小学的体系设置，也成了日后中国教育体系的基本模式。南洋公学还编制了中国的第一本现代教材，它开创了学生食宿全免、师范生有补贴的先例，也成了日后中国国立大学的基本模式。

①上海交通大学新上院里的南洋公学创办人盛宣怀的塑像
②南洋公学中院，1898 年建，砖木结构
③南洋公学的遗迹在上海交大草坪展示着

南洋公学（上海交通大学的华山路址）已被公布为上海市文物保护单位。这里保留了中院校内最早的建筑，建成于 1899 年，早期学校由监院福开森亲自设计并督造，镌刻着"南洋公学中院"六字，它是一座三层西洋廊式建筑，红砖装饰，集教学、办公、食宿于一体，一楼设有食堂和三个化学实验室，二楼全部为教室，三楼作为教师、学生宿舍。后来陆续建成老图书馆、体育馆、总办公厅、校门、工程馆等精华部分。

1911 年，辛亥革命爆发后，唐文治将学校更名为南洋大学堂，表示与清朝脱离关系。1912 年，再次更名为交通部上海工业专门学校。民国时期，这所大学的名字几经更换。1921 年，上海工业专门学校、北京铁路管理学校、北京邮电学校、唐山工业专门学校 4 所学校合并，定为交通大学，取"四通八达"的意思。

上海华山路

◆ **李公祠与复旦中学**。今华山路 1628 号的复旦中学旧址原为李鸿章的祠堂李公祠。1901 年，李鸿章逝世，盛宣怀奏请在上海建李公祠。李公祠按计划于 1906 年落成，克虏伯公司与大清驻奥地利大臣、李鸿章之子李经迈协商，同意将李鸿章铜像立在上海李公祠，由德商信义洋行负责运到上海并安装，于清光绪三十二年正月二十八日（1906 年 2 月 21 日）行揭幕礼。铜像为立像，纯铜铸造，像高 3.2 米，李鸿章头戴顶戴，身披黄马褂，左手持佩剑，大理石底座总高 9.7 米有余。基座上有铭文，镌"大清国太子太傅文华殿大学士一等肃毅伯李公七十四岁（时 1896 年访欧时像）造像"，另有铭。李鸿章铜像毁于解放初，铜像及基座去向不明。民国政府将李公祠拨给复旦公学（复旦大学前身）为校址。1922 年，复旦大学迁江湾新校址，李公祠即为复旦大学附中校舍。1930 年，国民政府行政院和教育部令，定李公祠为复旦中学永久性校址。

复旦中学

◆ **后辈实业：阜丰面粉厂**。1897 年，安徽寿州人孙多森、孙多鑫兄弟一同在苏州河叉袋角创办了中国第一家机制面粉厂——阜丰面粉厂，于 1900 年正式投产，是中国最早的机器面粉厂，也是当时中国最大的面粉厂。弟弟孙多森做总经理，哥哥孙多鑫任协理。所生产的"自行车"牌面粉，更在光绪年间被誉为"远东第一"。

孙家的祖老太爷孙家鼐，是清咸丰九年（1859 年）的状元、光绪帝师，也是京师大学堂（今北京大学）的创办人。孙家兄弟的母亲李太夫人是李鸿章的侄女（大哥李瀚章的二小姐），受李鸿章办洋务的影响，思想颇为开放。孙多森、孙多鑫按照其母李太夫人的指点，在其父孙传樾去世之后，发奋创业，先去扬州，向姑夫何维键（著名盐商、扬州何园的主人）借了盐票办盐，有了资金积累后就到上海办厂。

鸦片战争后，洋面粉大量进入我国市场，孙多森、孙多鑫兄弟到上海了解当时的德商增裕面粉厂，深感利权外溢，决定在上海筹建阜丰面粉厂。厂子一经开办，大获成功，声名远播，从而引起孙家的亲戚、在北方主办实业的周学熙的重视，并向袁世凯推荐，孙多森进入北洋实业界，在中国银行创办之初，主掌了一段中国银行的业务。

阜丰机器面粉厂自行车牌商标

1913 年，荣宗敬、荣德生、王禹卿创办福新面粉厂，通过新办或并购其他面粉厂成立福新一厂至八厂，使用"兵船"牌商标。中华人民共和国成立前，阜丰与福新并称上海面粉厂两大巨头。其中福新第二厂就在叉袋角，与阜丰面粉厂贴邻。中华人民共和国成立后，阜丰与福新二厂于 1956 年合并后改为国营，是当时上海唯一的机制面粉厂，也是全国最大的面粉厂。1966 年更名为上海面粉厂。20 世纪末，上海面粉厂转制，旧址就是今日的 M50 创意园。

今 M50 创意园乃面粉厂旧址

二、穿着木屐来上海的日本人

初见大上海

　　1843 年上海开埠。10 年后，1853 年 7 月，锁国的日本也被美国佩里将军率领的军舰——黑船打开了国门。

　　在 19 世纪中期的几十年里，中国和日本都面临来自西方扩张的威胁和压力，不可避免地置两国政治和军事于危险境地，还有外来文化对两国传统文化的挑战。日本不情愿承认自身在财富和力量上的劣势，率先拥护实践魏源的《海国图志》提出的"以夷制夷"这个理念。当时的实践者就是九州的萨摩藩。萨摩藩因海与中国大陆一直有交往，锁国时代也能迅速地获得海外的情报。1840 年鸦片战争及西方列强对亚洲的殖民地政策，危机感袭来，萨摩藩由此惊醒，着手防卫对策。他们日益关注来自上海及中国的情报。

开埠后的上海

在幕府末年的日本人看来，上海当时是"开设西方洋行分店的场所"及"本国物产的出口市场"。鉴于此，1858年安政开国后，幕府就试图派遣贸易船只前往上海。

在日本实行严厉的锁国政策的漫长时代，日本船只和人员被禁止出海航行，日本只开长崎一个港口对外通商，被允许进入长崎的也只有中国和荷兰商人。当时，日本既无远洋的船只，也没有精通航行的船长。

1862年4月，有艘停泊在长崎的英国帆船被日本政府看中，并以3.4万美元购入，取"可以行得千年船"之意，命名为"千岁丸"号。同年6月，"千岁丸"号首航上海，英国船长船员带着51位日本人包括官员、武士、商人一行抵达上海。最先映入他们眼帘的是上海开埠后黄浦江和外滩景色的壮观，他们为之惊叹。接着在1864年，日本又派"健顺丸"号来沪，使得海带等出产于北海道的海鲜产品在上海交易量增大。

浦江饭店孔雀厅

始建于 1846 年的浦江饭店，原名礼查饭店，是上海乃至全国第一家西式饭店，是上海开埠以来名副其实的"第一店"。曾经的浦江饭店，如今是中国证券博物馆

　　九州萨摩藩的五代厚友、长州藩的高山晋作等各藩志士，由幕府派遣，从长崎港乘坐"千岁丸"号访问上海，看到当时的上海已经形成法租界、英租界，西洋商馆林立，这种情况使他们产生了强烈的危机感。

　　上海是当时东亚驶往欧洲的定期航线的中转地。日本出洋者半数到过上海。大多数的使节团和留学生团都必然地经香港或上海，前往欧美各国。在幕府时代最后的十年，1868 年明治维新前夜，实际上已有许多幕府官吏和武士渡航前往欧美。江户幕府前后共七次派遣大大小小的使节团到欧美。一部分有实力的藩也向西洋各国派遣了留学生。除了一部分搭乘军舰、商船直接派往国外的，其中，经由上海出洋者，半数都见识过上海的繁华面貌。

　　在上海的见识，不仅影响了日本人对西方的认识，而且影响了他们对中国的认识，这为即将到来的明治维新运动提供了政治、经济等多方面的上海经验和教训。

　　日本使节团在上海下榻的"英国人的客舍"，是那个时代上海屈指可数的英国式宾馆，从面临外滩的这幢两层建筑的客室一眼望去，上海港的繁荣景象可以尽收眼底。这幢洋房——礼查饭店，1852年创立，后更名浦江饭店。在这里，日本人遇到了各色各样的西洋事物，例如，在日本不可能吃到的正宗西餐，洋琴（钢琴）的演奏以及早餐后端上来的咖啡。

上海的体验，也使得日本人发现了美丽外滩后面租界和华界的巨大差别，隐藏着中国主权丧失、政治腐败和衰亡的民族危机。日本人清醒地认识到：同样面临民族危机的日本如果不顺势改革，那么今日清政府的衰败景象可能就是明天日本衰败的模样。高山晋作回国后，为避免日本重蹈中国主权丧失之覆辙，从"攘夷"转到"倒幕"，成为维新运动的斗士。而另一位年轻的武士五代厚友，根据在上海的实地考察，提出"富国强兵十八策"，后来引进外资，专心致志地发展实业，成为日本近代化运动的先驱者。

长崎至上海的航路

当时长崎流行一句话："穿着木屐去上海"，可见往来于长崎与上海之间是一桩多么便捷、轻松的事情。

长崎与上海有着因海外贸易而开放港口这一非常相似的经历，是关系密切的两座城市。从横滨经由神户、长崎的上海航路，当初由美国的太平洋邮船公司运行。为了争回英美邮船公司控制的航路权，明治政府支持民间的三菱汽船公司开设横滨至上海的定期航班，由三菱公司实施超低价格的竞争手段，迫使英美公司全线退出。1875 年，日本"第一财阀"三菱集团创始人岩崎弥太郎，率领三菱公司代替了英美公司。蒸汽船"高砂丸"与上海的定期海运航班是日本公司最早的海外定期航班。三菱公司垄断上海航路不久，被并入新组建的日本邮船公司。

当时从日本东京、横滨来上海，人们乘坐的是日本最大的海运公司的"日本邮船"，单纯靠海路，旅程时间依然很长。为了节省时间，1910 年，长崎商业会议提出了在长崎至上海间开设"最急行联络航路"计划，长崎作为东京至上海的陆海路中转港，东京、横滨等地至长崎的特快列车，衔接轮船去上海，从而大大地缩短从东京、横滨等地到上海的运行时间。长崎政府积极促成，市长还亲自带队到上海调查研究。

1920 年，日本政府批准了中日联络航路计划，并决定每年给予 21.5 万日元的专项补助。同时，"日本邮船"为了实施该计划，在英国定制快速轮船"长崎丸""上海丸"，它们都是当时具有世界先进水平的快速豪华船。1923 年 2 月 11 日上午，"长崎丸"鸣笛起航，由长崎驶向上海，中日联络航路正式开通。

为纪念日华联络船，日本发行了小册子。小册子介绍了上海附近的旅游景点、住宿地点、交通工具等，还另外介绍了日华联络船（上海丸、长崎丸）

的出航日程、价格等乘船信息，小册子还附带了面向上海游客的小浜温泉的地图。时任长崎市长和中华民国驻长崎的总领事为该册子投了稿，可以看出他们对日华联络船的重视。

轮船"长崎丸"号

据该册介绍，长崎至上海的三等船票 18 日元，最高级的特别房间（1 人用）150 日元。当时，日短工平均 1 天的工资为 1.3 日元。三等船票相当于日短工两个星期的工资。导游册里写着"一昼夜到上海"。长崎至上海距离 460 海里，用快速轮船的航行时间仅为 25 ～ 27 小时，一昼夜而已。若上午 9 时从长崎出发，次日上午 10 时到上海；上午 6 时从上海出发，次日上午 9 时回到长崎。这条航路为大批日本人到上海谋生和发展事业提供了交通的便利。

当时的上海与东京相比，更能称得上大都会，对年轻人来说，去上海就如同去西洋一般有吸引力。上海真的很近，带上一件替换的衣服就可以启程。

由于长崎至上海航路的开设，20 世纪初，到上海的日本人剧增，1906 年，旅沪日本人有 5814 人，其中，来自长崎县的有 1314 人，相当于每 4 个旅沪日本人中就有 1 个是长崎人。

1870 年，长崎人在上海开设了首家日本商店，在英国领事馆后面，宁静的南苏州路、圆明园路交叉处。有来自长崎的田代源平创办的"有田烧"日本陶瓷店，田代源平为初来上海的日本人提供便利廉价的简易旅馆，除了一般商人、旅游者外，还有当时的日本政府特使和维新派名士也曾在那里住宿。

上海最大的日本私人花园，是日本人社交场所中最有名的"六三花园"，由长崎出身的白石六三郎经营，后来开设高级日本料理"六三亭"（料亭），生意极好。"六三花园"是一座日本式的庭院，木制的二层日本建筑，院内有一块面积6亩的草坪，供春秋季节集会和赏花活动。院内还设有茶屋、凉亭、葡萄园、荷花池、煤油路灯，并种植很多松、竹、梅等日本人视为吉祥的植物。"六三花园"向日本人免费开放，成为他们的怀乡之地，同时，"六三花园"以其特有的日本式园景成为日本文化在上海的标志性场所，是日本政要和上层人物接待贵宾之处。

日华联络船持续了20年，运营到第二次世界大战中的1943年。1979年，长崎与上海之间的定期空运航班恢复通航。

自1870年，7名日本人正式进入上海，在英租界工部局作为居留人口登记，此后，日本人陆续进入上海。第一次世界大战以后，沪上的日本人超过了当时最多的英国人，1943年达到10万人。日本人一度成为公共租界的主角。

"小东京"虹口地区

虹口地处黄浦江、苏州河交汇处，占据优越的地理位置，原来是吴淞江泄洪的"洪口"，是引翔乡的杨树浦河西至西藏北路的一大片区域。由于"虹口美租界"的建立，"虹口"作为官方地名固定下来，随着租界的扩展，虹口的区域不断延伸。

虹口的美国居民并不是很多，它的大部分区域被日本人占据了，虹口地区俗称"日租界"。那里集中了日本的各种设施和面向日本人的商店。虹口地区所在的四川北路因日本人的聚居而有了"小东京"之称。最多的时候，有超过 10 万的日本人居住在那里。

1868 年明治维新政府成立，实现了近代日本前所未有的变革，包括日本人可以到海外发展。1871 年 9 月签订的《中日修好条规》，中日对等开放中国上海、镇江、宁波、广州、厦门、台湾，日本开放横滨、大阪、函馆、神户、长崎等口岸。根据《中日修好条规》的规定，日本率先在上海、香港、福州设立领事馆。1873 年上海日本领事馆升级为总领事馆，上海成为中国对日本贸易的重要港口和亚洲的经济中心，也成为中日交流的中心。

日本在虹口临黄浦江岸建立日本邮船码头。码头的东端紧挨虹口港入黄浦口，日本领事馆也在邮船码头西侧，日本侨民大多选择了在领事馆和邮船码头附近定居。1895 年中日《马关条约》后，来上海的日本侨民人数迅速上升。1917 年俄国"十月革命"后，日本协助北洋政府对抗苏联，1918 年中日签订《共同防敌换文》，准许日本在中国的一些地方和城市增派驻军，于是日本在上海北四川路底建立了日本海军陆战队司令部。日本在上海的常年驻军人数约 5000 人。日本人又在北四川路沿线和附近建造了军官住宅，吸引了更多的日本侨民迁居那里。

①虹口地区的四川北路因为日本人
的聚居使之有了"小东京"之称
②当年的虹口市场
③1908年开通的从静安寺到虹口公
园的1路电车
④日据虹口地区穿和服的日本女子

1908 年开通的从静安寺到虹口公园的 1 路电车改善了这里的交通，使北四川路成了上海房地产业的热土。随着虹口的开发，日本人也逐步向那里集中，他们看中虹口，首先是地价和房租相对便宜；其次，是因为他们是"迟到者"，黄浦江沿江一带已被英美占为租界，东北部有引翔港镇，都是合肥人聚集居住，为了在上海发展，只能定居在虹口这个与工部局较劲的区域。

虹口市场，又名三角地菜场，以供应日本侨民需要的日式菜而闻名。三角地菜场，顾名思义，位于虹口区三条马路的交错口，因地处吴淞路连接汉阳路、峨眉路、塘沽路之间的三角形地带而得名。1890 年，工部局就在"三角地"搭建了一个颇有规模的木结构室内菜场，这就是上海第一个也是最有名的"三角地小菜场"。1912 年，工部局将其改建成两层钢筋水泥建筑。1923 年又在原址上新建三层的新菜场，能容纳 1700 个店铺。当时一层是鱼类、蔬菜市场，二层是肉类副食品及罐头包装食品市场，三层规定为各种小吃点心店。三角地有"远东第一大菜场"之称。

三角地菜场有众多的日商食品杂货店、蔬菜店、鲜鱼店、寿司店、糕点店、水果店、烤鳗店、酒店等，特别是日本食品种类之多，与日本国内市场无异。

20 世纪 30 ～ 40 年代，虹口三角地附近是日本侨民的主要聚居区，那里每天从长崎运来新鲜的蔬菜和鱼，供应上海日本侨民的生活需要。从长崎日本邮船来的鱼，特别贴着纸条，写着是从日本直运过来，为了区别，专用绿色的竹叶放在箱子上卖。日本的豆腐用绿色的纸一块块包起来，而中国豆腐和百叶之类的则排满在一块块的隔板上。

三角地菜场的营业时间从早晨到正午，下午必须用水清洁场地。日本人一般在早上八九点钟到菜场购买食料品。菜场的顾客以中国人居多，还有西洋的主妇和日本的厨女。菜场多种经营，也卖中国面包、俄罗斯面包，还有杂货、鲜花……至 1930 年，上海已有 100 多家日本料理店，可以满足日侨各种层次人群的不同口味。

日系纺织厂在沪的发展

甲午战争以后，日本对华工业投资有二大中心：一在东北，以路矿重工业为主；二在上海，以纺织业为主。但在 1897 年之前，日本在华的纺织投资，实际上一无所获。一个十分重要的原因是日本政府关税优惠政策：免除棉花进口税、棉纱出口税，在日本本土建设棉纺织企业，将棉纱出口中国尚十分有利可图。对于日本的纺织企业来说，在中国直接设厂较之在日本本土设厂究竟是否能获得更多利益，他们并没有把握。1895 ～ 1903 年，日本本土的棉纺织企业发展很快，并开始具备向外扩张的能力。

20 世纪初，上海棉纺织业大规模扩建，高速发展。1911 年以前进入上海的主要有钟渊纺织株式会社、上海纺织株式会社和内外棉纺织株式会社及丰田纺织，它们创造了远东上海纺织的奇迹，英资纺织企业由此退出沪上，开启了华日纱厂建设的高潮。

1914 年《北华捷报》如此报道："日本人甚至宁愿舍大阪而就上海为中国市场制造产品。上海及其近郊，成为一个仅次于孟买及大阪的亚洲棉纺织业的中心，这并不是不可能的。"在这样的背景下，日本在华设厂的首次尝试就具有十分重要的意义。以后日本在华的八大纺织系统陆续落户上海。

◆ **在上海办厂的先锋：三井物产山本条太郎**。最早到上海进行纺织投资设厂探路的是日本钟渊纺织株式会社，它是三井财团、三菱财团合资的纺织工业垄断集团，1895 年就派山边丈夫等人到上海，筹建"东华纺织公司"，正当筹备之际，董事会认为在日本本土设厂更有利可图，即将设备转运神户，停止了在沪的建厂活动。

三井物产株式会社（又称"三井洋行"）是日本最大的综合商社，三井物产是历史悠久，也最具代表性的一家综合商社，是日本贸易立国的代表企业，从卖棉花到全球最大的企业集团之一。明治维新后，三井的产业也由家族企业转变为经理人管理，增田隆史就在这一时期成为三井的董事，同时也一手创办了三井物产。在巨大的工作热情驱使下，开业第二年，增田隆史就带着三井物产来到中国，1877 年 12 月在上海的广东路 6 号设立上海支店，这是三井洋行在海外的第一家支店。在上海开设分公司，进口棉花，回到日本加工后再把成品卖出去。那时的三井物产对新技术来者不拒，不惜花费重金，从英国进口全球最好的普拉特纺纱机。这种"重投入"的效果立竿见影，当其他公司还在犹豫砍价时，三井物产已经大量购买中国、印度的棉花进行加工，几乎垄断了日本的棉纱市场。到了 1909 年，仅三井物产一家公司，就已经占日本总出口额的 25.9%，总进口额的 22.8% 了。

上海支店最初以棉纺织品贸易为重点并取得良好业绩。其中第三任的上海支店长山本条太郎最为著名。他 1888 年 3 月来上海支店工作，1901 年升任上海支店长。此后收购中国纱厂，1908 年成立日本上海纺织株式会社，成为首家在华的日企纺织机构。

山本条太郎联合了一些资本殷实的华商共同参与收购，三井的股份甚至只占到企业股本的 10%。整个收购很大程度上利用了华商的资源，这包括华商的人脉、华商的资本，以及华商的经营网络。得到中国棉业商人的支持和帮助，最大程度地规避初次投资的创业风险，得以在比较短的时期内取得成功。1902 收购了经营不善的兴泰纱厂（前身为 1895 年华商创办的裕晋纱厂），1906 年，三井洋行又收购了盛宣怀创办的大纯纱厂，收购后改名为三泰纺绩（织）株式会社。收购设立的纱厂很快就取得了极好的经营绩效。1903 年其纯利润率为 8%，1904 年 10%，1905 年度居然达到了 20%。1902 年杨树浦路 1161 号的原兴泰纱厂为第一工场，1970 号的原三泰纱厂为第二工场，1911 年在 1970 号扩建了第三工场，此为日商在华的纺织公司之始。

◆ **办厂规模之最：内外棉纱厂川村利兵卫。**上海纺织株式会社的组建，极大地刺激了被日本誉为"纺织界伟人"的川村利兵卫。内外棉纱厂于 1887 年在大阪创立，早期主要经营棉花买卖、棉花押汇和轧花厂等。1889 年在上海设办事处，早在 1884 年（明治十七年）棉花商川村利兵卫就到浙江余姚，以后又多次到南通、南翔等地调查棉花生产情况。曾一度与筹办中的上海华新纺织新局订立协议，包销该局销往日本横滨、神户两地的棉花；1891 年又与印度棉商合作，进口印棉美棉，为当时日本的三大棉商之一。

当时，海外上海纺织株式会社资本盈利率达 49.8%，1910 年为 45%，这些信息传到日本纺织界，使大阪内外棉株式会社也加快了在沪开办棉纺织厂的步伐。内外棉董事会决定派川村利兵卫到上海谋一席之地。1911 年，川村利兵卫来到上海，杨树浦沿江一带早已为英美等国工厂所占据，于是他就把目光转向公共租界沿苏州河岸，买下了西苏州路宜昌路一带的土地，当年 11 月内外棉三厂即正式开工，有纱锭 23000 余枚。1913 年又建成第四厂，有纱锭 33600 枚。1909～1914 年内外棉迅速在上海新建设 3 家纱厂，其规模不仅很快超越最早进入中国的上海纺织株式会社，而且把在华日商纱厂的设立也推向了一个新的高潮。

沪西小沙渡和沪东杨树浦地区曾是日本纺织在上海的两大基地。

大自鸣钟是工业社会的地标，在普陀区东南部长寿路和西康路交会处一带。日本内外棉的纱厂大部分集中在苏州南岸的小沙渡两侧，称之为内外棉"第一工场""第二工场"等，小沙渡也是工人最集中的地区。

1920 年，在沪西小沙渡地区的老勃生路（今长寿路）、小沙渡路（今西康路）交会处，有一座钢筋混凝土结构的塔式钟楼。它以巨大的石块为基座，高 4 丈余，四周成方形，内分 6 层，顶层四面嵌有大自鸣钟，钟声昼夜不停地每隔 15 分钟（一刻）鸣响一次，这座钟楼名川村钟塔。

这座塔式钟楼是日本内外棉纺织会社为纪念其中国事业开创者川村利兵卫而建立的。在沪西地区当时属于第一高层，可站在塔顶遥望苏州河。由于它的建筑样式新颖和自动报时，被当地人称为"大自鸣钟"。它是沪西进入工业社会的地标之一。钟楼建成后，周围地区人丁兴旺，商业繁荣，形成闹市，于是，小沙渡的地名渐渐被人遗忘，人们习惯地将"大自鸣钟"作为地域名字，是上海知名度很高的地名。

从川村利兵卫建厂到他 1922 年病逝的 11 年里，沪上日本纱厂已经增加到 13 家，这些纱厂大多集中在沪西地区苏州河沿岸。由此，日本纺织大

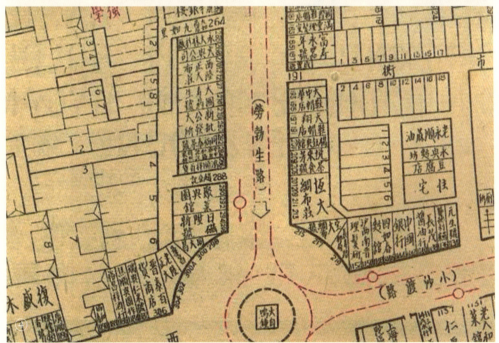

① 20 世纪 20 年代，上海沪西的川村计时塔
② 日商上海纺织株式会社第一工厂（原兴泰纱厂）
③ 日商上海纺织株式会社工厂生产车间
④ 1947 年上海地图中的"大自鸣钟"在长寿路、西康路十字路口中央

举进入上海，至 1925 年，日本已超越英国，占据上海纺织业的霸主地位。日本纺织企业不仅在上海设立工厂，还在周边建造职工住宅，配置生活和福利设施，创造了上海特有的企业文化。以内外棉会社为例，公司为日本职员建造了一批不同规格的住宅，位于澳门路 660 弄的内外棉住宅是 20 世纪 20 年代建造的日本式砖木两层楼房，分 ABCDE 五种不同房型，有电气、煤气、水道及卫生设备，供不同级别的职员居住。住宅中央设有稻荷神社、弓道场、网球场、秋千等，房屋周围有绿化，种植樱花，在夏天还放映露天电影。

以后号称日本在华纺织工业八大系统中，如日华、内外棉、钟渊（公大）、同兴、大康、丰田、裕丰，陆续落户上海。

◆ **丰田佐吉与全球最先进的丰田纺织机**。有"纺织机发明王"之称的丰田佐吉，在上海也创造了丰田的业绩。1918 年，丰田佐吉往返于上海和日本，期间在上海设立丰田纺织厂，从事自动织机和环状织机的研究，于 1924 年完成了丰田自动换梭式织机（G 型）的研制，是全球第一台全自动纺织机。

自动换梭式丰田 G 型织布机（1924 年）

上海丰田纺织厂

　　1890 年，丰田佐吉最早发明的是丰田式木制人力纺织机。丰田式木制人力纺织机将以往需要用两手操作的织机改良为靠单手操作的织机，将织布的工作效率提高了 40%～ 50%，此机可大幅减少织物中不均匀的部分，提高了织物的质量。

　　1897 夏，又发明丰田式木制动力纺织机。这是一项具有划时代意义的发明，其不仅是日本历史上第一台不依靠人力的自动纺织机，这种织机的开口、引纬、打纬等由人力变为动力，还配备了断纬自停装置、卷布装置等。纬线断线自动停机装置，是一旦发生次品，机器立即停止运转，以确保出品百分之百的品质。丰田佐吉不仅使用蒸汽机作为织机的动力源，还使用了石油发动机；而且可由一名挡车工同时照看 3 ～ 4 台机器，极大地提高了生产能力，使劳动效率较之前提高了 20 倍以上。

　　G 型自动织机是丰田佐吉于 1924 年研发的当时世界上最高性能的全自动织机，这项发明不仅成为日本产业现代化的先驱之一，同时也为丰田纺织机获得了世界公认的声誉。G 型自动织机在高速运转中自动梭换，换梭引导，纬纱断头自动停止，经纱断头自动停止，除此之外，还安装了各种自动化、安全保护等机构、装置。这样的功能和织物产品质量，据说被当时领导着世

①原日商上海纺织株式会社建于 1922 年，是上海优秀历史建筑

②上海纺织株式会社被认为是日本在上海的纺织双雄之一，图为旧址

③日本上海纺织株式会社旧址全貌

界纺织机械业界领先技术的英国普拉特公司的技术人员称之为"魔法织机"，他们纷纷感叹不已。

自从丰田佐吉决心发明织布机以来，经过多年，但丰田佐吉对发明的热情一直没有衰退，他继续挑战要完成环状织机的研发。在那之前，人们认为织机是平面运动，通过纬线往返运动织布的。环状织机是将穿梭运动转化为旋转运动，纬线的引入和打纬都不停地进行。

1929 年，丰田佐吉将丰田自动织机（G 型自动织机）的专利技术转让给当时在世界纺织业界处于领导地位的英国普拉特公司，得到了高达 10 万英镑（当时约合 100 万日元）的转让费。丰田佐吉把这笔钱交给长子丰田喜一郎，交代他去欧美好好学习汽车技术。

1918 年 10 月，丰田佐吉来上海考察，第二年便决定在上海建造工厂。1921 年 11 月 29 日，位于万航渡路的上海丰田纺织厂正式建成，资本金规银 1000 万两，丰田佐吉任社长。工厂配备了当时最先进的精纺机和纺机。丰田佐吉从上海丰田纺织厂迈出了海外事业第一步，成就了丰田纺织最初的辉煌。此后，丰田佐吉大多数时间在上海度过，在经营纺织事业的同时，不断地对纺织机进行开发和改进，并陆续创办上海第二厂和青岛分厂。随着业务的逐渐发展，到 1937 年，丰田纱厂达到鼎盛时期，纱锭增至 10.2 万枚，织机 2150 台，员工达到 4500 名。

1945 年，该工厂由国民党中国纺织建设公司接管，改名为中国纺织建设公司上海第一机械厂。中华人民共和国成立后，1950 年工厂改建为国营上海第一纺织机械厂（简称"一纺机"）。

2007 年 3 月，丰田纺织（中国）有限公司向"一纺机"租下当年的办公楼和干部食堂，实施复旧工程，并命名为"上海丰田纺织厂纪念馆"，不以营利为目的进行运营。作为丰田纱厂的发祥地，设立"丰田纱厂陈列室"，不仅讲述着上海丰田纺织厂的历史变迁，以及当年在这里奋斗着的先辈们的工作和生活的留影，还展示着一台 20 世纪 30 年代的 G 型自动织机。

引翔港长阳路创意谷原是中国纺织机器制造公司旧址。抗战结束后，丰田主动提出向国民政府进行技术转让，由此产生了中国纺织机器制造公司（以下简称"中机公司")。中机公司成立于 1946 年，"系以使用日本丰田式纺织机专利权、专造丰田式纺织机器为主要业务"。中机公司为官商合办企业，官股占四成、商股占六成，官股主要为政府接收的日本在华资产，商股则为流动资金。在商股大股东中，唐星海、郭棣活、荣鸿元分别为庆丰纱厂、永安纺织厂和申新纺织厂的总经理，皆为棉业领袖，又形成"棉铁联营"的架构。中机公司获取的丰田式织布机之制造能力，为 1949 年后中国的织机量产化和以织机出口换取外汇奠定了基础。

上海丰田纺织厂纪念馆

中机公司成立以后，有 18 名日本技术人员自愿留在中机公司工作，包括丰田纺织厂负责人西川秋次。中机公司接收了 5071 张丰田式纺织机图样，其中晒图 4214 张、原图 857 张。为了充分发挥日籍技术人员的指导作用，中机公司领导人决定采用在丰田厂已卓有成效之技术方式，即"所有厂中组织、施工、移库与成本会计等暂以丰田厂原有制度为准"。例如，中机公司从丰田移植了较为科学的车间管理体系："在机构方面，因大量制造，保有同一规格之同一成品，故采用川流式连贯工作法（Conveyer System），同时应用时间研究（Time Study）以测定时间及动作研究（Motion Study）以节省劳力，借此增加各种工具机及其他设备之效能。"

正是发明创新使日本从技术输入国转变为技术输出国。因为恰逢日本战败，作为战胜国的中国在从日本技术转让中最大限度地获取技术资源，使得纺织业在技术上迎头赶上立竿见影。尽管如此，丰田还是未将最先进的技术传授给中机公司，这是接受技术转让的局限性。

实际上中机公司仿制的丰田纺织机器并非最新型号。日本丰田总公司只是向中国转让一般技术，而将核心技术保留在日本。丰田G型自动织布机曾有几次改良，如在沪最新式者为D型，现仿制者为B型，与D型计有尺寸上不同零件53种，连形状改变者8种，缺少者56种，已不用者21种，全部约有19%不相同。但无论如何，丰田公司的技术至上理念通过移植进了中机公司。

日商上海纺织株式会社第二工场（原大纯纱厂），厂内一隅

三、杨树浦马路网

·

沪东干道杨树浦路

·

引翔港最早的道路大多建成于1913年至1927年，纵横交错成方格状。以东西向的杨树浦路、平凉路、长阳路为主要干道，通向租界中心。

引翔乡在开埠之前，尚无专名的道路。从1869年开筑杨树浦路开始到1911年时，已筑有道路31条。随着工厂兴建，住宅增多，商业发展，道路亦相应增加，到1949年已有157条道路。当时，引翔港乡董、市参议员（市政委员）、引翔港的一方之长王际亨，意识到修路有利于乡境的开发，因此积极修建道路，打造引翔乡的投资环境。

20世纪初的杨树浦路上运输货物的独轮车及行人，当时路边电线也已架设，路北还有成片的石库门住宅

从 1918 年最早的军工路，1921 年跨引翔、殷行两乡之间东西干道的翔殷路，到 1922 年马玉山路经远东运动场直达沈家行，北接翔殷路，这些道路为引翔港的发展注入新动力。1924 年，嘉定银行老板范回春在境内建成远东公共体育场，又名引翔港跑马厅，同时筑观音堂路，为引翔港镇的繁荣与发展又创造了条件。1926 年，引翔港跑马厅筑成，赛马之日，军工路、观音堂路车水马龙，商贩云集，盛极一时。附近土地为富人竞购，建造洋房、别墅，地价倍增。

1900 年，公共租界被划为四个区（中、北、东、西），以东区的面积最大——虹口港以东到周家嘴，大致为 1949 年的杨浦区、榆林区范围，俗称"沪东"。

杨树浦是沪东地区主要河道之一，西北起于走马塘，东南注入黄浦江，又叫杨木浦。杨树浦路，是沪东的第一条主干马路，通贯今杨浦区东西全境，是上海市区少见的自筑路且至今未更改过名称的马路。杨树浦路事实上就是在百老汇路基础上向东延伸的结果，1869 年，黄浦江边修了一条沿江马路，通到杨树浦港，杨树浦路筑成。1872 年之后，杨树浦路就基本形成了现今的格局，西起惠民路，东至黎平路。

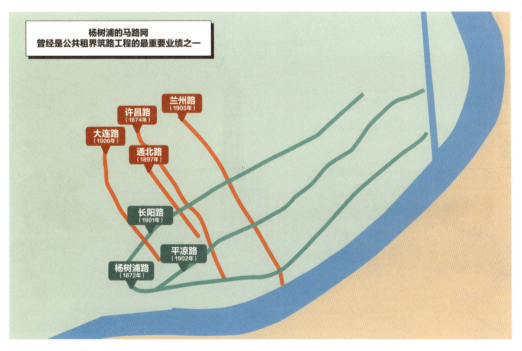

曾经的上海地图：杨树浦的马路网（简洁版）

1899 年，工部局的筑路重点在曹家渡（西区）和杨树浦（东区）两个工厂区间。杨树浦的工厂区的范围大体为北抵长阳路，南接黄浦江，西起提篮桥，东到杨树浦港，此后沪东区基本成形，为工厂区和华人聚居地。

杨树浦的马路网曾经是公共租界筑路工程的最重要业绩之一。有三条东西走向重要交通干道建成：杨树浦路（1872 年）、长阳路（1901 年）、平凉路（1902 年）。有四条南北干道建成：许昌路（1874 年）、通北路（1897 年）、兰州路（1905 年）、大连路（1906）年。1909 年，杨树浦港西片干道基本贯通。

公共租界的三大公用事业先后在杨树浦路落户：煤气厂始于 1865 年，自来水厂 1883 年投产，发电厂 1882 年供电。杨树浦沿江地带自然就成为吸引中外投资办厂的第一块热土。

1895 年以前，已有少数几家工厂，如华盛纺织总厂、怡和丝厂、英商自来水厂等在此开办。1895 年《中日马关条约》签订后，在公共租界东区、北区和华界引翔乡，沿杨树浦路地带，形成了上海最早的工业区。外资工厂有英怡和丝厂、怡和制材厂、怡和冷气堆栈、老公茂纱厂、瑞记纱厂、上海纺织会社一厂，等等。民族企业如华盛、华新、大纯、振华等纱厂。

清末，杨树浦路及自来水厂明信片

杨树浦路沿线因处于黄浦江下游，沿江大量滩地售价低廉，且与租界中心区相通，交通便利，中日《马关条约》后，外商大举在华开设工厂，濒临黄浦江的杨树浦路南侧一带，迅速建成了毛条、毛纺、丝织、造船、发电、煤气、自来水、化工、制皂等40多家大中型工厂。

1919年，杨树浦路沿虹口港至提篮桥一带已仓库、货栈林立，沿黄浦江到黎平路一带建有耶松船厂、公和祥、招商局、华顺、汇山等码头。

沿杨树浦路、平凉路两侧已建立了一批工厂。这里有日商开办的裕丰、大康、公大等17家纺织厂，杨树浦路沿线形成当时中国规模最大的工业区，一是以外资工业为主体，二是以纺织工业集中而著称。

随着工厂兴建，住宅增多，杨树浦路形成工厂区域和普通的民居里弄。路东部有纱厂、电厂、水厂等，路南面星罗棋布地分布着民族工业厂房，路北面是成片的老式居民建筑。民居多旧式里弄房。路西部的松潘路、八埭头旧片区是著名的居民聚集点。

当时，多少人坐着小舢板来到杨树浦路，到这条路上的外侨开办的工厂打工，下班后住在马路对面的居民区。

1908年，这条路上就开行有轨电车了。白渡桥至杨树浦路、勒克诺路（今天的宁武路）的2路有轨电车投入运营，这条线路是由英商上海电车公司经营的。一直到1936年，8路有轨电车从杨树浦路开到周家嘴路。这条路上出现的英国有轨电车，车身是印度红，有金黄色嵌线。从此，杨浦去上海闹市，就在8路电车"当当当"的声音中前行。

1908年3月24日，英商上海电车公司开始经营的从白渡桥至杨树浦路勒克诺路（今宁武路）的有轨电车。同年12月11日，南端延伸至上海总会（今广东路外滩）。图为杨树浦路最早的公共交通电车

平凉路旧式里弄

与杨树浦路上的百年厂房形成鲜明对比的，是一街之隔的平凉路，这里生活平静，有令人百看不厌的老弄堂。

平凉路，1902 年修筑，东西走向，西起临潼路、杨树浦路口，东至军工路、黎平路交界处，被长阳路和杨树浦路夹在中间，两边是工厂区。它是工人聚居、生活便利的中档住宅区之一。城市化进程与工厂区紧密结合，里弄住宅兴建，也开始在沿江地区出现。

当人们走在离黄浦江咫尺之遥的东外滩，大约不用 20 分钟，一排排超过百年历史、盖三角屋顶的两三层旧屋里弄，便互相挤拥着映入眼帘。传统的石库门弄堂，知名的有三益里、隆仁里，还有略显简单的新康里、汾州里。如平凉路八埭头，始于 1908 年韬朋路（今通北路）铺筑后建成八埭住房。一年后附近又有惟兴里、平凉路、福禄街、亚纳里等建成，成为沪东早期里弄居民点。围绕这些居民点，陆续形成城市住宅区的商业设施，如泰森钟表店（1915 年）、菜场、茶楼、饭馆、烟杂店及中药店等。1937 年沪东地区的商业街道排名前列的是杨树浦路、松潘路、八埭头、长阳路、辽阳路及大连路通北路段。

1924 年夏，上海大学学生杨之华、张琴秋及湖南来沪的中共党员蔡林蒸受党组织的派遣，在沪东惟兴里筹备杨树浦平民夜校，张琴秋任校长，蔡林蒸负责男工部，张琴秋兼管女工部。学员大部分为附近各纱厂的工人。3 个多月后，第一批学员举行了毕业典礼。党组织还在学员中发展党员，建立了工人团支部，他们都成为沪东工运的骨干。

"埭"（dài）指的是江南一带二层砖木结构的房子，开间小、进深浅、层高低，以供工人、小贩和职员居住。当年天主教会在韬朋路（今通北路）上，造了八埭（排）二层砖木结构的房子。据《1896 年工部局年报》记载：

2016年4月14日，上海，位于杨浦区平凉路的百年"八埭头"即将消失

当年平凉路上，外国买办的私人别墅

八埭头

新惟兴里

"已有近4万名工人。"由于工业的发展，八埭头成了当时的黄金地段，"八埭头"由此而得名。每排两层14间，连同毗邻地段兴建的教会出租房共有建筑面积1.5万平方米，大多出租给附近的自来水厂、造船厂、纺织厂和一些码头工人居住，一层商铺也有部分永久卖给商贩，中国房地产经营初露端倪，这里是公共租界东区房地产业的发源地。

此后，平凉路、福禄街陆续建成一批旧式里弄，人气渐足，繁华日盛，以通北路、平凉路交会处为中心，东到许昌路、南近杨树浦路、西至景星路、北迄唐山路，成为当地妇孺皆知的商业街市。八埭头声誉日隆的鼎盛时期，曾汇集了几十家商户，包括著名的和丰泰百货店、协泰祥布店、宏大鞋帽店、同保康国药号、大同南货店，还有米店、酱油店、大众澡堂、照相馆和典当行……以平凉路为主干，八埭头两侧腹地星罗棋布着观之不尽、游之如入迷宫的小巷小弄。现在，随着城市改造的步伐，它们在推土机的轰鸣声中陆续化为废墟。

如今，八埭头的旧改基本完成，平凉路上大部分老字号都已易名或消失，取而代之的是高楼大厦和滨江豪宅。

长阳路历史遗迹

长阳路是沪东的第二条主干马路，旧名华德路，是以镇压太平天国有功的"洋枪队"首领华德（又译华尔）之名命名。当年太平军逼近上海时，华尔率领"洋枪队"，守上海青浦建功，并娶当时上海华人商会会长、富商杨坊女儿为妻。1862年，应江苏巡抚李鸿章之邀，华尔领"洋枪队"1000华洋混兵至宁波镇压太平天国，指挥进攻慈溪，巷战时重伤身亡。李鸿章亲自捐款，在外白渡桥南头，造了一座"常胜将军纪念碑"，上面刻着华尔以及其他阵亡洋人军官的名字。华尔是美国人，因保卫上海租界有功，所以1899年公共租界扩张成功后，工部局就把一条新筑的路取名为华德路。1943年日伪政权时期华德路改以湖北省长阳县命名。

长阳路原来是一条典型的江南河道，名叫"高塘浜"。1863年，美国领事熙华德划定美租界时，北部即以高塘浜为界浜，东至高塘浜与杨树浦港相交的高郎桥止。1901年，由租界工部局填河浜筑路，初建时路面为沥青混凝土浇筑而成。1907年筑至兰路（今兰州路），石子路面，1911年在杨树浦上筑宽6米的木桥。1907年华德路（今长阳路）兰路延伸到高郎桥西侧，1913年，华德路越过高郎桥向东延伸到引翔港镇西栅口（今临青路）。

在上海公共租界东区拓展之后，引翔港镇以东的华德路可视作一条界路：北面为华界，南面为公共租界。因此，在一乡两治的交接处，至今，长阳路上留有著名的历史痕迹。

◆ **摩西会堂**。1937年抗战爆发，公共租界北区东区沦陷，日方接管了长阳路两侧民族轻工业，开设纱厂，并建造新式里弄作为日方雇员的宿舍。日军开辟犹太人隔离区，长阳路西段是区内犹太人主要活动的场所之一。如今长阳路62号的"摩西会堂"，就是这段历史的重要见证者。

犹太人在上海的历史，始于1843年上海开埠后，先后有三批犹太人来到上海。最早的一批是来自印度的英籍犹太人。旧上海有三大犹太富商家族：沙逊、哈同、嘉道理。可以说旧上海的辉煌也留下了一些犹太人的印记。沙逊家族在上海有 100 多幢房子，还有摩西会堂。哈同、嘉道理等拥有上海的地产商业。1920 年，沙逊家族第三代为了纪念他的太太拉希尔，独立建立了犹太教堂，所以又称为拉希尔会堂。过去犹太人在上海造的犹太教堂有 7 座，现在留存的还有 2 座。虹口长阳路的摩西会堂，是上海现存的两座犹太会堂之一。

第二批来到上海的是俄罗斯犹太人。1907 年，移居上海的俄罗斯犹太人最初在熙华德路（今长治路）建造了犹太人在上海的第一座犹太会堂，堂名是为了纪念最早移居上海的俄罗斯犹太人摩西·格林伯格。1920年代，十月革命后，大批犹太人从俄罗斯涌入上海，摩西会堂需要扩建。1927年，迁至华德路62号（今长阳路62号），新建了可容纳300人的三层红砖建筑，又称"华德路会堂"。摩西会堂分为三层，一楼为男性礼拜堂，摆放着6张长靠椅，二楼则为女性礼拜堂。

摩西会堂犹太难民纪念馆

"风雨同舟"雕塑寓意着上海人民在危难之时为犹太难民撑起一把保护伞，让他们得以平安度过艰难岁月

第三批犹太人，是 1933 年到 1941 年，从欧洲逃难来上海的犹太难民。当时上海滩的三大犹太富商家族出资出房，为自己的同胞伸出了援手，沙逊把河滨大楼腾出了许多空房，用来安置犹太难民。1943 年 2 月 18 日，日本当局命令所有 1937 年后抵沪的犹太难民迁入提篮桥一带的"无国籍难民隔离区"。这个隔离区约包含有 15 个街区。曾有 2 万名欧洲犹太难民聚居在摩西会堂周边的里弄。

犹太人一直有一句格言："世界上没什么艰难不可以超越。"逃出来的犹太人到上海后，立即寻找生存的方法。有技术的找工作，有能力的开商铺，没资金的摆地摊擦皮鞋、磨剪刀、修自行车，还有的去餐厅、咖啡馆打工。

生活安定后，他们很快组织自己的犹太社区，推选领袖，开办学校，办报纸、电台，建图书馆，还去犹太教堂定期聚会。这个善于经商、重视教育、热爱艺术的民族，很快就让虹口一带繁华起来。犹太人顽强、智慧、乐观、互助的生存力量，称得上人类移民史上的奇迹。

"二战"期间，犹太难民来上海避难，和上海人共同生活在一座城市里，一些上海人从衣食住行到行为习惯，也或多或少地受到犹太人的影响。都说上海人会螺蛳壳里做道场，实际上讲的也就是旧上海时期犹太人的作风。当年犹太人逃难到上海，一家三代挤在一间亭子间里，还能把房间收拾得干干净净，生活过得精致、优雅。这种勤俭、精致的生活方式和做事认真精明的作风，深深影响了这个城市里的几代人，计划经济凭票年代，上海的半两粮票，就是这种精明计算生活的典型。

白马咖啡馆原址是长阳路临潼路路口的一座三层小楼。1939年，来沪避难的犹太难民鲁道夫·莫斯伯格和亲友买下此楼，开办白马咖啡馆，成为当时犹太难民重要的日常聚会场所

二战结束后，许多犹太人选择留在上海。1949 年前后，上海犹太人陆续离境；1956 年摩西会堂关闭。会堂曾先后改作工厂、精神病防治站，以及人防办公室等用途。1998 年，正式改为犹太难民上海纪念馆，并在 2007 年重新修缮，恢复原貌。现在原址上，又修建了上海犹太难民纪念馆。

◆ **提篮桥监狱**。上海提篮桥监狱，是长阳路的著名地标。原名是上海公共租界工部局华德路监狱，1901 年破土动工，1903 年建成。现存建筑物均为 1917～1935 年所建造。监狱主要关押的是上海公共租界内判处徒刑的中国籍犯人（开始均收押男犯，从 1904 年起兼收女犯，1906 年停止。1943 年 8 月恢复收押女犯。从 1935 年 9 月起关押外国籍犯人）。最多时关押达 8000 多人，号称"远东第一监狱"。提篮桥监狱自启用以来，到 1949 年 5 月间，先后经上海公共租界工部局、日本人、汪伪政权和国民政府管理。1949 年 9 月 21 日，正式成立上海市人民法院监狱，同年改名为上海市监狱。提篮桥监狱后向外国来宾开放，可进入参观，是新中国首批对外开放的监狱之一。1995 年 6 月改名为上海市提篮桥监狱。1999 年 12 月，在提篮桥监狱内建起了反映百年以来历史发展的上海监狱陈列馆。

上海市提篮桥监狱

◆ 汇山交换所。

长阳路 244 号保定路口，过去这里是一个电信营业所，原上海电话公司华阳路分局。之前，是著名的汇山交换所。

电话在上海的应用距其诞生只晚了一年。1876 年，美籍英国人贝尔发明了电话，仅在一年之后，电话

汇山交换所

便传入上海，当时人们称其为"德律风"，即英文 Telephone 音译。那是 1877 年，上海轮船招商局为了保持总局与金利源码头的联系，从海外买了一台单线双向通话机，拉起了从外滩到十六铺码头的电话线，这便是上海出现的第一部电话。

1882 年 2 月 21 日，大北电报公司在外滩 7 号内设置电话交换所。这是电话发明 6 年后上海第一个经营性的电话交换所，它的成立只比在美国设立的第一家电话公司晚一年。

电话的问世，为上海催生出新的工种——电话接线生。做电话接线生，不仅需要动作敏捷，还得讲一口流利的英语，因为当时电话户主中，外国人占绝大多数。

1930 年 8 月，美商上海电话公司接盘英商上海华洋德律风公司产业，新建自动电话交换所。1931 年 8 月，汇山交换所开放，东区自动电话交换所停用。电话交换所就是具备了电话接线员的功能，到 20 世纪 90 年代，上海电话局开始引入程控交换机，人工交换机和接线员的角色就此告别历史舞台。

◆ **科发大药房**。建于 1909 年，是上海第一家西药厂。1866 年，德国药剂师科发在上海南京路 136 号开办科发大药房。1909 年，他创办的科发药厂（今第四药厂）位于华德路（今长阳路 1586 号）南侧，地处高郎桥与引翔镇之间，是上海第一家西药厂，在当地非常有影响。

一战期间，科发大药房的部分股份被转给美籍律师樊克令。1919 年，樊克令等又通过购买，握有科发大药房 75% 股份，遂改称美商科发药房。此后，科发药房通过增建厂房、添购新式生产设备等，继续在上海制药界一路领先。药厂的 2 台美国产制片机可日产药片 100 万片，还有离心机、自动灌装机和洗瓶机，这些均为当时业界罕有。1928 年，药厂开始生产沃古林眼药水。至于科发痧药水，则成为治疗霍乱、中暑或急性肠胃炎的家庭常备药。沃古林眼药水、十滴痧药水、咳嗽白松糖浆，即俗称的"科发三水"，畅销各地，是当时上海市民家里的常备药品。

1941 年 12 月太平洋战争爆发，科发药厂被日军非法强制接管，不久日商武田株式会社将该厂作为其附属工厂，为日军生产各种军用药品。1945 年 8 月抗战胜利后，科发药厂进行改组。1946 年 8 月，科发药厂变为中美合资企业。1951 年 1 月，科发药厂由中国人民解放军上海市军事管制委员会实行军管，上海市人民政府正式接管科发药厂，市医药管理部门将本市一批著名的外资药厂先后并入科发药厂，如德商的拜耳药厂、英商的施德之药厂、法商的百部药厂和加（拿大）商的威廉士药厂等。1959 年，科发药厂更名为"上海第四制药厂"。

◆ **英美烟公司**。长阳路上的上海卷烟厂，前身为英美烟公司韬朋路烟厂，1934 年 9 月，颐中烟草股份有限公司成立时，改称颐中烟三厂，该厂是上海历史较长的外资企业之一，又称英美烟公司颐中三厂。英美烟公司于 1902 年在伦敦成立，同年 9 月就在上海南京路 9 号设立分公司，收购并改组了原先上海的英国、美国烟草销售、生产企业，扩建了卷烟生产工场，组建以上海为中心的卷烟销售网。英美烟公司颐中系统由于其产品覆盖面广、知名度高，在中国烟草发展史上，其在上海、天津、青岛三地的烟厂一道被称作中国烟草行业的"上青天"。

松潘路原是淘金路

沪东最初的马路名，使用外国人名如华德路（今长阳路）外，还有一个比较特别的就是用印度、东南亚地名命名道路，如三宝泷路（今腾越路）、加尔各答路（今黑龙路）、孟买路（今河间路）、开答路（今松潘路）。

1915 年，公共租界曾将东区 21 条以外国人名、地名命名的道路用中国地名进行更名。松潘路，是以当时英国的殖民地印度的地名"Quetta"取名开答路，后改为用地处遥远的川西北高原的小城松潘命名。以一个小小的县城为上海街道命名的，在当时的全国也是很少的，而在整个川西北高原，则是绝无仅有的一例，这源于当时享誉上海滩的"漳金"。

清光绪末年的松潘，在城北漳腊发现了金矿，即以其蕴藏量大、品位高、颗粒粗、成色好、融耗低而获"漳金"美称，蜚声海内外，令这偏远的川西高原迎来持续几十年的淘金热。商人们将"漳金"连带着川西北高原的土特产一齐运送到内地，直到上海。天长日久，上海的开答路逐渐成为"漳金"的重要贸易和集散场地，一度被称为"金夫一条街"，又称为"淘金路"。

开答路一度整条街四海商贾云集，热闹非凡，当时的上海工部局遂将这条路改为"松潘路"。通过"漳金"交易发达的商人，先后在松潘路投资、置业，开设了许多以"松潘"命名的大小商号、店铺、茶馆、酒店、旅店等。

安徽肥东人长临河镇张胜吾村的张义纯将军，在松潘路上建有砖木结构的居民住宅。1900 年英国天主教在太和街

松潘路路牌

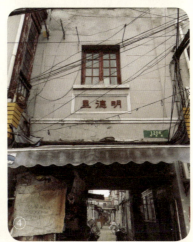

①②③润玉里
④松潘路上的明
德里
⑤松茂里，兴建于
1931 年，是松潘路
的标志性建筑

建造砖木结构的太和商场（今太和里菜场），1910 年工部局在杨树浦路、松潘路路口建造一座铁木结构的菜场，与塘沽路三角地、八仙桥金陵东路菜场齐名。1913 年开张的松潘菜场是中华人民共和国成立前上海滩最早的十大菜场之一，也是松潘路最热闹的地方。20 世纪 70 年代，5 层楼的菜场在整个上海滩绝无仅有。那个年代，人们生活仍比较贫困，松潘路菜场里每天天不亮就挤满了买菜的人。

松潘路菜场和 1928 年建成的平凉路菜场，是当时沪东最大的室内菜场。在菜场的斜对面，有一座"松茂里"，兴建于 1931 年，也是松潘路的标志性建筑，里面是一排排二层楼类石库门房子，大部分是纱厂职工的居家住所。

松茂里过街楼南边是家饮食店和老虎灶茶馆，泡水的、喝茶的人很多。北边有文具店、白铁店，还有弹棉花、修棕棚的。对街又是粮油店、裁缝店、饮食店，这才到了杭州路口。

东向到临青路，从最南端的杨树浦路至北面杭州路内是密集的居民区。最靠近的是润玉里，东去是发长里，皆是正规的石库门建筑。再往东是普爱坊、依顺里、华忻坊，是和松茂里一般的类石库门两层民居，有路边挑担小贩叫卖油豆腐细粉汤等。

松潘路地段的样貌乃当年上海滩的缩影，虽有滚地龙、棚户区，却也有不失气派的石库门和小洋楼，里面有知识分子小公务员家庭，还有老板厂主有钱人，五方杂处地。沈阳路西头叫作小木桥，那是杨浦区内与定海港并雄的三教九流、悍民成群之地。

王际亨力主修军工路

引翔港东北部的军工路是上海第一条近郊公路。

军工路路基原是连接上海县和宝山县的江边土塘，最早修建于 1732 年，名衣周塘，是上海最早的水利工程之一。1753 年，上海县修筑浦西北岸土塘土堤时，将引翔港东入黄浦江的出口进行了人工填埋，使之兼具防洪和交通的双重功能。

位于军工路的原上海柴油机厂

1918 年，因堤岸无人管理，年久失修，崎岖不平，给行人和货运带来不便，且直接影响淞沪兵防联系。为军务需要，在沪北工巡捐局局长曹有成的筹划下，得到淞沪护军使卢永祥的积极支持，由步兵第十师抽调士兵千余人，在原有堤岸上修筑道路。同时，得到了引翔港乡董、市参议员（市政委员）、一方之长王际亨的大力支持。王际亨以其有利于乡境的开发，积极参与，派出乡民一同修路，将衣周塘削平拉直，赶筑了一条通向市区的公路。当年8月24日动工，第二年4月底全路告竣，煤渣路面。路成之日，王际亨特以"军工路"为名，勒石树碑，并在路东筑纪念园，路西建纪念亭，以壮其事。

军工路沟通了上海北部农村地区与上海公共租界的联系。其后不久，军工路虬江桥南便出现织染厂、电线厂、胶鞋厂等一批现代工厂。

王际亨（1876～1934），字铨运，引翔港人。王氏原系望族，后家道中落。因父早亡，家境更陷贫困。依赖其母含辛茹苦，悉心抚养，又得其叔接济培育，终于苦学成才。清宣统二年（1910年）中末科举人，遂跻身名流，重振家业。为纪念其母与叔的养育栽培之恩，王为二子取名洪恩、世恩，并于瑶阶弄宅第之前，为其母立牌坊一座。

原水产学院，现为上海海洋大学军工路校区

①原闸北水厂的水塔和办公楼，在军
工路闸殷路口
②军工路一小旧址，现为杨浦区精神
卫生中心
③军工路上的上海机床厂，全国闻名
④闸北发电厂

市郊干道军工路修建后，1921年，王际亨又参与引翔、殷行间东西干道翔殷路的修筑。1922年，代粤商马玉山筑私人花园，利用余资将原有乡道拓宽，筑成纵贯南北道路一条，取名马玉山路。1924年，协助嘉定银行老板范回春在境内建成远东公共体育场，又名引翔港跑马厅，同时筑观音堂路。1926年，跑马厅筑成，赛马之日，军工路、观音堂路车水马龙，商贩云集，盛极一时。附近土地为富人竞购，建造洋房、别墅，地价倍增。

王际亨秉承母亲的教诲，并有自身苦学成才之经历，深感办学之重要，辟宅第西厅为学馆，办义塾虬溪小学，又于引翔镇办引溪小学，对贫寒子弟除免费入学之外，还发给书籍文具。王际亨常亲自督导、授课，勉励学童勤学。每至岁末，王必施米施衣济贫。对死而无力埋葬的乡人，王常施棺掩埋，乡人对其造福穷人的德行无不称颂。

四、工业鼻祖诞生地

上海航运源头耶松船厂

在上海国际客运中心的旁边，一座百年红楼建筑紧挨着外滩万国建筑群，低调地散发着它的独特魅力。这是耶松船厂的大楼，它是西方百年船舶修造厂，也是上海航运的源头。

耶松船厂，上海出现最早的西方船舶修造厂之一，1865年在上海成立。耶松船厂曾经垄断中国船舶修造业三十余年，为英国在华工业投资中最大的企业之一。

上海开埠后，帝国主义先后在上海投资建立了最早的一批外资工业——船舶修造业、打包业、加工工业、轮船业、码头仓栈业。上海最早出现的外商经营的资本主义工业是船舶修造业。开埠前，上海航运工具主要是沙船，沙船多数在木材资源丰富的福建、浙江建造，只有少数为上海本地制造。沙船的修理，当时仅几家本帮打铁店足以应付。1843年开埠后，上海对外贸易量增大，船只往来频繁，近代船舶修造业应运而生。1852年，美国人杜那普在虹口江岸开了一个修船的泥坞，以修理船舶为业，规模很小。19世纪50年代，英国人亦着手经营此业，先在浦东建立董家渡船坞（后改称浦东船坞公司），又在虹口以几个老船坞为基础，成立上海船坞公司。浦东和虹口分别位于黄浦江东西两岸，发展成为上海船舶修造业的两个中心。

轮船航运使上海的造船工业迅速崛起。1860～1864年，上海港先后建立了以英美商人资本为主的9家船厂，如虹口造船厂、宾夺船厂、旗记船厂等。其中发展最快的是耶松和祥生两船厂，其余各家船厂逐步被这两家船厂收买或并吞。

原耶松船厂百年红楼

　　1862年成立的英商祥生船厂，占地18亩，设有机工场、铁工场、船厂场、木工场、锅炉房等，被称为"东方设备最完备的企业之一"。1901年祥生船厂和1864年成立的以美资为主的耶松船厂合并，成为东方最大的船厂之一，同年为美国海军制造10艘舰艇。1860年，上海的造船业只有六七家厂，1864年便有船厂9家，到1865年猛增至21家。1864年1月9日《北华捷报》评论道："由于这个港口贸易的增加，为船只所提供的设备的扩大，以及与之有关的全部必需品，成为最紧急的需要。因此，我们发现新的船坞建筑起来了，老的船坞也已经进行扩建了，而修理和建筑船只的各项必需品，也都得到了充分的供应。翻砂铸铁很自然地紧随着造船的步伐。现在人们既是居住在一个大的商业港口，同时也是处在一个大的工业城市之中。"

　　1866年，由广东中山人方举赞、孙英德于上海虹口创办发昌机器船厂，在现东大名路、旅顺路处开设了发昌号，后改名为发昌机器厂。前店后厂，三开间门面，门前为发昌五金商店，从属于发昌机器厂，店后是厂房，它是上海民族资本机器工业的最早代表，也是中国最早的私人船舶配件修造厂。

发昌机器厂最初是一个只有 200 元左右的手工锻铁作坊，专为外商船坞打造修配船用零件。1869 年开始使用车床，从手工工场转变为机器工业。到 1873 年发展为机器制造厂，称"发昌号铜铁机器车房"。1876 年，已能制造小火轮和车床等。后以制造小火轮为主，是当时上海私人资本机器工业中规模最大的一家。由于没有自己的船坞，时常受到外商船厂的压迫和排挤，逐渐趋于衰落。1900 年为英资耶松船厂所吞并。到了 1906 年，发昌五金商店也歇业了，至此，发昌机器厂的全部历史宣告结束。同年，耶松船厂就此建造了小红楼作为船厂的写字楼。

1894 年，上海实际开工的 45 家外资工厂平均资本额为 21.7 万元，而祥生、耶松则分别已达 112 万元和 105 万元，高居其他企业之上。1900 年，两厂合组为耶松船厂公司，资本总额 777.8 万元，属下有祥生厂船坞、新船坞、老船坞、引翔船坞、和丰厂船坞、董家渡船坞、哥立尔船坞、东方船坞等，以及较多的厂房、仓库、码头等设备和设施，成为当时"东方最大的修造船厂"。

1936 年，耶松船厂与瑞镕船厂合并为"英联船坞有限公司"，即"英联船厂"，成为当时中国最大的船舶修造厂。杨树浦路 540 号原瑞镕船厂系德商企业，建于清光绪二十六年（1900 年）。光绪二十九年（1903 年）开挖船坞，专造浅水船、拖船、驳船和游览船。光绪三十年（1904 年）德商万隆铁工厂成立，从事造船及海船修理业务。1912 年，瑞镕兼并了万隆铁工厂，统称瑞镕船厂。第一次世界大战德国战败，瑞镕厂主转入英国籍，船厂也成了英商企业。

太平洋战争爆发后，日军接管英联船厂，其杨树浦总厂改称三菱株式会社江南造船所杨树浦工场。抗战胜利后，国民政府海军部接管英联船厂，1945 年 9 月 16 日归还英商并恢复原来的厂名。1952 年 8 月 15 日，上海市军管会宣布征用英联船厂，改名"军管英联船厂"，即后来上海船厂的前身。

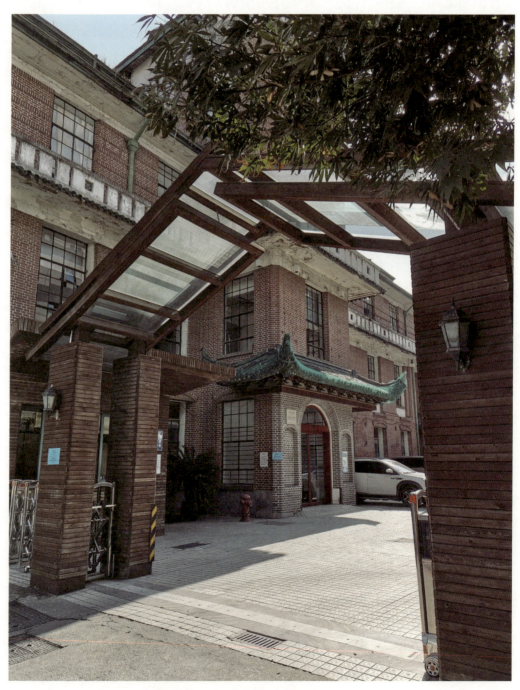

耶松船厂旧址，现被定为上海优秀历史建筑

怡和丝厂：上海外资第一家

  怡和丝厂是上海第一家外资工厂。怡和洋行靠鸦片贸易起家，是最早进入上海的英商洋行，在华工业投资上占据先机，投资规模也居于首位。原本英国人是想把缫丝厂办到江南去的，可是不管是太平军占领江南，还是清军占领江南，都没答应他们这个要求，所以只能放在了上海。

  1859 年，怡和洋行聘请约翰·梅杰来上海首先试办怡和纺丝局。1861年建成投产。怡和丝厂引进了全套机器设备，100 台缫丝车大部分设备在香港制造，连同装配工人一起抵沪，当时是国内最先进的蒸汽缫丝厂。怡和丝厂引进了蒸汽机和意大利技术。厂内安装锅炉，用蒸汽机带动缫丝车运转，为煮蚕提供热源。

1949 年上海解放前夕拍摄的杨树浦怡和纱厂

英商怡和纱厂全景

　　丝厂最初的两任大班都是意大利人。机器缫丝精细，产品质量高，全部出口。比同样的蚕使用土法缫制的生丝价值高出 50%，贸易上也获得巨额利润。后来，很多外资仿效怡和丝厂在沪创业。

　　怡和丝厂的经营人是法国人卜鲁纳，他曾于 1870 年受日本政府招聘，担任富冈制丝厂技师长，参与了明治维新后日本第一座大规模近代工厂富冈制丝厂的设计、建设。

　　19 世纪 70 年代前，缫丝生产完全是农民家庭式的手工业，从栽桑、养蚕、茧处理到制丝，蚕桑业与缫丝业一直牢固地结合于小农经济的内部，在中国农村手工缫丝业广泛发展，停留在小农个体经营的阶段，尚未出现养蚕与缫丝相分离的现象。

　　土法缫丝是从新鲜茧中缫丝，必须在蚕蛹变成蛾（破茧之前 10～12 天）之前用手工完成缫丝，故产茧量受家庭劳动力的制约。而蒸汽缫丝必须将新鲜的蚕茧烘干（将蛹杀死），再运沪储存备用。上海并不是一个桑蚕产区，上海周边主要是种棉花的，缫丝厂的原料蚕茧还得从苏州一带运过来。运输不是问题，可是蚕茧里的蚕蛹，时间一到，蚕蛹会咬破蚕茧，咬破的蚕茧就是废茧，手工或许还能有办法处理，机器则完全不行。

　　因此怡和洋行在上海办丝厂，他们要解决的问题很多，比如他们需要建设科学的运输设施，防止蚕茧在运输过程中受损。即便运到了上海，蚕茧是季节性原料，江南的桑蚕基本上是春夏两季，他们要在这两个季节收购到一年所需的原料，这就需要保存设备，需要储茧设施，存储一般是建设冷库，否则蚕蛹觉得温暖就会咬破蚕茧。怡和洋行要解决的并不是一个缫丝厂的问题，而是一整套现代缫丝体系的问题。

所以在运营的过程中，怡和缫丝厂经常遭遇原料不足的问题，停工几乎是常态，最主要的就是一个储茧的问题始终没有解决。在惨淡经营了十年之后，实在是竞争不过苏湖一带的手工缫丝厂，怡和缫丝厂直接关闭了。

怡和缫丝厂在沪创业，为近代上海纺织工业的引进充当了媒介，也开辟了外资在沪投资办厂的路径。上海是外资蒸汽缫丝的先行地，也是甲午战争前外资缫丝工业在华的唯一投资场所。其后，英资纶昌、公平丝厂，美资乾康丝厂，法资信昌丝厂等先后设立。至甲午战争前夕，先后设厂 8 家，资本估计在 400 万银圆以上，雇用中国工人近 6000 人，成为外国资本在中国经营近代工业的重要部分，上海租界也随之成为中国缫丝业的中心。

中国第一座现代化水厂

　　19 世纪下半叶，无论是租界还是华界的上海居民，基本生活用水都来自本地的河水。而沪上高级消费场所、鸦片烟馆等娱乐场所主要依靠专门水船从太湖运来清水。1860 年，美商旗昌洋行为了解决内部的生活用水问题，在外滩开凿了深 78 米的水井，供洋行内部使用，这是上海的第一口深井。

　　从河流取水，然后投入明矾搅拌，沉淀杂质后再使用，这样的状况一直持续到1883年，此时由英国商人耗资12万英镑建造的杨树浦水厂正式建成。同年 8 月 1 日，时任直隶总督、北洋通商大臣的李鸿章来到了新建成的杨树浦水厂，开启了进水闸门，这标志着中国第一座近现代化水厂正式通水。当日，杨树浦水厂正式面对公共租界开始供水，开始了它百年辉煌的发展史。水厂每天供水量由刚建厂时的不到 4000 吨发展到现在的综合生产能力 140 万吨，曾在 20 世纪 30 年代一度成为远东第一大水厂。目前仍是上海市的最大水厂之一，为杨浦、虹口，部分静安、普陀、宝山五个区的 300 万人提供生活和工业用水。

20 世纪初的杨树浦水厂

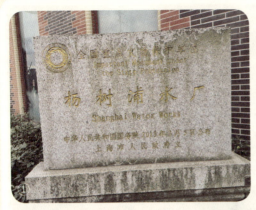

①②③④杨树浦水厂
⑤李鸿章出席上海自来水厂的竣工通水仪式

百年杨树浦水厂今天仍在使用

　　1870 年，公共租界工部局卫生处在黄浦江、苏州河和淀山湖三个区域内选取了 12 个取水点，收集水样并送往伦敦进行水质检验。1872 年，工部局工程师奥利弗提出兴建自来水厂的方案，但由于所需资金过大，被工部局纳税人会议予以否决。

　　1880 年 3 月 15 日，董事会批复了这个请求。在沪英商筹组了上海自来水股份有限公司筹备委员会，上海自来水股份有限公司正式成立，同时在杨树浦建设水厂，水厂建设前后约两年。

　　这座跨越三个世纪的水厂，也是杨浦滨江优秀工业建筑的典范。它由英国工程师哈特设计，为英国传统古典哥特城堡式建筑，整体颜色为铁锈红，墙体主要以青砖砌筑，嵌以红砖腰线，压顶为砖砌雉堞形式，门、窗等开孔处有尖拱、马蹄拱等形式，楣部粉以白色水泥凸线；水厂正门两边各有一个双层城堡式城楼，使水厂看起来就像一座哥特式古堡。据说，之所以这样设计水厂，一是因为水厂内的净水滤水设施大多较为平旷，缺少围合；二是考虑便于守卫，防止有人投毒。作为工业建筑，杨树浦水厂的建筑风格别致，跨越百余年的时光依然能给人以美的感受。

杨树浦水厂自20世纪开始，逐步收购周边土地，扩建制水设备、厂房，完善技术管理，扩大日趋增长的供水区域。到1931年，杨树浦水厂一跃成为远东地区最大的现代化水厂。1941年12月8日，太平洋战争爆发，日军进占公共租界。当日，日军占领了杨树浦水厂，并成立了所谓华中水电股份有限公司，水厂归入其下属的"大日本军管理上海水道会社"，公司各级负责人均由日本人担任。直至战后，上海自来水股份有限公司重新营业，杨树浦水厂恢复成为英商产业。1952年11月，英商上海自来水股份有限公司被上海市人民政府征用，并于12月12日更名为上海市自来水公司，杨树浦水厂成为其下属自来水厂。

至1931年，杨树浦水厂一跃成为远东地区最大的现代化水厂

杨树浦发电厂傲视上海滩

　　杨树浦发电厂是中国历史上一个重要的火力发电厂，创建于 1911 年，曾经为远东第一大发电厂，有"中国电力工业摇篮"的美誉。大上海夜空里闪亮霓虹灯光管的电，就是杨树浦发电厂传输的。

　　杨树浦发电厂最有名的标志，就是那高达 105 米的烟囱。它就像屹立在黄浦江边的一座航标灯，远洋轮船进入吴淞口，船上的乘客一看见它便知抵达了上海。发电厂这座老烟囱建成于 1941 年，是当时为高温高压锅炉专门配备的，外部是美国进口的钢板，内部砌有耐火砖。特殊的地理位置与傲视上海滩的高度使它成为当时上海的地标性建筑。它曾一度是中国最高的建筑物，高过国际饭店。

1928 年拍摄的杨树浦发电厂

1950 年 2 月 6 日发生"上海二六大轰炸"，杨树浦发电厂成为国民党空军的重点攻击目标，一度遭到严重破坏，后经修复后重新生产发电。后来杨树浦发电厂分别于 1979 年和 1998 年新建了两根 180 米高的钢筋混凝土结构烟囱，老烟囱也不再像从前那样鹤立鸡群了。2003 年，曾经是上海最高建筑物的老烟囱被拆除了，它的底座被收藏于上海历史博物馆。老烟囱的拆除引来了上海市民的一片惋惜之声。

2010 年，为兑现联合国气候变化大会上中国政府关于减小碳排放量的承诺，杨树浦发电厂正式停产。

杨树浦发电厂

"巨无霸"杨树浦煤气厂

　　上海是中国最早使用煤气的城市，煤气可谓一百多年前的"自来火"。自 1843 年上海开埠后，外国商人纷纷来沪投资设厂，城市逐步发展，经济日益繁荣。1865 年，上海第一家煤气厂在苏州河畔建成，同年 11 月即开始向公共租界供应煤气并用于照明。繁荣的南京路开始启用煤气灯照明，从而取代了早期的煤油灯，使道路面貌焕然一新，上海公用事业由此开始。

　　1929 年，上海城市煤气供应量已不能满足城市发展的需要，亟须扩大生产，原苏州河畔的煤气厂因苏州河的航道狭窄，船舶拥挤，运输能力受到限制，英商就选中了黄浦江边建煤气厂。杨树浦煤气厂于 1932 年始建，两年后建成通气，有办公楼、储气罐等建筑，当时出产占全市煤气消费量的 80%，是"远东第一大煤气厂"。

杨树浦煤气厂旧貌

绿藤植物爬满厂房

念纪影摄工职體全禮典成落廠新浦樹楊行火來自海上日五月三年三卅國民華中

①英商煤气公司杨树浦工场南北办公楼

②英商上海煤气股份有限公司杨树浦工场落成典礼。1952年11月20日更名为杨树浦煤气厂

③自从有了煤气，上海的南京路和外滩就出现了玻璃煤气灯，每天有专人点燃

中国机器造纸先河

上海机器造纸局，是中国最早的工业化造纸厂。造纸术是中国"四大发明"之一。到了近代，由于传统的手工纸纸质疏松、色泽不一，无法适应机器印刷的需要。外商在上海设印刷厂，一般是进口洋纸或在上海设厂生产。上海天章记录纸厂的诞生，打破了洋纸一统天下的局面，成为中国第一家华商开办的造纸企业，它也是上海机器造纸局的前身。

当时的上海，在种种内外因素的风云际会之下，一些传统手工行业开始向机器工业过渡，造纸业也顺利地进行。1882年，曹子撝、曹子俊、郑观应等筹资15.57万两白银，意在创办中国机器造纸企业，遂将计划书递呈北洋大臣李鸿章得准核后，在上海杨树浦路408号沿江购12余亩土地建厂，即上海机器造纸局，这是中国第一家华商开办的造纸企业。清光绪十年（1884年）建成正式投产。建厂时，购置多烘缸长网造纸机一台，锅炉和蒸锅各四台，有职工101人。以破布为原料，切碎后装入蒸锅中，加石灰和纯碱或者烧碱，经数小时蒸煮，脱色、脱脂，纤维离解后得到纸浆。主要设备系英国制造，年产洋式纸张2吨，开中国机器造纸的先河。

由于洋纸倾销，上海机器造纸局连年亏损，1894年易主，更名为伦章机器造纸局。1915年，刘柏森向四明银行租赁经改营，改名宝源纸厂。1920年，又改名为宝山纸厂西厂。原停产的宝源东厂、西厂经过改组，先后恢复生产，更名为天章造纸东厂、西厂，用国产原料生产有色光纸、印书纸、书面纸等，产品品种增多，质量提高。该企业主要设备有多烘缸长网造纸机一台，烘缸8只，系英国莱司城厄姆浮士顿公司1877年出品。1925年，又定名天章纸厂股份有限公司。

1938年，刘柏森儿子刘孟靖与日本人合作，一度更名"天章长记纸厂"。1947年，国民党政府赎回该厂。中华人民共和国成立后收归国有，定名天章造纸厂。1981年，天章造纸厂与上海记录纸厂合并，正式挂牌天章记录纸厂。天章记录纸厂为全国第一家最大的生产仪表记录纸、电子打印纸的工厂。

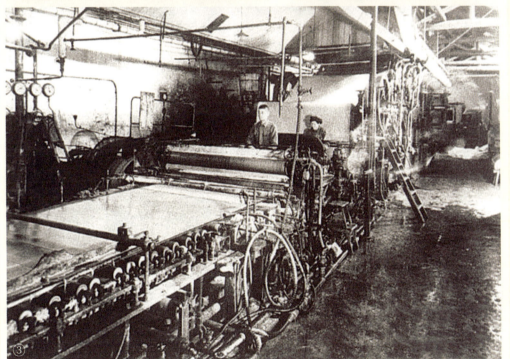

①上海天章记录纸厂
②1882年上海机器造纸局大门
③上海机器造纸局,年产洋式纸张2吨,开中国机器造纸的先河

英美烟公司：上海卷烟厂前身

卷烟是洋人发明的，进入中国已有上百年的历史。1894 年甲午战争后，西方列强用大炮进一步轰开了中国的大门，迫使清政府签订了许多丧权辱国条约。从此，欧美各国在中国获得了一系列政治、经济特权，对中国的侵略已不仅仅是商品输出，而是着重于资本输出。随着外资的流入，上海出现了外资烟厂，但规模较小。主要是由于国人不习惯抽卷烟。直到英美两国将 10 支包装的"品海"牌卷烟输入中国，卷烟才在市场上逐渐打开销路。

19 世纪末 20 世纪初，英国帝国烟草公司与美国烟草公司合资成立英美烟公司，且视中国市场为共同掠夺的主要对象。1902 年，英美烟公司在上海投资 21 万两白银，收购并扩建了原花旗烟公司在浦东的一家工厂，俗称"浦东英美老厂"，又叫"英美烟一厂"。1914 年，英美烟公司再在浦东开办了英美烟新厂，又叫"英美烟二厂"。1925 年，英美烟公司在浦西韬朋路（今通北路）新开了英美烟三厂。该厂初创时占地 40 余亩（厂区朝南面向华德路），并在该地皮上建造了 2 万平方米的厂房及千余平方米的办公楼。

1925 年，英美烟三个工厂只生产热销卷烟 6700 箱，且在民众"提倡国货，抵制洋货"的呼声中，英美烟浦东新、老厂工人于黄浦江边拦截并焚烧了英美烟公司妄图偷运出去的大量"哈德门"牌卷烟。这一行动，令英美烟公司的洋高管大为震惊。为此，英美烟公司开始把生产重点转向浦西的英美烟三厂。于是英美烟三厂的生产得到迅速发展。1929 年，英美烟三厂增开夜班，同时建造仓库、扩建厂房、增添设备。翌年，英美烟三厂新厂房竣工，卷烟机增至 80 台。

当年，英美烟公司为了进一步垄断中国卷烟业，在英美烟三厂附近增设了英美烟草公司华盛路（今许昌路）印刷厂，专门承印各类烟草商标和广告，以满足日趋扩大的生产包装需求。1932 年，英美烟公司下属厂家所生产的红锡包、绿锡包、前门、老刀等牌子的卷烟产量占全国的 45.9%。1934 年，英美烟公司为了逃避国民政府实行的税制改革，少交税款，将公司化整为零，成立了颐中烟草公司和颐中烟草运销公司。驻华英美烟公司下属机构、企业也相应更名。与此同时，颐中烟草公司对上海的烟厂进行了调整，关闭了工潮迭起的浦东两个工厂，重点扶植浦西的颐中三厂，并搬入大量浦东老厂的设备，接着盘进原美商独资经营的花旗烟厂。1936 年，颐中三厂职工人数已经发展到 2700 人，生产规模不断扩大，产量直线上升。1937 年，颐中烟草公司产量突破百万箱，比 10 年前几乎增长一倍。其中颐中三厂为 18.2 万箱，雄踞全国第一，一跃成为中国最大的卷烟厂。

杨浦区长阳路 733 号的上海卷烟厂，前身为英美烟公司韬朋路烟厂，建于 1925 年

抗战前期，因为颐中烟草公司所属各厂托庇于租界，且暗地里与汪伪政权相勾结，所以生产渠道未受严重干扰，卷烟产量继续保持较高势头，产量也逐年上升。1941 年 12 月太平洋战争爆发，日军对颐中烟草公司加以军管，作为"华中烟草配给组合"的主要部门。1942 年 3 月，日军正式接管颐中各厂，随之为日本生产"旭光""共荣"牌军用卷烟。而颐中华盛路印刷厂

除了开始印制大量军用卷烟包装纸品外，还为"储备银行"印制一批又一批的汪伪储备钞票，搜刮中国人民的物资，以谋取日军侵华的军需。该时期，颐中各厂生产平缓。1944年秋，日军已力不从心，处于被动挨打困境。颐中三厂卷烟产量大大萎缩，仅为1937年的25%，陷入低谷。1945年8月，日本无条件投降后，颐中三厂由原颐中烟草公司董事沈昆三以国民党经济部接收大员身份加以接收。接收后不久，沈昆三就把颐中产业原封不动地还给了英美烟公司。之后，英美烟伦敦总部根据中国当时的政治局势，对在华企业做出"尽量汇出资金，决不汇入分文"的决定。受此影响，颐中各厂的机器设备得不到更新，卷烟产量下降，生产经营情况到了摇摇欲坠的地步。

中国烟草

1949年后，政权回到人民手中，惯于仰仗特权、攫取暴利的英美烟公司在中国卷烟业的垄断地位受到影响。本来产量就已经很少的颐中三厂，因资金大量抽逃，短缺严重，入不敷出，以致负债累累，颐中烟草公司不得不向中国政府提出转让全部资产的申请。在国务院、中央财政委员会以及华东工业部、上海外事处、市劳动局、市工商局等有关部门的关心下，经过 1 年多时间的内部酝酿，上海烟草公司与颐中烟草公司于 1952 年 4 月 2 日，签订了关于转让颐中烟草公司在华全部企业的草约。同年 7 月 28 日，双方代表在上海市人民法院的公证下，正式签署协议，从而结束了英美烟公司在中国利用特权进行整整 50 年经济掠夺的历史。转让后的颐中三厂更名为上海卷烟二厂。20 世纪 50 年代末 60 年代初，为了适应国民经济发展的需要，上海卷烟一厂、三厂相继转产，上海卷烟四厂并入上海卷烟二厂，厂名改为上海卷烟厂。从此，长阳路上的上海卷烟厂成为上海地区唯一的一家生产高、中、低档卷烟的门类齐全的大型卷烟厂。

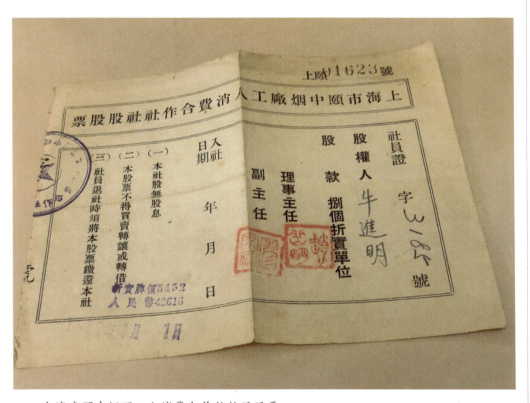

上海市颐中烟厂工人消费合作社社股股票

棉花和棉纺织业与上海是很有渊源的。

黄道婆晚年回到乌泥泾后，将在海南崖州从当地黎族百姓那里学到的一整套棉纺织加工技术传授给家乡人民，使得当地刚起步的棉纺织业繁荣了上海周边的市镇，让上海传统棉纺织业独领风骚数百年。

引翔港最早出现了中国第一家机器织布厂。

穆藕初引进了美国棉花在引翔推广种植，改变了机器纱线的质量。引翔港成为中外棉纺织业竞争的聚焦地，中日纱厂的较量在此展开，『第三个上海』——棉纺织工业的上海诞生了。

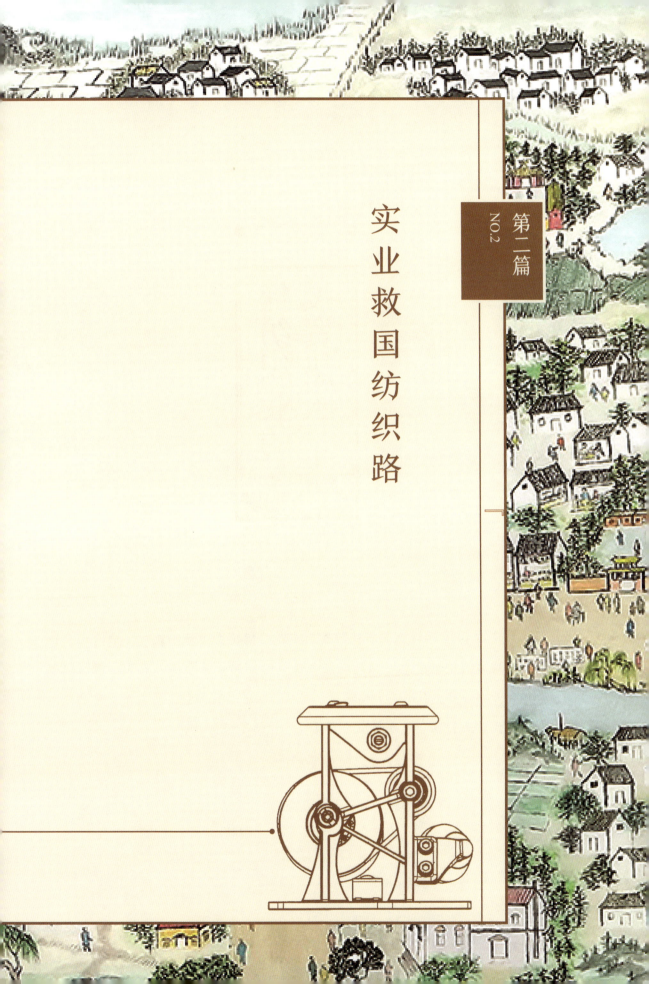

实业救国纺织路

第二篇
NO.2

第三章

棉纺织业的投资热土

　　棉花在1929年被上海市民推选为市花。棉花在上海市民心目中的地位和对上海城乡经济的贡献，从乌泥泾黄道婆时期开始至今经久不衰。穆藕初在引翔港开办纱厂，引进美国棉花推广种植，改进棉花品种，提高棉纱竞争力，开启近代企业管理。同期起步的中日纱厂开始了较量。

一、世界注目上海棉布

·

黄道婆造福江南农民

·

明清时期，富庶的江南不仅是天下粮仓，还有"衣被天下"的美誉。以上海为中心的区域性棉布生产达到了世界最高水平。当时的松江家家机杼、户户纺绩。在淞沪民间，一直传诵着这样一首歌谣："黄婆婆，黄婆婆，教我纱，教我布，两只筒子两匹布。"黄婆婆就是被称为"棉神"的黄道婆。正是她改进了棉纺织工具及工艺，使松江地区从一开始，棉纺织取代了原有的绩麻工作，成为农村的主要副业产品。直到清末，由于传播普遍，原料产量充沛，江南一带一度成为我国生产棉纺织业的天下。

因长江冲积而形成的三角洲，按照想象中的沉积情况，地面应该是自西向东逐渐低下，但事实并非如此，实际是东高西低。它的东部属于微高地，从嘉定经上海到松江一带，是海潮卷起泥沙造成的微高地。由于海潮进退，泥沙淤积，土壤中沙质较多，而且略含盐分，因此，这一带不适合水田耕作，而适合种植相对抗盐分较强的棉花。

宋元之际，亚洲棉从闽广传入中原地区，尤其是江南一带，广泛种植。江南地区比闽广的温度低，亚洲棉由多年灌木蜕变成一年生的草本棉花。这种蜕变后的一年生棉花具有许多优点，再加上中原地区有经验的农民加以挑选改良，因此比当年灌木型的母本更优良。

在长江下游一带，农民发现植棉不但比植麻省工，而且能与水稻密切配合，使土地得以充分利用。江南的主要农作物是稻米。由于地形特征，有的劣等田地位置太高，供水不足，有的土地沙或黏土成分过多，有的是滨海土

①

②

③

④

①黄道婆画像
②上海黄道婆纪念馆
③元黄道婆墓
④黄道婆纪念馆里的黄道婆塑像

地盐分太高，都不适宜种稻。但劣等田地皆可植棉，当地农户逐渐弃种稻谷改种棉花，以纺纱织布换取银两购粮充饥。时间一长，十户中有七八户种棉花，会纺纱会织布者比比皆是。

江南农民利用他们优越的农业知识进行选种及改良耕作方法，将已蜕变成一年生的草本植物棉花改为畦作，以防雨水过多。另外，防虫治虫。将棉籽用雪水浸过，可以防治棉虫。这与今天利用低温杀红铃虫的科学方法同理。总之，有了有效的防治虫害的方法，棉花的单位面积产量增加，生产成本自然下降。

元明时代的江南农民已经深知植棉"精拣核，早下种"的重要秘诀。经过植物对各地气候条件的适应及人为的改良与选择，至明代已经发展出许多棉花的不同品种，如黄蒂、青核、黑核、紫花等品种，各有其特色与优点。如罗店当地出产一种结实大如桃的棉花叫"紫花"，用它织成的紫花布细洁美观，质地优良，畅销江浙皖等地。棉花栽培是如此成功，以至到 17 世纪 20 年代，松江地区可耕种的土地中，一半以上都留给了棉花。

棉花栽培之初，并没有伴随大规模的棉加工和生产。中国很早就已经懂得利用丝及麻的纤维做衣料，而且这方面的纺织技术已经有高度的发展。蚕丝是连续的纤维，麻是半长纤维，棉的纤维较苎麻和亚麻短，因此纺纱和织布都需要更换工具。这一过程花去了二三百年。直到 13 世纪，棉纺织生产和棉花栽培才成为中国农村的两大常见行业。

乌泥泾镇，是松江府最早种植棉花的地方。乌泥泾在江南棉花种植历史上有着无可代替的地位，是江南棉纺织业的"摇篮"之镇。如今在上海的地图上，却找不到"乌泥泾镇"这样的地名。乌泥泾原是一条河的名称，后又成为镇名。它位于上海县城（今老南市老城厢）西南 26 里，旧属 26 保地界。历史上的乌泥泾镇为华亭宋元古镇，这里不仅是黄道婆的故乡，还是江南地区最早植棉的地方。

据史书记载，上海松江地区自唐代引入棉花，到宋末已广泛种植，乌泥泾最早是在宋时开始种植棉花。仅此，还不足以使乌泥泾成为"棉花革命"的圣地，乌泥泾的历史地位得归功于黄道婆的智慧和贡献。棉纺织本来可以借用丝及麻的纺织业先进技术来提高生产力，但由于棉纤维的特性，有两道特殊工序是丝、麻纺织中没有的，无可借鉴。这些工序就变成了棉纺织业生产中的瓶颈。到了宋末元初，才有了黄道婆突破性的技术进展，从此才可以在生产力上与丝及麻相抗衡。

黄道婆，今上海徐汇区东湾村人。她出身贫苦，生性刚强，因无法忍受公婆和丈夫的羞辱离家出走，流落海南崖州（今三亚市）。在黎族同胞的帮助下，黄道婆学会了当地先进的纺织技术。当时的崖州一带盛产木棉，其纺织技术已经十分先进，已研制出轧花机、弹棉弓、捻线纺轮、脚踏纺车、绕线架等一整套简单适用的棉纺织工具，并能够织造出黎单、黎锦、花被、缦布等各式各样精美实用的棉布织品。这令黄道婆感到十分惊奇，因为在她的家乡，人们虽然也已经开始植棉，但棉花产量很低，棉花加工技术落后。

勤劳聪明的黄道婆很快成为当地有名的纺织能手，并以此谋生。她还和黎族姐妹一起改进纺织工具、纺织工艺，创造了许多新的花色。在崖州生活了30多年后，黄道婆告别了黎乡，返回阔别多年的故土。回乡后，黄道婆先向家乡人民传授先进的纺织技术，还把自己从遥远的海南带回来的纺织工具展示给大家，让大家仿制。她耐心地向乡亲们示范操作方法，把自己精湛的技艺毫无保留地传授给乡亲们。

轧花工具的改进是棉纺织业兴起的重要因素之一。轧花就是将棉花纤维与棉籽分离的工作，这是棉纺织业中特有的工序。中国固有的丝麻纺织，虽然技术已经很进步，但是缺少这一项工序，所以很久以来，轧棉的工作成为棉纺织业中的主要生产瓶颈。最原始的方法就是用人手剥除棉籽。黄道婆回到家乡看到妇女们还是像以前那样用手剥棉籽，不但辛苦，劳动效率也低，她就把黎族人民使用的搅车介绍给大家。这种搅车利用两个相反方向旋转的轴轮，把棉籽剥离出来，送到两个轴轮之间的空隙里，人们只要摇动摇把，棉花和棉籽就会随着轴轮的转动自动分离，既快又省力。

黄道婆还着手改革了其他的纺织工具，她把单锭手摇纺车改进成三锭纺车，纺纱效率提高了二三倍，操作起来也更省力了。与此类似的还有弹花工作。弹花也是丝麻纺织业所没有的工序，成为棉纺织业生产中的瓶颈之一。

黄道婆改进了弹棉花的弓，并用檀木制成的锤子代替手指来击打弓弦。经过这种改造后，弹棉花不仅省力，弹出的棉花也比以前均匀细致得多，棉纱和棉布的质量也随之提高。

她还对纺织技术进行了改造。她在纺车的顶上设计了一个花楼，织带有图案的布料时，有两三个人分工合作，下边的人织纬线，花楼上的人提经线，这样就织出了别致的提花图案布。于是妇女们织出的被褥、衣带、手帕都有折纸、团凤等各色花样，色彩艳丽夺目。

以上黄道婆所作的一切努力，最先受惠的当然是乌泥泾人，村民们由此开始了植棉纺棉的生产活动，且获利甚丰。植棉纺棉从此成为乌泥泾人的主要衣食来源。乌泥泾的棉纺织业迅速发展起来，生产出的织品远销各地。

黄道婆去世后，乡民莫不感恩戴德，把她奉之为"先棉"，尊为神明，建祠堂祭祀。数百年来，黄道婆祠堂在乌泥泾地区立毁重建，至少有十次之多。1987 年上海黄道婆祠堂被列为市级文物保护单位。1993 年 12 月，上海市徐汇区龙吴路 1100 号古香古色的黄道婆纪念堂建成，赵朴初为之手书山门匾额。

元明政府推广棉业

丝绸的轻软柔细、色泽鲜亮，是棉织品所无法企及的，因此棉布还是无法大量取代丝绸。但是与麻织品相比较，棉布则颇占优势，棉布生产成本若能降到相当低，它就可以取代麻布而成为大众化的衣料。

中国生产最多的麻织纤维是苎麻。苎麻是一种多年生植物，但是当它成熟结籽时，其皮下纤维便不堪使用。所以农夫总是在苎麻未十分长成，茎干未开始变黄以前，就将其茎干齐根砍下，所余的茎干会继续生长。在中原及江南一带，每年可以割三次，福建广东的苎麻则可一年四收，每亩平均产量大概为每年 30 斤，但皮棉亩收最高年份也不过 27 斤，平均产量最高也不过三十五六斤。与苎麻比较，棉花的每亩平均产量并不高出很多。但是，在制造麻布的过程中，有一项最费人工的工序，那就是绩麻。人们将割下的麻干浸在水中，使其皮下纤维与表皮脱离，然后再把一根根、一二尺长的麻纤维连接起来，即所谓的绩麻。在元以前，麻织品可是中国最主要的、大众化的衣料，其使用历史久远。

中国境内所生产的麻类植物种类很多，常见的是大麻、黄麻、亚麻及苎麻。其中大麻与黄麻因为纤维较粗硬，不适合做衣料，它们是制麻绳与麻袋等物的原料。亚麻是很好的衣料纤维。亚麻籽的出油量很高，也是很好的榨油原料，不过当亚麻成熟结籽以后，其表皮纤维便已脆化，不堪再用于纺织。中国历史上，亚麻多半是用来榨油的。所以麻纺织品中主要的原料是苎麻。

与种植棉花相比，根据今天的方法测试，苎麻耗损土地的肥力要高出16 倍，若要增加苎麻的生产量，在当时没有化学肥料来补充地力的时代，是一件很困难的事情。到宋朝，人口数量从 3000 多万一下子增长到 1.2 亿，增长了近9000万人口，作为平民衣料的苎麻的供应自然是供不应求的。此时，书籍的印刷和其他纸类消费也达到空前高峰，大量的麻被用于造纸业，衣料纤维所需麻的总供应量更是短缺，所以棉布很快发展成最重要的衣被原料，直到今天。

到宋末元初，棉花已在江南种植，不过对于棉布的需求最大的一部分还是来自北方，因为棉布比丝麻织品都要温暖得多，更适用于寒冷的北方。元朝的蒙古人也非常中意棉布，在他们无法扩大畜牧生产时，就以棉织品来取代皮或毛质的衣服。北方对棉布的巨大需求，促进了江南棉纺织业进一步的发展。元灭宋以后，全国统一，南北的贸易障碍随之消失，商贩于北，服被渐广。

元朝政府为了满足对棉布的需求，至元二十六年（1289年）设立浙东、江东、江西、湖广、福建等省的木棉提举司，在南方各地收购棉布，每年数十万匹。当时收购的办法是强制性的，等于向人民课征实物。元贞二年（1296年），元政府正式将租税制度改成向人民征收棉布棉花，每年征收的定额也提高到50万匹。

朱元璋灭元，此时江南的植棉及织布业已经建立了良好的基础。明朝继续以政令来推广棉花及棉布的生产，除了课征棉布及棉花以外，还定有奖励办法。课征是政府在原则上要求每家农户以其田地的一部分种桑麻及棉花，如果条件不适合而不能种者，仍有捐纳绢、麻布、棉布的义务。在这种情况下，农户只能从外间购进这些实物来完税。另外，每亩的纳税额，种麻者要比种木棉者高一倍。这种差别课税自然会诱导更多农户种植棉花。

洪武二十七年（1394年），朱元璋又用奖励办法对棉田减免赋税，还有奖励办法是允许农民以棉花或棉布代替粮食完纳课税。明朝中叶以后，这种课征实物的税赋渐渐被改折银两，但是政府对于棉花及棉布的需求并未减少。

在种种政策措施之下，中国腹地的棉植业便被推广到各省。元时的木棉提举司只设立于南部5个省，到了明朝中叶，则有13个省课征棉花及棉布。其中南直隶的数量尤其巨大。

当然，最大产地还是在江苏省以松江为中心的地带。从那里，棉布运销遍及全国，棉布成为国人最重要的衣被原料。棉麻竞争的结果，是苎麻的制品首当其冲被淘汰。麻织品从全国性的生产退居为几个地区的土产。早年驰名的几种苎布夏布，也逐渐在市场上消失不见了。而丝绸等绫罗绸缎本来就属于高级衣料品，大部分为富有人家所消费。

①麻布
②棉花植株
③如今中国北方种植的棉田
④苎麻是一种多年生植物

空前繁荣的棉布市镇

明代，松江府和苏州府东部一起，成为全国棉布业中心。自元代黄道婆纺织技术传入后，几十年间，这里已经是家家种棉，户户纺纱，棉纺织业发展尤为迅猛，而且这些地方得益于水运的便利，集镇上布号、染坊、踹坊林立，四方客商云集，近有徽商，远有陕西、山西等地棉商布商也来收购，五方杂处，煞是热闹。著名的棉布业市镇有松江府的朱泾、枫泾、七宝、龙华、法华、金泽、周浦等，有苏州府的南翔、罗店、江湾、真如、外冈、娄塘等。

上海西南地区松江府的朱泾、枫泾、魏塘镇有"收不尽的魏塘纱，买不完的枫泾布"之誉。

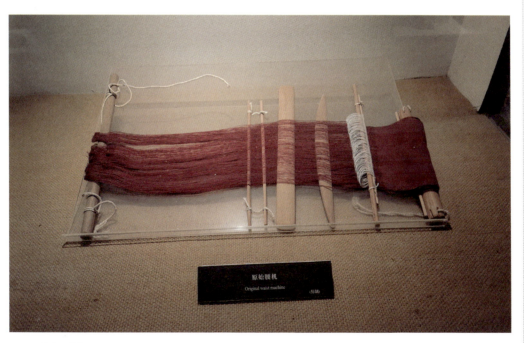

原始腰机

朱泾，位居松江与嘉兴两城之间，是停帆歇足、货物转运的理想之地。通过便利的水路，各地的棉纱、布匹源源不断地运到朱泾，各地棉商、布商也随即被吸引前来收购。近的有海门、丹阳，富商巨贾出手阔绰。眼见生意如此兴隆，各家布行在忙于收购之余，将收来的棉纱发给农民和镇上的纺工去织布，一时间，全镇家家户户机杼轧轧，甚至通宵达旦。棉纺织业贸易带来了朱泾镇的空前繁荣，乾隆时方志把朱泾镇列为金山市镇之首。

枫泾，与浙江接邻，地处嘉善、平湖、松江、青浦、金山五县交界，水网遍布，连通黄浦江和京杭大运河，枫泾土布闻名遐迩，镇上800米的长街面，有布庄上百家。此外，百业兴旺，商贾云集，一度与南浔、王江泾、盛泽一起成为江南四大名镇。

上海东南地区苏州府的南翔、罗店、江湾、真如、外冈、娄塘、三林塘、周浦等镇，形成了本地的特色布品，也是徽商长期侨居之地。

南翔，是嘉定的首席大镇。南翔因积沙成陆，不宜种稻，棉花成为主要作物。纺织土布成为南翔主要的家庭副业。明初，南翔经济繁荣程度已成为全县各市镇之首。明嘉靖年间，南翔屡遭倭寇焚掠。至隆庆、万历年间逐渐复兴，成为棉布业交易中心。外地商人以徽商居多，携巨款来此收购土布。到清康乾以后，社会安定，人口日增，逐渐成市。布庄林立，成为全县土布业集散中心。镇周围四乡所产的刷线布，又名扣布，光洁厚实，畅销远近。市场繁荣，棉花、大豆、米麦，百货并集，舟车纷繁，遂有"银南翔"之称。百年老店有清咸丰同治年间由徽商创设的协记绸布店、新丰祥布庄、方森泰绸布庄、同春新茶庄等。

罗店，成市较晚于南翔镇，但其后来居上，逐渐在经济水平上超越了南翔镇，成为商业巨镇，有"金罗店，银南翔"之名。罗店是一个具有700多年历史的古镇。和周边集镇一样，罗店经济得益于棉花和棉纺织业的兴起。罗店当地出产一种结实大如桃的棉花叫"紫花"，用它织成的紫花布细洁美观，质地优良，畅销江浙皖等地。此外，还有套布、斜纹布、棋花布等品种也深受各地棉商的喜爱。明万历年间税法改革后，花农人数激增，棉布贸易更旺，罗店经济日趋繁盛，成为一个物产丰富、商贾云集的商业巨镇，跃居当时嘉定县的七镇之首。至清朝康熙年间，罗店已成为一个颇具特色的棉花、棉布交易中心，牙行、花行、布行遍布全镇，运货的船往来不息，四乡来客络绎不绝。乡民上街，每日三市（早市、午市、晚市），吸引大量徽商凑集。

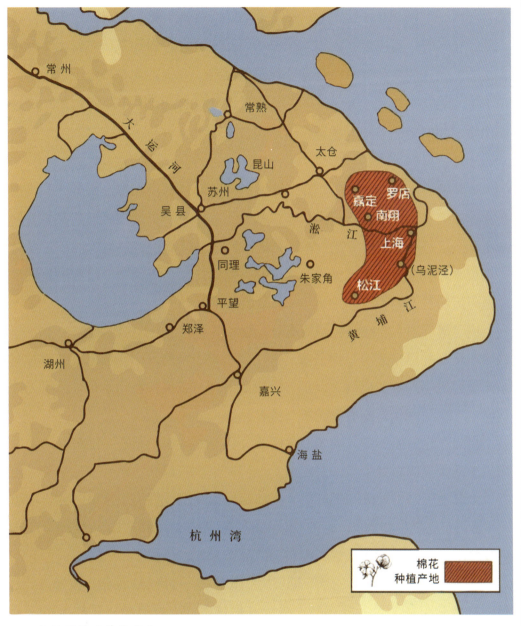

标注区域为棉花产地

　　罗店农家几乎全种棉花，当地人曾有"三分稻七分棉"之说。棉花成为人们生存的主要依靠。而罗店棉花种类有"金底者，每斤收衣六七两"。另产紫棉，素称紫花，结实大如桃，中有白棉。由于棉花与罗店人的生活和命运息息相关，因此供奉花神便成为当地人的一种心理需求。明末天启年间，在镇上赵巷西街同时建造了花神堂与城隍庙。太平天国运动期间不幸毁于战火。后来罗店棉业公会提取了自同治年以来积累的所有厘金（公会规定，各棉行每成交一笔棉花买卖，须根据金额数按一定比例抽取厘金交予公会），重建了花神堂。堂内有状元洪均所书"万花主宰"。每逢农历二月十二花神诞辰日，农人商贾便要举行迎神、祭神的活动。众人抬着花神像上街巡游，镇上棉业公会还要举行纪念仪式并设宴以示庆祝。2005年，罗店镇政府按照"整旧如旧"的原则对花神堂遗址进行了保护性修复，重现了明清时期花神堂的建筑风貌。

外冈镇，成于嘉靖万历之际，主要受商品经济刺激而逐渐繁荣。外冈镇是嘉定、太仓、昆山间重要的棉花、棉布交易中心。外冈四乡地处冈身，地势高仰，耕地大多种植棉花。男勤于耕，女勤于织，农家以棉作为经济主体。万历以来，外冈布闻名远近，成为徽商争购的名品。外冈一个重要的集散地就是邻近的钱门塘市。

钱门塘市的主要经济也是棉布业，虽种稻者十之七八，但农家户户纺织。钱门塘所产的棉布成为丁娘子布，是江南一带的特产，"纱细工良，明时有徽商侨居里中，收买出贩。自是外冈镇多仿之，遂俱称钱门塘布"。可见钱门塘布在明清两代是颇有影响的口碑产品。

明清之际，棉布变成国内最主要的衣料，而且集中于长江三角洲一带生产，于是大量的布商被吸引到江南。他们前来收购棉布，然后加工整染，再贩运至其他不产棉或缺布的省份。上海地区作为清代棉纺织重镇，优质棉布品种繁多，主要是四大类：标布（又名套布）、稀布（引翔港生产的有名的"东稀"厚实保暖）、扣布（也叫小布头、短布头）、高丽布。

三林塘、周浦这一带生产的标布（可做外套、马褂等）盛销，被誉为"上海三林塘套布"，是品牌产品，纺织业是这里的支柱产业。三林塘不仅是著名的土布生产地，也是全国的土布集散地，其棉布贸易也是盛极一时的。来自南北各地的布商一年到头来往穿梭，特别是秋冬之交的旺季，每日数千布商云集于此。清末的上海各大布庄几乎都在三林塘设立收购土布的布栈、庄口，各布庄之间抢布十分激烈。三里长街布庄毗连，作坊工场分布至市梢。整个三林塘市场最兴盛时，每年可收土布百万匹，这些布匹大部分运到上海后，分销给北京和天津的客商，还有一部分转运到江西和安徽等地的布匹市场。

布庄人物蜡像

1905～1912 年，三林塘共有大小布庄 47 家，每年平均收购土布近二百万匹。宣统元年（1909 年），上海另一大布商汤学钊，带着标布和扣布参加全国的比赛，获江苏巡抚、两江总督颁发的二等银质奖章。此后他精益求精，更新花色，农家皆按此样交货，他再冠以"元大"商标，运销各地。次年，"元大"牌尖布、格子布冲出国门，陈列于南洋劝业会，获得农工商部银质奖章。

长江三角洲原有密集的水道网络，有些是天然河流，有些是人工水道，这些水道或是与长江及大运河相通，或是注入太湖，最终都能以水运方式与许多远方市场相接，这也是江南市镇得天独厚的地方。比较重要的几个市镇都是沿着水道而设，市内有河港，布店等都是开设于河道两岸。如南翔镇有四条水道，镇之中心区即为一十字港；罗店镇内也是河道交错；朱泾镇位于黄浦与泖水交汇之处；七宝镇有横沥河贯穿；引翔镇有港，且在上海县城与吴淞江口之间，引翔河道与虬江、黄浦相通。只有在这种自然条件下，这些市镇才能将大量的纺织品以低廉的运费从水路运出。

江南市镇的交易活动主要是晓市（即早市，指专在清晨做买卖的市场）。绝大多数的乡民不敢浪费时间，他们必须用最短的时间，把当天生产的成品拿到最近的市场上去卖掉，立即换回所需之粮食或纺织原料，赶回家中马上继续生产工作。

无徽不成镇

上海棉布被称为"土布"，满足了许多人的需要。东稀、西稀、套布、白生、龙稀、芦纹布、柳条布、格子布、云青布、高丽布、高丽巾、斗纹布，等等，这些在上海近郊生产的棉布，是上海布匹的代表产品，并拥有全国的销路。尤以航运便利的直隶、山东、江苏、浙江、福建、广东为主要的销售地区。

布商是远途运贩棉布的主角，在长江流域流行"无徽不成镇"的谚语。

徽商初起于南宋，明朝中期蓬勃兴盛，至清末，历近 500 年。他们出名当然是以著名的盐商身份。明代以后徽商对被称为"新衣料"的棉布有着强烈的兴趣，以其距离江南近，得地利之便的优势，得以及早地进入江南从事棉布交易，特别是在上海地区。上海许多市镇如罗店镇、南翔镇、钱门塘镇、外冈镇、三林塘等的形成与发展，与徽商的参与是密不可分的。不仅在明清时期，直到民国时期，在上海棉布界，徽州商人的地位也是不可忽视的。

安徽黄山市歙县徽商大宅院俯拍

个体小农户纺织棉布，分散在大面积的乡村，而布商必须经常来往于棉布产地与远方市场之间，收购布料费时，于是逐渐发展出江南地区特有的棉布收购的管道与步骤。布商负责运销，他们不能常年驻在江南市镇上亲自收购，而是每年定期前来若干次。徽州的布商在江南市镇上设有自己的字号，在市镇上有固定的店址，每天开张收布，负责就地收买棉布，四乡的农户则亲自上门卖布，然后徽商贩运于江淮。徽商侨居当地，有时也放人分别到农村去，亲自当面向农户收购棉布，这种方式的好处是可以免除农户赴市镇之劳，节省时间，还可以使徽商更好地控制产地的布源。

设在上海豫园的布业公所，是清道光三十年（1850 年）为交纳上贡用的棉布而创立的，它为政府提供御用的棉布。布业公所占地有一荷花池，池东有一楼，名曰"得月楼"。由于得月楼是布业公所的办公之地，因此不向市民开放。布业公所的职能类似现代的棉业协会和纺织品协会，但有时兼有布业行政管理的官府功能，具备协调、管理、控制布匹经销的职权。得月楼因清咸丰三年（1853 年）太平天国运动和咸丰十年（1860 年）英法联军再次入侵我国而遭受损害。

上海布业公所旧址所在的豫园，后经数度修葺，已成为上海著名旅游景点

在各布庄的资助下，从 1891 年开始，得月楼重新修建，历时 3 年，1894 年完成。上海祥泰布号捐助银两 400 两，名列前位。重建的布业公所上为得月楼，下为绮藻堂，绮藻堂是公所董事们开会议事的地方。绮藻堂的中间供奉着城隍神像，基本上恢复了道光时期布业公所的老样子。所不同的是，重新修建后布业公所的院子里设置了假山和奇石，种植了不少树木，西南角建了一座凉亭，名曰"跋织亭"，呈现出一派江南园林风格。

当年上海布业公所旧址所在的豫园，在中华人民共和国成立后经数度修葺，已成为上海著名的旅游景点。徽州土布商人、上海祥泰布号老板、上海布业公所总董汪宽也，对上海土布业的发展做出过重要贡献。为了纪念这位优秀的人物，上海布业公所及全体同人合力为他铸铜像立于豫园湖心亭东侧，并撰文刻碑。至今，宽也先生铜像仍完好地保存于上海博物馆。

汪宽也（1866～1925 年），安徽休宁人。汪宽也在 1850 年前后以 500 元的资本起家，负责经营的祥泰布号到 1925 年关闭店铺，其间共经营了 75 年。这恰恰是中国土布在洋纱、洋布和机制布的双重压迫、挤兑下迅速崩溃的时代。1912 年，祥泰布号已有 60 余年的历史，这时已成为棉布界最大的企业，有职工 120 余名，在 1896～1897 年，营业额达 150～160 万两银圆，一年贩卖的棉布数量高达 400 万匹。1925 年汪宽也病逝，祥泰布号也停业了。

汪宽也具有爱国爱业的宽广胸襟。面对洋纱、洋布向中国的倾销，汪宽也除了自身调整产业以应对外，还对其他民族工业企业给予关怀和支持。在汪宽也经营祥泰布庄所属的两座钱庄期间，偶遇无锡工商界巨头荣宗敬、荣德生兄弟因开办面粉加工厂资金匮乏，遍寻资金无着，他毫不犹豫地为荣氏兄弟奔走、斡旋，从祥泰的两座钱庄贷出纹银 10 余万两，在无抵押下贷期 3 年，解了荣氏兄弟燃眉之急。后贷款到期荣氏无力偿还，汪宽也又放宽贷款期限至 10 年，使荣氏兄弟的企业得以宏图大展，从面粉行业向纺织工业成功进军。荣宗敬后来成为棉纱大王，这都离不开当初汪先生无私的帮助与支持。

外销高档货"南京布"

上海生产的棉布不仅在国内市场销售，更被远销于欧美国家，在英国，"南京布"得到了很高的评价。

中国棉布出口有悠久的历史，但是有关的统计资料只能上溯到 1734 年。当年东印度公司由中国试购了一批手工织的土布，这批土布就是上海一带的产品，外商称之为"南京布"，宽约 32.5 厘米，长 5.5 米，每匹重 1.68 公斤。在 18 世纪时南京布的质量不但高于广东的土布，而且比英国新式工厂所织的布都好，从此以后，中国土布成了东印度公司对华贸易的主要商品之一，仅次于丝及茶叶。

南京布是一种中国棉布，又译作紫花布。松江地区出产棉花和土布，当地罗店又出产一种棉花，因植株开紫花故称"紫花棉"。棉桃成熟得棕色棉绒，这种棕色棉绒织成的土布，不经印染就具有天然的淡褐色，而且颜色虽洗濯也经久不褪。《松江府志》记载："用紫木棉织成，色赭而淡，名紫花布。"明代徐光启《农政全书》中载："紫花，浮细核大，绒二十而得四，其布制衣颇朴雅；染色不如本色者良。"紫花布天然之色，无染之性。在使用和洗涤中，紫花布衣物不但不褪色，反而会随着时间的推移稍有增深。这就是大自然的馈赠。

紫棉产量特别低，一亩地只能产大约 40 公斤棉絮，而普通的棉花产量大约是每亩 120 公斤。紫棉的出衣率要比白棉几乎低一半，再加上紫花布织工精良，因此紫花布一直是苏松地区土布生产中价格较贵的上品。明中叶一度成为地方上层人士崇尚的衣料。当时民间甚至传说"以紫花织成曰紫花布，能养血，宜老人服（此处"服"为"穿"之义）"。由于紫花布产量有限，价格较高，当地一般百姓多服（穿）用其他较为粗糙的土布，不会问津于此。它除了满足本地少数士大夫的消费以外，主要就是运销于南方的闽广地区，这些销往闽广的布匹经过商行等中间人之手，最后大部分由西方贸易商人购买，然后贩运到欧洲各地。

因为产量低而珍贵，近几十年国产的紫花棉大多出口日本，紫花棉在日本有"茶棉"之称，代表了日本人对其产地、品质与文化的高度赞同，视为至宝。

"南京布"又是一种泛指，即把以南京为中心的南直隶广大地区生产的棉布称为"南京布"。明代南直隶的范围非常大，包括现在的江苏、安徽、上海等广大地区。原来南直隶管辖的广大地区，特别是长江以南的地区，西方人仍然习惯地称为"Nanking"，一直保留下来，作为长江下游地区的别名和代称。南京布在葡萄牙语和西班牙语里都是叫"松江布"，后来是英国商人把它改成了"南京布"，这种情况直到五口通商以后才有所改变。

英国人评价："从中国进口的南京木棉的布匹有宽幅和窄幅两种。前者（宽幅）平时被称作公司（东印度公司）南京棉布，也是本国消费的最高级品种。这些棉布品质越高越值得珍视。而窄幅棉布相比之下较为缺乏价值。"

紫棉西服

"南京布"销往英国为我国纺织品输出海外之先河，大约在 18 世纪 30 年代。（英国）东印度公司首先购买百匹"南京布"作为试销。之后"南京布"作为中国重要的外销货物，在大宗出口商品的输出量中居于茶叶、生丝前列。它不仅是当时广州对英国三项出口货的首要，也是当时我国对一切国家的首要出口货。19 世纪 30 年代，从广州出口到欧洲、美洲、日本、东南亚等地的棉布，每年达 100 万匹之多。1819 年，是广州棉布出口量最多的一年，竟达 330 万匹。

当时英国东印度公司在采购中国棉布时，特别指定要南京附近出产的紫花布，定货量从最初的 2 万匹，逐年增加到 20 万匹。这种布在英国风行一时，成为男女服饰的主要原材料。其时，女士的内衣、长裙，男士的裤子都大量地用南京紫花布来制作。在当时的欧洲，尤其是英法两国，紫花布相当受欢迎，英国上流社会流行的装扮是"杭绸衬衫配紫花布长裤"。

法国文学家福楼拜笔下的"小资"女人包法利夫人，穿着"南京布"的裙子，让浮浪子弟莱昂见了心旌摇荡；而大仲马笔下的基度山伯爵，则穿过南京紫花布的裤子。

江南产的棉布被大量销往欧美各国，成为世界注目的新衣料。这种新衣料需求的扩大引起了众多商人的关注，其中就有徽州商人。在他们的带动下，以松江为主的织造中心，和以芜湖为主的浆染中心逐步形成了。

棉布与上海港之兴

唐、宋、元时期，上海地区港口的主要装卸货物为粮食和盐。

明代中期起，棉花及棉布成为上海港大宗货类，每年输出输入或中转的棉花棉布达 2 万吨以上，次为粮食和盐。明代的上海港是一个以土布为特产，以内河航运为渠道，服务于内陆埠际市场的商港。

自元代黄道婆从海南回沪教人纺织以来，上海及其邻近地区开始大量种植棉花。与上海县其他地区一样，这里的种植作物主要是当时被称为"吉贝"的棉花。继而发展起来织造等手工业，到清朝逐渐成为百姓经济收入的主要来源。百姓的口粮当时不能自给，只能依靠青浦和松江等地商贩的贸易得到满足。手工业逐渐成为上海经济发展的动力。况且整个江南纺织技术先进，形成了地区的产业优势，上海得以在经济中心第三次南移中抓住机会，以产棉布闻名。

清代，上海港的大宗吞吐货物依次为粮食、棉花、棉布和丝织品，吞吐粮食最多，输出漕粮，输入商品粮和北方豆麦。清初实行海禁，沿海贸易受阻。1684 年海禁解除，不久在小东门设江海关，沙船贸易又活跃起来，上海港的航运贸易有了较大发展。

县志记载：当年上海开辟北洋、南洋、长江、内河和远洋五条航线，吞吐量达 100 多万吨，沙船为主要承运船只。其中北洋航线指上海至牛庄、天津及芝罘的航线，年进出船只在 1.4 万到 2 万艘次，货运量五六十万吨。

上海运往以上口岸的主要为棉花、棉布、丝织品、茶叶、陶瓷等。从以上口岸运入的主要有北方的大豆、豆饼、油料、肉类、小麦、药材、木材、水果；南洋的糖、胡椒、海参、燕窝、苏木、烟、甘薯、咸鱼、玻璃、肥皂和日本的银、铜、货、漆器、珍珠及东南亚的鱼翅、象牙、藤器、樟器、檀香、玳瑁、洋红、鸦片等。

① S.S. "Greystoke Castle," 5,853 tons, 428' x 56' x 28' 9" in Yangtszepoo Dry Dock.

① 20 世纪 20 年代拍的英商杨树浦船坞
② 1891 年的上海码头

上海开埠后，国内运输最大的货类是豆、麦，长江流域的粮食和上海本地的棉花及棉布占很大比重。上海港进口货物里，鸦片和棉纺品为主要的大宗货类。清道光二十七年至三十年（1847～1850年），到港外贸货物每100元有63～73元是鸦片。后来，进口棉织品激增，品种不下十数种，包括灰布、斜纹布、染色布、白布、印花布、哔叽、羽毛纱、绒布等。直到清光绪年间，进口货中棉纺品仍为第一。上海县城周围的市镇商业发达，并通过内河与上海港联成整体。棉花、棉布、粮食及大批土特产，既是区域经济的产出和需求的结果，又是上海港货物吞吐量的主要构成部分。

甲午战争后，煤炭成为上海港进口装卸货物的第一大类，年均进口60万～70万吨，清宣统三年（1911年）达81万吨。棉织品退居第二。

20世纪初至1936年，丝、茶、米、麦、棉布、棉花和煤炭等为大宗货类。1936年，上海港运出棉布9.68万吨，占全国轮船运输棉布总量的3/4。到抗日战争胜利后，上海港的主要货种有开滦煤，江浙米、麦，上海棉纱、棉布等。

二、机器纺织的时代

纱厂落户杨树浦

19世纪90年代初期，沿黄浦江北岸杨树浦路一带还是塘浜纵横的滩地，但1895年下半年后杨树浦路沿江的大块滩地已成为中外纱厂的集中地。

近代公路、铁路等交通运输方式尚未发展，为降低运输成本，纺织厂多选择路线稳定、成本低廉的航运作为主要运输方式。黄浦江沿线航运较为发达，能够为纺织厂提供便捷、低廉、高效的运输服务。纺织工业在生产过程中用水量较大，因此纺织厂多选择离水源较近的地区，苏州河与黄浦江均能满足纺织工业的用水需求。

杨树浦路沿江的外资纱厂在1897年开工4家：英商怡和纱厂、美商鸿源纱厂、德商瑞记纱厂、英商老公茂纱厂。1896年，德商开办了瑞记棉纱厂（第一次世界大战时由英国人经营，改称东方纱厂）。同年英商在这里又开设了老公茂纱厂（1925年被日商公大纱厂收购）。

日本是首先要求中国在条约上明文规定日本人有在华设厂特权的，但是在条约签立后，日本人并未在华开创纱厂。曾经有三家日商在1895年有此种打算，其中一家已经订购了机器，但中途改变计划，把机器改运日本神户。日本商人对于此事所持态度十分谨慎，他们认为在中国设纺织厂不一定有利，采取了观望态度。西人在华创办纺织厂也有其困难之处，几家外资纱厂最初两年勉强分配了很少的股息，便没再分配股息，竟达数年之久。所以在第一波外国人在华设厂的浪潮过去以后，再也无人问津，一直到1914年才另有一家英商杨树浦纱厂开办。

英商怡和纱厂是外资兴办的第一家棉纺织厂。英国怡和洋行乘中日甲午战争后，列强通过《马关条约》在华取得设厂的机会，于 1895 年在中国率先办起一家规模较大的棉纺织厂。怡和纱厂采取股份有限公司形式，投资 50 万两白银，拥有纱锭 5 万枚。其所生产的"兰龙"牌棉纱颇有声誉。1897 年 5 月正式投产后，利润逐年上升。

　　1921 年 3 月，与同属怡和洋行的杨树浦纱厂、公益纱厂合并成为怡和纺织股份有限公司。1941 年太平洋战争爆发后，怡和纱厂受在华日本纺织同业会监管，工人被解雇，大部分机器拆至日军管辖之工厂。日本投降前夕，将工厂部分机器捣毁充为军火材料。抗日战争胜利后，由国民政府经济部接管，将所有财产无条件移交怡和纱厂。英商向日本政府索赔 400 万英镑，并从原日商工厂寻回 2 万余枚棉纺锭，于 1946 年 11 月陆续复工。1949 年后，英商无意经营，率先拍卖公益纱厂，其他两厂于 1954 年 1 月由国家收购，易名为公私合营上海裕华棉毛麻纺织厂，分东（原杨树浦纱厂）、西（原怡和纱厂）两厂。1959 年 4 月，改名公私合营上海裕华毛纺织厂。1966 年10 月，改名为国营上海第五毛纺织厂。1964 年，东厂划出，组建为上海毛条厂。

"兰龙"牌棉纱从怡和纱厂滚动而出，声振大上海

华资商办纱厂有5家：裕源纱厂（1894年），1918年改为日资内外棉九厂；裕晋纱厂（1895年），1897年英商接办，改名协隆纱厂，1902年由日商买下，改称上海纺织株式会社一厂；大纯纱厂（1895年），1905年由日商租办，1906年收买改三泰纺绩（织）株式会社，1908年并入改名上海纺织第二厂；裕通纱厂（1898年）；同昌纱厂（1908年）。

1914年，著名实业家穆藕初在华德路与兰州路交会处的高郎桥东塽创建了德大纱厂。1916年，穆藕初又在德大纱厂旁购地40亩建造厚生纱厂（今河间路上），于1918年建成。

中外合资纱厂有3家：振华纺织有限公司（1906年），由怡和洋行凯福与华人吴祥林发起，资本实收20万银两，后凯福退股，由华人自办；九成纱厂（1908年），初为中日合办，后归日商，1916年祝大椿购入，改恒昌源，1917年为申新二厂；公益纱厂（1910年），初为中英合办，后改英商，1921年并入怡和纱厂。

厚生纱厂曾经建在河间路上

早期纱厂的锯齿厂房采用砖木结构，层架是不对称的"人"字形木层架。怡和纱厂是上海最早的单层锯齿形厂房，这种厂房优点是采光均匀，节约照明用电，符合纺织工艺生产的要求，且造价较低，缺点是占地面积大。20世纪初出现了钢混结构的纱厂厂房，如日资公大三厂（1902～1908年）、英资怡和纱厂南厂、德资瑞记纱厂（约1914），以及申新一厂（扩建）、申新二厂（新建于1917年）。

开埠前，杨树浦路地价仅15～35千文制钱/亩（一两银子给换1700文制钱，约10～30两银子能买一亩地）。19世纪80年代初，上海机器织布局以50银圆/亩的地价圈地300亩，成为落户杨树浦的第一家棉纺织工厂。1893年，上海机器织布局被烧毁，李鸿章下令命盛宣怀重建，重建后改名为"华盛纺织总厂"。今天的许昌路，是清同治十三年（1874年）分段筑路，以华盛纺织总厂命名华盛路，至1943年才以许昌命名至今。

上海机器织布制造局后几经周折，先后易名为：华盛纺织总厂、集成纱厂、又新纱厂和三新纱厂。1915年，无锡著名实业家荣宗敬、荣德生兄弟集资30万银圆，在上海创办申新纺织无限公司。1931年荣氏兄弟从盛宣怀的后人手中购得三新纱厂，并更名为"申新九厂"。图为申新九厂

随着纱厂陆续开工，沪东沿江地带人烟渐聚，地价上升，1910年杨树浦路的许昌路，北到龙江路的地价为银子317两/亩。1922年，永安纱厂购入建厂地基两处，地价分别是规元6230元/亩（杨树浦沿江）、2700元/亩（杨树浦西湖路）。地价飙升，使杨树浦一带厂房、里弄的布局更趋密集。

在沪办厂的热潮中，官督商办的纱厂也渐蜕变为官员私产。

1894年，华盛纺织总厂由盛宣怀一手包办，后经营转换了几家公司，1901年为集成纱厂，1909年为又新纱厂，1913年又新纱厂改名为三新纱厂，此时，产权已归盛氏。这家昔日的官厂彻底变成了私厂。1931年被荣氏家族收购，成为荣家的申新第九纺织厂。1966年10月后为上海第二十二棉纺织厂。

1905年，华新纺织新局聂家三公子聂云台出任总经理后，纱厂开始连年盈利。1909年，聂家将整个厂子盘下，成了聂家的独资企业，于是原先的华新纺织新局改名为恒丰纺织新局，即恒丰纱厂（今许昌路临江处）。1966年9月后为上海第三丝织厂（今上海第三丝织厂已拆除）。

①申新九厂青花车间正在进行三班轮班竞赛
②细纱间
③申新纺织九厂大门旧貌

清末民初，上海公共租界已形成沪东、沪西两个初具规模的棉纺织厂区，拥有大半国内机制棉纱生产的能力。1913年前的中国已是世界最大的棉纱进口国，仅次于印度的第二大棉布进口国。到1913年，中国境内一共有8家外资纺织厂：3家日厂、3家英厂、1家美厂、1家德厂，所有的外商纺织厂都设在上海。

国内原棉集中消费方式逐渐形成。上海原棉消费市场始于1890年，位于沪东的华盛机器总局。1893年，在周边农村多处设有花行，杨树浦就有棉纱业商号6家。第一次世界大战期间，汉口、郑州、济南是三个原棉转运市场，上海则是原棉终点消费市场，坐拥中国纱厂的半壁江山。

1950年，申新九厂生产实景

舶来洋纱新土布

　　引发中国棉纺织革命的机缘是机制棉布的输入。18 世纪末，东印度公司屡次以棉布试销中国，但效果均不佳。直到 19 世纪 20 年代后英国新式棉纺织厂的产品质量已经提高，而生产成本降低，才有了转机。兰开夏（英国英格兰西北部的郡，英国工业革命的发源地）的工厂试图在中国开辟市场。鸦片战争清政府战败后，开放五口通商，协定关税税率，从此门户洞开，进口棉布数量随之迅速增长。19 世纪 60 年代后，随着进口纺织品的输入，洋机纱大量进口，广销中国农村，价廉物美的机纱诱使农户放弃自给自足的传统纺纱。

　　中国农村织一匹标准土布，纺纱约占 67%，织布约占 17%，纺纱的时间约为织布的 3.9 倍。

　　一匹标准土布幅宽约 1 尺 2 寸，匹长 20 尺，重 1 斤 4 两，从理棉到成布一般需 6 个工作日（以每日工作 12 小时计。旧时 1 斤是 16 两，重 1 斤 4 两则是 20 两，纺纱 20 两需 4 天。使用投梭机 1 天可成一匹，纺纱约 4 天，还有理棉条 1 天，计 6 天）。使用单锭手摇纺车，日纺纱不过 5 两，纺一匹布的棉纱需 4 个工作日，生产一匹布花费纺纱的时间约为织布的 3.9 倍。农村女子多幼年习纺纱，长大自会织布，但织布需手脚并用，因双手互相投接梭子的用力有限，布幅宽约 40 厘米为限。

　　鸦片战争前在手工业最发达的江南等地，这种家内"纺"与"织"是紧密结合的，最初是植棉、纺纱、织布一贯作业，后来棉布市场越来越广，产量越来越多，从事棉纺织业的农户便开始分化，有的专植棉，有的专纺纱，有的专织布。于是出现了包买商，对从事专业工序的农户提供原料换取成品。农户有以纱易花，以布易花，或以布易纱者。

　　机制纱价廉方便、粗度合宜，率先引发了农村棉纺织业趋于分解为"洋经土纬"。面料长度方向的纱线称经纱；面料宽度方向的纱线称纬纱。早先是"土经土纬"织成的刷经布，上海布庄收购的大宗土布品种叫"标布"，又叫"套布"，都是刷经布代表。

英国印度大量的洋纱涌入中国市场，农民嫌纺土纱费工，成本太高，很不划算，便慢慢地停止了用本地纱织布，而改为进口洋纱做经，仍以土纱做纬，这样织布的效率高，可以使成本大大降低。而且"洋经土纬"织造的布看上去比全土纱布漂亮得多。再到后来，竟然发展成为经纱、纬纱全用洋纱，这样的土布，用西方的原料，以东方的织机和劳工织造而成。

最初，对于这种变味的土布，上海的土布行业不约而同进行了顽强的抵制，许多布店布庄拒收、拒售。后来洋纱势头不可阻挡，大家也都无可奈何地接受了"洋经土纬"和"洋经洋纬"的新土布。

自从机纱流行以来，手工纺纱衰落。随着手工纺纱的衰落，发生的是手工织布的勃兴。

在20世纪20～30年代，新兴的一些手工织布中心都是靠近通商口岸如上海、天津和青岛的，甚至在这些通商口岸市内郊区还有相当数量的手工纺织业。上海是中国新式纺织厂最密集的城市，根据上海特别市1928年对所属的30个市区进行的副业调查，棉纺织还是各区最普遍的副业。上海郊区的农户，有三分之一仍操纺织副业，直到抗日战争前夕，上海公共租界内还保有八九千架手织机，赖以为生者约5万人。

根据《上海杨浦区工商行政管理志》统计：1950年在杨浦区境的手工业者分660类，共2915人，其中手工棉纺织业位居榜首。规模最大计有244家、职工1103人、资本28.3万元，分别占区手工业户数的37%、职工数的37.8%、资本数的36.8%。可见，手工棉纺织业在当年引翔港区一带拥有三分天下的强势，昔日的上海土布生产是最普遍的副业。

新式织布机比手织机提高了效率。中国老式木制手织机的生产率很低，因为织梭是靠织工两手传递，所织之布幅度狭小。中国手工织布者最先从西方织机学来的就是飞梭的装置，布幅得以大大加宽。这种改良的木机发展为铁轮机。铁轮机上装有各种足踏式的自动装置，连转动经轴及卷布的工作都可以在织布工作的不断进行中完成。整个织布速度又有显著提高，比起老式木机快三倍，大约每架值洋 10 元至 15 元，1910 年至 1920 年已然盛行各地。

雅克提花机的传入使得手工织布业可以织出各式各样的花布。雅克机是1906 年左右从日本传入中国的。政府在天津设立纺织学校，聘请日本技师传授该机的用法，然后渐渐传播开来。雅克机大小不一，售价也高低悬殊，从 40 元至 100 元都有。

手工织布的生产率有了显著的提高，变成家庭各种副业生产中最有利的一行。织布的相对利益因为纱价之大幅降落而显得更为突出。在上海无论是农村还是城郊，家庭手工织布副业没有任何成本上的限制，赚多赚少都可以，能赚一文总比一文不赚要好。

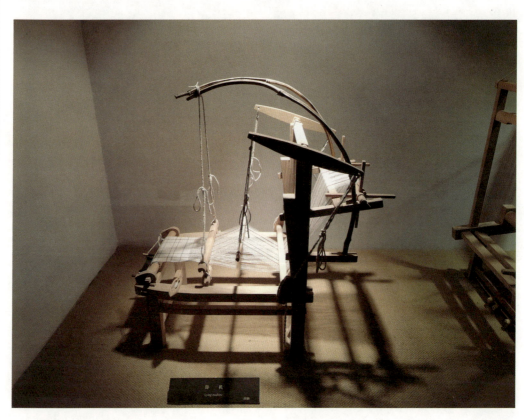

卧机

纺织女工

在沪私营纱厂的最初十年已诞生 12 家厂，上海熟手女工劳动力市场也逐步形成。初期的女工熟手也颇受厂主的重视。上海熟手女工的工作效率成为纱厂估量生产率的要件之一。早期在沪东纱厂的女工一般来自工厂附近。虹口、杨树浦的工厂周围曾是女工集中居住地之一。1893 年，虹口、杨树浦一带已有两家纺织厂，日夜开工，女工 2000 余人。周围另有多家缫丝厂。棉纺织厂自建工房，方便工人寄宿，就近上班。

当年上班途中的棉纱厂女工

当时各家工厂多以汽笛声作为开工的报时器。按巡捕房规定，汽笛声每次开放发声不得超过 10 秒钟。汽笛声使聚居于工厂周围的男女工人的日常作息安排纳入工厂的生产系统。

纺织工业的兴起成为容纳廉价劳动力的蓄水池。1891 ~ 1901 年，上海普通工人的工资得以稳定地上升。1907 年，公共租界已有女工 3 万人。童

怡和纱厂缫丝车间正在忙碌的女工

工年龄普遍为 12～13 岁。各纱厂雇用的操作工，日工资从 0.22 元至 0.30 元不等。从业人员以女工、童工居多。伴随着棉纺织业成为近代上海的工业支柱，一个庞大的城市低收入职业群体也相应地在棉纺织行业生成。

清末民初，上海租界公用设施相对条件优越，使沪东、沪西形成两个初具规模的棉纺织厂区，杨树浦周边也形成了纱厂的配套厂，织布厂、印染厂、针织厂、毛巾厂等逐渐出现。

三、美国棉花落地生根

·

美棉种植先导者

·

19 世纪末叶，西风东渐以后，国内的机器纺纱厂纷纷设立，亟须引进优良的外国棉种，以改进国内的棉业。最先倡导之人是两湖总督张之洞，他于清光绪十八年（1892 年）在武昌创设官营湖北织布局。同年，他请人在美选择佳种，采购棉籽，寄鄂试种，首批共运入棉籽 34 担，转发十五州县，分与农户试种，但初次试种成绩不理想。次年，再购运美国棉籽百余担，继续试种。据悉，首次试种不成功的原因是"上年所购棉籽到鄂稍迟，发种已逾节候。但因初次，不知种法，栽种太密，洋棉桃较厚，阳光未能下射，结桃多不能开，是以收成稀少"。继张之洞后，尚有山东巡抚杨士骧、鄂督赵尔巽等人，先后引进美棉棉种。此类努力，有的因为种法不当，无人督导，成果不佳；有的因为与本地土著棉花混合种植，日久杂交，纯性下降，优点渐失。

旧时大生纱厂钟楼

爱国实业家张謇

比较成功的是 1901 年张謇在南通试种美棉的结果。张謇于清光绪二十五年（1899 年）在南通创立大生纱厂，获利极厚。两年后，创设海通垦牧公司，开发在沿海的盐性土地，种植棉花，所使用的种子全系美国陆地棉。因为是在大面积的新棉田上种植同一品种，得以避杂交现象之发生，多年来均能保持美棉之优越性。河南灵宝的美棉种植，也是清一色的纯种美棉，栽培在大面积新开辟的沙田中，品种得以保存其纯度。因此，南通棉与灵宝棉在国内市场上颇为驰名，可供纺 32 至 42 支纱。

早期都是私人或地方官员个别倡导改种美棉，改进棉产的官方政策始于 1904 年，当年清政府的农工商部购入大量美棉棉籽，分发全国各省。民国成立后，张謇出任农商总长，提倡棉铁政策，对于棉产之改进推行更为积极。1914 年，农商部公布植棉奖励办法，种植美棉者，每亩奖银三角。部内设棉业试验场，聘请外籍专家充任顾问。1918 年，又成立棉业整理局，专司棉产改进之责，全国各地开辟试验农场 20 余所，并设立农业学校，专门培养棉业技术人员。

穆藕初于民国初期在传播植棉、棉纺织生产等专业知识、技术，增进棉业、纱业的相互了解、协作方面做出了开创性的、不可替代的贡献。因此，他是中国棉纺织工业起步的最初 30 年间（1898～1928 年）的四位代表人物之一（另三位是张謇、聂云台、荣宗敬）。

穆藕初，曾祖父因避战乱移居浦东务农。浦东是近代上海地区的植棉区，穆藕初的祖父是穆家开始经营棉业的第一人。祖父有 5 个儿子，均在浦东杨思桥落户。穆藕初父亲穆琢庵排行第二，掌管家业后扩大棉业经营，在南市设穆公正花行经营 40 余年，以乐善好施闻名乡里。他有三房太太，穆藕初与胞兄穆抒斋（1874～1937 年）是同父同母的亲兄弟，日后携手创办纱厂。

1884 年后，穆藕初父亲年迈，家境渐衰，14 岁的穆藕初弃学入棉花贸易行当学徒。1894 年甲午中日之战爆发，1895 年中国战败，签订《马关条约》割地赔款。当时穆藕初 20 岁，听闻消息后，与那时的大多青年一样要救国图强。穆藕初有了追求西学的决心，此后的 5 年间，穆藕初坚持业余学习英语，在考入江海关就职，与金氏成婚后，他又不惜辞职，放弃月薪百元的海关"金饭碗"，于 1906 年进龙门师范学校任英文教师兼学监。1907 年，受张謇之邀，穆藕初赴北方调查组织铁路警察事宜，见到北方内地农业破败景象，他深感振兴实业的必要，尤其想致力于农业改良。农业是中国的立国之本，中国贫困的根源在于农村。1909 年，34 岁的穆藕初在亲友资助下赴美求学。

赴美后，穆藕初先后入惠尔拔沙大学、威斯康星大学、伊立诺伊大学、芝加哥埃茂专门学校、得克萨斯农工专修学校就读。他选择修读的专业多与农业相关，并选择棉纺业和肥皂制造业为专攻对象。在留学前，穆藕初已经积累了长久的社会和职业经验，因而和一般留学生单纯的求知不同，他的留学目标极为明确，而且很有规划。从怎样种棉花，怎样种好棉花，怎样把棉花纺成纱、织成布，到怎样办工厂，他都有目的系统学习。在美 5 年，他获得伊利诺伊大学农学院学士学位（1913 年），得克萨斯农工专修学校农学硕士学位（1914 年），考察足迹遍及 20 余州，逐步接近自己的目标"全力注意植棉与纺织"。同时，他还研习科学管理法。为考察美国农场的管理体制，穆藕初来到位于得克萨斯南部的塔夫脱农场，该农场以科学知识管理农事而闻名全美。他还专门拜访了有"管理学之父"称号的泰罗及其高足弗兰克·吉尔布雷斯，向其请教工厂管理方法。这些在当时是国际上最先进的管理经验，为回沪办纱厂奠定了坚实的专业知识基础。

穆藕初留洋硕士的背景，丰富的西学知识，在民国初年实属凤毛麟角，若跻身政界，自是轻而易举。但踌躇满志的穆藕初表示，此次归国不入政界，而要以所学专长投身实业。回沪后，穆藕初无意谋求沪英美烟公司的高级华经理（月薪 1500 元）等高薪职位，而是开始实施自己的大计划——进军棉纺织业。

穆藕初率先引进美国长纤维棉花作为细支纱棉纱精纺的原料，短短 5 年间，就创办了三家纱厂。他致力于引进推广美棉，以及经营三家纱厂的业绩和有关棉纺业经营管理的实践，使 1915 ～ 1925 年华商纱厂的创业兴业在工业史上留下了不可替代的印痕。

穆藕初在引翔植棉

穆藕初不仅率先引进美国长纤维棉花作为细支棉纱精纺的原料，还用心推广美棉种植。

1914 年夏，穆藕初办纱厂出手不凡，首先从根儿上抓起，改良棉花。民初的华商纱厂由于受到华棉纤维粗而短的制约，所以一般能纺 20 支以下粗纱，无法织成细布。而美棉细长而韧，可纺 42 支以上的棉纱。所以只有改良品种、自产长纤维棉花，才能解决自产细布的原棉。所幸穆移植美棉来改良本地棉种的设想得到他好友郁屏翰（老公茂洋行买办）的支持，郁屏翰慨然在引翔乡的自家墓地划出一块 60 亩的土地，作为穆的引种美棉试验田，以墓旁余地整片划出，种作得成效后，始收租金。于是穆藕初在引翔起步种植美棉。

在引翔乡"穆氏植棉试验场"落脚开张，穆藕初兴致盎然地从事改良棉种的研究。他精心将亲自从美国带回的乔治亚州克里夫伦大球种进行培育，逐年选种，几易寒暑，经过 4 年的辛勤栽培，终于获得成功。他种植的美棉纤维，长度、性质、韧力都不比进口的美棉逊色，为改善中国棉花质量开通了可行的路径。据《申报》报道："穆氏在引翔植棉场引种的美棉，每亩平均产 160 斤，最高为 200 斤。"

穆藕初在引翔乡创立"穆氏植棉试验场"后，至少花了 5 年时间研究棉质。1917 年，穆藕初发起在浦东创设"中华植棉改良社"，组织更多的人来研究、改良棉种。以郁屏翰为名誉社长，会员约 800 人，并在杨思乡设试验场，在浦东创办 5 个县立植棉试验场，兼任各场主任，亲自下田指导棉农操作。

当穆氏棉场初见成效时，同期国内植棉改良活动还极罕见，只有日商三菱集团、东洋拓植会社，华商上海的穆氏兄弟，湖北的私立三益棉场等有引种美棉的尝试。掌握美棉种植技术在那个阶段成为棉花生产发展的第一步，

① 1931年荣家纺织集团以
340万银两盘入厚生纱厂，
更名为申新六厂
②穆藕初
③华商纱布交易中心
④厚生纱厂原址

也是提高棉花产量和改善棉花品质的关键，推广美棉是中国棉花生产发展的必然选择。

穆藕初不仅为华商纱厂、社会团体提供"棉花与棉花之种植""入厂后之棉花"等专业知识讲座，还将培育的移植美棉在厚生纱厂试纺成纱，后发表《试验移植美棉纺纱能力之报告》，认为在华移植的美棉纤维在长度、性质、韧力方面与进口美棉相当，这表明美棉适应中国的气候、土壤，可以推广种植。

穆藕初还将自己从西方带来的先进理念毫无保留地告诉同行，前往他的纱厂参观的人络绎不绝，有的还派出专门人员进行长时间的实习。穆藕初在厚生纱厂建立棉花测试中心，免费为全国各地送来的棉花做性能测试；引进的美制纺织机器对同行开放，并不吝于指教，并组织听讲者到厚生纱厂参观，传播植棉、棉纺织生产等专业知识、技术。在传播专业知识，增进棉业、纱业的相互了解、协作方面，穆藕初都做了开创性的、不可替代的贡献，也为地方农业种植史开出一片新天地，惠及四方乡邻。

上海周边的娄塘镇自从明代开始就广植棉花，生产的土布、斜纹布远近闻名。但到近代，受到洋布的冲击，渐趋衰落。此地推广美棉种植后，引种成功，大大提高了产品竞争力。娄塘镇实业家印有模继引种美棉后，又在花纱业获得巨大成功，后投巨资于商务印书馆，成为该馆主要股东。

穆藕初还在江苏、河南、河北、湖北等地买下 1500 多亩地，开辟棉花试验场，大力推广种植美国的脱籽棉。经他倡议，上海华商纱厂联合会设立植棉委员会，买美棉种子送给各省试种，提供植棉技术咨询，印刷改良植棉的小册子，用最通俗易懂的文字向棉农解释改进植棉的方法。其中有他自己写的《植棉改良浅说》，1917 年 8 月一次就印了上万册。他还在《申报》发布广告，任何人都可以索要。

1918 年，穆藕初利用移植的美棉纺成 32、42 支细纱，改善了中国棉布质量。

牛忠仁手绘的《引翔美国棉花田》

穆藕初于 1914 年在引翔乡租办植棉实验场时，正逢第一次世界大战爆发，引翔乡高郎桥东块有一家尚未完工的工厂打算出售地块 14 亩。穆氏兄弟立即商妥，向亲友筹资 20 万银两买下这家厂，于是创办了上海德大纱厂。德大纱厂（今长阳路 1382 号）由穆抒斋任董事长兼总经理，穆藕初为经理，月薪仅 80 元，负责生产。初期工厂雇用男工 100 人、女工 400 人，办事员20 人，锭子 1.6 万枚，日产 30 包纱，每包 420 磅。建厂仅一年，德大纱厂的"宝塔"牌棉纱便在北京商品陈列所举办的产品质量比赛中名列第一，被誉为"上海各纱厂之冠"。

德大的迅速成功，使得穆藕初在上海实业界一举成名，开始有投资者纷纷邀他另组纱厂。穆藕初很快集资 120 万两白银，筹建厚生纱厂。厚生纱厂全称是厚生纺织股份有限公司（位于河间路 29 号），占地 40 亩，以 120两白银 / 亩买入建厂，于 1918 年 6 月 27 日正式投产。该厂由穆藕初主持筹建，但他个人并无股份。穆藕初掌管两家纱厂，月薪 400 元。由于看好棉纱市场，1919 年，他又集资 200 万两白银在郑州创办豫丰纱厂，该厂拥有职工 4000多人，是当时中原地区最大的现代企业。当时全国最细的纱一般只达到 42 支，只有张謇和穆藕初的纱厂偶尔能纺出 48 支的纱。凭借这样的专业操作，穆藕初的纱厂一炮打响。

从 1914 年开始，在短短五六年的时间内，穆藕初就已创办了三家纱厂、一家纱布交易所、一家银行，还参与多家纱厂经营管理，速度不可谓不快。这些成绩充分展示出他在实业方面的非凡才能，人们将他与张謇、聂云台、荣宗敬并列称为"四大棉纱大王"。四人之中，张謇是状元出身，而且身份特殊，在创建、经营纱厂时多有政府扶持，享有"二十年中，百里之内，不准别家设立纱厂"的垄断专利。聂云台是曾国藩的外孙，人脉通达，同样能获得诸多援助，和张謇一样带有官商色彩。荣敬宗兄弟是旧式商人出身，经济上已有一定的积累，雄厚的资金往往令许多事情办来轻而易举。穆藕初作为一名留学归来的洋硕士，无财力，无资源，可以说是白手起家，他的成功，更显得别具一格。他起家靠的是专业知识、先进技术与一套科学的企业经营管理理念。穆藕初说："出纱之优劣，三分在机器，七分在人为。"他从人抓起，引入泰罗的科学管理法。穆藕初制定了《工人约则》《厂间约则》《罚例》等一整套厂规细则，仅总罚例就有 81 条。他还建立严格的报表统计和财务管理制度，一日一报，内容包括生产进度、原材料消耗、成品数量等，以便及时掌握耗材、用工、用时、数量、质量等动态情况，他设计的报表此后逐渐被各企业借鉴采用，他也因之成为中国引进西方科学管理的第一人。

穆藕初经营纱厂期间，非常重视对工人、学徒进行职业培训，并注意提携青年人才，用其所长。他在德大纱厂办工人夜校，教工人粗浅地识字、读写，还亲自将进口机器的零件、性能、使用说明译成通俗文字，向工人教授。他办厂的目的不仅是生产纱和布，还希望将工厂办成一个理想的小社会。他安排厚生纱厂学徒方显廷赴美国留学，还将罗家伦等几名青年送到美国，目的都是培养实业发展的人才。

然而，严酷的现实很快就使穆藕初的梦想屡遭破灭。德大纱厂总会计结伙挪用公款做私人投资，亏空数十万元，德大纱厂遂于 1925 年以 65 万元出售，改名申新五厂。1923 年，厚生纱厂出现亏损，引起股东各种不满，穆藕初萌生退意，宣布辞职。1931 年，荣家纺织集团以 340 万银两盘入厚生纱厂，更名为申新六厂。豫丰纱厂地处中原交通枢纽郑州，遭遇 1920 ～ 1930 年华北军阀混战，在劫难逃。豫丰纱厂屡遭军阀种种名目的勒索，中原战事频繁，铁路运输原棉供应中断，资金短缺最终被迫停产。1936 年，豫丰纱厂因欠银行借款，被迫作价清算易主。

实业凋零后，1924 年以后，穆藕初也渐渐淡出了实业界，但他用自己的一生服务于社会，成为中国棉纺织业第一个有较广泛社会影响力的企业家。

1931 年，中央农业实验所成立，聘请美国康奈尔大学教授，并于 1933 年征集了 31 个中、美棉品种在南北棉区分别进行区域试验。冯泽芳学成归来就任中央棉产改进所副所长，一直主持美棉推广这项工作，在陕西关中和豫西一带推广了 100 多万亩。这不仅在抗战时期为大后方的纺织工业提供了优质棉原料，也为中华人民共和国成立初期华北普及优质棉品种、发展棉花生产打下了良好基础。

四、日资纱厂"弯道超车"

·

中日纱厂的较量

·

　　日本的第一个纱厂是鹿儿岛绩所。日本棉纺织业起步晚，在 1863 年，日本萨摩藩的岛津齐彬购买了一批英国的机器和纱锭，有 100 台 1 米多的宽幅纺织机。拥有大量纺织机的岛津在短时间内学会了纺织技术，成为日本第一个拥有纺织厂的藩主。1867 年 1 月，纺织厂开始建设，英国技师和机器一起到达，先后建成了气缸、混打棉、梳棉、粗纺、精纺等 6 个厂房，对 200 多名工人进行了技术指导。从这里走出了优秀的人才石河确太郎，他参与了大阪堺纺织所、富冈丝织厂的建设和运营。鹿儿岛绩所是日本近代纺织工业的起点。

鹿儿岛绩所的仿制织机

10 年后，日本又有三家纺织厂设立，而且全部是官营，但是这些纱厂的规模都很小，每家只有 2000 枚纱锭，其生产方式也不够现代化。这些建造在河边、依靠木制厂房中的水力转动的纱厂，全都因经营不善以失败收场。到了 19 世纪末，许多私人纺织厂几乎昼夜不停地开工，棉纺织业迅速发展，占日本制造业总产量的大约 25%，深刻地影响了日本的贸易关系。19 世纪 70 年代，日本工业产品严重依赖进口，其中大约一半为纺织品，30 年后，情况已经颠倒过来了。20 世纪初日本大量出口缫制的生丝和工厂的棉纱、棉布，进口纺织品的数量下降到了微乎其微的地步。

日本棉纺织业发展的先锋人物，被日本称为"坚强企业家"的涩泽荣一，他以准确的商业敏锐性，创办了 1882 年的大阪纺织公司，一个现代棉纺织厂。他认为官营纺织厂的规模太小，每家只有 2000 枚纱锭，注定了它们不能盈利。于是涩泽荣一动用银行业的关系，从他自己的第一国立银行获得了一笔贷款，并说服一些有钱有势的朋友向他的公司投资 25 万元。手头上有了资金，涩泽荣一向世界上纺织机器的主要制造商曼彻斯特的布莱特兄弟购买了 10500 枚纱锭，安装在参照兰开夏的一家纺织厂而建的工厂里，1883 年开始运营。全盘引进技术进行模仿，无疑是日本赶上西方最为快捷的方法。此后大阪纺织公司和其他纺织厂合并，成立了领先世界的纺织品制造公司——东洋纺织公司。

东洋纺织公司和日本其他纺织公司为了获得国际竞争力，在 19 世纪的最后 10 年，实行了一系列重要的技术改造和革新，在机器设备上把国外的原型做了改动，促使它们适应日本国内的情况。通过改进，机器的生产效率比国外更高。涩泽荣一还把他的第一家纺织厂建立在劳动力资源丰富的传统棉布业中心大阪，可以从当地的城市居民中雇用熟练的人手，降低了生产成本。

1886 年，涩泽荣一在他的工厂里都安上了电灯，成为世界上第一个这样做的纺织品生产商，当时在日本引起轰动，工厂灯火通明的夜景，隆隆作响的机器，改变了农业社会日出而作、日落而息的传统景象。他安排工人轮班日夜开工生产，这样一来，昂贵的进口机器就可以一天 24 小时不停地运转了。

涩泽荣一也是日本最早把在英国占统治地位的"缪尔"走锭精纺机换成环锭精纺机的厂商之一。"缪尔"走锭精纺机的优点是可以把普通级别的原棉纺成质量精良的纱，但是它们必须由熟练而工资高的工人操作。

环锭精纺机可以在纺纱的同时把纱线卷成筒，这样一来效率高得多，但是这种机器要求等级高一点的原棉，想用环锭精纺机的日本革新家设计出把多种等级稍低的原棉混合在一起的方案，克服了这个特殊的不利因素。然而，这种混合的新式纱线往往容易折断，需要有工人把线接起来。为了减少成本，他们把环锭精纺机上原来的金属线轴换成木头的，木头线轴要经常更换，反而需要增加环锭精纺机上的人手。结果，他们的对策是解雇了原先招来操作环锭精纺机的工资较高的熟练男工，代之以年轻女工。女工会接受相对低的工资，做相对简单的工作，例如把原棉混在一起、换线轴、接合断裂的混合纱线。从此，童工、女工成为纺织业的主力军，人力资源的成本显著下降。

财大气粗的上海机器织布局，是李鸿章创办的中国第一家大型新式棉纺织厂。筹备开始于 1877 年，比起日本大阪纺绩会社还要早几年，创办规模宏大，有 3.5 万枚纱锭和 530 台织布机。火烧后重建的华盛厂规模更大，有 6.4 万多枚纱锭、750 台织布机。不仅是上海，张之洞的湖北织布局创办时就有 3 万枚纱锭、1000 台织布机，以后 5 年又加了 6 万枚纱锭。最早创办的 11 家华商纺织厂没有一家的规模是在 1 万枚纱锭以下的。当时来说规模就很大，难怪英国人见到上海机器织布局创办时的规模都为之咋舌。晚清的官办企业没有规模不大的，体现了当时人们对大规模工业化机器生产的期望。

早期中国纺织厂的创办设计，都是纺纱、织布于一体的厂子，其纱锭数额全是为了配合织布机数量而设计，厂内纺的纱全部供应厂内织布部门去使用。而日本所走的路线就不同，他们最早创办的都是单纯纱厂，只有纱锭而无织布机，只纺纱而不织布。日本第一部新式布机的装置要比第一部新式纺纱机迟 20 年。因为洋纱比洋布的市场需求大，利润高。加上乡民手工织布对机纱的需要大，销纱的利润丰厚。由于这个原因，张之洞决定在湖北织布局两旁另建南北两个新纱厂，专门从事纺纱。民间资本也从 1897 年开始，以后 13 年间所建之新厂均是以纺纱为专业，而无布机之装设。

①日商裕丰纱厂封闭式厂房，后为上海第
十七棉纺织厂，现为上海国际时尚中心
②申新九厂细纱间
③裕丰纱厂车间
④申新九厂织布间

中日两国的棉纺织工业几乎是同时代起步的。1900年后，日本参与了中国的市场竞争，迅速展示了三方面的实力：棉纱市场、棉布市场及纱厂的技术和管理更新。

上海是日本在华纱厂的首选地和大本营。1911年，在上海开办的日本内外棉纱厂，是日本在海外建立的第一家纱厂。"一战"结束时，日本纱厂出现了集织布、漂白、印花、染色各功能于一体的专业化分工组合。1921～1922年，日商在上海设立了华东、大康、丰田、公大、同兴、裕丰6家公司，除丰田外，其他5家都落户在杨树浦引翔港。

1919年，华厂纱锭、布机的规模与在华日厂相比，略占优势，但在1925年均退居到在华日厂之后。

20世纪初日本纱厂的管理劳动体制出现了两个重大的变化，一是公司构建了企业管理等级制，取代日本的劳工招聘人员、掮客、工头，或将他们结合进工厂的管理人员之中；二是日本纱厂建立了一支由女童和年轻妇女组成的劳动大军，工厂将她们从农村招来，作为学徒进行培训，并安置在工厂的宿舍寄宿。

劳动体制的变化，直接反映在中日纱厂的工人的工作效率上。

1929年，以纺20支纱为例：日本纱厂需用工人350人，在华日厂需500人，华厂需550～600人。

织布方面：日本为5.5台/人，在华日厂为3台/人，华厂2台/人。

华资纱厂在经营管理方面，重扩厂，轻管理。组织之复杂，纺纱无定支，用棉不规则，技术少专家，工人无训练，设备不完全，物料不考究，用人无定额，出数无定量。

退出纱厂经营圈多年之后的穆藕初，对日本在华纱厂的优点归纳为三点。

一是工作精良，在于精选人才，专心任事。纱厂自经理到小工，均有精密的挑选，以严格考核督察其工作效能，作为进退赏罚的标准。故人人能专心服务，表现其最大最高的工作效能，产品佳，成本低。

二是营业稳健。进花销纱有最经济的计算，只要有薄利可图就尽销售，销纱速，存纱少，原棉充足。

三是互助合作。厂外互助包括银行、轮船、保险、政府各方，皆对纱厂均尽所能提供服务，促其发展。

这些工作精良、管理稳健、服务高效的优势，使华商难以与在沪日资纱厂抗衡。

1931年荣家第二代荣伟仁担任申新五厂厂长时，与荣家第二代年轻的企业家赴日本考察12家纺织厂。他将考察心得归纳为：专门化——各司其职，精益求精；家庭化——视厂为家、厂事重于家事；合作化——合作互助、工作标准化、设备科学化。荣尔仁在无锡申新三厂任职，他考察日本归来，向全厂同仁作题为《日本纱厂之合理化与标准化》的演讲中，认为"就尔仁观察所得，平心而论，吾国纺织事业与日厂相比拟，当差二十年"。

纱厂奇迹背后的血泪

1886 年的夏季，日本纱厂的劳动从早上 4：30 开始，中午 12：30 到 1：30 休息一个小时后，工人又要回到机器边接着干活儿，一直到晚上 7：30，累得使人麻木。每班 12 小时，分两班轮流工作是棉纺织厂的规定，以便让昂贵的机器一刻不停地运转。在其他季节，要就着灯光一直持续做到晚上 8 点或 10 点。工厂大多数工人来自附近的城市和周围的农村，有些妇女在家和工厂之间来回一趟就长达 1 小时，可谓披星戴月，早出晚归。

工厂不仅劳动时间长，而且时时充满不适和危险。车间又挤又吵又热，夏天气温很高，常有女孩子在车间里虚脱。在通风不良的工厂车间内，空气里都是细丝和棉花上的绒毛，它们飘到工人的眼睛、嘴巴和耳朵里。男监工像军队教官一样凶恶，经常用竹棍敲打那些比一般工人速度慢的人。如果急急忙忙想做得快一点儿，女孩子有时会把手脚卷到机器里。19 世纪末，棉纺织厂工人损毁手指或脚趾的事故十分普遍。

许多工厂的宿舍就像监狱，四周都是 2.4 米高的围墙，墙头插着碎玻璃和削尖的竹签。里面的居住条件糟糕透顶，宿舍狭小，每个工人都不得不在不足一个标准榻榻米的大小的空间内生活、休息。有些公司让女工共用一个被褥，每 40 名或 50 名工人共用一个浴室。19 世纪末典型的宿舍供应的简单伙食，包括米饭、豆腐、豆子、沙丁鱼干和海藻类的菜，饭菜量通常很少，几乎难以满足成长中的年轻人的营养需求。

恶劣的工作条件、不卫生的居住环境、不合理的伙食致使工人过度疲劳，得支气管炎、肺炎等疾病很常见，大概每 4～5 个女工中就有一个患肺结核。公司的医生对于肺结核没有有效治疗方法，厂主通常会让生病的工人回家等死。

在上海纱厂，劳动时间是用汽笛声通报的。

引翔地区纱厂女工每天上班 12 小时，6 进 6 出（早上 6 时上班，晚上

6 时下班）。因为必须按时上班，但家里没闹钟，只好每天早上听厂里"拉波路"（汽笛拉回声）的声音，以掌握时间。拉头（第一次）波路是 4 点 30 分，家人起床烧早饭；拉妮（第二次）波路是 5 点，被家人叫起床，准备上班；到拉三波路（5 点 30 分）再出门，时间就已紧张了；拉四波路（6 点）就要进车间开工。

有工人回忆："从我住的引翔港到厚生纱厂有 3 里路，现在龙口路当时还是一条河浜，我们上班就沿着这条河浜走，周围还很冷落。我们一起的还有 6 个小姐妹，住在我们周家湾的 4 个，住在陆家浜（观音庙附近）2 个，我们就约好一起上班，下班时也等大家一起走。上班时，我们每人会带好精钢的饭盒，里面是冷饭和咸菜，还会带一个小铅桶，可以装喝的水。进厂时，我们要拿小本子给门房看，下班出厂让抄身婆检查时，我们总是要把拿在手里的空饭盒摇动几下，让里面发出声响，表示饭盒里没有藏东西。上班时，我们穿油衣裳（自己的旧衣服）套上厂里发的饭单（即围裙），穿布鞋。"

"拉波路"如同纱厂区的标准钟，左右着当地纱厂工人及其家人依据统一的作息安排生活，日复一日，如同沪西大自鸣钟地区一样，成为进入工业社会的象征。于是，工人的自由放任被极其严格的规则代替。工人进厂、出厂和饮食都是在汽笛声所指示的一定时间进行，时间管理是现代企业最基本的管理。

日本在工业化的初始阶段，纺织厂的女工代表着典型的工厂工人。60%的产业工人都在缫丝厂和纺织厂做工，其中女性超过了 80%。当时在沪纱厂未成年女工的类型，主要包括童工、包身工、养成工三种。

这些纱厂女童主要来自纱厂附近本地农户家庭。许多童工年龄不可能超过六七岁，这些童工有些并未经过正式受雇的工厂许可，而是他们的母亲把他们带到厂里，以便得到照顾的。除了跟着父母来劳动的外，有些还是自己单独来的。这类童工每一班的工资是银洋 2 角。有些也没有工钱，只是中午在厂里吃顿饭，学着做些杂事，分担着家庭经济负担。

包身工是童工的另一种类别。

①包身工居住的福宁路工房
②包身工多为 12 ~ 16 岁的
贫苦农家少女，图为在车间
里工作的包身工

包工头由厂方委托到农村去招工，又称带工老板。他们一般是回故乡招雇女孩。由包工头与女孩家长订立简单的口头或书面契约，包身费一般是银圆30～40元，分三次支付，期限一般为1～3年，有时也延长至女工出嫁时止。在包身期间内，厂方直接把包身工的工资交给包工头，由包工头提供食宿，而生死病灾只好听天由命。1935年，夏衍多次进入福临路东洋纱厂工房实地观察，在报告文学《包身工》中，记述住宿在纱厂工房区的包身工的生活环境。那是一块长方形的用红砖严密封锁着的工房区，被一条水门汀的小巷划成狭长的两块，像鸽子笼一般，每边8排，每排5户，共80户，一间2米多阔，4米多深的工房楼下躺着十六七个被骂作"猪猡"（包工头对包身工的辱称）的人，共住着1500名左右衣服破烂而专替别人制造纱布的"猪猡"。

养成工与包身工大体同时出现。1922年，日本在华纱厂实行养成工制，这是一种学徒制，在雇佣关系、管理上均与包身工性质不同。1925年，在沪的日内外棉八厂实行养成工制的一个目的，是打算用养成工替换所谓"不安分"的男工，多用劳动力成本较低的女工。1930年，华资棉纺织厂也仿效这一方式，分派工头到乡村招收养成工。

养成工是年龄15岁到18岁的未婚女性，工厂将她们从农村招来，进厂后由厂方培训技术，提供食宿，发给少量津贴。她们在集体宿舍住宿，上下班由工头押送，住的地方围有高墙，大门常锁，外人不得进入，门卫是日本人。与此同时，纱厂工人还要遭受地区流氓的敲诈、勒索，名目繁多，有礼金、更钱（打更巡夜）、拉场子（办酒席）、换季（换全套服装）等。工人中流传"人情逼似债，头顶锅子卖"，女工更是常遭人身侮辱。

养成工的工作、生活均受厂方的严密监管。上班前两小时，养成工从宿舍里出来，到厂门口等开门。开工后，每人系一围单，上印各人工号，在"拿摩温"（工头）监管下劳动。对养成工的处罚分白眼、打骂、立壁角（面壁而站）、罚款、开除等。养成工上厕所时须将围单挂在厕所墙面，便于"拿摩温""抄号头"控制用厕时间，如被认为超时，有偷懒、聊天、打瞌睡的，轻则挨打，重则罚款，故"挂围单"是厂规内容之一；放工时，还要排队接受抄身；规定途中不得耽搁，半小时须到达住处，点名报到。对于成年女工，除了住宿等规定外，其他的管理方式与养成工近似。纱厂对女工的规矩一部分写入厂规，另一部分则是潜规则。

工厂对怀孕期、哺乳期女工的保护没有法定的规则，工人也不享有任何劳动保险。尽管当时在沪纱厂对女工的婚姻、生育并没有成文规则的限制，但怀孕女工多用布袋扎紧腹部，唯恐被停工。从不少纱厂女工的经历看，生育往往意味着停工、换厂。在高郎桥纱厂区，早期有关女工怀孕、产期、哺乳期照顾的措施很少。申新六厂哺乳期女工只能在铺有芦席的地上给婴儿喂奶，工人们常说"哺乳室不像样，大人小孩满地躺，苍蝇蚊子嗡嗡响，芦席一张地当床"。

20世纪前半期是上海工业化进程快速推进期，来自邻省乡村的女性劳动力源源涌入上海，纱厂在编织着她们的梦想，她们也是纺织厂的核心资源。逐渐地纺织行业建立了一支由女童和年轻妇女组成的劳动大军。

①浆纱机
②整经机
③条卷机
④梳棉机
⑤细纱机

第四章

民族纺织业的黄金时代

　　20 世纪初欧洲大战，使得引翔港大规模的西洋式纱厂、工房、学校以惊人的速度发展起来。来自江南广大地区的农村人口离乡进厂，为各工厂生产提供源源不断的廉价劳动力，这是短暂的黄金时代。在引翔落户的三友实业社总厂，生产爱国品牌毛巾，以实业救国的气节，成为民族纺织企业的楷模。

一、厂区后勤保障始现

·

纱厂区的马路与桥梁

·

　　上海是20世纪中国最大的都市，同时也是世界上最大的城市之一。然而，在20世纪中叶，上海的实际区域还很小，从严格意义上来说，整个城市市中心仅有英法租界那么一块核心。在民国时的上海全盛时期，如果从南京路或外滩——上海市中心最繁荣的商业中心，向任何方向步行8公里，都会发现不多久已置于棉花和稻田之中，公共租界东区的引翔港当时确实是乡下。除了西方殖民者带来的促进上海飞速发展的商业动力外，棉纺织工业的入驻，也为上海的发展提供了新的动力，打下了上海工业发展的基础。

20世纪初，杨树浦商业渐渐繁华

1913 年，华德路（今长阳路）延伸到引翔港镇。虽然，这条路以北仍是农田、小浜、木桥、小道、农舍、坟地，呈现出未开垦的田野风貌，但是路的南部已是厂区、工房区，还有德大里、申新东里、石库门里弄，小区有如兰桂坊、申新坊。马路，呈现近代城市的街区风貌，在引翔港镇西栅口到高郎桥，一个新的以纱厂为中心、人烟聚集的近代纱厂区初步形成。

1914 年，穆藕初开办了德大纱厂，靠近高郎桥，建筑面积 1.9 万平方米。1918 年又建厚生纱厂，占地约 1 万平方米。之后，周边相继建成国光印染厂、久华染线厂等。"德大"与"厚生"先后于 1925 年和 1931 年分别卖给申新集团，改名申新五厂和申新六厂。

1917 年，永元机器染织公司在引翔镇西栅口南侧建厂，由于向国外订购的机器设备适逢第一次世界大战没有及时交货，延误了生产，工厂亏损破产。第二年，卖给了日商伊藤商事会社，更名为东华纱厂。1927 年，日商经营不佳，又卖给华商，改名为隆茂纱厂。后来，又由大隆机器厂主严裕棠买下，改为仁德纱厂（后为上海第三十棉纺织厂，今为欧尚超市长阳店）。

1920 年，日商又在东华厂对面建造东华纱厂二厂（后为中国纺织机械厂，今长阳创业谷），规模比前者大，又称为"大东华"，生产"铁锚"牌毛巾，与三友实业社毛巾总厂的"三角"牌毛巾竞争。

1918 年，引翔港南段湮没，北段淤塞，已不通舟楫，引翔港被填平，成为今天的宁武路。填浜筑路，兴办纱厂的进程，彻底改变了引翔乡的土地传统用途。

当年，三友实业社毛巾总厂在引翔镇西栅口购地 60 亩，由虹口横浜桥迁来引翔镇，专门生产"三角"牌毛巾。三友实业社毛巾总厂建筑包括 5 幢两层的办公楼，厂房 13 排，每排 14 间，后面设染房、漂间、饭间等，还有花园。

纱厂区的出现，使马路的"触角"自西向东，向引翔港镇周边贴近，形成了江浦路、齐齐哈尔路、霍山路、昆明路。长阳路以南的孟买路（今河间路）于 1915 建成后，沿线创办有三星白铁皮厂、华铝钢精厂、益丰化工厂、上光铸造厂等 8 个工厂，形成一条工业带。

今双阳路

　　南北走向的马玉山路（今双阳路）建于 1922 年，客拉契路（今眉州路）建于 1913～1921 年。1920 年，公共租界东区已是中外棉纺织厂落户的沃土。区内马路贯通，街区有序，市政设施配套齐全。

　　与道路同时兴建的还有桥梁。在跨越杨树浦港、定海港和周塘浜时，新架了木桥或钢筋混凝土桥，可通行载重车辆。即便是有近 200 年桥龄，被称为"大石桥"的高郎桥也曾于 1911 年、1924 年两度动筋换骨，改建成混凝土桥，具有 13 吨位的承受重力。沈阳路桥 1908 年建成，平凉路桥 1914 年建成，广州路桥 1916 年建成，河间路桥 1921 年建成。此外，长阳路桥、眉州路桥、宁国路桥、临青路桥等陆续建成，适应了现代运输的需要。

　　定海路桥是上海市区内黄浦江上第一座桥，而且是 1927 年在复兴岛上兴建跨度较大的桥。桥体属于钢筋混凝土桥，桥梁限载 10 吨。桥长 93.5 米，宽 10.5 米，整桥酷似今黄浦江上的卢浦大桥微缩版，不过设计建造年代早于卢浦大桥约 80 年。

①旧时黄浦江上的小舢板
②撑小舢板是谋生，也有人靠它起家

引翔乡的黄浦江岸线较长，江面开阔，没有桥梁。两岸工厂码头兴建，交往全赖所设渡口。沿杨树浦路设立可往返于黄浦江两岸的有几处轮渡码头，间隔约 1 公里，浦东分别是：居家桥路（东渡口，1906 年）、钱仓路（其昌大街，1906 ~ 1916 年）、歇浦路（1933 年）。

锯齿形厂房

　　上海纱厂的锯齿形厂房，是近代工业建筑史上的一大亮点。锯齿形厂房，是屋顶外形呈锯齿形单坡多跨的厂房，通常成片的纺织车间多采用此类形式，采光充足均匀。

　　上海最早的锯齿形厂房为清光绪二十三年（1897年）建造的怡和纱厂起色间，它是为纺织厂专门设计的。当时纺织机器由蒸汽向电力驱动过渡，纺织厂规模渐趋扩大，原有多层厂房的采光不能满足照度要求，于是发展起来锯齿形厂房这种建筑形式。早期纱厂的锯齿形厂房采用砖木结构，屋架为不对称"人"字形木屋架，北向采光，防火性能较差。

永安纱厂锯齿形厂房

上海裕丰纱厂的锯齿形的厂房设计令人惊叹。这也是目前上海市区留下的最完整、最具规模的同类建筑群。这些建于 20 世纪 20 年代的厂房，在建设之初就是为了纺织工业而精心设计的。1921 年，大阪东洋株式会社决定在杨树浦路的尽头新建一家纺织厂，定名为裕丰纱厂，是日商大阪东洋株式会社在上海早期开办的纱厂。建筑师是当年在上海滩颇有名气的平野勇造。此时，毕业于美国加利福尼亚大学建筑学专业的平野勇造，已经在上海设计完成了三井洋行上海支行、日本驻上海总领事馆等项目，但他所设计的裕丰纱厂的规模最为庞大，是大面积的锯齿形厂房，它的整个设计在当时是最先进的。这个规模宏大的项目，于 1921 年动工建厂，历经 14 年，到 1935 年才最终建成。

上海第三丝织厂原厂房修建时照片，该厂创建于 1888 年

工厂占地面积 12 万平方米，建筑面积 14.8 万平方米，分南北两部分。南部的四个分厂建于 1922～1934 年，都是锯齿形平屋，其中除第一厂建厂较早为砖木结构外，其余三个厂均采用钢架钢柱。这类锯齿形厂房是当时

同类厂房中设计最先进、施工最精致的建筑。清水红砖外墙，连绵一片的锯齿形屋顶厂房多为单层，墙体设有砖墩，嵌有各式排气扇。铆接钢架支撑起锯齿形屋顶，屋面窗户大多朝东打开，既避免了阳光直射车间，又增加了光亮。厂房的内部空间通透、采光好，延绵不断的屋架结构一目了然，颇具气势。

北部工厂又称"北厂"，建于 1935 年，是一座两层封闭式的厂房。底层纺纱车间是钢筋混凝土框架结构，上层织布车间是钢柱钢桁架式结构。车间内的管道设在天花板内和地下，屋顶的结构较特殊，屋面铺钢筋混凝土预制板，上面开许多采光的小天窗，天窗装磨砂玻璃。车间的采光、通风、温湿度由人工控制，是旧中国少数几个空调车间之一。

除了精湛的设计外，日本人在施工的工艺上是最细致的。整个建筑虽然是个厂房，但是它不让人感觉简陋，包括它锯齿形成的这种尺度上，是做过精细推敲而后设计的。半个多世纪前，新中国的纺织工业就是在这样一片锯齿形的房顶下茁壮成长起来的。

从 20 世纪 50 年代起，锯齿型厂房在我国纺织系统开始广泛应用，对生产发挥了很大的作用。

工人安身的工房

工房，就是工厂宿舍。自从纱厂落户沪东后，工房也陆续出现，成为与纱厂区相伴而生的建筑，是工业区纱厂的醒目标志。

沪东是工房最大的使用区。沪东地区的纱厂工房建于20世纪30年代中期，主要分布在南部纱厂附近的路段，如杨树浦路、平凉路、军工路、定海路、隆昌路、许昌路等处，相对集中，一般安装自来水、电灯，房租低廉，入居者是纱厂职工家庭。

工房是企业建造的职工宿舍，包括华资企业和日资企业，有单身职工的集体宿舍，如包身工、养成工宿舍。职员宿舍一般设在新式里弄里，供高级管理人员和工程技术人员居住。

纺织业属于劳动密集型产业，为了吸纳大量女工就业，工厂必须适当解决房租和住房问题。由于当时的建筑条件，工厂附近有的工人自己以竹木构建草房，如遇火灾，大火蔓延，不仅工人生命财产没有保障，甚至会祸及纱厂。在注意到了员工住房问题后，纱厂就在附近建立了一般标准的工房，供工人及家属居住。

早期纱厂工房没有石库门里弄的弄口装饰，单幢建筑无围墙、天井。室内布局简单，有些是泥地、统间的集体宿舍。

工厂所建的工房直接冠以厂名：如永安工房、德大里、厚生里、厚生坊、上水工房、申新坊。德大纱厂、厚生纱厂建造了德大里、厚生里、厚生坊和德兴里、河间里、晋城里共6条里弄。这些砖木两层的旧式里弄有115幢，主要给外地工人或单身工人住宿。每幢住10人，月租4～5元，多数工房无电灯。厂方规定：住工房的工人须统一作息时间，门口有人看守，工人不能随便出入等。后建的有申新坊、申新东里等，楼上楼下是分开的。楼下是单人宿舍，前几排是职员住的，房、电、水都是免费的。弄堂里没有水井，后来才有公共给水站。弄堂门口还装上铁门，在过街楼下有一个大钟。

◆ **上水工房**。位于江浦路，建于 1927 年，是上海自来水公司建造的职工宿舍。有砖木结构三层楼房、二层楼房、平房共 117 幢，形成了一个小社区。

◆ **恒丰纱厂职工宿舍（今留春里）**。建于 1918 年，由华商恒丰纱厂出资建造，以厂名定名，后因业主在跑马厅赛马赌输，将工房出卖给永安纱厂一厂，产权转让后，改名留春里。该工房呈横向联排的行列式，单开间毗连，南北朝向，砖木结构，二层楼房三排，21 个单元，建筑面积 1512 平方米。房屋设施简陋，无煤卫设施，仅在主弄后面设 1 只供水龙头。

◆ **永安纱厂职工宿舍（今永安里）**。永安纱厂在 1920 年建造了两处工人宿舍，占地 8 亩，共有砖木结构的普通住房 140 余幢。

房屋前部底层前客堂，后厢房，正面砖墙，单开门，双扇玻璃窗，后部灶披间，后天井。二层前楼卧室 2 间，正面四扇玻璃窗，后部亭子间，上面水泥晒台。每排两头房屋，一、二层的山墙均设前后窗。房内无煤卫设施。该工房在抗日战争中部分被毁，尚余房屋被日军作为马棚。上海解放后，经过修建，恢复做职工宿舍，现名永安里。

◆ **统益里**。建于 1920 年，由华商统益纱厂出资建造，以厂名定名统益里。建有砖木结构的立帖式二层楼房 10 排，50 个单元；平房 2 排，10 个单元。工房坐北朝南，东西横排的行列式，单开间毗连，建筑面积 2620 平方米。二层楼房，底层前部客堂间（分隔 2 小间），后部灶披间，二层前楼卧室 2 小间。房屋矮小，底层 3.3 米，二层 3 米上下。房屋结构用料很差，水泥煤灰粉刷墙面，底层水泥地坪，木板门，双扇玻璃窗，蝴蝶瓦屋面。最后第 11 排，是 4 个单元的平房，名为工房，实是简屋。室内无煤卫设施，仅在弄堂内设 1 只供水龙头。

在沪日纱厂工房，比日本棉纺织厂的免费宿舍好得多。每间屋子里都有电灯、自来水、厨房和阳台。一间约 84 平方米的屋子，原设计是供 8 ~ 9 名工人居住，如分摊房租人均月付 0.3 元。建造上，一般另辟宿舍区，统一设计，简洁壮观。

1926 年，日资内外棉纱厂工房有两种，第一类是上等二层，有 1400 座，月租金 4 元。屋顶用瓦覆盖，其余用木料，室内地面用三合土填平，有些覆以木板。每屋的面积 400～600 方尺（约合 43～66 平方米）。第二类是平房，有 500 座，月房租 2 元。"建筑较为坚实，光气较充足。每座房屋平均住 3 家。室中床铺重叠，如轮船统舱中之铺位。俗称鸽子笼"。

日籍职员工房水电煤卫齐全，房型分不同等级，供不同级别的职员居住，配置生活和福利设施。

◆ **北樱花里（今新华北里）**。建于 1917 年，由日本内外棉纺织株式会社出资建造，以日本樱花树定名樱花里。3 年后，又在劳勃生路（今长寿路）南续建，为便于区别，路北习称北樱花里，抗战胜利后改成北英华里，1953 年改名新华北里。有砖木结构二层楼工房 31 排（幢），368 个单元，其中弄内房屋 29 排、333 个单元，主屋为二层，后部为单披灶间。

底层正面为砖墙，单扇木板门，双扇玻璃窗，二层正面为裙板墙（解放后改为砖墙）。机制瓦屋面。室内无煤卫设施，每排房屋仅在弄堂内设有自来水龙头 1 只。弄堂宽 2 米，通风和采光均差，底层阴暗。居住对象主要是在日本纺织厂做工的中国工人及家属。在常德路 1258～1270 弄，有 7 排（幢）、82 个单元的房子，专供养成工居住，原名养成里工房。

◆ **华工工房（今和丰里）**。建于 1922 年，由日商纺织株式会社所属三、四厂建造，砖木结构，立帖式二层楼房 11 排（幢），106 个单元，建筑面积 6841 平方米。房屋为南北朝向，东西联排，布局在主通道西侧，主通道宽 3.5～4 米。11 排（幢）房屋由北向南平列，并有 3 块间隔空地，划分为 A、B、C 三种不同类型，室内无煤气和卫生设施，供中国工人和职员居住，以及做养成工集体宿舍，当时定名华工工房。抗战胜利后，由中国纺织公司接管，改名和丰里，成为国棉六厂职工宿舍，1956 年后，改为上棉六厂工房。

工房设有铁栅栏大门和警卫室。职工出入需过大门东侧边门警卫室。室内均无卫生设施，但在主通道内设有供水龙头、热水灶、理发室、杂货店、修鞋摊、公共厕所等附属设施。

①②③④⑤⑥⑦⑧⑨引翔港周边的各种职工住房（工房）

同兴工房

◆ **同兴工房（今国棉九厂工房）**。日资同兴纱厂工房，由联排住宅组成。砖木结构，1924～1932年建，和洋折中的日本近代住宅。位于周家牌路，砖木结构二层楼里弄150幢，有玻璃窗、水泥晒台、地坪，弄堂两头分设1个供水龙头。

联排住宅外立面一层为清水红砖，二层为水泥砂浆抹面。每户二层设小阳台，金属栏杆。室内通过两道木框玻璃窄门与阳台连通。室内设榻榻米和移门，平面布局和装饰具有明显的日本传统特征。

同兴纱厂是同兴纺织株式会社第二厂（日资）的简称，建于1924年。1946年抗战胜利后，归中国纺织建设公司上海第十纺织厂，1950年更名国营上海第十棉纺织厂，1958年并入上海第九棉纺织厂。

◆ **裕丰工房（今上棉十七厂第二宿舍）**。位于今定海路 449 弄。1923 年，日资裕丰纱厂在周家嘴的农田上建造的裕丰工房，以木板为楼板，两层，主屋格局均为前部是卧室，后部为灶间，水泥晒台。里弄后有 1 个供水龙头，居住对象是该厂的中国包身工、单身女工、工人家属。随着工厂发展，到 1935 年，共建造了 328 幢。工房区内设有幼儿园、托儿所。

以厂名定名裕丰工房，抗战胜利后改名中纺十七厂工房，上海解放后改为上棉十七厂第二宿舍。

日本纺织企业在工厂周边建造的职工住宅小区，不仅配置了生活和福利设施，还创造了特有的企业文化。小区内为职员建造有不同的房型，住宅中央区设有稻荷神社、网球场、秋千、游泳池，还有医院（保健室）、小学。房屋周围有绿化，种植樱花等。

上海国棉十七厂日式工房（裕丰工房），房屋周围有绿化，入口等以清水红砖装饰窗格划分具有明显的日式风格

◆ **公大工房（今纺三小区）**。日本公大纱厂在 1921～1930 年出资建造，由英国设计师设计，是典型的和洋折中的日本近代住宅。其外观是简化的西方样式，而内部是典型的传统日式住宅。

小区内有小学、网球场、马房，东侧还有正在使用的许昌游泳池，可见当年小区设施十分完备，与澳门路上内外棉株式会社财团为日侨管理人员建造的澳门小区一样。

公大工房职工宿舍的前半部是别墅式二层住房（日本式的住房），90 幢，供日本籍职工居住，并设有医务室一幢；后半部是中国式里弄住房，供中国籍职工居住。在小区内的其他建筑上可以看到由小型庭园分割的联排小型别墅，院墙低矮、砖木结构、木门木窗（独立别墅采用钢窗），二楼都有大开间内凹式阳台，落地式木窗，大部分是两层楼结构，有些二楼还保留有木结构外沿，外立面为干粘鹅卵石。

抗日战争胜利后，国民党政府为了接管日本投降后的日商纺织企业，于1946年1月成立中国纺织建设公司。此后，公大工房由中国纺织建设公司（以后称"纺建公司"）高级管理人员使用。

公大纱厂属于日本的钟渊纺织株式会社。"钟纺"创立于19世纪末，由三井财团投资，最初是只有一个3.6万锭的纺厂，专售纺纱。1920年，在上海创立公大第一厂，以后陆续扩充兼并，在上海、青岛、天津、东北、朝鲜都设有工厂。到第二次世界大战前，已有工厂41个、纺锭94万余枚、织机1.8万台、绢纺锭11.6万余枚。另有加工制丝纸浆等厂，成为日本有名的大企业。

上海公大纱厂原为英商开办的公茂纱厂，建于1896年。1925年，被日商收购，改名"公大纱厂"，今为上海第十九棉纺织厂。1932年"一·二八"淞沪抗战时期，侵华日军陆军司令部曾设在这里，附近还有马队和步兵大队。

◆ **白林寺**。始建于20世纪20年代的白林寺，是当年大康纱厂的高级职工宿舍，这是一片设计精巧的日式花园别墅群，展示着日本的建筑风格。

大康纱厂在杨树浦路腾越路口，南濒黄浦江，东邻美商电力公司，西毗英商煤气公司。大日本纺绩株式会社于1920年投资500万日元在上海杨树浦开办第一纱厂（1921年建成），同年续建第二纱厂。1933年创办第一布厂，次年再办第二布厂。统称大日本纺绩株式会社（简称"大康纱厂"），是杨树浦一带最大的棉纺厂。

大康纱厂总面积387.48亩，分为工厂区和生活区。工厂区111.48亩，生活区276亩。共有宿舍四处，合计94.61亩，另辟日本人"康和疗"（日本职工医疗康复中心）和172.37亩空地。厂内有绿色大草坪和种植的樱花树。

①②③引翔港隆昌路大康纱厂日本管理人员住宅

日商大康纱厂旧貌，后改为上海第十二棉纺织厂

日商大康纱厂高级职员住宅

　　大康纱厂生活区等级森严，分为中国工人宿舍和日本籍职工宿舍。此外，日本籍职员又按职务高低分住不同档次的住房。日本籍双领班，相当于现在的车间主任或科长以上的职员，宿舍为东洋式花园洋房，一般日本籍普通职员住的是两层楼房。而中国工人住的是弄堂很窄的普通房子。

　　日本籍职员住的宿舍叫"白林寺"（现仍保留东白林寺居委和西白林寺居委），位于引翔港镇东葛兰路（今隆昌路）。白林寺以隆昌路划分为东白林寺和西白林寺，共计房舍 93 幢，洋房结构，另有 24 间房间的单人宿舍 1

幢。西白林寺还有职员俱乐部（后为隆昌路第二小学），屋宇宽阔，樱花掩映，极为清幽。此外，还有游泳池、升旗台、大花园、托儿所、幼儿园、疗养院、养猪场、洗衣房等，就连门卫房间都是很考究的六角形亭塔造型。

白林寺的联排洋房是两层楼的洋房，外墙有鹅卵石做立面，尖顶直瓦，木制百叶窗遮阳。室内长条地板，落地移门。卫生间除抽水马桶外，还有小壁炉。紧挨着大门，还有一个 2 平方米左右的养狗房。

1945 年，日本投降后大康纱厂由国民政府接管，重庆方面派出了 98 名接受大员，他们大多是四川籍和湖南籍人，带着家眷来到上海白林寺，接管的大康纱厂也更名为中国纺织建设公司上海第十二棉纺织厂，简称"中纺十二厂"。中华人民共和国成立后，"中纺十二厂"被国家接管，更名为"国棉十二厂"，白林寺也就成了该厂的职工宿舍。住在白林寺的 98 位接受大员大多留在企业担任高级职务，由此白林寺有着自己的地方话——"白林寺话"，那是夹杂着四川、湖南、扬州音调的普通话。虽然很多老白林寺人已经搬迁，但每年他们都会从世界各国、全国各地前来白林寺聚会，甚至一些曾经出生在白林寺的日本人及后代也会前来白林寺参观、故地重游。白林寺那些日式洋房，如今被列为历史保护建筑。

1918～1937 年，引翔乡共建旧式里弄 185 条，建筑面积 100 余万平方米，其中纺织、金融业主投资建造的工房占华商建造总面积的 37.37%。1930 年周家牌路顺成里月租为 20 元 / 幢，纺织工人的月薪为 8～15 元。

上海国棉十二厂旧址大门

抗战胜利后，华资纱厂的经营环境有了很大的改善，有些工人婚前住在厂里工房。据申新五厂的老工人回忆，1949 年进厂在布机间工作，住在工房宿舍里，是上下铺，费用是一个月 9 角钱；后来进荣丰厂，吃、住都在厂里，基本能养活自己还有积余。也有已婚女工住在工房。有女工回忆，进申新五厂后在清花间、布机间做过，跟着运转班翻班，工资 40 元。当时丈夫曾在杨树浦桥一家木行工作，后来他身体不好就回无锡，两个孩子也回无锡读书。剩下自己一个人住河间路工房宿舍，睡两层铺，不收钱，经常只是用火油炉烧点粥，加盐吃。

工人婚后一般在厂区附近自己解决住处。申新五厂有老工人 18 岁结婚，丈夫是宁波人，在兰州路、河间路的顾家湾借了一间房子只有 8 平方米，月租 5 元。一天三顿粥。住在那里的大部分居民是三十一棉的工人。后又在霍山路借了一间草棚，租金是 4 斗米 / 月，厂里拿 2 斗米 / 月，没有工资，等于 1 元钱。

抗战胜利后，中纺系统的棉纺织厂（前身是日资纱厂）职员的住房条件好，但工资不如私营厂职员高。私营企业纱厂的经营环境有了很大的改善，单身职员一般可以入住厂里的职员宿舍。申新六厂的职员宿舍在西湖路的一幢两层楼，13 个房间。隔壁是厂医务室，有热水洗澡，也有抽水马桶。有两个人一间的，约 20 平方米。后来每间房放 6 个床铺（上下铺），住 4 ～ 5 个人，宿舍留一个空铺，十多个房间一共住了 50 余人。有些是未婚青年职员，也有婚后妻室不在上海的老职员。

◆ **两万户工房**。1951 年 4 月，在市二届二次各界人民代表会议上，市长陈毅提出市政建设"应为生产服务，为劳动人民服务，并且首先为工人阶级服务"的方针。1952 年 4 月，市政府设立上海市工人住宅建筑委员会，在全市统筹兴建 2 万户工人住宅，其中就有 1 万户建在杨浦，为长白一村、二村；控江一村、二村；凤城新村（一村）；鞍山一村、二村，征用原江湾区农田 65.52 公顷。1952 年 8 月 15 日开工，1953 年 5 月竣工。总计建房530 幢，1000 个单元（每个单元为 1 个门牌号），1 万户，皆为砖木结构的 2 层楼房，水、电、煤气俱全，每 5 户合用厨房和厕所。同时辟筑道路、下水道，配有学校、商店和绿化地。

　　这是中华人民共和国成立后杨浦地区兴建的第一批工人新村住宅，俗称"两万户工房"。居住条件与当时石库门里弄房屋和自建棚简屋相比较，大为改善。有长白新村的老住户回忆："那房子是模仿苏联集体农庄样式建造的，有点像别墅，不过苏联的房子是上面住人，下面养马。房子卫生间的便槽就很像马槽的样式。房子冬暖夏凉，楼上是木地板，楼下全是方型水泥板。门窗、楼梯全是杉木的，用红色油漆涂刷，质量也好，几十年不变形。"

　　在市统建新工房的推动下，杨浦区域内一些较大的企业单位也自筹资金，按照"两万户工房"的设计标准，分散建造了一批职工住宅。1952 年，上海柴油机厂建工农新村。1953 年，上海公共汽车公司第一车场在四平路建公交新村。上海电缆厂、医疗器械厂、农业药械厂、第一制药厂、锅炉厂、红星制车厂，也分别在延吉东路、杨家浜、本溪路、大连路、敦化路、控江路等处建造新工房。

两万户工房已拆，仅留凤南一村尚在

早期食堂

　　晚清洋务运动以后，我国开始兴办工厂、矿山，发展近代工业，同时兴办各种新式学校，带来了规模化的集中生产方式和学习方式，食堂作为一种后勤保障福利机构出现了。特别是在上海的纱厂，这些达到千人以上员工的工厂，食堂是其中不可或缺的一部分。

　　《纺织年刊》记载："当时的日本工厂食堂是分食制，职员与工人共同用餐。食堂大厅高大宽敞，一次可以开七百余桌，每桌八人，饭菜采取分食制，饭桶、茶壶、调味品置于每桌中央，筷则自备。就餐时，每人于指定地点取饭碗一只、菜一碟就上桌吃饭。食毕将碗碟送入洗碗缸内。饭用蒸气煮，管理膳堂之人仅数人。凡厂内职员，亦均同一膳堂，食同样饭菜。"

　　2019 年 5 月 28 日，"城市荣光——庆祝上海解放 70 周年"主题展在上海展览中心开幕，图为展览一隅，复制当年的"工人食堂"

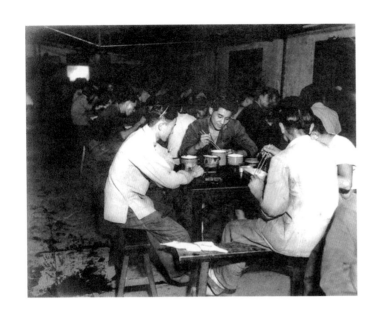

民国21年（1932年）12月由瑞士、加拿大和英国商人联合筹建的华铝钢精厂（今上海铝材厂）建成投产。该厂为中国最早的铝加工生产厂。图为该厂的工人食堂

早期华资企业申新五厂、申新六厂和荣丰厂未设工人食堂，工人自带饭菜，用餐时不准关车，机器不停，女工只能用水淘一下饭，吃几口。夏季车间闷热，饭菜易变质，没有开水时只得吃冷饭。在车间用餐，长期营养不良致使纱厂女工常有面黄肌瘦、脚部浮肿的现象。

申新五厂、申新六厂、荣丰厂后也办了工人食堂，俗称"饭间"。与职员食堂相比，伙食偏差，总是一碟萝卜干、一碟咸菜。职员餐厅几个圆台面，8人一桌，早餐有皮蛋、肉松、花生米，午餐是四荤两素一汤。申新六厂老职员回忆："进厂后吃住都在厂里，是免费提供的。厂里的饭厅分三档，第一档是老板和高级职员用餐，第二档是低级职员、工头（拿摩温），第三档是工友食堂。老板他们一桌10人，吃饭时由茶房为大家盛饭。"

除了食堂，不少纱厂为了改善工人福利还开设医务室、哺乳室、工人夜校及子弟小学、医院、幼儿园等后勤保障部门，一应俱全。申新五厂有康乐俱乐部，申新六厂有歌咏队，荣丰厂有足球队、排球队等，丰富了职工业余娱乐生活，形成了纱厂区的企业文化。

二、新移民流入劳工池

·

乡下人到上海

·

上海在 20 世纪成为一座现代化的都市，它的人口中，新移民占了绝大多数。19 世纪末到 20 世纪 20 年代末，上海人中有 85% 是非本地人。南京政府时期（1927～1937 年），上海人中非本地人的比例有所下降，原因可能是第一、第二代移民的后代出生于上海，他们把自己看作了上海人。新一轮的移民潮来自 1937 年日军进攻上海，以及随后的解放战争时期（1946～1949 年）。到抗日战争结束，上海的非本地人比例仍保持在 80%。1950 年 1 月，这个比例又升至 85%。

《旧上海人口变迁》中提到，大部分移民来自长江下游地区的省份（特别是江苏、浙江）以及南方的广东。20 世纪 30 年代早期，上海人中以来自下列五个省份的为最多：江苏（占 53%，包括 20% 上海本地人后裔）、浙江（占 34%）、广东（占 5%）、安徽（占 3%）和山东（占 1%）。这种占比持续到 1950 年。

在这些移民中，最大一部分人是农民。他们几乎都在城里找到工作，通常是在工厂里做工或者自己做点儿小生意。

上海人将外来人叫"乡下人"，其原因不难理解，因为他们大多数是农民。他们几乎都是以相同的理由来到上海 —— 为了过一种较好的生活。对于千千万万的农民来说，城市生活哪怕千辛万苦，相较于在农村，也已经是一种提高了。

要从乡下人成为上海人，就要有一份稳定的工作和一处位于城区的住所，这是评价一个人是否"城市化"的基本标准，也就是是否成为上海人的标配。

作为新移民，要找到好的工作，必须具备三个基本条件：技能、金钱和良好的社会关系。但是，几乎所有的农民都既无技能又无文化，还因为他们付不起学手艺或者做学徒必须付的一笔钱——定金，他们在上海工作的机会就大大减少了。定金数目取决于手艺的种类或不同的工厂，一般是相关行业两个月的薪水。可是穷人就是付不起这样一笔数目不小的定金，因此他们在寻求稳定职业的第一步就遇到了障碍。所以，诸如码头工人、黄包车夫、手推车工和马夫等无数临时工，这些不需要技术的劳力，都是大量乡下穷人涌到上海，寻找改善生活的门路而不能放过的机会。先留在上海，再找上海的亲戚、同乡或者是比他们更早来的熟人，想办法让自己在上海有一个立足之地。至于住所，住在哪里，住在什么样的房子里，那就是经济收入决定的。

上海工人的住房主要有工房、里弄房子、老式平房、棚户区。住在里弄房子的熟练技术工人家庭，与棚户区的临时工、长工、各类没有技术的劳力有很大的不同。"乡下人""乡巴佬"等词都反映出上海人对新移民的一种轻蔑态度。

第一次世界大战后，上海现代工业的发展为城市发展带来了无数的工作机会，也使得城市生活更加丰富多彩。这对上海城市周边的农民来说，无疑是一种强大的诱惑。另外，农村的经济和生活状况持续恶化，战事频仍，盗匪猖獗，民国时期连续的天灾人祸使一大批生活艰难的农民把城市看成了庇护所，20世纪早期的上海正是他们想象中的天堂。

有乡亲回忆道："长年的兵荒马乱、战争、匪患，是背井离乡的原因。清朝年间的太平军起义，在合肥称为'闹长毛'，大批的百姓逃往芜湖、上海等地，老一辈人讲这是'跑长毛反'。抗战期间乡民逃往上海避战乱为数不少，老辈人的口中讲这是'跑日本人反'。我们家来上海是因为外公在家乡被土匪抢怕了，老家待不了，外公带着外婆和我母亲大舅到了引翔港，投奔母亲的小姑奶，那年我母亲刚8岁。"

自古以来，巢湖水患对长临河的老百姓影响甚大，常年发大水冲垮了百姓的房屋，地里的粮食颗粒无收，逢灾荒年份，家乡不少的乡亲沿街乞讨前往芜湖、南京、上海，其情景十分凄惨。民国时期，巢湖北岸的移民一路乞讨来上海者为数不少。路线是长临河→芜湖二坝→乘江轮（老合肥人称为"大轮"）来上海十六铺码头。没盘缠的人就起旱（合肥话就是"步行"），一路历经辛酸来上海投亲靠友讨生活。引翔港的老人们讲起这些往事，许多人流下眼泪。

与电车共存的黄包车

同乡帮带进厂

100 多年前，上海已发展成为中国最大的工业中心。上海附近的郊县、小乡镇、乡下，甚至是长江下游的一些省份，这些地方的大量的农民来到上海，为着来上海能找到一份工作，去工厂里做工。

引翔乡从 19 世纪 70 年代起，最早有近郊农民进工厂做工。

上海早期的工厂是位于虹口地区（沿黄浦江北岸）西方人开的造船厂。船厂最早雇用一批广东籍熟练技工。随着工厂规模的扩大，来自南京、宁波以及上海近郊的工人因为住得近，招募起来更容易，当然人工也更便宜，所以以上几个地方的工人在数量上逐渐超过了广东工人。但是，广东来的都是有经验的技术工人，从江南一带招来的基本上是农民，他们在工厂里只能从学徒做起。

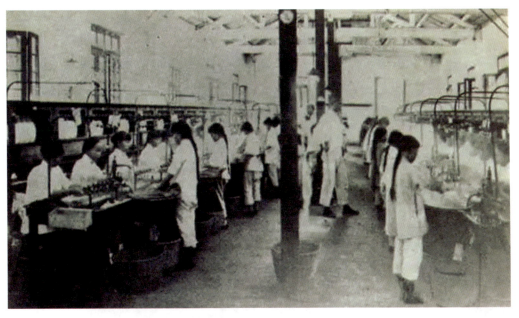

日商纱厂女工，她们多是来自邻近农村的农民

沪东的轻工业（棉纺织、缫丝、卷烟），既采用大生产技术，又是劳动密集型产业，是吸纳劳动力就业的主要生产行业。纺织业一直是上海最重要

的行业，是上海工业最重要的组成部分，顶峰时期纺织业工人占全市产业工人的 76.5%。

聂缉椝创办了恒丰棉纺厂，盛宣怀创办了三新棉纺厂，两家厂都是上海最早的现代纺织企业，上海的女工熟手被优先招用，也是纱厂估量生产效率的要件。

纺织业的一个显著特征是，纺织工人主要由女工和童工组成。从女工人数总量、分布集中程度论，均以纱厂女工居首位。纺织厂也使用差不多的方法从农村里招工。1920 年，一项针对纺织工人的调查显示，她们全部是来自邻近农村的农民。大多数人仍保留了乡下祖祖辈辈生活的土地和老房，有些人虽然在工厂里上班，仍住在乡下。比如，在浦西工作而家居浦东的人，下班后仍回浦东乡下，每日摆渡上下班。

引翔港附近的农村往往被外地人当作进入上海工厂的踏脚石。从老家一到上海后，并不是能马上进工厂当工人的，先是要在引翔港附近农村做佃户或者帮人种菜，正好填补了当地人因为进城打工而留下的空缺。比起老家贫瘠的土地，上海的肥沃土地让乡亲们觉得即使在上海当农民也比原来要好，可是他们的最终目的还是进工厂当工人。等到在引翔港镇附近安顿好后，他们也是找同乡结识纱厂的工头或工人，最终也是为了进工厂。

怡和纱厂车间的女工

随着上海工业化进程的加快，来自邻省乡村的女性劳动力在 20 世纪 20 年代后源源涌入上海，导致来沪谋生的贫困人口剧增，劳工就业压力增大。在沪纱厂招工多由工头控制，工人进厂往往要托在工厂从业的亲属、同乡、熟人介绍，向工头送礼。

早期纱厂工人入厂并无一定手续，只要有相熟的工人带来，看看其个性是否与该项工作相符合即可。工厂老板喜欢从自己家乡招募工人。部分工人与业主或主要经营者有同乡关系。穆藕初是浦东人，厚生纱厂的大股东薛宝润是江阴人，贝润生是苏州人，因此大德、厚生两厂早期的工人也以浦东、江阴、苏州人较多。两厂改归荣氏集团后，招工则以无锡人居多。

1931 年，厚生纱厂改为申新六厂时，新招 2000 余名工人、职工，主要是总工程师曾祥熙（四川人）、工场长汪孚礼（湖南人）、经理荣鄂生（无锡人）的同乡。

1947 年，申新五厂招收近千名养成工，因厂长詹荣培是绍兴人，这批养成工多来自江浙沪的农户或城市贫民家庭。荣丰厂的老板章荣初是湖州人，荣丰二厂工人分为湖州帮、泰州帮。机修车间有安徽帮，印花车间有湖州帮，布机车间苏北帮势力大，纺部本地人多，这种招工渠道几乎成了行规。

由于雇用工人大多通过"拿摩温"（工头）、领班介绍，工人无形中形成了地缘小团体。纱厂同乡帮现象是以移民为主的棉纺织厂工人的必然结果。

到了抗战时，纱厂招工一般除有熟人介绍外，还须通过招工考试，熟手一般没问题。如果事先掌握了一些操作技能，又有亲友熟人帮助，录取的把握就较大。女孩子 12 ～ 13 岁就进纱厂了，事先随熟人混进厂去学"做生活"，学会后再去"写号头"，然后正式进厂干活儿。"写号头"也要有熟人才能排在前面。

有老职工回忆说："1944 年进上海印染厂（荣丰厂的前身）做挡车工是要考挡车操作的，奶奶为上海印染厂的门警洗衣服，认识门警的班长，就恳请他帮个忙介绍我进厂做童工，他教我一个办法，就是先在夜班进厂，偷学筒子挡车操作，学会了就到厂部报考熟练工。我就上了两个星期的夜班，偷学挡车操作技术，然后顺利通过了招工考试，进上海印染厂筒子间做挡车工，还不满 14 岁。"

小业主

民国初期的上海，针织厂尚不过一两家，以后发展极快，上海成为近代中国针织业的中心。上海的大隆机器厂，20世纪20年代中已能生产"毛巾纺织厂一切应用机器"。上海邓顺昌机器厂生产袜机，每月经常在500台以上，为针织手工业的普及提供了充足的工具。得益于1919年的抵制日货运动，1926年，上海针织厂已经超过了50家。1929年，达到130家。规模小的居大多数，资本为300～4000元，那些资本小者无疑是家庭工业。

与织袜相比，织毛巾更为简单，所用机具多以木制手织机为主，木制机价格低廉，10余元就可以购置。进口的电力毛巾织机则在300元以上，很少有人用。当时的三友实业社，在上海有12个毛巾厂，共计木机800多台，多在引翔港、川沙、嘉定等处，手织毛巾一度取代了手工织布，成为家庭主要工业。直到1929年，三友实业社毛巾总厂织造高档毛巾时，才开始采用电力机，但数目仍不多，是电机木机混用。

从一开始，毛巾企业兴办即以"工厂"为名，但除了少数规模较大的、组织较正规的名副其实以外，实际上大多数"工厂"属于手工工场或手工作坊。这些场坊，拥有手织机百余台、十数台，少者只有数台，甚至还有仅有一台织机的手工作坊。一些勤快好学的人省吃俭用，手头有了积蓄，就买个草房，置上一张织机，自己单干挣钱，或雇个把"伙计"。中华人民共和国成立后，把他们定性为"小业主"。合肥话说是"开机房的"，以出售自己手工劳动生产的毛巾为主要生活来源，一般不雇用工人，有时雇用辅助性质的助手和学徒，以本人劳动为主，从事独立的、小规模的生产经营。

机房的特点是以一家一户为生产单位。少数机房有铁木织机，铁木织机叫大轮机，是一种铁木结构的简易机器，操作起来相当费体力，都是由男劳力操作，此机动力就是用脚踩踏下面的踏板，双眼看着是否跳纱断线，两只

①初级的小业主
②家庭纺纱
③家庭用的早期织机
④全电动铁轮织机，20世纪30年代盛行，这是机房的工作环境

手还要来回换梭子，这样才能织成毛巾。多数机房用木制机，一两台机，靠手工操作。有的机房从外面买来现成的纱锭织毛巾，有些买来棉花，自己摇纱，这样织出的毛巾成本低，相对就能多赚几个钱。

直到 20 世纪 50 年代末，周塘浜和引翔港两岸，日日夜夜仍能听见"啪嗒啪嗒"的机器声。每天晚上，引翔港的孩子们是伴着机器声进入梦乡的，凌晨又在机器声中醒来，慢慢长大了才知道，那是父母亲通宵在织毛巾维持生计，多织就能多卖钱。有的母亲忙于织毛巾，连婴儿翻身窒息都没注意到。

即使没日没夜地干，但经济来源也不稳定，小业主也成不了资本家，多数还破产沦为无产者。中华人民共和国成立后，经过对手工业的社会主义改造，小业主都加入了生产、供销合作社，引翔港的毛巾小业主加入了勤俭毛巾合作社，即后来的上海毛巾十二厂，成为社会主义集体劳动者。

沪西沪东早年间出来的合肥人，在旧社会很少有做其他行业的，即使做了别的行当，手头上有了宽裕，也置上一两张（台）织机，早晚织些毛巾，或为别的大机房老板加工，赚些钱补贴家用。在上海买房买织机，就如同在农村买房置地一样，从这里也能看出这家人是否勤劳、会持家过日子了。

合肥同乡人中间，也有勤奋、厚道，有经济头脑，善于经营的，他们从家乡来上海，白手起家，买上一两台织机，自己织布，逐渐再增加机房织机，招收些家乡的亲朋、熟人，家业越干越大，经济也更富裕。直到中华人民共和国成立前，沪东引翔港形成了徐清泉、牛进明、王振山、牛忠举等家庭大机房（大作坊），他们是老一辈同乡人在上海创业成功的代表人物，也是家乡人的骄傲。

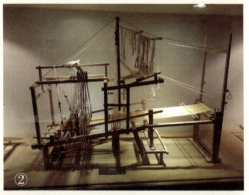

①江镇棉织厂职工制成木自动织巾机
②大花楼织机。花楼机是我国古代织造技术最高成就的代表
③手工织机

引翔港单人汉

特殊时期，安徽巢湖北岸来上海引翔港打工的男性农民，不论已婚还是未婚，只要是一个人前来上海做工，长辈们都称他们为"单人汉"。

自古以来，巢湖水患对长临河的老百姓影响甚大，常年发大水冲垮了百姓的房屋，地里的粮食颗粒无收。逢灾荒年份，不少乡亲沿街乞讨前往芜湖、南京、上海等地讨生活，其情景十分凄惨。

自清朝淮军进入上海之前，长临河周边已有先民到了上海，经过打拼，一些人在上海站住脚，还有一些人置家立业，当起了老板。

合肥长临河的老乡，辗转来到上海，在引翔港西边的宁国路新马路口开荒地种菜。有的同乡家里还有几台织毛巾机，就落下脚，一边种菜一边当学徒，学着织毛巾。在同乡家里学织毛巾手艺，不用交定金。只要肯吃苦，日夜不停地干活儿，也会混出个样子。

落难的乡亲来上海投靠亲戚，被亲戚留家里，咸菜和粥大家共度日，总比在家乡挨饿强一些。更多的人从长临河老家来，亲戚就给介绍去同乡家当学徒，学织毛巾手艺。当年在引翔港开机房的徐清泉、牛进明、王振山、段开臣等就收留了不少生活无着落的老家人。由长临河人殷齐贵、柳百权、夏老四、夏老八等合股的引翔港三友合作社，更是以宽大的心胸和热情帮助过许多的乡邻。一些勤快好学的人，在老板家学着手艺。有了手艺可以做工，合肥人省吃俭用，慢慢地手头有了积蓄就买个草房，置上一张织机，自己单干挣钱，把家人孩子接来上海的也不少。

很多纺织厂单人汉职工还居大多数，重要的原因还是贫穷，在家乡连老婆也娶不起，所以来上海找个事干。还有一些在家乡成过家的，听人讲上海日子要好过些，揣着试试看的想法，只身来到上海。中华人民共和国成立后，国家实行了新的户籍制度，一些单人汉就留在了上海工作，形成了引翔港单人汉群体。

引翔港的单人汉职工大多是解放前三友实业社的工人，中华人民共和国成立后，公私合营，并入了上海毛巾十二厂。杨浦区隆昌路海州路的振声里，刚建厂时住着几百个单人汉，他们工作三班倒，厂里有宿舍、食堂、卫生室。这些单人汉大多数没有文化，和家乡亲人通信联系大多由"文哑巴"代笔。"文哑巴"是个哑巴残疾人，小时候在家乡读过私塾，上海毛巾十二厂老人叫他"文哑巴"，通常由他为工友们代写家信。

上海解放后至20世纪80年代中后期，在沪东引翔港有这么一道风景线，每逢节假日，引翔港的许多合肥同乡人家里，总会有三三两两或单个人来家串门做客，他们就是被引翔港老乡称为"单人汉"的单身职工，他们是来引翔港的亲戚或同乡朋友家过个星期天。由于历史的原因，这些人只身在上海工作，自己的父母亲人却在遥远的巢湖北岸长临河、长乐集、六家畈一带，他们忙了一个星期，休息天就来同乡家里聊聊天、叙叙旧，有时男人们还要喝上两盅酒。尽管那个年代人们生活很艰苦，食物匮乏，但家中的女主人们总是热情应酬，来了亲戚或同乡人，总是把平时积攒的舍不得吃的食品拿出来，让客人喝些酒，吃上热乎的饭菜，让这些单人汉感觉到同乡的情谊，在浓浓的乡情中度过这一天，以解他们的思乡愁绪。

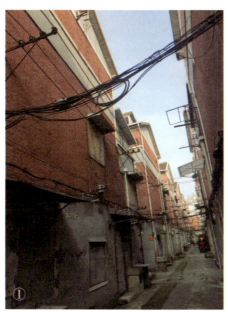

①②③ 隆昌路海州路的振声里，刚建厂时这里住着几百个单人汉

三、"三角"牌毛巾打破日商垄断

第一家毛巾厂"洪远记"

清末，民间用来洗手洗脸和做床上用品的是手织棉纺织品土布，后来洋纱洋布以及毛巾等国外机制棉纺织品进入，国内的手织棉纺土布的销售和生产受到冲击而逐渐衰落，不少工厂纷纷破产。这个时期，产自日本的"铁锚"牌毛巾，由于柔软、吸水性好等优点受到人们的欢迎而被大量进口，占领了中国市场，从而替代了我们传统土织的松江斗纹布和罗布巾。

当时，有识之士沈毓庆、洪氏兄弟、陈万运和沈九成等，在土布织造行业面临危机时，与时俱进，在仿制创新的基础上，开创发展了中国现代家用纺织品行业最初的产品毛巾。

沈毓庆出生于书香世家，官宦门第，自幼聪慧，博览群书。17岁便以第一名的成绩考入南汇县学。甲午战争爆发后投笔从戎，后回乡经商。当时川沙土布滞销，1900年，沈毓庆在川沙县沈宅"内史第"，创办了经记毛巾厂，成为川沙毛巾业的开创者。沈毓庆提倡改制毛巾，他在上海虹口向日本人购得两架毛巾织机，聘一名日籍技工，教全家和亲邻妇女学习织毛巾，后改革用生纱织制土毛巾而获得成功。

沈毓庆虽有志于实业，但缺乏经营经验，数年后经记毛巾厂因亏损而关闭，沈毓庆把织机全部分赠给工人，让他们各自在城乡联营生产。从此，川沙毛巾风气大开。广大的土布生产者仿佛绝处逢生，一时川沙的家庭毛巾生产作坊、工场纷纷建立转入毛巾织造，三四年时间里川沙城厢等地有十多家毛巾生产工场，川沙生产的毛巾迅速被市场接受，川沙从此被誉为"毛巾之乡"。川沙生产的毛巾以16支纱居多，主要毛巾产品为面巾和擦巾，不但在本地销售，还转运到上海口岸出口。

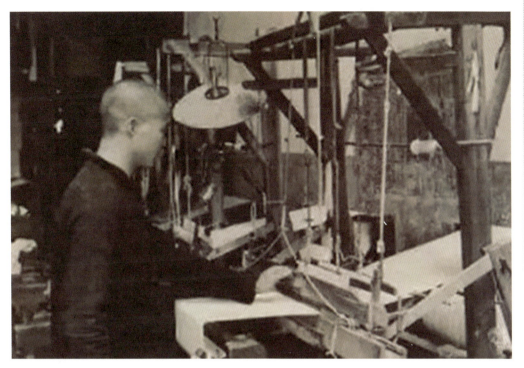

当时的毛巾厂内景

川沙纱厂车间

合肥的肥东一带有织布传统，农民中一耕二织的机户就有几千户之多。每个村庄机杼昼夜不停，声闻远近。机户有木机一张至四五张不等。他们利用农闲时间，全家劳动，用进口的棉纱织成条花布或格花布；或用农村土产棉花，手工纺成土纱，再织成土布（合肥人又称"老布子"）。他们之中有一部分能小规模自纺自织自染，但是由于资本限制，产品制成后必须立即出售，购买原料再行生产，一旦货物滞销，则生产无法继续。由于是全家劳动，没有多余的费用开支，所以成本较低，售价也低，故而外埠无法竞争。

肥东长临河镇的罗家疃，有洪氏兄弟三人。只有老大洪明远读过几年书，17岁的时候废学，辗转到了肥西三河镇沈家米行当学徒。老二洪明炯未入书房，只在家中务农，打纱织布。老三洪明亮后来去世。老二洪明炯在家织布打纱，本是帮衬生活，谁知却练出了一手织布的好本领，他虽然才19岁，却已是名声在外，被称为"能手"。1903年，留学日本的亲戚洪兆明归国时带回了一条东洋毛巾，毛巾的柔软和良好吸水性能引起洪明炯的兴趣，并努力进行仿制生产。洪明炯第一眼看到东洋毛巾，就觉得此物大有商机，若是大批仿制生产，不光可以国货自强不再进口，而且利润一定不菲。

洪明炯将东洋毛巾一根一根纱抽开拆散，察看经纬织线，边抽边织，研究其组织结构，经过反复推敲并对织布机进行改进，最终成功仿制出毛巾，真正意义上的中国第一条毛巾在洪明炯手中织成。家里人都欣喜万分，于是洪明炯一鼓作气，居然首批织成360条毛巾，质量不次于日本货，在市场上销售一空。洪明炯试制毛巾成功，不仅在安徽是最早的，在国内也是较早的。据查，湖南省光绪三十年（1904年）才有旅日学者试织出毛巾。

1906年，洪明炯和其胞兄洪明远在三河镇勤益织布行教会工人织毛巾技术。最先受惠的当然是长临河人，周边的罗家疃、牛徐村、李家疃、张胜吾、牛关堡、丁家桥等村庄的机户，由此开始了织毛巾的生产活动，且获利甚丰。洪氏兄弟的毛巾由于质量好价格公道，很快就畅销安徽和江苏。由于无须多大资本，织毛巾轻而易举成为长临河人的主要衣食来源。长临河的毛巾业迅速发展起来，成为远近闻名的新兴手工行业。

长临河毛巾厂旧址

到了 1909 年，洪家兄弟以积累的资金，又向外借贷，终于在南京三牌楼二龙巷开设了毛巾厂，厂子以洪明远的姓名命名，自此，"洪远记"商号正式成立，这是当时国内首创的第一家毛巾厂。

洪远记毛巾厂成立时，以毛巾生产为主，兼营宁波布，有木机 70 台，雇工七八十人。漂染、浆纱、经梭、机组各道工序齐备，洪明远任经理，总揽内外产销，洪明炯主持生产，在兄弟俩的精心打理下，经营两年便大有起色，产品享誉苏皖。但是好景不长，辛亥革命武昌起义胜利后，南京为东南争夺中心，兵荒马乱之中，洪远记毛巾厂资产损失一空。

随着局势稍定，洪氏兄弟仍以织卖毛巾为业，在变卖了家里的两亩耕地之后，兄弟俩在合肥小东门茅老爷桥对岸租了一间平房，重新拉起了洪远记毛巾厂的大旗，但是规模比南京时要小得多，只有木机 20 台，雇工也只有30 人。此后其又与人合股在合肥开设华阳毛巾厂、崇实毛巾厂。

洪氏兄弟的成功，带动了整个地区毛巾生产行业的发展。周围其他有生产条件的城市也赶上了机遇。沿江城市芜湖，水陆交通便利，手工业生产基础较好，民国以前，合肥商人就在这里创办了手工针织作坊，所产的手织毛巾、衬衫等货，很受当地人欢迎。1912年，合肥商人开始在这里创办针织工厂，采用较新式的机器生产。据《芜湖工商日报》载：1929 年，芜湖邵道宏开办的"邵兴记"毛巾厂，是当时规模较大的针织复制手工作坊，拥有 40 余台木质织机，雇工 50 余人，利用芜湖自产的棉纱生产低档面巾和毛巾，产品畅销长江中下游一带城镇。同时，芜湖一些从事手工棉纺织的私人作坊，也利用淡季兼织低档毛巾，所出产品花色尚称丰富。如芜湖牛荣鑫厂所出毛巾，计有大合花巾、五彩大花巾、印花三角巾、电灯毛巾、五彩小花巾、加重毛巾等。

第一次世界大战期间，外国针织品不能进口，合肥人的毛巾业获得迅速发展，自民国已成为重要的工业之一，合肥人的毛巾生产技术成为先行者的重要资源，当然这也是洪氏兄弟淘的"第一桶金"。

1918 年织袜工业兴起，"洋袜子"盛销，洪明炯又瞅准商机仿制袜子的原料丝光纱，一举成功，很快盈利数万元，"洪远记"闻名远近。在完成工业制造业的同时，洪氏兄弟又开始了商业经营，工商并举，代理经营上海荣昌、大华公司的火柴，经销上海南星靛青等颜料，以及南京"兔子"牌、芜湖"绿鹰"牌面粉等。20 世纪二三十年代经营收入就达百万元以上了，人称"洪百万"。下表为"洪远记"不同时期生产经营情况统计。

"洪远记"经营表

	毛巾厂	置木机	从业人员	年　产
清光绪二十六年（1900 年）	首创	30 + 台		
1900 ~ 1920 年	10 + 个			
1920 年	75 个	2500 台	3750 个	50 万打
1937 年	202 个	5371 台	8695 人	260 万打
1950 年	353 个			83 万打

川沙县曾有"毛巾之乡"美誉，川沙本土是棉花产地，毛巾厂可以做到低成本、自供自足。

1931 年，洪氏兄弟为孝养父母，又在合肥小东门购买了一大片土地，兴建私家花园，这就是后来著名的"洪家花园"。中华人民共和国成立后，成为中共安徽省委驻地。

三友实业社选择了引翔港

在近代中国的手工业中，毛巾针织业发展之快，成效显著，引人注目。合肥"洪远记"洪氏兄弟从事毛巾针织业生产经营成为"洪百万"，不仅抵制了洋货的进口，使自制毛巾畅销国内，而且远销至南洋等地。三友实业社有识之士也看上了毛巾市场。1915年，三友实业社首次向社会招股，改制为股份有限公司，资本增至3万元。三大原始股东陈万运、沈九成、沈启涌，取"岁寒三友""实业救国"之意，萌发了生产优质国产毛巾，打破日货垄断的想法。

1915年，着手改制为股份有限公司的上海三友实业社立志以日本"铁锚"牌毛巾为竞争对手，夺取国内毛巾市场。1916年，沈九成二次到日本毛巾工厂考察学习"铁锚"牌毛巾的生产制作工艺，但由于日方对技术的保密，未能如愿。回国之后，他又二次去了安徽合肥长临河洪远记毛巾厂请教制造毛巾的工艺流程。后随即在上海北四川路横浜桥建立毛巾工厂，设十数台毛巾木机，有熟练工人十多人，开始试织毛巾，生产"三角"牌毛巾。"一战"期间，外国产品输入减少，市场缺货，国产毛巾发展迎来了良好的机遇。经三友实业社董事会讨论，建立三友实业社毛巾总厂，选址购地，扩建厂房，招收熟练工人，规模化生产，降低成本。为此，1918年，董事会决定再增资。

三友实业社创始人陈万运（左）和沈九成

①被焚毁后的"三友"厂房
②三友实业社门市部
③日僧事件中的三友实业社
④三友实业社厂房

沈九成负责毛巾总厂筹建工作，他特别关照合肥长临河人，"有熟手速招，勿耽误"。引翔港是合肥人聚集地，居住着很多会织毛巾的熟练工人，还有开机房的合肥人也不少，这里水源丰富，水路运输方便。周边已经初步形成了纺织工业区雏形。为吸引社会资本和合肥长临河人士入股，1915年年底，首次向社会招股，资本增至3万元。1916年2月，改为股份有限公司。同年开始生产毛巾，商标为"三角"牌。1917年，在引翔港购地26亩（后扩大到60亩）建造厂房，成立三友实业社股份有限公司三友实业社毛巾总厂（简称"引翔港厂"），成为国内生产毛巾的最早工厂之一。

随着"三角"牌毛巾市场占有率的不断提高，三友社的利润也水涨船高，合肥人的收入水平也比较高。厂里设立图书馆、俱乐部、医疗室等福利设施，处处为职工着想，因此三友社的工人们以社为家，成立了护厂队，凝聚力极强。

1919年，"三角"牌在北京农商部注册备案，其图案是由一个圆圈加内三角组成，寓意三人同甘苦、共患难。

随后，"三角"牌毛巾大批量生产，进一步增强了企业的竞争实力。同年，又在川沙设立工场，添置木机百余台，同时聘请留学美国归来的郑祖廉为厂长，张子廉为机械工程师，并引进了吴俊生、黄宝康、李道发等一批技术骨干，通过改进织物结构，毛巾织造原料改生纱为熟纱，一举解决了毛巾的吸水性与柔软度等质量问题。后推出了一批毛巾新品种，"三角"牌毛巾有红蓝色跳花档、五红线跳花档等品种。为赢得竞争，厂里对蓝档式毛巾进行了改进，用鲜红色染料在雪白平布上印上"祝君早安"字句，还为大宗客户免费加印字号。工厂在生产实践中建立起一套科学先进的生产技术和管理制度。

1930年，盘下杭州通益公纱厂，开设三友实业社股份有限公司杭州制造厂（简称"杭厂"），成为国内第一家自纺、自织、自染、自整理的大型毛巾联合企业。

①

②

③

①双阳路62号，是三友实业社引翔港毛巾总厂旧址
②三友实业社工会会员证章
③三友实业社赠杭州《平湖秋月》碑帖碑拓册

此后的三友实业社股份有限公司开始正式使用"三角"牌商标进行毛巾的批量生产，得到极佳的社会反响，广受消费者欢迎，迅速占领了市场，并在国内形成了庞大的"三角"牌毛巾营销网络，1922年的总产量达到33.5万条。

面对"三角"牌日渐高涨的发展势头，日商改变竞销策略，由成品输入改为来沪加工，企图以更大规模的倾销来保持市场占有率。但是面对"三角"牌毛巾精良的质地、合理的价格，以及爱用国货日渐成为人心所向，"铁锚"牌黔驴技穷，一再降价倾销，仍然无法抵挡颓势。1923年，三友实业社将日货"铁锚"牌毛巾挤出中国市场，成为早年上海纺织业罕见的在中外品牌之争中大获成功的案例。

爱国毛巾"三角"牌

　　20 世纪三四十年代深受国人喜欢，甚至远销东南亚一带，最有名的莫过于"三角"牌毛巾，它雪白的平布上印着"祝君早安"四个字，根据张闻天的夫人刘英回忆，毛主席在长征时一直用三友实业社的"三角"牌毛巾，他曾说："这毛巾还是打下遵义发的纪念品，你看上边印着'遵义纪念品'几个红字，是三友实业社出的，我很喜欢它。"

　　三友实业社生产的"三角"牌毛巾之所以能长期占领国内市场，在于其深深的爱国情怀，它注重品牌的爱国广告宣传，赢得了人心。

　　1919 年"三角"牌毛巾的诞生适逢国内反帝爱国运动高潮期，抵制日货、爱用国货思想深入人心，三友实业社抓住这一千载难逢的好时机，在报刊上连篇累牍地刊登激发爱国热情的广告，如新产品"透凉罗"问世时，就有"透凉罗"打倒"珠罗纱""护卫国货的成长也是国民天职"等广告，还聘请漫画家张乐平、叶浅予等为三友实业社绘制宣传画，诸如此类行动打破了日商、英商毛巾在上海市场的垄断。市民争用国货，爱用国货，商人也经销国货。"三角"毛巾的销路直线飙升，日产"铁锚"牌毛巾遭受抵制，一蹶不振。

　　1925 年，"五卅"惨案发生后，三友实业社立刻于《申报》上刊登公益广告，广告词是"诸君死矣，国家何堪？挽救祖国，责惟后死。吾愿未死之中国同胞，一醒睡狮之梦，三省戴天之仇，努力奋起，以雪是耻"。此言一出，立刻引起全国革命爱国志士的共鸣，三友实业社作为抵御外资的民族企业，赢得了市场。1925 年 6 月 18 日，《申报》在显要位置以大黑体字刊出了这一新闻，标题是《商战能敌兵战，三角牌毛巾打倒铁锚牌毛巾》，大长了民族志气。次日，三友实业社再次登载广告性文字，殷切期盼"中国人自己有了的东西，却（切）莫再用外货"，以便"造成商战的趋势，护助国货的成长"。

①三友实业社团体优待券
②③三友实业社生产的毛巾
④三友实业社的广告

　　光有过硬的质量和爱国的情怀，还不足以让"三角"毛巾成为家家户户人手必备的紧俏品，造成其供不应求的原因还是三友实业社丰富多样、奇思妙想的营销宣传。1925 年，沈九成花 400 大洋，请大名鼎鼎的画家郑曼陀，给三友实业社画了一幅美女画，交给商务印书馆用洋纸印成明年的月份牌，在年底大减价期间送给顾客。

　　三友实业社门市部开设在南京路中段，靠近先施、永安两家大百货公司。这一带是上海的购物中心，三友实业社以生产国货棉织品为号召，门市部顾客相当踊跃。沈九成看到现代工商业广告竞争激烈，不惜花钱长期在各大日报刊登广告，介绍自己的产品。由于介绍实事求是，不讲虚套，赢得了广大市民的信任。为了扩大市场影响力，三友实业社请漫画家张乐平绘制广告画，请作家冰心编写弹词《新开篇》，为"三角"牌毛巾造势。

　　南京路上几家比较大的商场商店都有自己的广告宣传牌，其中要算先施公司的广告面积最大，每个橱窗之间竖立一块长条广告牌，总共有七八块，上面画着各种各样的货品，定期变换，以吸引顾客。这些广告牌画风泼辣，色彩夺目，成为广告制作学习的榜样。特别是先施公司的每一期广告大画，总是引领潮流。无形中南京路成为广告业竞争的前沿。沈九成为此专门在上海南京路三友实业社门市部设一个广告部，由专人设计和安排每天所需的广告内容。

三友实业社注册的商标

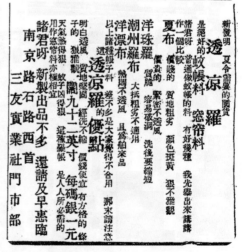

1923 年 6 月 19 日，《申报》刊发的三友实业社"透凉罗"广告

广告部有固定职工三人，一个管文字，另一个管图画，外加一个练习生。练习生进店三月后，有时调到广告部上班，制作门市部大门口的两块广告牌，宣传本社的新产品；有时在各个专业柜台画点小广告，为顾客指明购物方向。这些练习生是三友实业社为自己培养的广告人才。当时在上海的《申报》上面登了一则广告，是上海南京路三友实业社门市部招考练习生，投考资格是中学程度，学过现代会计和历史地理常识，投考者可自投有关作业，等候评审，一旦录取，先在门市服务，供给食宿，每月工资 15 元。这在当时是个难得的机会，被录取的练习生有十余人，都是中学生，其中就包括叶浅予。

还有许多老职工也都是投考录取的中学生，其中个别还读过大学。三友实业社的总经理沈九成是个有头脑的实业家，他愿吸收有一定文化水平的青年作为他的部下。练习生的工资待遇虽然不高，可是店里在生活方面不惜花钱，尽量满足青年人的需要。沈九成治店方式最突出的一点是每个星期天上午休业，开一次会，由总经理讲一次话，告诉青年怎样对待顾客、对待自己、对待事业，说得实实在在，时间也很短。开完会，请全体职工吃一次水果，用以补充营养，然后就自由活动。与旧时的学徒制不同，练习生先被派在三楼布匹部卖布，由老店员教如何量布、如何剪布、如何包装、如何收款。这

1951 年，三友实业社在南京东路开辟橱窗，为抗美援朝作宣传

些活儿，在旧式商店里要学三年才能出师，这里三天就能学会。至于如何对待顾客，总经理总是循循善诱，反复阐明，从来没发生过和顾客吵架的事。这样的作风民主，待人接物和气，形成了三友的企业文化。

当时日本"铁锚"牌毛巾垄断中国的市场，日本的毛巾很多是选用产自美国的棉纱，毛巾吸水性好，是质量高的关键因素。

早期的"三角"牌毛巾由于用纱及制作粗劣，不吸水，柔软性差，无法与"铁锚"牌竞争。后来，三友实业社沈九成聘请纺织专家汪长泉为工程师，经过反复试验和技术改进，把生纱漂白改为熟纱漂白，使毛巾的吸水性、手感、白度、纱支脱脂提高到一个新水平。制作工序上，比如，毛巾在制成坯布、缝边后均要经过水洗。从选材到编织、染色、最后工序都会由经验丰富和技术高超的熟练工人严格把关，灵活运用丝线的粗度、品质以及材质。终于，试制出的毛巾在美观、柔软、吸水性方面均赶上了"铁锚"牌。

"三角"牌毛巾代表了当时中国毛巾生产的最高技术。三友实业社接着又开展毛巾花式的研究。1922年，三友实业社首创独幅被单，至1924年生产的品种除毛巾、被单外，还有被面、台布、透凉罗蚊帐等。1926年三友实业社参加了费城世界博览会，"三角"牌毛巾以优异的品质荣获"丙等金奖章（纺织品类）"。

至1931年，三友实业社共拥有17个加工场、7000余名职工，还在南京路开设总发行所，在武汉、广州、南京、重庆、杭州、宁波、香港、澳门、新加坡等地开设36个分所，形成庞大的国内外销售网络。

四、纱厂高光时刻

·

近代企业文化兴起

·

企业文化，是 20 世纪 80 年代美国学者在研究日本经济发展之因时，对西方企业新经验的一种概括。自此以后，世界各国掀起了一股试图以新的眼光、新的角度来探索现代企业的成功道路。

日本近代工业的发源地长崎，有个世界工业遗产军舰岛。军舰岛 1810 年前后发现煤炭，随着出煤量的增加，岛上人口也增加。1916 年，岛上建造了日本最早的钢筋水泥高层住宅，最多时，住着 5300 人，人口密度是当时东京都的 9 倍。共有 71 座建筑物，包括神社、寺院、派出所、理发店、员工俱乐部、老人俱乐部、容纳 150 人的幼儿园、中小学、体育馆、游泳池、医院（包括病房）、商店、弹子房等娱乐设施。除此以外，还有露天市场等。由于缺乏绿化，学生、家长等配合，把泥土运到宿舍的屋顶上，养花种蔬菜，据说，这是日本第一个屋顶菜园。

岛上确保居民用的水电。开始时岛上自己供给自己发电，1918 年起，从高岛铺设了海底电缆送电。开始时岛上饮用蒸馏的海水，以后用船运，积攒在蓄水槽里，由几处公共水栓配给。泡澡水用煮沸的海水，泡完以后冲洗的水用淡水。1957 年，从对岸铺设了 6500 米的海底送水管，高级职员住的宿舍有室内浴室，普通人则用公共浴室。20 世纪 50 年代用液化煤气，岛上在那之前用炉灶。

随着能源革命，能源的需求从煤炭转向石油，岛上出煤量和人口都逐渐减少，1974年1月15日煤矿关闭，军舰岛成为无人岛。军舰岛所打造的企业文化，被在华日本纺织厂仿效。

企业文化在沪西小沙渡和沪东引翔港这两个纺织基地得以展现。日本纺织企业不仅在上海设立工厂，还在厂区周边建造职工住宅，配置生活和福利设施，如：夏天放露天电影，住宅区配套建设有网球场、棒球场、足球场、游泳池、职工联谊的俱乐部等，创造了上海近代的企业文化。

沪东厂区文化设施首先诞生于南部外资大型企业中。1883年英商自来水厂在厂区内辟设绿地，成为沪东工厂的第一块绿化地。怡和纱厂内也设有专供外籍大班使用的小花园、网球场。工部局发电厂、日资公大纱厂、大康纱厂都有供职员使用的游泳池，日资裕丰纱厂还有足球场。

华资纱厂区员工的业余文化娱乐活动起步于20世纪40年代。在厂方的支持下，员工自发组织，形式多样。1946年申新公司经理荣尔仁从美国考察回国，在申新所属各厂办学。有申新五厂工人夜校，为工人提供免费业余教育的活动，是职工福利。当时的工人大多数是文盲，机器的操作说明书根本无法看懂，使用、维护机器全凭经验，有时竟靠辨别声响进行判断。

申新六厂招聘一些大学生进厂担任技术工作，他们住在厂内的职工宿舍，大学毕业生的月薪150元，约是工人的5倍，他们有自己的俱乐部、专用食堂，他们还将大学生的文化消费带进纱厂，如订阅报纸、办厂内的期刊、自办图书室，还可以定期享受某些上门服务。有老员工回忆："当时我在申新六厂，每到夜班做出，兰州路理发店的老板就来厂为我们职员理发，大约两周一次。我们的衣服也是由虹口大名路的竺兴昌西服店的员工上门服务定制的。他们每月来厂一次接生意，我做的服装主要是春秋季穿的。有西服（都是毛料）、大衣、衬衫等。"

企业还在职工中组建足球队、排球队、篮球队。青年球迷们自发在厂内空地打篮球，篮球架由车间青工焊接，男子篮球队以青年职员为主，采取俱乐部制，费用由队员自愿捐助，工人队员可以少出一点儿。工厂曾聘请一位有经验的教练，月薪 100 元，指导了 5 年。球队平时利用休息时间练球，主要参与本市、本区、本厂的赛事。后来经厂方同意，在眉州路厂区内辟设一处灯光篮球场，这一带的篮球运动由此带动起来。

纱厂区逐步形成了厂区文化，直接影响到后来其他工厂企业的厂区建设。

沪东劳工医院

中国几乎所有的好医院前身都是教会医院，如"北协和、南湘雅、东齐鲁、西华西"四家百年老医院。在上海还有人们熟悉的华山医院（1907年，传教士组织的中国红十字会救助中心）、瑞金医院（1907年，上海圣玛利亚医院），引翔港也有一所让人过目不忘的地标性建筑：圣心医院。

1917年，上海公教进行会会长陆伯鸿在杨树浦工厂区建立施诊所，由方济各会修女施诊给药，这就是圣心医院的前身。1923年，陆伯鸿又集资27万元，在附近购地60多亩，次年建造医院病房共6幢，分男、女及儿科，有病床100张，职工多为教徒。每幢可容病员120人，由方济各会修女管理，领导权归方济各会外籍院长修女。院内有修女住所及教堂1座。病房按收费标准分为特等和头、二、三、四等。1934年的日收费标准为：10元头等，5元二等，5角四等（一间房间设10余张木床）。1934年，添设附属的震旦高级护士学校。圣心医院虽然设置在工人稠密的沪东地区，却建在具有现代化和教会特征的建筑里，近百年来独领风骚。

1931年，由中比庚款委员会下属的中比慈善会资助，建立中比镭锭医院，医院曾向法国购买价值20多万元的最新镭锭治疗仪，成立镭锭科。科主任医师为葛成之，X光科主任为张友梅。医院具有慈善性质，对贫苦病人实行免费。据统计，到1937年为止，共收治病人1万多人。"八一三"事变后，该院曾随圣心医院迁到租界。抗战胜利后，该院始独立成为一家市立医院，设在林森中路（今淮海中路）。首任院长汤于翰（教徒），日常工作仍由方济各会修女掌管。病房收费昂贵，失去原有的慈善性质。1951年，中比镭锭医院由市政府卫生部门接管，院内仅有病床57张，改名为上海市肿瘤医院。

圣心医院旨在传教。据1936年统计，全年收治病人约5000人，入教者600多人。附设的施诊所，日诊治病人300多人，入教的也不少。

劳工医院，不仅是引翔港地区的公共医疗卫生设施的重要组成部分，也是上海近代工业发展带来的社会资源。

引翔港地区公共医疗卫生设施的起步始于租界区，参与方涉及企业、教会、市政府。晚清随着租界辟设、扩展，西医输入，引翔乡南部逐渐形成以工业医院、工厂医务室、私立医院为主体的公共医疗卫生系统。

◆ **上海工业医院**。由地处沪东工业区的美国浸礼会与沪江大学发起，得到杨树浦地区一些厂主的赞助，成立于 1919 年。该院主要为厂主、教徒等提供诊治，对提供经费赞助的英商怡和纱厂、杨树浦纱厂、东方纱厂、日商上海第一、二、三纱厂、华商厚生纱厂、德大纱厂、恒丰纱厂、培林蛋厂、工部局电气处等的受伤或患病工人，由厂方出具证明卡，可前去治疗。如住院治疗，费用需由厂方提供，医院收治各集资厂的重症病人。

◆ **工厂医务室**。沪东地区最早的医院。1897 年，英商怡和纱厂设立了一个 7 平方米的保健间，配备护士、保育员各一人。这是沪东地区最早建立的工厂保健间。1949 年杨浦、榆林两区有工厂医务室 23 家、厂医 68 人。日商大公纱厂公大医院（今平凉路 2767 号）有两名医生，其中一名为日籍人员看病，4 名护士，战时一度成为日本陆军医院，战后被国民党军队接管，床位增至 400 张。

1933 年，日商内外棉株式会社创办了水月医院（今上海市普陀区人民医院）。水月医院是内外棉会社的职工医院，设内科、儿科、外科、耳鼻喉科，还定期请名医来院诊疗。当时有病床 60 张，医护人员 38 人，就诊对象为公司本部的职员和家属。

◆ **工厂联合医院**。1941 年 4 月～1943 年 1 月，上海先后成立了三家工厂联合诊所，后合并为上海联合医务处，接着又改名为工厂联合医院，地址在槟榔路 2 号（今安远路 2 号）。医院经费由 300 多家工厂业主各按本厂工人工资的 0.2% 组成，本厂工人看门诊时，除特殊药品外均可免费。上海解放后，该医院与沪西劳工医院合并，改名为第一劳工医院。

◆ **第二劳工医院**。1948 年 3 月，上海市社会局和卫生局出面，决定成立上海市第二劳工医院，院址设在杨树浦鄱阳路（今波阳路），由时任市长吴国桢兼任董事长，医学与公共卫生博士范日新为首任院长。翌年3月16日，门诊部开业，开始接收住院病人治疗。住院部分两个病区，一病区有24张病床，二病区为小儿科和婴儿室，共有30张病床。1954年，与圣心医院合并，1958年更名为杨浦区中心医院。今名同济大学附属杨浦医院，又名上海市杨浦区中心医院，是一家具有医疗、教学、科研功能的三级综合性医院。

杨浦区中心医院

杨浦区中心医院腾越路总院原来没有内科、外科、骨科等住院部，这些科室的住院处，都在离这里有三五里路的杭州路宁国路口，名称叫杨浦中心医院分院。以前在内科住院，要在腾越路总院办好住院手续后，拿着小卡片到后面的平凉路坐三站公交车，然后往南走，看到一个宝塔似的房子，就是圣心医院，去那里住院。

20世纪30年代，市政府开始对沪东地区的公共医疗投资。1933年上半年市总工会在沪东设置夏季临时诊所，分别位于倍开尔路（今惠民路）1112号，浦东开平局（煤矿码头）18间，为工人施诊施药。市第二劳工医院的地块原为工部局的一处苗圃（16亩），1947年由市政府筹资60亿元（当时币制，约合30万美元）建成，1949年3月对外开诊。

1949年，沪东地区计有医院13所，床位397张，圣心医院、劳工二院、中纺二院成为当地三大医院。

西式教育本土化

引翔港地区，最好的学校是教会办学、外国人办学和企业办学。

教会与工厂是推动近代引翔港地区学校教育的主力。学校和职工教育的普及具有浓厚的宗教和工厂的文化色彩。

◆ **教会办学**。引翔港地区早期的教堂始见于 1851 年，初由救主堂会长黄近霞在引翔港镇西桥门口租赁民房开设布道所。清末民初，天主教、基督教于引翔港活动的重心在南部。如 1890 年上海织布局（杨树浦路）的经理是天主教徒，该厂工人中不少是教徒，厂区设有教堂亚纳堂。1928 年建成的基督教和平堂，成为临近工人的聚居区，教徒人数不断增加，可以使用教会提供的学校设施。

引翔港教会学校主要分布在引翔港南部。天主教教会创办了 6 所小学及斯高中学。

斯高中学，现为上海财经大学附属中学。学校原系意大利天主教慈幼会创办。开办之初，总称为"斯高学院"，辖"斯高工艺院""斯高孤儿院""鲍斯高堂""斯高中小学"。院长先由欧弥额、苏冠明等意籍神父担任。申请立案时，斯高工艺院、斯高中小学的校长是中国人朱孔嘉。1946 年立案时，有中学生 225 人，小学生 550 人，工艺科学生 87 人。

上海财经大学附属中学这个名字十分年轻，2007 年才被命名。这所学校几经变迁，经历过"斯高时期""建设时期""孝和时期"，又回到"建设时期"，直至今天的财经大学附中。

1951 年 5 月，"斯高中学"改为"建设中学"，包括工艺部和小学部，由政府接管。1952 年改为市立，扩建校舍，校门移至宁武路 151 号。小学改为杭州路第二小学。1953 年工艺科并入上海动力机器制造学校，留下中学部仍以建设中学为名。1955 年夏，原美国基督教教会办的沪东初级中学并入，学校成为一所大型的完全中学。

①②斯高中学，现为上
海财经大学附属中学

　　1958 年秋，建设中学初、高中部实行分校。初中为纪念王孝和烈士，命名为孝和中学，高中部仍用原名。1960 年两校合并，以孝和中学为名，被列为市级重点中学。1966 年学校新校址落成（新校舍建于斯高小学旧址），学校迁到新址，原校舍全部划归宁武中学使用。1967 年，恢复建设中学校名。1978 年恢复重点中学。2007 年 10 月 31 日，建设中学更名为上海财经大学附属中学，收回 1967 年划归宁武中学的校舍，校门回迁宁武路 151 号。

　　传承了教会办学的基因，这个学校有很好的体育传统，出过许多著名运动员，如足球运动员张宏根、张水浩、居二宝，女子乒乓球世界冠军李赫男。

　　张宏根是我国著名的足球运动员和国家级教练员，足球界元老。他会来到学校帮助选拔学校足球队成员，观看学校一批球技最好的同学踢球，还亲自下场表演球技。当时足球在中学非常普及，杨浦区队曾经是全国甲级球队。

沪东公社篮球队

现在的上海理工大学校门

　　学校乒乓球运动也开展得非常普遍，每个班都有乒乓球队，全校开展比赛，真是热火朝天。"五爱堂"旁边有三个乒乓桌，同学在这里轮流打球，赢球者可以"摆大王"一直打下去。当然"摆大王"的是李赫男，在这里，很多同学都和李赫男同台打过球。

　　校友们回忆，学校上"工业基础"课，讲课的老师是国棉十七厂派来的，上课就讲纺织知识。后来学生还到国棉十七厂学工劳动，织布车间的噪声之大，细纱车间一年四季温暖如春，同学们学会了接头。最难忘的是中午那一顿非常丰盛的午餐，一角五分，就像现在吃一顿高档餐厅的美食。有一次学工劳动是在中秋的前后，同学们还得到一块月饼，太开心了。

　　1958年学校开展下乡劳动，同学们记得是去罗店，来回一百四五十里都是步行。那时好像人民公社已成立，回来时农民送给米糕，作为回程路上的干粮。

　　基督教教会也兴办了沪江大学附小（今军工路第一小学），在沪江大学校内。此外还有沪江大学附中（1906年，军工路）、沪东初级中学（1925年，杨树浦路 1509 号）。

1919 年，美国基督复临安息日会在宁国路创办了三育大、中、小学。由美国人梁思德任校长。三育系灵、智、体并重，智、仁、勇兼备的意思。三育小学（黄兴路 55 弄 50 号）是今宁国路小学。三育大学开办后，各地三育学校为其提供生源。当时学生来自中国 17 个省份，国外高丽、新加坡等亦有学生来此就读，学生总数前后约有近千人。学校实为初级大学，设传道、医预、事务、师范几个学科。学生离校后服务于中国各省安息日会者，约占该会各省传道人员的五分之三。

1925 年，三育大学再迁至江苏省句容县桥头镇，为了教会学校立案问题，改名为中华三育研究社，简称"中三社"。抗战期间，中三社曾迁至香港、重庆等地，以后又搬回江苏省句容县原址。1949 年后停办。

到 20 世纪初，上海共创立教会学校 63 所，其中小学 33 所、中学 25 所、大学 5 所。1914 年创建的沪江大学，无论办学规模和人数都排列教会大学第二名。沪江大学的百年校舍被列为国家级重点文物保护单位。

曾经的沪江大学校门

◆ **外国人学校**。上海的日本人学校，校舍和操场、礼堂、体育馆等学校教学设施，均属一流。现在，除了少数学校建筑被拆除外，大多数被作为学校继续使用。如华师大一附中（原第二中部日本小学）、虹口中学（原中部日本小学）、上海第二教育学院（原第七日本国民学校）、上海外国语大学（原第二日本高等女子学校）、上海幼儿师范学校（原第八日本国民学校）、上海电力学院（原日本商业子弟学校）等。

平凉路的日本商业子弟学校，建于1931年，是上海日本居留民经营的，满足上海日本商人子弟的基础教育需求，建筑主体由根上清太郎设计。现为上海电力学院杨浦校区的南区。

教学楼的建造依照日本文部省的规范，是典型日本学校的结构：宽敞的封闭走廊，以移门为教室门，教室内铺设地板，门楣较矮。教学楼虽已经多番改造，但原有的日式风格仍然保留在改造成推拉门的移门门板里。原教学楼现为第一教学楼，仍是学院重要的教学设施。"小白楼"原设计为柔道、剑道的道场和休息室，现主要作教室用。

后增设的礼堂由冈野重久设计。冈野重久是20世纪二三十年代活跃于上海的建筑设计师，他参与了众多日本建筑的设计，其中多为中、小学校。留存至今的建筑作品还有大名鼎鼎的西本愿寺上海别院。

日本商业子弟学校的礼堂地面铺的是弹簧地板，可媲美上海滩鼎鼎有名的百乐门舞厅的弹簧地板。据说，百乐门舞厅木质地板下用汽车钢板支撑，舞者踩在上面"如同在席梦思上一般"。

1945年日本战败，日侨被集中到虹口集中区，此后被遣返回国。日本商业子弟学校被国民政府接管，成为上海工业专科学校，再到今天的上海电力学院，一直在使用。20世纪80年代，学校教育快速发展，在充分评估安全性的基础上，原校舍上加盖了两个楼层，四层的教学楼变身成为今天所见到的六层大楼。

除了日本人学校以外，还有与美国有渊源的沪东公社。1917年，沪江大学社会学系主任葛学溥购房，在校外设立了一个社区服务中心，英文名字为"The Yangtzepoo Social Center"，直译为"杨树浦社区中心"，又

叫 "沪东公社"。它是近代中国第一家社会服务机构。1930 年以前，钱振亚是社会学系唯一的中国籍教师，其余教师都是美国籍。钱振亚既有美国留学背景，又在大学任教，同时还担任沪东公社社长，开创性地实践开发了物业租金，维持沪东公社的运作，为工人和百姓提供基础的救助和一系列社区服务，主要集中在教育领域。那时中国工人基本是文盲，公社从对周围工厂的工人开设补习班开始起步，最初，沪东公社在祥泰木行开设工人补习班，次第推及各工厂。还对引翔港地区周围工厂的工人开设职工补习学校、纺织补习学校、平民女校和短期扫盲班等社区教育形式，有各种关于职工教育的书籍，如《棉花种植》和《木工制造法》等，都是沪江大学学生捐赠，以供一般工人阅读。

沪东公社提供的大众教育有正规教育，开办了一所男女孩子的日校；学校部男女学校，各分日夜二部，授以普通英文、算术、图画、音乐、体操等，夜校增设职业科。女校则授以缝纫、刺绣、织花边及普通国文、地理、英文和简易算术。此外尚附有暑假补习学校及幼稚园。后来设立中小学，收取低廉的学费，使劳工子弟能普遍受到教育。

钱美得，1930 年出生，是沪东公社第三任社长钱振亚先生的女儿，排行老七，在沪东公社和沪江大学都曾接受过教育。钱美得谈民国时期上海沪东公社的儿童教育，说沪东公社的宗旨是为社会服务，孩子们耳濡目染，同时还参与一些活动，人才培养和社会服务融为一体，譬如周六举办工人文艺活动，孩子们上台表演。在这些活动过程中，学生自然而然地提升了自己的舞蹈、音乐、语言表达能力，以及设计搭建人工舞台等各项技能，同时还丰富了经历，培养了为社会服务的意识。好的教育离不开好的老师，当时教师的工资待遇很不错，所以吸引了很多素质较高的人才，儿童唱的歌曲歌剧也都是由著名的专业人士所谱写。

沪东公社非常重视体育，儿童学校有很大的操场，学生要做正规的早操。在沪东公社里可以打乒乓球，踢足球，足球队的水平还不错。体育运动（团体项目）不仅仅是让学生强身健体、锻炼意志，还是社会服务的重要内容，这可以让孩子们体会到体育锻炼个人快乐之外的社会价值。

沪东公社的小学课程，包括描红、绘画、手工等。中学英文是美国的传教士教的。学校的图书馆非常好。70多年过去了，钱美得现在还能随口背诵曾经学习的英文诗。

◆ **企业办学**。当沪西地区还没有日本人学校时，内外棉会社就专门设立了水月学堂，对职工子弟进行小学教育，教师从日本招聘。1927年，西部日本小学校成立后，水月学堂就改为水月幼儿园，从职员住宅到水月幼儿园之间有专用客车接送上学儿童。

沪东地区纱厂自己办学始于严氏第一工学，1920年由严裕棠创办。抗战胜利后，一些大型工厂，如中纺、申新、正泰橡胶等厂利用闲置的空地办子弟小学。职工子女免费入学，先后办小学10所，有申五职工子弟小学、申六职工子弟小学，另有文美小学、怀远小学、翔云小学、启云小学、科发制药厂子弟小学、皖兴小学等。当时一名职工可以有1～2个子女或弟妹免费进子弟小学读书，书费自己出，也有个别学生是借了别人的名义进来上学的。

企业办学里最著名的有聂中丞华童公学，此中学历史悠久，将在后文专篇加以详述。

百年华童公学

今天的市东中学，是恒丰纱厂经理聂云台为纪念其父聂缉椝，献地兴学，由工部局主办的。聂缉椝曾官至中丞，故定名为"聂中丞华童公学"。

1916 年，由华资企业捐地，工部局建立了聂中丞华童公学，这是工部局当时办的四所华童公学保留至今的一所。它以英制教学而著称，留下了英语水平一流的口碑，在此校毕业后可以直接入读英联邦的大学。

1916 年，时任上海商会主席、恒丰纱厂经理的聂云台"因思本市东区人烟稠密，苦无良好学校，儿童失学者多"而捐献土地十余亩，并交由工部局创办学校，取名"聂中丞华童公学"，1941 年改名"上海市立缉椝中学校"，1951 年定名"上海市市东中学"，校址位于沪东荆州路。

今天的市东中学

聂缉椝（1855～1911年），湖南衡山人，是曾国藩最小的女婿，又是李鸿章在沪大办洋务时的得力干将。聂缉椝很能干，曾任江南制造局总办（总经理），1890～1894年任上海道台（相当于现在的市长一职）。

聂云台作为一名实业家，他认识到发展中国的实业，必须依靠科学技术与注重培养人才。在办学上，一方面，他认为必须引进英国现代教育模式，才能培养先进的与国际接轨的跨国人才，因此，学校由工部局主办；另一方面，"东区以工人居多数，应注重职业教育，请于工部局，设金木手工科，欲使学生毕业后有工业上之基本知识及实际之技术训练"，强调为东区的工人子弟开设工科内容。这在当时无疑是一个大胆而切实的举措。

该校筹建时，聂云台对工部局提出三点要求：学校为非宗教性质，必须读中国圣贤之书，对基督教《圣经》只能略读；进行商业职业教育，尤其注重簿记技术；传授手工工艺技术如木工等。这些建议为工部局基本采纳。

聂中丞华童公学校长和主要教师均为外籍人士，首任校长端纳。学制为英国贵族式，初级3年，高级6年，分设华文部与英文部。

1928年，华人教育处成立，在陈鹤琴的主持下，开始教育中国化改革，小学部的数学与图画均用国语教授。抗战爆发后，荆州路原校舍被毁，学校于秋季迁往今康定路1107号临时校舍，暂时实行半日制上课。1938年9月，迁入外滩15号新址，恢复全日上课。1941年改为缉椝中学。

据在此读过书的倪钜卿老人回忆："这个学堂的学费倒不是很贵。聂中丞华童公学规定小学要读3年，我没读完，从小学一年级直接跳到二年级，大概读了两年不到就进它的初中部读初一了。

"英国人在上海办的学堂有个特点，中学里的数理水平并不怎么高，一般还是着重英语，要开口讲，和中国人办的几个好学堂像南洋中学等比较，数理方面水平比他们低，读书比他们浅。不过英语比他们好。一般读到高一高二年级，就要开口讲英语，和外国人交谈。

"小学部的课程就是用英语教的，老师不和你讲中文，ABCD起头就叽里呱啦讲英语了。中文也读古文如《论语》《孟子》等。我读书时外国老师大概占1/3，中国先生也是讲英文的。从高中开始凡是教英语课的都是外国教师。女老师很少。

"学堂里上课时间,上午到下午共6个钟头,45分钟一节课。吃饭回家吃。下午上课大概也要到4点钟。要是犯了规,如功课没有做好,或者在教室里影响吵闹,纪律老师会叫你站到课堂外头去,站一节课或者半节课时间。放学回家功课不算多。每天回家作业一般做半个钟头,最多一个钟头,好像小学到中学玩的时光蛮多。

"在学堂里,可以操场上踢小足球、大足球,学堂操场有一个足球场那么大,周六日有举行工部局学堂之间的比赛。学堂里没有篮球场,所以我们不打篮球。英国人欢喜足球,排球也打。放学后还打乒乓球,学堂里打得好的人蛮多。

"毕业考试是照英国的办学规律,中学毕业考试就等于大学入学考试。进大学不需要再考一趟。上海的几所华童公学考的是香港大学的题目。考试通过后,如果不想进香港大学学习,英国的大学也可以选择,如剑桥大学、牛津大学都可以。"

聂家孙辈组成的篮球队,在当时的上海很有名气

台湾著名文人李敖曾经在此经历了少年时光。1948 年冬天，李敖全家由北京到天津，搭船来上海，居住在提篮桥附近。李敖选择了在上海继续念书，恰逢缉椝中学春季班招生，李敖考取成为缉椝中学的初一新生。在《李敖自传》一书中，李敖惊叹于当时的校舍，"漂亮、优雅、精致，太贵族了"。李敖在缉椝中学读书三个月，于 1949 年 5 月坐船去台湾。

2005 年，李敖来到上海，在行程中留出时间，特意去了他中学的母校——当年的缉椝中学，现在的市东中学。时隔 56 年之后再次来到学校，他回忆当年刚入学校时英文跟不上，上海话也不会讲的感受，一开始还有点儿被欺负的感觉，但这所老校却让他念念不忘，学校的英文教育给他留下了深刻的印象。

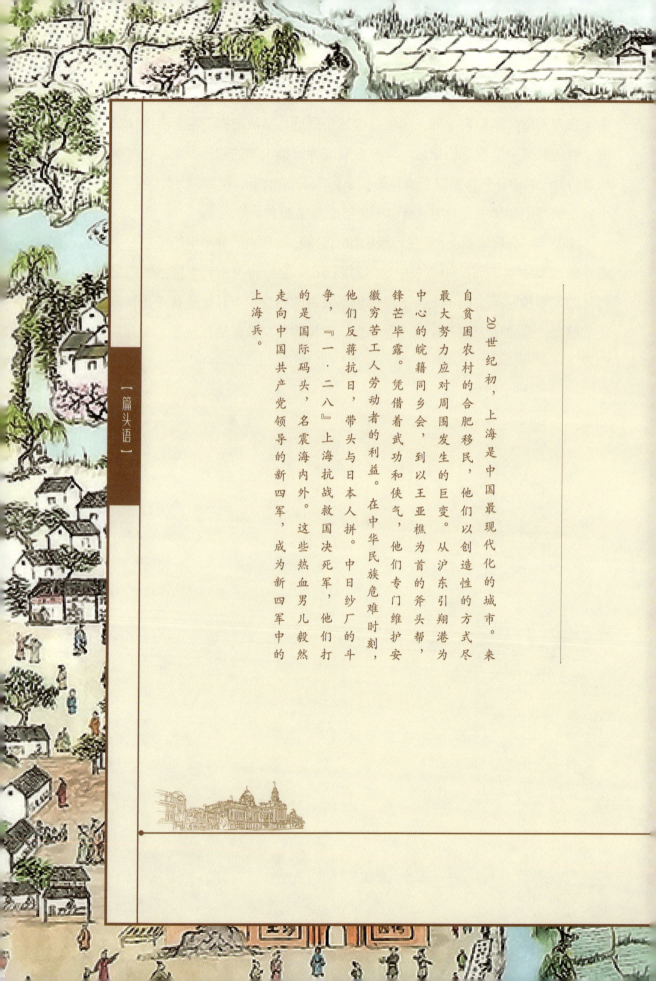

20世纪初，上海是中国最现代化的城市。来自贫困农村的合肥移民，他们以创造性的方式尽最大努力应对周围发生的巨变。从沪东引翔港为中心的皖籍同乡会，到以王亚樵为首的斧头帮，锋芒毕露。凭借着武功和侠气，他们专门维护安徽穷苦工人劳动者的利益。在中华民族危难时刻，他们反蒋抗日，带头与日本人拼。中日纱厂的斗争，『一·二八』上海抗战救国决死军，他们打的是国际码头，名震海内外。这些热血男儿毅然走向中国共产党领导的新四军，成为新四军中的上海兵。

合肥人拳打上海滩

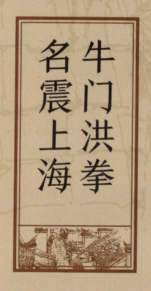

第五章

牛门洪拳
名震上海

清末民初，巢湖北岸合肥人走了20多天到达上海。一批又一批的合肥人给发育成长的城市和工厂注入生机，形成了沪西沪东合肥移民聚落。在种种生计艰难和竞争惨烈中，牛门洪拳是合肥人在上海滩打码头的基本配置。尚武和侠义是底层移民应对人类基本需求而遵循的中国传统。功夫，不仅是打码头的生存方式，而且是巢湖北岸移民的基因。

一、合肥移民落脚引翔港

·

从长临河镇离家

·

长临河镇——八百里巢湖环湖首镇，位于巢湖北岸，肥东县最南端。宋代，长临河镇是合肥东南部的一处商业市镇，官府在这里设立税卡征税。明代称长宁镇，清代晚期又改称长临河镇。

古镇临湖襟河，自古就是交通要道，陆路连接省城合肥，水路则有施口、板桥两个码头。陆运水运都很发达，商业自然很是兴盛，沿街都是密集的商户，老街呈"丁"字形布局，青砖黛瓦。凭靠巢湖和南淝河的水运，清朝末年，古镇成为巢湖北岸地区的商品分销集散地，当时镇上有米行、布庄、药店、酱园、酒店、五洋百货为主体的店铺、作坊、摊位近百家，有"小上海"之称。

长临河古镇古码头旧址

长临河古镇老街

民国合肥城的大富豪洪明炯就是长临河镇的罗家疃人。1903 年，洪明炯仿制日本毛巾，采用木织机试织成功 300 多条毛巾。其后，在合肥先后开办有洪远记毛巾厂、华阳毛巾布厂、洪远记染坊等，洪氏兄弟纵横捭阖，使得企业的工业商业经营规模越来越大。20 世纪 30 年代是"洪远记"发展的黄金时期，经营往来达百万元以上，人称"洪百万"，在当时的合肥是首屈一指的。谁也意料不到，这起家于仿制东洋毛巾的家庭小作坊，数十年之内竟然能发展成为产品畅销淞沪，声誉响彻八皖的大商号，还带动了长临河镇附近的机户织毛巾手工业的发展。

长临河镇周边的村庄，机杼昼夜不停，声闻远近。机户有木机一张至四五张不等，他们利用农闲时间，全家劳动，用进口的棉纱织成条花布或格花布；用农村土产棉花，手工纺成土纱，再织成土布、毛巾。村民们平时打纱织布帮衬生活，练出了一手织布的好本领，很多人在同村老乡的带领下，到上海去打工。

巢湖自古是沟通我国南北地区的交通要道，周边物产丰富。唐宋时期，巢湖经济繁荣，已成为经济文化重心所在。然而，宋元战争在江淮地区长期"拉锯"，令巢湖地域逐渐衰落，成为荒地。元末明初，就有安徽宣城和皖南的移民到这里开垦。长临河镇有牛关堡村牛氏、张隆益村张氏、殷西殷宣村殷氏、梅寿二村梅氏、六家畈吴氏等。这些最早进入的移民聚集在南淝河入湖口的长临河镇附近，开垦圩田耕种。

直至明代，政府下令从江南迁移了很多老百姓来到巢湖北岸，其中包括江西的"瓦屑坝"移民者。无论是文献还是口述的记录中，江西移民都占据较大比重。许多著名人物如张英、龚鼎孳、段祺瑞、张树声、李鸿章、张治中、刘铭传等，都是出生于"瓦屑坝"移民者家庭。

长临河镇不仅人杰地灵，而且人才辈出。更令人称奇的是，曾经出现有 20 多名近现代将军，如张义纯（国军 48 军军长）、吴中英（陆军中将）、盛方厚（东北军独立骑兵混成旅旅长、2 路军骑兵师长）、李应生（汉阳兵工厂总办）……在抗战的烽火中，这些长临河籍的将军率领麾下迎战日寇，发挥了巨大的作用。1966 年 10 月，为保护钱塘江过桥列车安全而牺牲的解放军战士蔡永祥烈士也是长临河人。

①古镇基督教堂
②古镇老宅
③④⑤长临河古镇徽派建筑群
⑥聚贤邮政博物馆

吴忠性，1912 年出生在长临河镇吴兴益村，1936 年毕业于"中央陆地测量学校"地图制图专业，曾任国民党政府陆地测量局制图技术员。他是进军西藏行军路线图的制作人，为解放西藏做出了贡献。

长临河古镇不大，现在是 4A 级景区。古镇的景点有长临河老街、红石咀公园、六家畈古民居群、镇湖塔、黑石咀、四顶山、茶壶山、青阳山、白马山、篮球公园、山口凌村和烈士蔡永祥纪念馆。来长临河古镇旅游能看到民间艺人剪纸，说到剪纸，没人不知道牛家海。牛家海年近 80 岁，从小在外祖父的熏陶下开始喜欢剪纸，如今已经剪了快 70 个年头。牛氏剪纸是融绘画、雕刻、剪裁等手工技艺于一体的民间手工艺术，创始自清末传人汪家法，后由艺人吴跃南发扬传承，在剪纸艺人牛家海的精心耕耘下得到弘扬，流传于肥东县长临河镇，并在合肥地区广为传播。2017 年 9 月，牛氏剪纸入选合肥市非物质文化遗产名录。

长临河古镇坐拥巢湖黄金水岸，以盛产"巢湖三宝"——银鱼、毛鱼、白米虾而闻名，尤其是本地特产罗家疃小萝卜，素有"小人参"之称。它个儿小形异、香脆甘甜，在明清时代就大量被外销到沪宁杭地区。农民腌制的雪里蕻菜也好吃。其他特产有炒花生米、寸金、烘糕、炒米、欢团、野菜粑粑（米粉做皮，野菜馅的馅饼）、桂花酥糖、白切等。这些合肥其他地方也有。别处没有的小吃是糊粉。糊粉是拿咸肚、猪肉蛋饺、肉丝、芫荽（香菜）、糯米圆子、碎面条煮好，再用山芋粉勾芡做成的小吃。当地传统习俗大年初二吃糊粉，正月十三吃野菜粑粑。

长临河古镇过年，除夕年夜饭摆元宝鱼（象征年年有余），吃粉丝（象征穿钱的绳子）、猪肉蛋饺（象征金元宝）、炸圆子（象征一团和气）、梅干菜烧肉（象征平安快乐），以及香肠或咸肉等腊味，与合肥及周边庐州文化区习俗相同。

长临河古镇地区村庄为牛官堡和六家畈两大空间分布。

一直到民国时期，除了长临河集镇以内，周围的很多村庄依然非常贫穷。当时一句顺口溜说："穷不过孙家凤，苦不过万家河口，小丁家冻饿得心发抖。"说的就是这样一种情况。

长临河古镇濒临巢湖，逢雨季汛期巢湖时常破圩，沿湖低洼的村子和庄稼常被洪水淹没，遇洪涝，当年的生活就没有着落了，村民们于是四下外出讨饭度日，也不知何年何月，有灾民从芜湖沿江而下，一路乞讨来上海，最初在沪东引翔港周边落户为多。民国后更是很多人毅然离开家乡，到外面谋生。

巢湖北岸地区人口外流，最早是从太平天国运动时开始的。牛官堡青年大多数参加太平军，牛瀚章武功超群，成了太平军在安徽的一名骨干，后返乡，决不受安清朝，遭遇清朝廷捉拿，他为避免连累乡里，出走江湖，后无音讯（家谱记载）。此为后话。支持太平天国革命事业的人因此担任领导，他们的任务首先是征收田赋，安定社会秩序。其次，督促百姓举造粮册，按田亩征收粮赋，"银漕悉依旧制"，也就是"照旧交粮纳税"。再次，恢复、保护商业，设立权关，征收商税，以充军需。最后，打击乡村豪强地主，赈恤苦难农民。

由此可以看出，石达开具有政治远见，太平天国此前是没有根据地建设和地方政权建设的，而他实现了这一转变，且效果显著，太平天国财政收入增加了，安徽一带的民众也感觉比活在大清要有激情和尊严，所以无比爱戴石达开和拥护太平天国。在征兵的时候，安徽人也是以十万为单位而响应、入伍，就算到了晚期也是如此。虽然叛变投降的不少，但这也侧面说明了安徽人在太平天国里的比重大。不管是在行政系统还是军队系统，安徽人甘受"老广西"的领导和影响。

10多年里，广西人领导着一大批安徽人在安徽大地上驰骋，和清军血战，最后失败了，没投降的都被杀了，要么在战场，要么在刑场。投降的人都活了下来，广西人也是，安徽人也是。

太平天国运动引发了巢湖北岸整个地区青壮年通过团练走向国防军的潮流。这股潮流分为三个阶段。第一个阶段是1853年太平军经皖东到1854年2月首克庐州，不少人加入太平军。同时，又是团练的初创阶段。这些团练既包括官团，也包括民团，遍及庐州周边；根据庐州东乡牛官堡沘水牛氏宗谱记载，整个牛氏家族都办起团练，可见当时的团练风行至极。第二个阶段是庐州团练接受官府招抚对抗太平军的阶段，庐州团练开始逐渐出境作战，进击潜山、太湖等地。第三个阶段是1858年到1862年初，团练逐步演化为淮军，从而成为清末最强大的国防军之一。

①长临河古镇导游指示牌
②古镇剪影、人物肖像,一幅幅图案精美的牛家海剪纸作品摆放在展台上,让房间明亮起来
③牛家海《清明上河图》剪纸画轴长达10米,极其珍贵
④作者牛忠玉(左)与牛家剪纸传人、老叔牛家海

①②③④长临河古镇的故居及老巷子
⑤⑥长临河古镇有个百年邮电，始建于1909
年，距今已有100多年的历史

从淮军的构成来看，最初 13 个营，由李鸿章增加到 30 多个营号，兵力扩展到 100 多个营，其中三分之一的统将来自庐州地区。其统领兵勇来自合肥西乡、庐江、北乡、东乡等地团练旧部。李鸿章故里在今肥东县磨店乡，巢湖北岸自然是兵源的重要来源地。李鸿章父子皆进士出身，在家乡德高望重，一呼百应。特别是淮军成立之后，声势浩大，地方青年争相投奔。"到上海发财去"，这批被称为"叫花子军"的士兵在上海与太平军一战成名，保卫了上海。上海的繁荣让这些乡下人选择了留在上海谋生。

长临河古镇是安徽第一侨乡，仅六家畈吴氏后代居住海外的就有 4000 多人。这些跟随李鸿章从巢湖走向全中国的淮军后代，也走向了世界。

到上海的路

北魏郦道元在《水经注》中描写合肥地名时写道，"夏水暴涨，施合于肥，故曰合肥。"施，是河的名称。所谓施水，就是南淝河。施口，就是南淝河的入湖口。在改道以前，施口并不在今天的南淝河出口处，而是紧邻长临河古镇。

南淝河入巢湖处，有施口村，分上下，名桥南、桥北，以小桥相隔。王姓聚之，名施口王，有宗祠、商号、土地祠、庙宇若干。"文革"动乱后，宗祠被拆，庙宇仅存基础。

施口村，一个漂浮在水上的村庄，四面临水，东、南边沿烟波浩渺的巢湖，西临悠悠南淝河，北边被一条弯弯的内河包围，像漂浮在水上的一片树叶。

施口村的渡口，是南淝河下游最后一个渡口，施口村有两个码头。

老施口古道遗址

施口古道

街道拐头是小码头，施口人习惯称"渡船口"。从这里分界，往南叫施口桥南，往北叫施口桥北，桥北有条大堤，通到王福益村。渡船，不仅运送施口两岸村民往来，许多外地人要过河，自然也指望这条渡船，他们往往过了河，经段家湾，沿巢湖大堤走6公里，到义城集，再坐公交车到合肥。

施口大码头，是合肥水上客运公司的派出机构，有三间平房。码头的青石台阶足有两丈多宽。在每日上午9点多钟，客轮"嘟嘟"的汽笛声准时响起，一声长笛，通知码头做好接船准备。这船，清晨5点半从合肥轮船码头启航，3小时左右行驶到施口。在施口下客后，出施口大河口门，消失在巢湖水面上，经巢湖中庙，再到巢县。相隔半小时，客轮又来第二班。下午3点多，两趟客轮相继从巢县驶来，到达施口，下客，上客，再去合肥。

那个年代，交通落后，长临河古镇没有汽车到合肥，因此，集镇上的公职人员，全镇周边村庄村民要到合肥，都得从施口坐客轮。

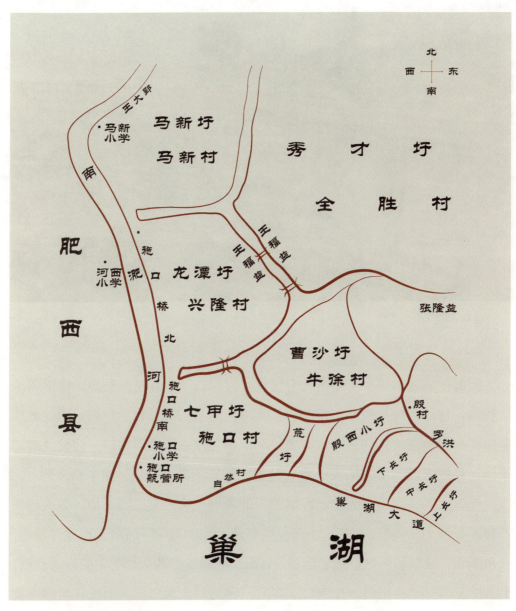

施口小学学生分布图

中庙，巢湖北岸半岛南端最重要的寺庙，一览湖中胜景，远近乞灵在此，香火十分兴旺。明朝中期以后，中庙的香火收入成为庐州政府的一项重要收入。巢湖北岸地区去中庙朝拜的人，一般由陆路前往，这条陆路，若从合肥出发，需南下穿过南淝河马家渡渡口，经施口向长临河再沿乡村路南下。若不穿过南淝河，则要从店埠或撮镇南下，这两条路的人流最终在长临河古镇汇集，再合为一股向中庙而来。施口到中庙的航线，还是比较热闹的。

太平天国运动之后，各地纷纷建立昭忠祠，而合肥却没有，李鸿章请求在城东巢湖中庙空隙处所创建淮军昭忠祠，后于1893年建成。建成后的昭忠祠，极为庄重典雅，为传统宗教意义上的中庙添加了新的含义，民间逐渐称中庙为"忠庙"。

到上海去，要经芜湖。施口，乃由芜湖至合肥之要道，从施口走合裕航道，可经芜湖到上海。合裕航道由南淝河、巢湖、裕溪河三条航道组成，是合肥市至长江的唯一水运线。

合裕航道起自合肥市区，顺南淝河南下，出施口过巢湖，进裕溪河，至裕溪口入长江，全线通航里程为159千米，流经合肥、肥东、肥西、巢县、庐江、无为、含山、和县等二市七县辖境。

巢湖，古称焦湖，居肥东、巢湖、庐江、肥西四县之间，是我国五大淡水湖之一，环湖长180千米。

裕溪河，一名运漕河，古称濡须水，西接巢湖东口门，东至裕溪口入长江。

南淝河发源于肥西县长岗乡，流经董铺水库、合肥市区、上三汊河、板桥，

现施口航道灯塔

至施口入巢湖，全长 65 千米，其中董铺水库坝下至合肥市 10 千米，不通航。

明清时期，施水（南淝河）淤塞甚至断流，必须在水中筑坝才能保证运输的通畅。梅氏宅后筑起的大坝，称为"梅龙坝"，宽约 2 米，断面梯形，在今肥东县长临河镇梅龙坝村，但梅龙坝只能保证上游的河水蓄积在坝前，从坝以下直到施口，则形成长达十余里的淤泥滩，"安徽巢湖施口，乃由芜湖至合肥之要道，每逢隆冬及水涸之际，干滩数里，船只往来淤泥中，非牛拖不能经过。"用牛将船只拖上梅龙坝，再转运货物的场景，在民间称"拖滩"，显然和"施合于肥"，就是说夏季与巢湖联通的施水上涨，甚至能与北部肥水相通的景象不可同日而语。

中华人民共和国成立后，巢湖、裕溪两水利枢纽建成，合裕航道全线实现了渠化通航。巢湖、裕溪河均建有 1000 吨级船闸，水深不低于 1.5 米，底宽 30 米，弯曲半径南淝河航段 150 米，裕溪河 200 米以上，常年通航 100 吨级轮驳船。

进入高铁时代，长临河站是合福高铁第二站，建筑面积 3997 平方米，其整体设计风格体现山水交融特色，站场规模为 2 台 4 线。站前广场 2 万多平方米，最多可聚集 600 人。长临河镇站是距离巢湖最近的高铁站，成为游客到环巢湖旅游的重要集散地。

施口牛拖滩景象

梅龙坝遗址

沪西曹家渡, 沪东引翔港

棉纺业与面粉业是上海中外资本家最早投资的产业。由于棉纺厂和面粉厂所需原料——棉花和小麦, 以及制成品皆需通过水路输入与销出, 所以上海最早的工业主要集中于黄浦江和苏州河两岸, 沪东的引翔港和沪西曹家渡南岸一线是近代上海最早且规模最大的两大工业区, 成为众人投资和谋生的"乐土", 也是合肥人到上海最早的落脚点。

曹家渡原是苏州河上的一个古渡口, 与南面的法华镇相邻。400 年前, 曹氏子孙曹晹为利两岸村民过江, 在苏州河南岸设置义渡, 人称曹家渡, 这一带地区后来也以曹家渡为名。1862, 英租界工部局越界筑路, 此交会成三角形地带, 农民及商贩自四乡载运柴米蔬菜于三角场江边一带集散, 道路两侧酒楼、饭馆、茶肆及小本经营店铺应运而设, 民房相继建起, 人口迅速增加, 市面日趋繁荣。

1899 年, 公共租界向西扩展至曹家渡、静安寺一线附近, 后又逐渐向西扩展。上海人一般将租界中区习称为市中心区, 将中区外围地区按方位统称为沪东、沪西、沪南、沪北。曹家渡一带, 称为沪西工业区。它的初期, 主要是民族企业集中地, 有缫丝厂、面粉厂, 招集男女工工作, 提供衣食。来此设厂经商者越来越多, 曹家渡市面大兴。

肥东人邵子漠 15 岁只身来到上海法华镇, 他先在一家糟坊当学徒。上海早期因船业而存在, 开埠前沙船商资本和利润在各行业首屈一指, 沙船业对酒水的需求, 使糟坊的生意红红火火。有时船工需要酒水, 糟坊也会派人送酒, 就是最原始的买办们所做的工作。邵子漠手脚勤快, 踏实肯干, 很快就积累了不少人脉。学徒期满后, 就被银庄的老板鼓动出来自己开糟坊。

邵子漠向银庄借了一笔钱, 在沪西曹家渡开了一家酒糟坊。他很有经营头脑, 就连酿酒剩下的残渣, 都卖给开船运业的宁波人做糟菜。

糟菜是用糟卤浸泡、卤制的菜。上海常见的有糟鸡翅、糟毛豆。大致的方法是将食物煮熟，晾凉，然后用糟卤浸泡食物而成。一般素菜浸泡大约半小时左右，荤菜则需要浸泡两个小时以上。这样的糟菜口味清淡且有一种酒香味，风味独特。宁波人的商船队是上海最大的，当西洋的轮船开进上海港，沙船无法与之匹敌而逐渐衰落时，码头仍然兴旺，糟菜为特色的宁波菜就在上海滩流传下来。

邵子漠遇上了这一机会，年复一年，积资渐多，铺面也增大。后来，迎娶了银庄老板的女儿，在曹家渡盖房添置家业，家境比较富裕，家里存放的各种上等名茶的青花瓷茶罐不计其数。他喜欢喝茶、饮黄酒（上海人称"老酒"），一辈子不抽烟。子女都是自小念过书的，待人接物，言谈举止，都受过良好家教。合肥老家的人到上海去，邵子漠家自然是最初的落脚点，老家出来的人都没有文化，只能干点儿苦力活儿，就介绍到码头当搬运工人，或者进阜丰面粉厂当临时工，扛麻袋。

"'文革'时期，每逢过年过节，阿共五哥家外公邵子漠邵老爷子常来引翔港。老人家慈眉善目，夏天穿一身皂青裤褂，冬天是灰色的长袍，手拿一把折扇，和熟人打招呼，见着我母亲，用浓浓的合肥口音叫着小大姐，解放前我们家和阿共五哥家邻居，阿共外公和我外公都很熟悉，阿共父亲进明大舅是我父母婚姻的媒人，这事只有引翔港老一辈人知道。"有乡亲回忆。

阜丰面粉厂，安徽寿县孙多森、孙多鑫兄弟于 1899 年创办，是我国第一家民族资本机器面粉厂，后历经三次扩建。曾是当时远东规模最大、设备最好的机器面粉厂。

此前，孙多森、孙多鑫兄弟在扬州已赚到了第一桶金。他们靠官僚家庭背景，运输官盐发了一笔财，然而风险太大，决定另谋他业。孙氏兄弟首先调查了当时的海关进出口货物的情况，发现外国机制面粉的数量日渐增多，每年要赚取国人 70 万～150 万两官银。虽然洋面粉的售价是土面粉的四倍，但因色泽洁白，粉质细腻，很受国人的欢迎。当时国内机器面粉厂仅有三家，而且规模都不大，国家为了鼓励工商还对面粉业给予免税的优惠，孙氏兄弟一眼就看准了机制面粉厂的广阔前景。

为了筹钱办一家又大又好的面粉厂，他们动用了家族的力量——安徽寿县的孙家和合肥的李家。

孙氏兄弟的祖父是光绪皇帝的老师、状元孙家鼐，而他们的外祖父则是两广总督李瀚章，也就是李鸿章的大哥。孙家鼐与李鸿章既是同朝为官，又是安徽同乡，亲上加亲，于是一口气联了七八门姻亲，豪门联姻好发家。到了孙氏兄弟一辈，家族更是旺上加旺。作为近代中国第一批民族资本家，孙氏既有通天的背景，更有抢滩的眼光，虽然人生地不熟，但两兄弟还是决定抢滩上海。1901年，经过两年的筹办，孙多森、孙多鑫兄弟集资20万两银子，选择苏州河西段叉袋角河边，购地80亩，兴建了当时全国第一家民族资本机器面粉厂——阜丰面粉厂，日产面粉2500包。

从一开始，孙氏兄弟就不在本地招工，而是把家乡人一拨一拨地带出来，厂里最兴旺时有2000人，安徽人有900人，其中寿县人占了大半。姓孙的穷本家很多，本家还有亲戚朋友，以及肥东李家的亲戚、熟人老乡等。当然，厂里也引进了外国技术人才及上海本地的管理人员。

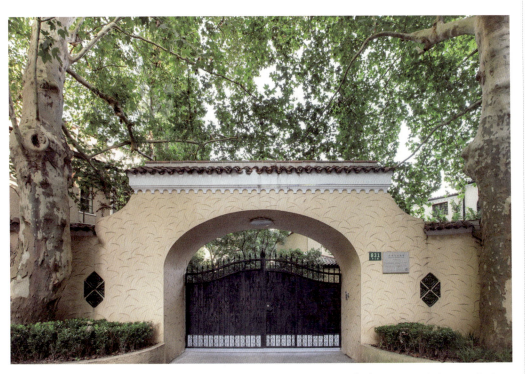

华山路831号，中国第一家机器磨面面粉厂——上海阜丰面粉厂创办人孙多森、孙多鑫兄弟的住宅，因而又称孙家花园，建于1918年

孙多森生活十分节俭，全家十几口人的开支一个月不超过 500 块钱，每餐五个菜一个汤，两荤三素，8 个人一桌。他的子弟 16 岁以前不能穿丝绸，上学堂是走路去，远了坐公共汽车，家里有车放在门口也不能坐。

孙氏兄弟是当年的理财能手，孙多森也和哥哥一样，为袁世凯重用，调去做中国银行总裁，并掌管了北洋各大官商的企业，后因派系倾轧，宦途可畏，辞去官职回到上海继续全力经营孙氏家业。

孙多森为工人们盖了职工宿舍——阜丰里，每个工人都有房住。还办了医院和阜丰面粉厂职工子弟学校，照顾工人子弟。

1919 年 8 月，孙多森因糖尿病去世，时年 52 岁。他与哥哥苦心经营，发愤图强，硬是在中国面粉产业中打出了中国民族资本的一片天地，是安徽人的骄傲。

后起的福新面粉公司二、四、八厂旧址位于阜丰面粉厂西侧，沿苏州河南岸排列，是当时中国面粉工业中最大的联合工厂。1912 年由荣宗敬、荣德生兄弟与无锡茂新面粉厂浦文汀、王禹卿合作开办。1956 年福新与阜丰面粉厂合并经营，定名为公私合营阜丰福新面粉厂，是当时上海唯一的机制面粉厂。1966 年更名为上海面粉厂。

阜丰面粉厂旧址厂房建于 1898 年，砖木结构四层，南北向，清水青砖、红砖相间外墙，底层拱券门；办公楼建于 1899 年，砖木结构二层，巴洛克装饰。2018 年 1 月 27 日，阜丰面粉厂以中国民族资本开办的第一家机器面粉厂入选"中国工业遗产保护名录"。主要遗存有厂房、办公楼、阜丰里里坊门（工人居住区）、阜丰面粉厂旧址（位于莫干山路 120 号的苏州河叉袋角区域）。

曾为上海立下汗马功劳的阜丰福新面粉厂旧址焕然新生，脱胎换骨为上海的空中花园。周围是备受瞩目的苏州河畔"悬浮森林""魔都版古巴比伦"，上海唯一的山型购物中心大洋晶典·天安千树，历时 8 年的建设，于 2021 年 12 月 22 日正式开业。

走进引翔港方圆几公里的东西南北、角角落落，人们会发现这里众多的居民操着地道的合肥口音，流露着浓浓的合肥乡下风俗习惯，淳朴厚重，与上海国际大都市范儿截然不同，这里是上海合肥人的聚集地。

在阜丰福新面粉厂旧址上建起的山型购物中心大洋晶典·天安千树

听长辈们讲到上海的合肥人，有些是老乡带过来的，有些是灾年一路乞讨来上海，在沪东引翔港周边落户。那时引翔港一带是大片荒地，长临河来的灾民在荒野里搭起竹篱笆茅草屋，在荒地上种蔬菜，合肥话叫"兴菜"。在引翔港周围几平方公里，菜地比较大的有菜园子（今长阳路、宁武路）、大塘（也叫天落沟，今长阳路、隆昌路）、桃园幸福村（今双阳路、周家嘴路）、马桥、宁国路、黄兴路这一带。合肥人与早先来到这里的安徽宿县人共同开荒种地，毕竟彼此都是安徽人，多年来合肥人与宿县人的后代有通婚联姻的，但习惯上合肥人称呼宿县人为"侉子"，而称南方人为"蛮子"。

早期到引翔港的长临河施口村王老七，自幼随父辈在渔船上摸爬滚打，练就一副强壮的体格、过人的胆魄。因为水性好，他在巢湖船上做过生意，朋友介绍参加公职是上海海上警察。由于个人的辛勤，加之做事有魄力，不几年已创下颇丰的家业。

王老七在杨树浦临青路开有米店，那一块地方以前叫前马路，工厂多，且苏北人多，以一个叫"小滑稽"的苏北人为首领，邻近的周家牌路更是流氓窝。王老七能在此地开米店至解放初，米店生意红火，从无有歹人找麻烦的。长阳路1989弄口开了东华戏院，长阳路开有南北炒货店，原平凉路、临青路上一家铜丝厂，皆有王老七的股份。在原煤球店对面六间还开有棺材店（俗称"绿房子"），为合肥人寄柩、运柩、助殓、埋葬等。王老七救助同乡，运送棺柩等，他的这些家业，如同同乡会的会馆，为合肥人服务。

"老家施口村一带人来上海谋生，总是先在王老七和其弟王老九在长阳路宁武路米店的家中落脚，吃喝费用全由兄弟二人承担，直至王老七为其寻到工作为止。王老七为人十分仗义，在上海小有成就后衣锦还乡，施口全村男女老幼夹道欢迎，场面甚为感人。"

引翔港合肥人有为难事找到王老七，他总是尽力帮助，该舍命时把自己生死置之度外，沪东引翔港人常讲：没有王老七就没有引翔港。可见当年王老七前辈的能量，也是合肥人聚集在引翔港的原因（柳世俊老人回忆）。

"一战"期间，上海的棉纺织业蓬勃发展，引翔港周围纱厂林立，由于邻近纱厂，获取机纱容易，合肥人凭借着织土布的手艺，早晚织些毛巾，或为别的大机房老板加工，赚些钱补贴家用，日子也逐渐稳定，就在引翔港安家置业。1917年，三友实业社毛巾总厂落户引翔港，从合肥长临河出来到厂里打工的人逐渐增多，每次过年节回老家，他们都把同村的村民带出来上海打拼，有时一个人带20多人出来。三友实业社毛巾总厂的护厂队员有500人，当中大多数是来自牛官堡的牛门洪拳后人。

合肥人在上海很少有做其他行业的，即使做了别的行当，手头上有了宽裕，也会置上一两张织机。在上海买房买织机，就如同在农村买房置地一样。引翔古镇的周塘浜和引翔港两岸，自有合肥人居住后，直到20世纪50年代末，日日夜夜都能听见啪嗒啪嗒的机器声，那是勤劳的合肥人在织毛巾，编织着自己美好的生活。

在引翔港，有一位教私塾的段文信先生。段先生是合肥西乡段家湾人，与名人段祺瑞同族。段先生乃大户人家的公子，生活宽绰，自小在家乡念私塾，成年后随家人来上海，住引翔港1925弄，后来在杭州路临青路开私塾班。那时的引翔港，但凡家里经济比较富裕，家长都愿意让孩子们念书，这对孩子们今后的生活有益处。当时随段先生念私塾的合肥同乡人的孩子有牛忠贤、牛忠桂、丁家榜、殷修良、王学翠等。段先生教的是启蒙及国学基础。在段文信先生私塾念过书的合肥人的孩子，很多长大后都很有出息，如牛忠贤是中国人设计、建造高尔夫球场第一人，殷修良后来当了上海机修总厂厂长，他们都是出类拔萃的人物。

合肥人打码头

　　上海以港而兴，码头成为很多人谋生的场所。巨大的利益和帮派汇聚带来了激烈的竞争，为了保饭碗只有不断地争夺地盘，靠强势霸占某地码头、车站或者集镇市场，收取、勒索交易保护费，维持帮派的日常开销费用，同时，也保护本帮人员的生存和安全。

　　引翔港的码头，周边不仅有虎视眈眈的外埠帮派，更有横行于虹口杨树浦一带的日本特务和黑道浪人。"闸北流氓，虹口黑道，不如杨浦工人的拳头硬。"说的就是引翔港的合肥帮，他们是作风极为剽悍的一个群体，他们在引翔港有着"水泊小梁山，一百单八将"的名号，他们武术高手如云，威名远震，他们拳头把子硬，人多势众，舍得身家性命，靠一场场血腥的群殴与单打独斗，赢得了"合肥帮"的威名。

　　当年上海有报纸曾报道，沪西大自鸣钟一带的外埠人时常与合肥人打大架（群殴），直到后来被合肥人打怕打服了，感叹道"和安徽人打架阿拉勿事模子"，意思是"和安徽人打架，我们不是对手"。

　　1932年1月18日，5名日本僧侣在引翔港三友实业社毛巾厂门前寻衅，与该厂工人发生冲突，1名日本僧被打死，2人被殴伤。20日清晨，日本上海青年会32人携带枪械、汽油等焚烧三友实业社毛巾厂，工部局派人前往干预，结果华捕2人被日本人杀死，2人被砍伤，西捕也被打伤。日本方面，也有一名日本人被护厂队员打死，2人重伤。日军以保护侨民为理由，对上海发动进攻，"一·二八"淞沪抗战由此引发。

　　引翔港的合肥人或参加抗日敢死队到前线，或留下当便衣队员收集情报专门刺杀日本人。江湖上的人知道了合肥人和洪拳的厉害，在这国际码头，合肥人打的是血性和爱国担当。著名的引翔港三友实业社事件，使虹口的日本黑道浪人再也不敢踏进引翔港（张礼轩老人回忆）。

三友实业社毛巾厂门前日本僧侣的寻衅，引发了"一·二八"淞沪抗战

　　长阳路可视作一条界路，将引翔港划分，北面为华界，南面为公共租界，呈现一乡两治。高郎桥一带是三家华资纱厂区，申新五厂、六厂，荣丰厂。由于雇用工人大多通过"拿摩温"领班介绍，工人无形中形成了地缘小团体，同乡帮的现象是移民为主的必然结果。

　　荣丰二厂机修车间、布机间是苏北帮，纺织部是本地人，印花间是湖州帮，印染部修理工不少是宁波人，机修工是安徽人。进厂第三天，安徽帮与苏北帮为争夺工会权力而发生争执，造成车间停产、食堂停餐。合肥人要在引翔港生存，难免要与各个帮派发生争斗拼杀。引翔港合肥人能打善斗者甚多，有牛安如兄弟、王立本、王老七、王朝荣师徒、牛和浦、费瘸子，以及后来的牛进义、张泽民等。沪东流行这句话："要了事，找小进义。""小进义"就是牛进义。那时道上的事，没有牛进义摆不平的，他率人曾几次荡平高郎桥的外邦人。

　　引翔港的合肥人与高郎桥外帮人的二次打斗是因为双方在沪宁戏院看戏

发生纠纷，第二场规模太大了，合肥人四面围住高郎桥打伤多人，有些人打得招架不住了，只往那兰州路河里跳。此事惊动了当时的榆林警察局，出动警察将合肥人驱散，端着枪守着高郎桥，引翔港方向的人、合肥口音的人不让过桥，才平息了这场风波。

引翔港镇有大东华厂小东华厂，就是后来的国棉三十厂、中纺机厂，每到开晌（发工资）那天，合肥帮就要在临青路桥头收保护费，那时长阳路有一条东西走向的河流叫周塘浜，而临青路桥是进出引翔港的唯一通道，他们只收外帮人的保护费和周边一些店铺的费用。他们三五成群或十多人进进出出都骑着飞鸽自行车，犹如机车党，潇洒神气，替人平息事情都是一呼百应的。沪东沪西的合肥人在哪里遇到危难了，他们得知消息都要去帮忙。

合肥人终于在引翔港立足，打出一片天地。日后不少人加入王亚樵的"斧头帮"，专门用斧头保护安徽穷苦工人的利益。

"1992年春节，我有幸在杨浦区的政立路王亚樵次子王继辅先生寓所拜会了王亚樵胞弟王述樵，那次是王述樵先生好友、同乡、合肥拳师王品先（合肥人称'王七爷'）的徒弟孙良俊引荐。得知我住在引翔港，也是练过洪拳的，王述樵老先生很是高兴，对引翔港的往事更是如数家珍。解放前王亚樵先生是安徽同乡会会长。引翔港地区帮派在斧头帮里占据重要地位，有早期的牛安如、牛安全兄弟，王立本、王朝荣、费瘸子、王老七等。引翔港的帮派人物参加过王亚樵的多次暗杀活动。"有乡亲回忆道。王述樵是民国时期大律师沈钧儒的学生，他是引翔港老虎灶茶坊的常客，帮大哥王亚樵出谋过许多法律上的案件，对引翔港合肥人非常照顾。

虬江码头，原是上海本地帮派把控的地盘，码头对岸就是浦东高桥地区，是青帮大亨杜月笙的老家。虬江码头当年十分繁华热闹，这里主要交易浦江内河的水产品，还有苏南浙江沿海的海鲜产品，加之此地水旱交通甚是方便，周边及浦东对江的农民们也把一些农副产品运来买卖，码头上茶馆、饭店酒楼、说书场、澡堂、风月堂子应有尽有，地痞流氓、三教九流混迹在码头上。

合肥人打虬江码头事出有因，王朝荣的门徒武姓汉子看到合肥家乡人初到虬江码头做生意，当地帮派欺负他们初来乍到，蛮横不讲理，武姓汉子与本地帮理论，引起一场恶斗，本地帮人多势众，打得他当场口吐鲜血，他只好回去搬救兵。

荣字堂堂主王朝荣，合肥人氏，早年间闯荡上海滩，凭一身好功夫和惊人的胆魄打下一片天地，自立门户，开香堂收门徒。他更有一手袖镖绝技，令人防不胜防，谈之失色。这王朝荣在沪东合肥帮中称得上是领袖级人物。

王朝荣家在大塘（宁武路那边，现大桥街道杨浦分局派出所后面，原矽钢片厂南面），境内有一硕大的水塘，这里的合肥人王姓、黄姓、费姓、牛姓居多。旧社会开香堂收门徒，须投帖子才算入了堂口，称师父为先生，对外称老头子，与师父的关系胜似父子。王朝荣为武姓汉子上了金疮药，另约场子，双方各派 20 人参加。宣济民、牛安如原本是不参加的，只是事先指点训练手下人员，但后来在实战中，宣、牛二人也参加了较量，自然本地帮远不是他俩的对手。

王亚樵的五大金刚中的宣济民、牛安如，是斧头帮的得力干将，曾经暗杀了安徽省建设厅厅长张秋白，是后来频频刺杀蒋介石和蒋氏集团成员的主要杀手，轻易不出场，出场则惊心动魄。

打码头决斗中，引翔港人回去搬救兵，少不了去找王老七等。打赢了，有几十根金条。有一次，王老七让合肥人拿来桌上金条，给打到伏地不起的人治伤。王老七此举得到江湖上一片赞誉，也更加受人们尊重。

一个地方的血性，一般来讲，和年轻人的占比相关。上海自开埠以来，来自苏州、绍兴、宁波等市，以及安徽、山东等各地的年轻人源源不断地涌入。各种方言和拳头激烈碰撞、争斗，此消彼长，你死我活。棚户区，滚地龙，最贫穷的地方，有着最旺盛的生命力。棚户区的年轻人血气方刚，除了一身力气，其他一无所有。上海这座城市，始终是喧嚣的、嘈杂的、弱肉强食的。

有乡亲回忆："1946 年的夏天，广德码头熙熙攘攘，人头攒动，南来北往，好不热闹。这里沿街商铺林立，每日有商贩经营水产品和浦东对江的蔬菜瓜果。此地也发生过引翔港合肥人单挑外帮流氓几十人的往事。"

①②广德路码头，就在此地，牛进香一根扁
担打掉外帮独占地位
③广德路路牌

　　肥东长临河牛关堡村人牛进香，因初来广德码头，一日挑一担夏布毛巾来这里摆地摊，码头上的地痞混混见他初来乍到，按习惯要敲牛进香竹杠。这牛进香自幼生长在有"武术之乡"之称的牛关堡，在家乡练得三拳两脚，举石担玩石滚不在话下，直练得体格强壮，浑身的神力。他当日无话，回得家里晚餐中端上二盅，也是年轻气盛，秉性刚强。暗自思道：我倒是不信，老子明日再去会会他们。

　　牛进香第二天便在广德码头开打了，对方有20多人，都是码头上靠收保护费敲竹杠为生的，平日里吃喝嫖赌，欺软怕硬，没想到今日碰到硬茬，这合肥汉子扁担舞得呼呼作响。这帮人中有会功夫的拿起棍棒招架，遇牛进香扁担砸下来，只震得双手发麻，棍棒脱落，被打得四下逃散，哭爹喊娘，这真是一人拼命百人难当，牛进香一路往南打来，混混们被撵到江边，有几人来不及躲闪直接跳入黄浦江。这牛进香越打越勇，像发怒的猛虎。经此一战，广德码头再没人敢招惹他。

清末，上海的徽式建筑

再说淞藩路合肥人听说广德码头有同乡和人打架，拿起家伙陆续奔来，问将下来竟是牛关堡的牛进香一人单挑码头上的混混，打胜了，不禁大笑，如那日打输了，同乡定会出手相助。牛进香初来沪东，他也不知道牛徐村的后辈牛和甫他们在前马路这么凶，但牛进香敢独斗对方一帮人，他也是够血性的（殷来法老人回忆）。

上海的老人常说，这些孩子自小喜欢打架，打架总往死里打，没事别惹引翔港的人。

二、大隐于市的武林

·

巢湖北岸的村庄

·

引翔港的合肥人，多是来自安徽巢湖北岸长临河古镇附近的移民。元明之际，迁往安徽巢湖北岸的移民类型主要分为军籍和民籍两大部分，来源主要分为皖南移民和江西移民。

在巢湖当地，村庄的名称有显著特征，一般以"疃"来命名的较多。"疃"是指丘陵之间可以耕作的小块田地。宋元以来，"疃"开始大量出现于村庄名称之中，一般和"村"并用，不同的是，"疃"多与屯兵地点及活动有关。这里是宋元战争在江淮长期"拉锯"的地区，自靖康之乱引发的江淮军事移民，巢县第一家族是唐氏。唐家疃始祖唐遗，时人称总辖公，原系北宋的高级军官，河南省永城县人。宋末靖康之乱，因汴梁不守，高宗南渡，他督兵渡淮，始有家于巢西之归德村，这是最早的移民军屯。靠着山岭两侧分布，与军屯有关。

巢湖北岸之"疃"，继承了宋元以来"疃"的一贯属性。康熙《巢县志》记载："刘家疃、张家疃、管家疃、王家疃、黄家疃、郭家疃、周家疃、唐家疃，以上诸疃，俱在西乡。"从地名和族谱记录的迁移时间来看，这些"疃"的始祖几乎都是明代初期从南方迁来的。

民籍集中分布在南淝河入湖口的长临河镇附近，那里也是皖南移民的聚集地。最早迁移过来的皖南移民，以圩田耕作为主，形成包括数个村庄的集群。

长临河镇罗家疃村，沿着巢湖北岸排列，从西向东，分别由殷、罗、洪、王氏聚居。殷氏发源于皖南宣城，包括了殷西、殷宣两个村庄。王氏也是在元末迁入。罗、洪宗谱已失，推测也和皖南移民有关。

在罗家疃的西北，这里分布着以先祖姓名命名的村庄。当地人将这些数字结尾的村落名称编成一首儿歌："一一，吴兴一；二二，梅寿二；三三，盛宗三；四四，罗胜四；五五，张胜吾；六六，徐六六；七七，朱龙七；八八，罗荣八；九九，张永久；十十，千张干子豆腐长乐集。"

撮镇以南、长乐集周边和长临河镇境内的区域，多为民籍移民所占有，这些村庄的名字带着明显的时代烙印，是巢湖北岸最早的移民之一。

巢湖北岸村又有牛官（关）堡和六家畈两大空间分布。

牛官（关）堡牛氏的兴起，源于一次变故。据牛官（关）堡《牛氏族谱》记载，牛官（关）堡牛氏始祖牛玉璞，自宋代以来世居宁国府，有良田千顷，富甲一方。牛玉璞公兄弟九人，他排行第六，德才兼备，文武双全，行侠仗义，慷慨豪爽，济贫帮困，广交豪杰，是当时屈指可数的武林高手文人墨客之一，江湖中人借"牛"谐音"六"，称此公为"六湘子"。

元末天下大乱，民不聊生，社会上广泛流传着"明王出世，普度众生"的说法，北方的白莲教也在进行同样的宣传。江湖上的"六湘子"牛玉璞在走遍了淮西的名都大邑，接触过各地的风土人情后，对于元末的乱世有着极为深刻的认知，潜心积蓄自己的实力等待时机。

1351 年 5 月，韩山童、刘福通在颍州揭竿而起，士兵们头裹红巾，号称"红巾军"，并推韩山童为明王。红巾军起义犹如燎原之火，迅速在大江南北蔓延开来。在短短一年时间里，看似强大的元帝国就发生了几十起暴动，数百万人参加了起义军。"六湘子"牛玉璞立刻响应。

在宋代，宣城是仅次于南京的江南重镇，是孝宗皇帝的出生地，是诞生帝王的风水宝地。元代时宣城是朝廷倚重的糟粮征收地。宣城的"六湘子"行侠仗义，接应义军，但很快被奸人到朝廷举报他通红巾军，"六湘子"被朝廷追杀，夫人戈氏连夜带上关保、官保、召保三子逃亡，隐姓埋名，将"牛"（niú）说成"尤"（yóu），现虽用牛姓，读音仍为"yóu"，在全国实属少见。他们从芜湖辗转来到巢湖岸边，面对巢湖一带土地肥沃，民风淳厚，从施口上岸，找到一处居住地（现王会堡村）。

①牛官堡后代
②牛官堡老民宅内部结构
③牛官堡老屋门环
④牛官堡老屋门闩
⑤⑥牛官堡老屋内器具
⑦牛官堡老屋窗棂

牛徐村乡景

　　关保、官保、召保后另建家园牛家疃，是巢湖北岸最早的村落。明洪武年间有徐姓移民在牛家疃前场建房落户，牛徐二姓家族长期和睦相处，牛家疃后改称牛徐集（今牛徐村）。五代后牛氏人丁兴旺，子孙众多，以牛官（关）堡为名新建村落先后分布于周围相邻处，现存有牛徐村、双陡门（牛家村）、梅龙坝牛家、程家岗牛、王大郢牛、溪西牛、小牛村、庙前牛、中份牛、井份牛、小郢牛、三家牛、涧埂牛、姚牛墩、牛中户等，形成了一个"卫星"聚落。随后，巢湖北岸这一带才有了淝水牛氏以"牛官（关）堡"为总称的出现。长子关保、次子官保永留于此，开枝散叶。三子召保则频繁迁徙至河南、山东等地。

　　据六家畈《吴氏族谱》记载，宋宝庆年间（1225～1227年），六家畈吴氏一世祖吴七三从宣城迁来，居"岩山北麓"。"七三公，读书乐道，不求闻达，举孝廉，累召不仕，由宣城而隐居合肥东乡。"岩山即今茶壶山。茶壶山北有一巨石，形如茶壶，壶嘴终年滴水，遥对吴氏宗祠大门，吴氏族人称之为"风水"。民国时期，外姓将壶嘴敲坏，滴水从此终止，引起两姓族人严重纠纷，经乡绅多次调解，对方赔礼，事态才息。

　　吴七三生子吴再三，吴再三生六子：吴兴三、吴兴七、吴兴十、吴富二、吴富四、吴富六，以六子名其地曰：六家畈。六家畈素有"三岗六份"之称，"三岗"是席家岗、汪家岗、枣林岗，"六份"是大官份、小官份、前份、后份、东份和山石份。随着人口发展和迁移，分布较广，仅在六家畈周边，就有洼地吴、河西吴、鸡鸣山、上塘堰、下塘堰、笏山臧、吴尚楼、小徐村、

358

大徐村、荒塘堰、小吴村、陶王村、吴大海等村，肥东县内其他地区和安徽省内外都有分布，约有4000多名六家畈吴氏后代居住海外。据不完全统计，吴七三的后人总人数约20多万人。

牛官堡地灵人杰，一门双举人留下佳话。牛良策，中字辈，清光绪年间文举人，庐州府东乡牛官堡人。牛良图，中字辈，清光绪年间武举人，庐州府东乡牛官堡人。清同治年间牛官堡贡生更是层出迭现，有牛进业、牛从九、牛玉美、牛家业、牛家学、牛耆民、牛家礼、牛家宽、牛冠成、牛家隆、牛家祥、牛朝志、牛从宽、牛广元、牛富金等。到了解放后，历任长临河所属大队党支部书记、党总支书记就有牛中鑫、牛和明、牛善朴、牛和耀、牛和付、牛进孝、牛进炎、牛中权、牛中环（女）。

无论是在文献还是口述记录中，巢湖北岸的江西移民都占据了较大比重。移民的起源多集中于"瓦屑坝"。瓦屑坝是鄱阳湖边一个古老的水运码头。瓦屑坝位于今江西省鄱阳县莲湖乡，现地名叫"瓦燮"。这个小小的码头，是江淮之间安庆、庐州等地许多江西移民所认同的发源地。许多著名人物如李鸿章、段祺瑞、张树声、张英、张治中、刘铭传等也都出生于瓦屑坝移民的家庭。

饶州府属各县的外迁人口沿昌江、乐安河（婺水）及其众多的支流顺流而下，出饶州府城后，在鄱阳湖边的瓦屑坝集中，然后登舟北上。到达湖口后，多数人就近在安庆府属各县定居，少数人或溯长江而上，迁入湖广（今湖北省），或顺长江而下，迁往安徽及其他省份。

1368年，朱元璋建立了大明王朝。为了治理国家，朱元璋制定和颁布了一系列恢复生产和发展的措施。这其中最重要的一条，就是对因战乱、灾荒逃离，人口锐减的地区进行大移民。于是，饶州三十万移民从鄱阳县莲湖乡瓦屑坝出发，迁徙到湖北、安徽，莲湖乡瓦屑坝成为明代江南最大的移民集散地。

江西移民主要分布的村落有王赤壁、王会堡、刘寿大、王宗二、罗胜四、万受益等。它们集中分布于长临河镇西部的沿湖地区，和皖南移民十分集中的疃相联系。

　　巢湖北岸移民人口的发展，与 16 世纪后半期中国引进的美洲大陆产的玉米、马铃薯、红薯有关。这是继宋朝引进占城大米之后的第二次农业革命，为 18 世纪人口骤增提供了粮食保障。

　　玉米、马铃薯经缅甸传入云南，红薯稍晚才传入。安徽比周边的湖北、湖南、山东等地种植红薯都要晚，乾隆后期，地方官员在普及种植红薯方面发挥了巨大的作用。外来作物在山地的斜坡或者荒地上种植，这些地方都是水稻、小麦等农作物无法生长的空闲地。因为与主要农作物不存在竞争，所以并没有改变过去的农业体系，只是增加了粮食的供给量。巢湖北岸的坡地种满了红薯，这里过年正月初二吃的名小吃——糊粉，就是红薯粉做的。

《饮水思源》千字碑

①②糊粉

③④明代洪武牛官堡古井

巢湖北岸民风淳朴，文化厚重，是淝水牛氏家族发祥的风水宝地，人居于此心境淡然，延年益寿。这里 90 岁以上牛氏老人就有牛进珍（生于 1922 年）、牛中贵（生于 1925 年）、牛少方（生于 1926 年）、牛中英（生于 1926 年）、牛进丘（生于 1926 年）、牛中金（生于 1926 年）、牛进英（生于 1927 年）、牛和森（生于 1927 年）……

牛官堡两口古井是历史的见证者，相距 500 米的姐妹古井，相互守望 600 多年。井台上的绳印，就是村落的年轮，上面有沧桑，有欢乐，也有泪痕。水井周围用青板石铺盖，刮风下雨也不怕滑倒，边上有放扁担的长条石。井边缘深浅凹凸的锯齿状绳索印迹，是悠悠岁月多少代人使用的见证。井水知人冷暖。古井的水冬天用之不冻手，夏天用之则清凉。无论是饮用、洗漱、灌溉，还是防火，井水滋养、哺育、保护了一代又一代淝水牛氏后人。

如今，几百年过去了，那甘冽清凉的井水依旧在汩汩地流动，经历过世事沧桑、时代变迁，牛官堡古井始终默默地护佑着牛官堡人。牛官堡古井文化遗产，是祖先留下来的珍贵财富，无论牛姓一脉走向哪里，古井都用它的方式陪牛官堡人书写着历史。

牛门洪拳的传承人

牛官堡乃安徽省肥东县巢湖之滨的一个村，是由十几个自然村组成的。在新中国成立之前，提到安徽合肥城郊长临河牛官堡，人们自然联想到这一武术之乡，有牛门洪拳及牛官堡武狮，合肥县志也曾记载这个合肥地区大名鼎鼎的武术之乡牛官堡。

牛官堡牛氏武功源远流长，起源于始祖牛玉璞。牛玉璞兄弟九人，他排行第六，文武双全，行侠仗义，江湖中借"牛"谐音"六"，称此公为"六湘子"。

江湖上的"六湘子"牛玉璞对于元末的乱世有着极为深刻的认知，他精于武术，每天天不亮就带着三个儿子关保、官保、召保练习武功，召保还学会了观测气象看风水。后来因奸人告密，"六湘子"反元暴露被杀，三个儿子护着母亲来到了巢湖北岸，开创出一片天地，武功也由此作为传家宝，代代传承，发扬光大。

牛官堡人人喜爱武术，爱好武狮。清末民初时期，牛官堡先后出现两位德技双绝的武林高手，一位是牛瀚章，另一位是牛洪川。两位大师晚年返乡，设馆授徒，最后形成今天的"牛官堡武术"和"牛门洪拳"。

牛瀚章15岁时外出再投高人。牛瀚章返乡时已练就"铁布衫""金钟罩"之功。尤以铁砂掌见长。主要以保镖为生，活跃在南北镖局。后参加太平军，先是从军报国，其后闯荡江湖，因德高望重，故乡人都尊称他"牛三教师"。他综合百家之长，自创大洪拳、小洪拳、十路谭腿、青（擒）龙手等拳法套路，并在小郢牛、中份牛村形成一个支流。

牛洪川乃牛瀚章之侄，自幼拜在牛瀚章门下，后随慧云大师云游江湖，拜师学艺，练就浑身解数与上乘轻功，可踏雪无痕、过水无纹，屋上行走如履平地。牛洪川一生劫富济贫，扶危救困，名扬大江南北，清末有"江淮大侠"

之美誉。洪川年近天命时返乡，在牛三教师所教拳术的基础上，结合自己几十年的学武心得，创立了大、小洪拳（小手）、四门拳、水浒拳、八极拳等拳术套路与八卦游龙剑、六趟刀、杆子棍、齐眉棍、板凳花、春秋大刀等兵械套路，在庙前牛村形成一个支流。后来，又经两代人的互相切磋、增有补无，两个支流合二为一，形成了今天的牛门洪拳。牛瀚章、牛洪川叔侄二人乃牛门洪拳创始人。

牛善平先生是中份牛村人，牛门洪拳第二代传人。为人豪爽，秉性耿直，曾任芜湖大华饭店副经理（实则保镖），在沿江一带赫赫有名。20世纪50年代中期上海市武协著名武术家王子平先生曾两次致函邀请他去上海武协工作，因时势之由未能如愿，此乃牛门洪拳一大憾事。牛善平先生的得意门生有其子牛进瑞、其侄牛进泉和牛徐村的牛求毅、牛求峰、牛中照等人。

牛善璧先生是庙前牛村人，牛门洪拳第二代传人。为人忠厚善良，德高望重，乡邻尊称他"璧二爷"，他深得洪川大师真传，一生以农耕、授武和行医为生，在长临河和长乐集一带家喻户晓，妇孺皆知。善璧先生先后在长乐、撮镇、梁园、肥西等地开馆授徒，其子牛进康、牛进玉，族侄牛进常、牛进一、牛进龙、牛和炳、牛怀清等人均得其真传。

牛青阳先生是巢湖岸边长临河牛官堡人，族叔牛洪川亲授他一身气功，踏雪无痕，过水无纹。牛青阳的妻子是梁园人，他便在梁园镇上开设了牛门洪拳武馆。红军将领柯武东在梁园牛门洪拳武馆得到牛青阳先生牛门洪拳的真传。柯武东是红军杰出将领，安徽地区优秀的革命儿女，我党早期历史上第一个以人名替代地名以示纪念的革命英雄。1905年10月，柯武东出生于肥东县梁园镇梁园社区一个农民家庭，长大后奔走于芜湖、合肥、凤阳等地，从事学生运动，后参加革命，并加入中国共产党，曾参加过湖南平江起义。

牛庆三先生是三家牛村人，牛门洪拳第二代传人，早年在长乐集从事米行生计，一生酷爱武术，洪川大师是其良师益友。庆三先生对后辈练武传承寄予厚望，经常鼓励弟子，最为难得的是他在临终前将自己珍藏的洪川大师所传的《武术秘籍》手抄本共三册授予其侄孙牛和厚。

牛进泉先生是中份牛村人，牛门洪拳第三代传人，自幼师从牛善平习武，传其子牛中华。1926年牛进泉到三友实业社毛巾总厂务工，牛官堡村也跟去了20多人，牛进泉一边务工，一边拜高人为师，研练武术精髓，同时，也收了不少徒弟。1931年，牛进泉将前来三友实业社作乱的日本浪人打翻在地，后市民声援牛进泉见义勇为，抗议日本浪人的暴行，最终厂方出面协调平息了事态。

牛进康先生是庙前牛村人，牛善璧之子，牛门洪拳第三代传人，深得其父真传。先生文武全才，博学好问，任小学校长多年，他一面教书，一面教武。先生谦虚好学，为人正直，拜访过牛善平、牛庆三、牛进瑞、牛进泉、牛进常先生等多位牛氏武术名人。牛进康先生对牛门洪拳和牛官堡武狮的发展传承都做出了巨大的贡献。牛进康先生门生众多，练得好的有牛和厚、牛中平、牛和发、牛中炳、曹瑞安、王为安等人。

牛进常先生是庙前牛村人，牛门洪拳第三代传人，是牛善璧先生之高足，精通大小洪拳。先生一生积德行善，谦恭待人，文能通古说今，武能登台献技。其子牛中权，族侄牛和厚、牛中平等人均得其真传。在上海的牛忠福、牛忠仁、张智才、万家胜、包开安等人先后拜在他的门下。

20世纪60年代中期，牛门洪拳传承人牛进常在引翔港的1925弄空场教孩子们打拳练功。牛门的子侄辈都参加了练武，其他姓的男孩也都高兴地加入进来，一度多达三四十人。牛进常非常认真地传授牛门洪拳的精髓。这对于孩子们身体素质的增强有明显的好处。牛进常在引翔港武术界人品口碑极好，对牛门洪拳在引翔港的传承发展竭尽全力，其影响力不限于引翔港，至今牛官堡家乡，上海的沪东、沪西练武的同乡人仍时常怀念他，牛进常可谓武功高强，德高望重。

这些练武的孩子们，真正能常年坚持的是牛忠福、牛忠仁、张智才、万家胜、黎邦品、牛忠锁、包开安、牛忠云等，他们在牛进常门下学习了十路弹腿、大小洪拳、青（擒）龙手、长拳、四门拳。据长辈们讲，牛进常还有一路水浒拳没传下来，这也是牛门洪拳的精华套路，一百单八式，按水泊梁山一百单八将名称所取（包开安回忆）。

牛和炳是庙前牛村人，牛门洪拳第三代传人，国家武术一级裁判员，自幼师从牛善璧习武，深得其真传。解放初期在上海江南造船厂工作。创立浦

①牛洪川家族照
②族谱上的牛氏宗祠图
③牛氏后代合影
④牛门洪拳第四代传人牛和厚

振兴中华武学
强健自身体魄

东国术馆任馆长，后任顾问直至晚年。他曾同武术大师王子平、海澄法师切磋过武技，他的得意弟子奚潘良在上海创立武功体疗院，颇有声望。

牛进一是庙前牛村人，牛门洪拳第三代传人，曾在长乐设馆授徒，其子牛涛得其真传。

牛安如，牛官堡梅龙坝人，"斧头帮"创始人之一，王亚樵"八大金刚"之一，自幼习武，第二代牛门洪拳传承人牛善平高徒。民国初期在上海、武汉、南京、合肥等地多次参加王亚樵领导的暗杀国民政府要员、除奸抗日活动。

费瘸子，长临河人，斧头帮成员，牛门洪拳练得炉火纯青，另有辫子功绝技，在关键时刻，辫子能置对手于死地。

牛和甫，牛官堡牛墩村人，斧头帮成员，民国时期引翔港松潘路一带武功高人，牛门洪拳第二代传人牛善平弟子。

牛和道，牛官堡牛墩村人，斧头帮成员，民国时期引翔港公共租界有名的武功高人，从小在牛官堡随牛门洪拳第二代传人牛善平大师修炼大小洪拳、水浒拳等。

牛自重，牛官堡牛徐村人，斧头帮成员，自幼学习牛门洪拳，后随牛善平大师习武练功多年。

吴云礼，六家畈人，淮军将领后人。牛门洪拳精湛，师从长临河李家瞳李振邦大师，在引翔港马玉山路（今双阳路）开设跌打损伤诊所。

牛和厚是庙前牛村人，师从牛进康，牛门洪拳第四代传人，其先后在长临河、撮镇、湖南湘潭创办洪川武馆，门下弟子众多，其子牛毅、牛然，以及付章翠、汪礼劲等人今时今日仍在为牛门洪拳和牛官堡武狮的传承努力奋斗，孜孜不倦。

牛忠福，出生在上海引翔港，祖籍合肥长临河牛官堡，是上海牛门洪拳的代表人物。牛忠福二伯牛进常是牛门洪拳第三代传承人，牛忠福自幼随二伯练武，辈分属牛门洪拳的第四代真传高徒。其洪拳、少林、华拳及刀枪棍棒无所不能，为引翔港古镇武术第一人。

王少龙（肥东长乐集王隆二村人）、王邦才（长临河王福益村人）二人是 20 世纪五六十年代引翔港习武的代表人物。

王文爱，合肥国术馆长吴重光弟子，曾获安徽省刀术亚军，在引翔港播传少林石头拳曦阳掌。

牛忠仁，拜在牛门洪拳第三代传承人牛进常堂叔门下，深得其真传，大洪拳、小洪拳精湛。

牛忠琐，拜在牛进常门下，多年习武练功，大小洪拳精湛。

万家胜，师从牛进常，拳法娴熟，得真传。

包开安，先随牛忠福练洪拳，后又随上海心意六合拳名家于化龙老师练心意拳，为于化龙入室弟子。

王新民，王邦才堂侄，幼时曾随王邦才习练牛门洪拳，后又练陈式太极拳，历经磨难终成正果，是当下杨浦区一带练武者中难得人才。

牛进义（牛官堡人）、牛和炳（牛官堡人）、王立本（长临河六家畈王信一村人）、王培信（王老七，长临河施口人）、王朝荣（肥东长乐集人）、武大鼻子（真名不详）、张泽民（长临河张胜吾村人）……解放前，他们在沪东引翔港区域都是武术高人，对推动牛门洪拳在上海的发展都起到了积极的作用。

值得一提的是引翔港牛善金，1888年生，江湖人称"麻六爷"，牛官堡人，武功高强，深藏不露，早年间曾给在浙江当官的堂哥做保镖。牛善金直生得虎背熊腰，骨骼奇伟，幼年随牛门洪拳大师牛洪川习武，经数年锤炼，成为了洪拳高手，武功了得，手拿一杆硕大的烟枪。烟枪是镔铁打造的，偌大的烟袋窝子鸭蛋大小，这烟袋杆子是他的兵器。

为了生计，牛善金年轻时就给富商名号押运保镖，常年行走于安徽、山东、

牛官堡后生晨练牛门洪拳

牛善金江湖人称"独行大侠麻六爷"，20世纪30年代在引翔港现渭南路居住，此路在松潘路旁，图为渭南路貌

江苏、上海一带，押镖行货从未失手。由于打斗手段毒辣，又小时得过天花，脸上落下麻点，家中排行老六，故江湖人称"牛六麻子"，山东人称"麻六爷"。

其堂兄牛善谟去嘉善任县长，因嘉善县境内出了个飞贼，这恶贼打家劫舍，害人性命，糟蹋良家女子。恶贼武功高强，来去无踪影，官府屡屡出手，捕快多人败于此贼手下。此事闹到省府，浙江民政厅厅长举荐文武兼备、有胆识谋略的牛善谟主政嘉善，实是指望牛善谟能早日铲除此贼，还嘉善百姓一个平安。牛善金正是牛善谟的堂兄弟，牛善谟深知牛善金的人品与功夫，自己去一个陌生的地方当县官，身边必定要有一个能出生入死的自己人做助手，牛善金这次是给堂兄当保镖兼嘉善县衙门捕快班头。真是打虎亲兄弟，上阵父子兵。后来"麻六爷"牛善金不负众望，凭借一身武功与多年闯荡江湖的经验，制服了飞贼，还百姓平安。

牛善金后从嘉善来到上海，曾在沪西和松潘路一带做生意，最后选择了引翔港开机房，纺纱织布。

做生意的"麻六爷"虽然大字不识，但江湖上的门路都清楚，他为人低调，连引翔港的老大王老七都不敢惹他，是个顶天立地的汉子。

牛官堡武狮

武狮是我国民间传统体育活动之一，牛官堡武狮活动源远流长，历久不衰。据传清末年间即有祖辈开展此项活动，人们喜欢舞狮，懂得欣赏，乐于评论。每逢佳节庆典之际，只要狮鼓一响，城镇乡村远近十几里的人们便扶老携幼，一起赶来观赏，表演场地被围得水泄不通，欢呼声、喝彩声、鞭炮声此起彼伏，欢庆场面热闹非凡。

就狮子头面外表来说，大体可分两类，即毛头狮和板头狮，又有红面、黑面、金面彩狮之分，而牛官堡世代相传的是金面板头彩狮，俗称"瑞狮"，内含吉祥之意，以其丽色英姿、体态雄艳、神形威武为特色，显示其祥和、庄重、神奇飘逸。

牛官堡武狮造型以神态逼真、形象生动、灵活勇猛著称。与其他地方狮子相比，有所不同。一般狮子是高架狮子（站着舞），而牛官堡狮子是俯身低架（卧着舞）。在内容结构、套路编排、步法神态、造型设计、动作规范、表现技巧及技术风格上极为讲究，因此，牛官堡武狮在表演时无不体现出武术风格。舞狮时又配以有节奏的锣、鼓、乐队的声势，使观者赏心悦目、精神振奋。

牛官堡武狮最具地方特色的是狮子皮，它是由本村百姓自发缝制的类似飘带的那种，狮皮上面都注上自家宝宝的姓名（即信士某某某赠牛官堡武狮），象征着宝宝一生平安、吉祥如意。这是全国众多的武狮狮皮中绝无仅有的。

武狮表演分二虎巡山、拜门领香（俗称"拜门子"）、摆场等多种内容，而最为精彩的是武狮跳高台——这是用十三张大方桌叠成三层（又名九宫十三台）。表演时，狮子需穿越九宫，登上高台，最后随着引球人导跳，狮子便从三层桌子上腾空跳降。此项内容难度较大，动作惊险，技巧性强，堪称牛官堡武狮一绝。

①②③牛官堡武狮

武狮表演时，十分讲究步法，其特点是轻而稳。步法有跨、跳、跃、闪、滚、腾等。这些动作，还要模仿狮子做出扑、跃、剪、翻等神韵，在锣鼓的配合下，在灯火的映衬下，给人一种神气活现之感。

舞狮队按传统，配备舞狮组、锣鼓组、灯火组、乐队组（笛子）、武术组，每组成员约三十人，外出集会时需 150～200 人出场。

牛官堡武狮与武术同步传承，主要是武术前辈牛瀚章（号牛三教师）、牛洪川（号江淮大侠）、牛善璧、牛善平、牛进康等老一辈武术家一代一代传下来的。

解放前与中华人民共和国成立初期，庙前牛和中份牛都有舞狮习俗，而且声势浩大、远近闻名，声振合肥东乡。20 世纪 50 年代中期，就只有庙前牛村在老武术家牛进康先生的率领下，分别于 1953 年、1958 年举行过两次，当时是单狮子。这以后就停了近三十年。眼看这民间艺术几乎要失传了，幸逢 1984 年春节安徽省举办首届庐州灯会，县、乡、大队三级政府出资，由牛和明（书记）、牛中权（副主任）、牛进一、牛进全、牛和福、牛中信、牛和志等人组织，牛进康及弟子牛和厚、牛和发、牛中平等指导舞狮演练，并大胆创新，由原先的单狮发展成双狮，才再一次重现民间瑰宝。

"牛官堡武狮"于 2013 年被列入合肥市第四批非物质文化遗产名录。

牛官堡武狮

从武术到国术

　　鸦片战争以后，随着武术生存的社会基础逐渐销蚀，传统武术也开始发生变化。这些变化最集中地体现在清末民初的国术改良运动中，大众认为经过这场运动，植根于传统农耕生活的传统武术已经逐渐转化为适应现代城市生活的新的体育方式，但同时也造成了武术运动的分裂。

　　20世纪开始，一直到今天，一百多年中，中国武术经历了两次转型，今天所谓近代武术和现代武术，也就是在这一百多年中完成的。

　　从辛亥革命开始到新中国成立以前这一段，近代武术呈现出几个时代特征。19世纪中叶，西方列强靠着洋枪大炮，轰开了中国的大门，在这个过程中，西方体育也逐渐在中国得到了发展。与此同时，20世纪初期，义和团运动的失败，以及武举制的废除，标志了传统军事武艺的历史终结，也预示着中华武术由此走入了一个新的历史时期。

牛门洪拳冷兵器

近代武术呈现的第一个特征，就是武术进入学校。辛亥革命以后的中国依然面临着内政腐败、外强入侵的严峻局面，当时很多人为了改善这种状况，纷纷提出了他们不同的主张。有的人认为，国势衰微，必先谋取种族强盛。在这种背景下，清末民初，武术作为一种强国手段被推向学校。这种推广当时在全国一些大中城市中普及开来，一些社会人士提出要把武术列为学校的正式课程。1918 年由教育部召开的全国中小学会议上，要求全国中学一定要习练武术。这标志着此前一直在乡土社会延传的武术正式进入了学校。当然因为种种原因，武术在当时学校的开展是不平衡的。民国年间，学校武术教师的来源大致有三种：第一就是从民间习武群体中选拔出的拳师；第二是从当时社会上一些武术社会团体中聘请教师；第三就是由各级武术学校、体育学校培养出来的学生充当老师。这一情况反映了民国时期武术师资结构的基本状况。当时成立的体育师范院系，比如以武术为重点的体育师范学校——国力国术体育专科学校，就承担了培养武术师资的任务。武术走入学校，成为民国时期武术发展的第一个特征。

牛氏后代习武

　　第二个特征，政府要员和社会名流提倡武术。在清代，除了义和团运动时期，以慈禧太后为首的统治集团，为了利用义和团的力量达到某种政治目的，曾经一度提倡过义和团的习武以外，可以说历朝统治者都把习练武术看成图谋不轨的刁民之举而严加禁止。而这在民国有很大的变化，孙中山等人都提倡过武术，除此以外，还有很多社会名人对武术倍加推崇，其中还有人直接参与到习武中去。这就使得原来仅限于乡土社会的武术活动范围发生了很大的变化。比如辛亥革命以前，孙中山就与以习武为一大特征的会党天地会有着密切的关系。所以，他很了解武术的价值和作用。当精武体育会成立十周年之际，孙中山欣然为该会的《精武本纪》作序，并且还亲自题写了"尚武精神"的字幅。国民党刚上台不久，就有一大批政治人物，包括社会名流，联名写信给国民政府，要求把武术改称为"国术"，其发起人中有宋子文、孔祥熙、蔡元培等。另外，国民党政府为了加强对武术活动的管制，他们深知非用国家政治力量不可，因而，国民党政府就建立起了以中央国术馆为代表的官方国术馆组织系统，根据国术馆组织规定，地方上的各级国术馆馆长之职，当由政府首脑兼任，或者由推介的人担任。这也是国民党政府和北洋政府对待武术活动的一大区别。

武馆里的孩子练得热火朝天

　　民国时期武术发展的第三个特征是，先后建立了两大武术组织系统，这两大武术组织系统的第一类是以中央国术馆为代表的各级国术馆组织系统，武术活动的组织化是近代武术转型中的一个显著特征，这种组织化已经完全不同于前代那种以家族、授徒或者秘密结社为主要途径的方式。中央国术馆成立于 1927 年，抗日战争爆发以后，中央国术馆迁出南京，途经长沙、桂林、昆明，1940 年迁至重庆，抗战胜利以后又迁回南京。但由于经济无着，于 1948 年解散。中央国术馆以提倡中国武术，增进全民健康为宗旨。在 1929 年制定的中央国术馆组织大纲第一条中就明确表述：中央国术馆以提倡中国武术，增进全民健康为宗旨。它的目的是提倡武术，增进全民健康。它的任务是什么呢？中央国术馆组织大纲的第二条中写道：一、研究中国武术与体育；二、教授中国武术与体育；三、编著中国国术及其他武术图书；四、管理国术事宜。除此以外，各省、市、县也纷纷按照国术馆组织大纲，相继成立了省、市、县、各级地方国术馆机构。据统计，1933 年年底，全国已经成立的地方国术馆有 24 个，各级地县国术馆 300 多个，有的地方还成立了区国术社，从而形成了一个自上而下、层层相连的国术馆组织系统。这是中央国术馆，政府方面的组织系统。第二类是民间武术团体的组建。民国时期，社会上各类民间武术团体的成立，也是近代武术组织发展的又一个重要方面。早在辛亥革命以前，社会上已经出现了一些武术民间团体，比如说上海的精武体育会、天津的中华武师会等。辛亥革命以后，全国各地的武术群众团体发展更快，尤其是在一些大中城市，这些由民间自发成立的武术组织给当时武术的传承、沿袭发挥了相当大的积极作用，其中以精武会的影响最大。

　　当时上海市国术馆邀请牛门洪拳传人到馆任教，洪拳传承人因为种种原因未能到任，而家乡附近镇子上的武馆热火朝天，有教无类，牛门洪拳得以延续，直到中华人民共和国成立。

三、沪东工人运动

·

耶松船厂的罢工

·

1868 年，发生上海引翔境内工人首次罢工行动，开创了中国史上首次工人自己组织起来争取工人正当权益的罢工先河。

耶松船厂旧址位于东大名路 388 号，成立于 1865 年，是上海最早的西方船舶修造厂之一。耶松船厂长期租用虹口老船坞为修造厂。19 世纪 80 年代，就能制造出 2000 吨级的火轮船。19 世纪后期，耶松船厂收购和丰船厂、引翔港船坞等数家船厂。1900 年与祥生船厂合并。20 世纪初，接受上海浦浚局委托制造"灯船"（用于航标灯）和安装航标灯。1936 年，与瑞镕船厂合并为"英联船坞有限公司"，即"英联船厂"，成为当时中国最大的船舶修造厂，即后来的上海船厂。耶松船厂旧址建于 1908 年，砖混结构五层，坐东朝西。西面的中部作塔楼造型，顶部塔亭四角设计为绿色琉璃瓦翘檐。窗上部有扁圆券，窗楣上有弧券装饰。1994 年 2 月 15 日，耶松船厂旧址被公布为上海市优秀历史建筑。

"不发工资，我们就不上工！"1879 年的夏天，丁金生带着耶松船厂的几十名船工，顶着烈日，停工抗议。凭着先进的机器和大批娴熟的工匠，耶松船厂规模迅速扩张，业务触角也越伸越远……后来资方船厂召集几十号人前往山东郓城，在洋面上拆卸轮船。这工作强度高，路途又远，工人本不愿去，厂方便派徐阿林出面，向他们允诺先给每人 300 块大洋，上工后，每天再支付半块。工钱诱人，大伙这才肯辗转至此，顶着风浪作业。活儿一天天干着，工钱却是一天天欠着。几十天过去，到手的却只有 5 块大洋，丁金生等人不满，便去找徐阿林理论，不料却吃了闭门羹。工人们一商议，索性告到郓城的衙门去，不发工资就不上工。衙门惊堂木一响，担心事情闹大的徐阿林赶紧找借口，说工钱会给，但得等回到上海。

没想到等回到了上海，耶松船厂翻脸翻得比谁都快，还倒打一耙，以停工为由，要扣工人的工钱。这一次，丁金生一行联名上诉，把耶松船厂告到了英国审员那里。"该匠等出洋做工，极其辛苦……应议薄罚，毋庸究办。"所幸英国审员站在了工人一边，要求耶松船厂方结清拖欠的工钱，并支付工人来往路费。此次罢工通过正常程序获得了胜利，是引翔史上，乃至中国史上工人们第一次靠自己的力量，团结起来，长时间艰苦抗争赢得的胜利。之后的几十年里出现了无数个像丁金生那样的工人，他们在上海中共地下党的领导下，前仆后继，挺起民族的脊梁，在我国工人运动史上写下了一个又一个可歌可颂的光辉篇章。

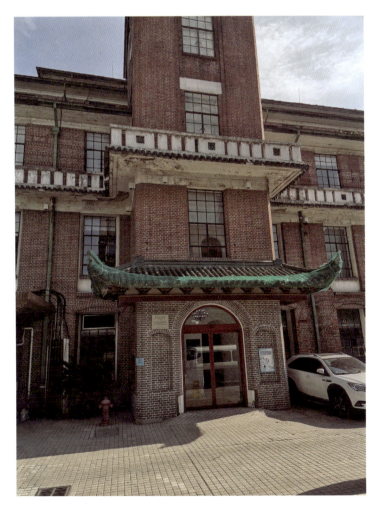

东大名路 388 号的耶松船厂，成立于 1865 年，是上海最早的西方船舶修造厂之一

上海工人纠察队

　　工人纠察队是上海总工会领导下的工人武装组织。

　　1925 年上海工人运动不断高涨，"五卅运动"中，上海总工会因帝国主义收买流氓冲砸会所，为保卫自己而组织了上海工人纠察队，当时该队有120 人，武器为木棒。1926 年上海工人准备武装起义以后，上海工人纠察队进行了重新的组织，人数扩大为 2000 余人，有火器百余支。同年 10 月上海工人第一次起义失败后，纠察队员重新进行了组织和训练，于 1927 年 2 月和 3 月两次进行起义，纠察队内设有总指挥部、区队、大队、中队和小队。到第三次起义时，人员已达 5000 余。第三次起义中，上海工人纠察队全部占领上海，缴获了 4000 余支枪支。利用这些武器，上海纠察队建立起有 2800 人的武装，分布在上海各区，执行着保卫工会组织和革命政权的任务。

　　蒋介石进驻上海后，把这支武装视为心腹之患，首先在检阅上海工人纠

上海工人纠察队

察队时，送去锦旗，麻痹工人群众，然后又组织了中华共进会和上海工界联合会等流氓组织与上海工人纠察队对抗。

很快，蒋介石与白崇禧就策划了"四一二"反革命政变，矛头首指武装工人纠察队。1927年4月12日凌晨，守卫上海总工会总部湖州会馆的工人纠察队，突然看到几辆大卡车呼啸而来，从卡车上跳下了数百名身穿工装裤、臂戴"工"字袖章的共进会会员（共进会是上海青帮组织），一个个荷枪实弹，向湖州会馆猛扑过来。此时在总工会值班的是中共闸北部委书记郭伯和，闻讯赶到门口，他想起昨天刚刚接到工人纠察总指挥部关于加强戒严的紧急通知，立即命令在场的工友关闭大门，退到门楼上。共进会会员见工人退进了大门，举起枪对准撤退的工人乱射，一时枪声四起，这尖利的枪声，揭开了"四一二"屠杀的序幕……这时顾顺章正在商务印书馆俱乐部，这里是上海工人纠察队总部所在地。他一听到湖州会馆枪声大作，顿时心急如焚，于是便匆匆忙忙带了一个分队的纠察队员向湖州会馆赶去。顾顺章赶到湖州会馆，指挥工人纠察队还击，很快就压制住了共进会的流氓武装。这时，路口方向跑来了大约有一个营的北伐军士兵，带队的是二十六军第二师五团团

训练中的上海工人纠察队员

长邢霆如。他向纠察队喊道:"请你们停止射击,我们来为你们缴他们的械。"说完便将共进会会员的枪缴下,并将他们捆绑起来。其实当时上海工人纠察队并没有"报案",也来不及"报案",更不必"报案",因为挟第三次武装起义胜利之威的上海工人纠察队对付一些流氓帮会还是绰绰有余的。但军队来得那么快,这显然是早有预谋。可惜,天真淳朴的上海工人看不出,更想不到披着国民革命军外衣的第二十六军会对他们翻脸不认人。

顾顺章一见共进会被缴枪,顿时大喜,连忙命令工友们打开大门,欢迎北伐军士兵进来休息。全副武装的士兵蜂拥而入,邢霆如脸色一变,大模大样地举着手枪对顾顺章说:"本人奉军令到此来调解工友之间的纠纷,现在共进会的人都已缴了械,为了维护地方治安,请你们工人纠察队也把枪缴出来吧!""不行!枪是我们从军阀手里夺过来的,不能缴。""顾总指挥,请您到二师司令部跑一趟,见我们的师长。"第二师师长斯烈一向被中共认为是左派,顾顺章毫无疑心地随邢团长前往第二师师部。斯烈一见顾顺章,说:"顾总指挥,现在全市枪声四起,上海是国际关注的大都市,一旦外国人插手进来,事情就难办了。现在工人自己发生内讧,白总指挥、周副司令

上海工人武装起义部分史料

为了维持地方治安，不得已才下了这道一律缴械的命令。您放心，总工会在本师管辖之内。一旦事情搞清楚了，所有的枪支弹药全数发还，这一点本师长可以向您担保。还望顾总指挥务必顾全大局。"当时的上海华洋杂处，良莠难分，北伐军维持治安也确有它的难处，为了避免事态扩大，先把枪缴了，以后再说吧。于是顾顺章答应了。

顾顺章和邢团长回到湖州会馆，一进门，也不同郭伯和等人商量，下令正与第二师五团官兵对峙的工人纠察队缴械。当湖州会馆事件发生时，商务印书馆俱乐部也遭到二三百个共进会会员进攻。工人纠察队坚决抵抗，双方僵持着。邢团长与顾顺章又赶到俱乐部。在顾顺章的劝说下，纠察队的枪支弹药也都被收缴了。这时中共军事负责人周恩来在前一天晚上就被斯烈以商议重要事情为由，邀请去第二师师部被扣押了。幸好第二十六军党代表赵舒和斯烈的弟弟斯励（周恩来在黄埔军校时的学生）做工作，周恩来才得以幸免。而上海总工会委员长汪寿华也是同一天晚上被杜月笙请去"赴宴"，却被杀害。第二天上午周恩来被释放出来后，工人纠察队被缴械已成定局，无力回天。枪支被收缴后，上海总工会会所和各区工人纠察队驻所均被占领，

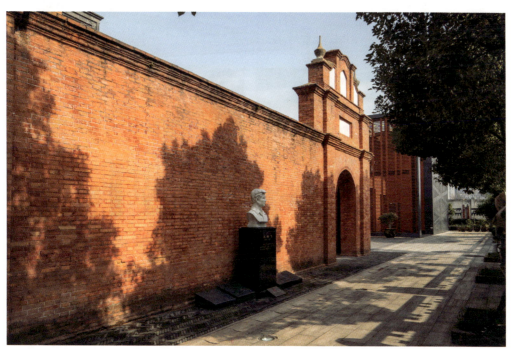

三山会馆古建筑曾是"上海工人第三次武装起义工人纠察队沪南总部"

①②③④⑤⑥中共中央军委机关旧址

争斗中工人纠察队牺牲 120 余人，受伤 180 人。为了抗议血腥暴行，当天，上海各区工人召开了几十万人参加的大会，一致要求：交还工人纠察队的枪械，惩办流氓，肃清反革命等。会后游行示威，并于 4 月 13 日上午 10 时举行总同盟罢工，约有 10 万人整队去二十六军二师司令部请愿。殊不知，这早在国民党反动派的阴谋算计之中。当请愿队伍走到宝山路时，遭到反动军队用机枪猛烈扫射，而上海工人由于枪支被缴，手无寸铁，毫无反抗之力，于是宝山路上血流成河……

4 月 15 日，南京蒋介石国民党右派集团宣布通缉共产党员和国民党左派杰出代表共 197 人，顾顺章名列其中。严峻的形势、血淋淋的教训，使得中共中央对情报和安全保卫工作更加重视了。为保卫党中央的安全，1927 年 11 月，中共在上海建立政治保卫机构——中央特科，鉴于顾顺章的专长，任命他为中央军委委员，负责情报安全保卫工作，由周恩来直接领导。1928 年 11 月，中共中央政治局常委会议决定，成立特务委员会，领导特科的工作。特委由三人组成：中央政治局主席向忠发，中央政治局常委、中央秘书长兼中组部部长周恩来，中央委员、中央军委委员顾顺章。向忠发只是挂名，特科实际上是由周恩来分管，顾顺章是中央特科具体工作的负责人。

顾顺章不仅负责特科的全面工作，又亲临一线参加特科许多重要行动。特科成立后的行动是惩处叛变的军委秘书白鑫。1929 年 8 月 24 日下午 4 时许，由于叛徒出卖，上海英租界工部局的巡捕和国民党公安局的包探，包围了新闸路经远里 12 号——中共中央军委机关秘密所在地，逮捕了正在讨论江苏省军委工作问题的彭湃、杨殷、颜昌颐、邢士贞、张际春等中共重要军事领导。不久彭湃等人被枪决。所幸时任中共中央秘书长兼组织部长的周恩来临时有事未到会，得以幸免。中央特科情报科长陈赓很快通过国民党内部和秘密渠道得到消息：出卖中共中央军委机关的正是军委秘书白鑫。彭湃等人的遇难，激起中共对叛徒白鑫的无比憎恨。周恩来愤怒地对周围的人说："白鑫无耻地叛党投降敌人，其行径令人发指，更使我痛心！"遂责成顾顺章全权负责，马上落实。当时任沪西工人纠察队副队长的宣济民，身手不凡，参加了这次除奸活动，杀死了白鑫这个叛徒，大快人心，令处于白色恐怖笼罩下的上海有了正义的回声。

浦江好儿女王根英

王根英，引翔港人，9岁起在外商纱厂当童工。1925年，她参加"五卅运动"，在斗争中加入中国共产党。1927年4月，王根英作为上海代表，赴武汉参加党的第五次全国代表大会。在此期间，王根英与陈赓相识，并结为夫妻，不久奉命回到上海，在党中央机关担任地下交通工作。陈赓也辗转来到上海，在中共中央特科负责领导情报工作。在异常艰险的环境中，在特殊的秘密战线上，王根英全力掩护和协助陈赓的工作，为党中央提供了许多重要情报，营救了大批被捕的同志，保卫了党中央和中央领导人的安全。

陈赓在战斗中左腿中了三弹，差点死于非命，后辗转多地，历经千难万险，终于回到上海。夫妻相见，王根英既幸福又心疼。在组织的安排下，陈赓在上海著名的牛惠霖骨科医院治疗，王根英尽心尽力，给予陈赓无微不至的照料，保住了陈赓的这条腿。在上海的这一段生活尽管充满风险，但对于陈赓和王根英来说也是幸福的，因为这是他们夫妻这一生在一起生活最长的一段时光，在这里，他们还有了爱情的结晶。1929年，王根英生下他们唯一的儿子陈知非。

1932年，王根英担任全国总工会组织委员、女工部部长，积极组织领导上海工人运动。1933

王根英像

年 12 月，由于叛徒出卖，王根英被捕入狱。在狱中，面对敌人的酷刑和非人的折磨，她坚贞不屈，与帅孟奇等共产党员一起，同敌人进行了艰苦的斗争。

全国抗战爆发后，经党组织营救，王根英被释放出狱。1938 年秋，王根英被调到八路军一二九师供给部财经干部学校任政治指导员。1939 年 3 月 8 日，师供给部和学校驻地遭日军突袭包围。在突围的危急关头，王根英发觉一只装有党内文件和公款的挎包没有带出来，毅然冲回村中去取，路上与日军遭遇，壮烈牺牲，年仅 33 岁。

为了纪念这位浦江好儿女，中共一大会址纪念馆珍藏着王根英烈士的两件文物：一只绣着图案和文字的白布书包和一块邮寄这只书包的包袱皮，这是 1935 年王根英在南京老虎桥狱中寄给自己 6 岁儿子的。而其居住过的房屋，原址位于杨浦区江浦路街道通北路唐山路口通北新村 13 号，1995 年，因周家嘴路辟通工程，旧址被拆，后有关部门在附近的周家嘴路 1888 号，建立了王根英烈士故居遗址纪念碑。

王根英烈士故居遗址纪念碑

张佐臣组织同盟罢工

上海工人来源复杂，分别来自广东、江苏、浙江、安徽等地，由于地域语言及生活习俗各不相同，这些工人以同乡关系结成各种地方帮会。这对工人运动产生了一些影响，这些影响积极的一面，是可以互通声气，联合斗争。

1911 年 8 月，晋昌、长纶、锦华、协和四家丝厂的女工 2000 人举行同盟罢工，联合抗议厂方扣减工资、增加工作时间。1911 年，分散在各个工厂的广东木工匠近 1000 人，因要求增加工资，联合举行了罢工，几乎涉及了上海所有船厂。

这种影响也有消极的一面。例如广东木工发起罢工后，宁波帮的木工非但不参加，反而以比广东木工低的工资，顶替罢工工人上班，使船厂工作继续进行，实际上帮了厂方的忙。1914 年以后同盟性的工人罢工更趋多增，工人们在斗争中组织了类似工会的团体。

1906 年，张佐臣生于浙江省平湖一户贫苦人家，为了谋生，年轻的张佐臣离开家乡，到上海日商大康纱厂做工。1924 年参加了共产党员蔡之华创办的沪东工人"进德会"，懂得了革命道理。不久，他加入中国共产党，走上革命道路。

1925 年 2 月，沪西日商内外棉纱厂工人因抗议日本人殴打中国工人和成批开除工人而举行罢工斗争。中共党组织根据当时形势，决定以此为契机掀起一次工人运动。在沪东日商大康纱厂做工的张佐臣，遵照党组织的决定，利用自己在车间担任记工员的便利条件，广泛联络群众，宣传党的决定。张佐臣和其他几个党员

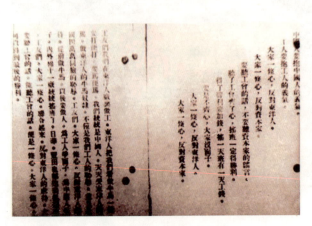

张佐臣在大康纱厂工会散发的传单

编印了号召力很强的《罢工宣言》，在厂内外工人中散发。在张佐臣等人的发动、组织、领导下，大康纱厂的 4000 多名工人在沪东率先发起了支援沪西纱厂工友的罢工斗争。这便是全上海日商纱厂工人的第一次同盟大罢工，史称"二月大罢工"。

张佐臣是沪东工人罢工的实际发动者和组织者。上海日商纱厂工人的同盟大罢工，给日本资本家以沉重的打击，震动了日本国内朝野，日本内外棉株式会社董事武居不得不从日本匆匆来上海处理此事。日本资本家被迫与工人谈判。张佐臣被推举为上海日商纱厂 6 名工人谈判代表之一。在张佐臣等工人代表据理力争下，日本资本家不得不答应工人提出的部分条件。工人的目的基本达到，罢工斗争胜利结束。张佐臣在"二月大罢工"中义无反顾，敢斗敢冲，经受了斗争的考验，显示出他卓越的组织领导才能。

张佐臣

1925 年 5 月，张佐臣被推举为上海工人代表之一，出席了在广州召开的第二次全国劳动大会。回沪后，成为上海总工会筹备会 9 名董事之一。5 月 15 日，为抗议日商纱厂撕毁与中国工人达成的协议，顾正红带领工人群众冲进工厂与之交涉，被日商枪击，后抢救无效牺牲。顾正红被日本工头枪杀后，成立上海日商纱厂临时委员会，张佐臣和刘华、孙良惠被推选为总主任。张佐臣同时兼募捐主任。在召开的万人参加的顾正红追悼大会上，张佐臣担任大会副总指挥，并发表激励工人斗争的演讲。在讲演中，张佐臣带领群众不断高呼"反对东洋资本家枪杀工人""为顾正红烈士报仇"等口号。

在"五卅运动"中，张佐臣以全部身心投入了斗争。1925 年 8 月 20 日，被选为拥有 12 万会员的上海纱厂总工会主要负责人。1925 年 8 月 21 日，被中共中央指定为中共上海区委候补委员，分管群众工作。

1925 年冬，张佐臣在浦东工作期间，开办工人夜校，自任校长和教师，采用讲故事等群众喜闻乐见的形式进行教学，吸引工人来校学习。工人在夜校接受了教育，许多人逐渐成为工会积极分子，纷纷入团入党，勇敢地投入革命洪流中。据 1925 年 11 月 19 日中共浦东部委向中共上海区委的报告，整个浦东地区的中共党员从"五卅"前的 4 名增加到 120 名。

1926 年 5 月，张佐臣在第三次全国劳动大会上当选为中国总工会执委。

1926 年 6 月，张佐臣任中共上海区委委员，分管曹家渡方面的工作。其间，先后在上海总工会第三、第四办事处，中共浦东部委，南市部委以及曹家渡地区负责党和工会的工作。张佐臣深入工人群众中，宣传革命道理，关心工人疾苦，深得工人群众的爱戴。张佐臣虽然只是 20 岁的青年，可工人们都亲切地称他为"张大哥"。张佐臣所到之处，特别重视教育培养工人积极分子，扩大党的队伍。

1926 年 9 月，张佐臣受党派遣作为"得力同志"赴无锡，先后任中共无锡独立支部书记、无锡县委书记、无锡地委书记。在张佐臣的领导下，无锡地区党的力量得到迅速发展，党支部从原来的 5 个发展到 10 个，党员从原来的 50 人发展到 147 人。张佐臣组建了无锡职工委员会，并任主要负责人。张佐臣创建了无锡总工会，任秘书长。张佐臣建立了工人纠察队，有力地支持北伐军进入无锡。张佐臣为无锡、武进、江阴、常州、苏州等地区党组织的壮大和工农运动的发展做出了很大的贡献。

1927 年 6 月 29 日，张佐臣在四川北路横浜桥附近上海总工会秘密机关召开工会组织会议，因叛徒出卖，一队侦探包围了会场，张佐臣、杨培生等人当即被捕，被押解到狄思威路（今溧阳路）巡捕房，当晚移押到枫林桥国民党上海警备司令部军法处。在敌人的魔窟中，张佐臣遭到严刑拷打，但他毫不屈服。他对难友说："革命是会胜利的，你一定要坚持下去。"又说："我已准备牺牲，你们出去后要替我报仇！"面对威武不屈、视死如归的张佐臣，国民党反动派束手无策。

1927 年 7 月 1 日，张佐臣被敌人杀害，年仅 21 岁。

上海纱厂总工会成立代表大会时的摄影

沪东革命活动"大本营"

上海是中国共产党的诞生地，是中国工人阶级的摇篮和中国工人运动的主要发祥地。而杨浦（沪东）是上海工业发展最早、最集中的地区，是上海工人运动的坚强堡垒，也是中国共产党早期开展革命活动的一个大本营。

据沪东党史记载，沪东地区的第一个党组织建立是在 1921 年 7 月中国共产党在上海成立后到 1923 年 7 月前，上级党组织派遣共产党员陈其寿、甄南山、谭国昌、谭子崇在沪东地区开展革命活动，积极发展党组织，吸收有志之士进入革命队伍。

1923 年 7 月 9 日，中共上海地方兼区执行委员会举行第一次会议，会上规定了将按照居住距离的远近，重新划分小组。这一天，沪东地区产生了第一个党组织——中共虹口小组（也称"第四小组"），组长陈其寿，组员有甄南山、方观林、谭国昌、谭子崇、王振一、王荷波、高保民、周耕庐等，共 9 人。

党组织在沪东建立后，即着手组织发展工作，经过党员们的不懈努力，到 1924 年下半年，沪东地区成立了两个党小组，分别是杨树浦小组与南洋烟厂小组，分别为 13 人和 8 人。1925 年 1 月，沪东地区有党员 64 人，是当时上海工人党员最集中的地方。随着国民革命的迅猛发展，根据中共四大党章关于"凡有党员三人以上均得成立一支部"的规定，沪东地区党组织在杨树浦小组的基础上，组建了第一个党支部——中共杨树浦支部，直属上海地委领导，何量澄为负责人，有党员 46 人。沪东地区的杨树浦党支部与南洋烟厂党支部在中央执委与上海地委的领导下，兴办平民夜校，向工人宣传马克思主义思想、传播革命精神，提升了工人的觉悟。顽强英勇的沪东工人在"五卅运动"和上海工人三次武装起义中英勇战斗发挥了重要作用。为配合国民革命军北伐，上海工人在党的领导下相继发动三次武装起义，沉重打

①《申报》等报道上海工人第一次武装
起义

②中共杨树浦部委机关（原长阳路 394
弄 13 号，已拆），周恩来曾亲临并了
解工人武装纠察队的组建与训练情况

③ 1927 年 3 月 21 日，沪东工人在武
装纠察队的带领下出发，投入上海工
人第三次武装起义的战斗

击了帝国主义和军阀的反动统治。

第一次武装起义发动于 1926 年 10 月 24 日。沪东地区党团员在群众中积极活动，新老怡和纱厂、恒丰纱厂等共有 67 人参加起义，杨树浦、引翔港各工厂秘密地组织纠察队、运输队、救护队与别动队。第二次武装起义发动于 1927 年 2 月 19 日，在 19 日的总同盟罢工中，沪东地区参加罢工的工厂有近 20 家，人数达 5 万人。22 日，总同盟罢工转为武装起义，沪东地区2 万名工人参加。第三次武装起义发动于 1927 年 3 月 21 日。沪东地区 15个行业的 32 家工厂、10 万多名工人参加。大革命失败后，上海工人第三次武装起义的胜利果实被窃取，工人运动受到严重挫折。在白色恐怖的笼罩下，沪东工人在中国共产党的领导下进行着顽强不屈的斗争。中共沪东区委日益壮大。

1927 年 6 月上旬，中共江苏省委成立，原属中共上海区委领导的上海市区的各个部委即直接隶属于中共江苏省委领导。1927 年 7 月，中共江苏省委在各市区中首先将原中共沪东部委改建为中共沪东区委，调严凌舟任中共沪东区委书记。中共沪东区委建立后，根据《江苏省委关于沪东区的工作决议案》和各项工作的具体指示，调整和充实了区委的工作机构，健全了组织，增设了军事机构，建立了秘密工作制度和纪律。根据中共中央的决定，邓中夏在参加党的八七会议后于 8 月中旬到达上海，组织成立了新的中共江苏省委。新省委调派刘少猷为中共沪东区委书记，同时进一步调整充实了中共沪东区委，除张之凯（兼组织委员）留任区委委员外，调派万益（兼宣传委员）、王观澜（兼职工委员）、黄超裳（黄藻裳，兼妇女委员）、孙小梧（兼区委秘书）、徐炳根为新的沪东区委委员。同月，共青团沪东区委也恢复重建，由匡亚明任共青团沪东区委书记。

短短几个月，中共沪东区委在刘少猷的领导下，党组织有了较大发展，到 1927 年 11 月初，沪东已有党员四五百人，约占当时上海党员总数的1/4。从 1927 年 8 月开始到 1930 年 2 月，这一阶段，沪东区委下辖党组织的数量和名称变化较大，前后不一，有 25 个支部。它们是：英商电车公司机务部支部、英商电车公司车务部支部、工部局电气新厂支部、英商自来水厂支部、公共汽车支部、黄包车支部、码头支部、恒丰纱厂支部、三新纱厂支部、英商老怡和纱厂支部、英商新怡和纱厂支部、申新纱厂五厂支部、申新纱厂七厂支部、厚生纱厂支部、永安纱厂一厂支部、日商公大纱厂二厂支部、同兴纱厂二厂支部、英美烟厂三厂支部、华成烟厂支部、茂昌蛋厂支部、瑞镕铁厂支部、世界书局支部、泰东书局支部、失业工人支部和警部支部。各支部在十分艰苦的条件下，紧密地团结和依靠工人阶级坚持斗争，使沪东地区的工人运动持续发展。

如 1927 年 9 至 10 月英美烟厂一、二、三厂的 110 天大罢工震惊上海，被称作"除省港罢工之外是中国工运历史上少见的大规模罢工"，尽管斗争失败了，但烟厂工人并没有屈服，在党的领导下，他们持续不断地开展斗争。

现周家嘴路街景

四、血性洪拳人抗日

·

三友抗日义勇军

·

廖大伟在《"九一八"与上海抗战》中写道，"九一八"事变后，上海的工人和广大市民以抵制日货、罢工罢市表明态度，商店不买不卖，不给日本商人提供原材料，码头工人拒绝装卸，一时间日资企业尤其日本纱厂受损严重。

《中国共产党与上海抗战》亦有描述，最先行动起来的是日商码头工人。1931年9月21日，三菱、日邮等日商码头工人举行反日罢工，拒绝为日本船只装卸和搬运货物，迫使满载日货的船只停靠码头无法行动。10月2日，全市各日商码头工人推举代表召开会议，决定组织上海市日商码头工人抗日救国会，与各界民众一致抗日。自9月20日至12月14日，日本在华轮船空停达90万吨，损失6400万日元。

沪东日商纱厂女工退出工厂，参加大罢工

上海淞沪抗战纪念馆里的史料

日商纺织厂是日本在沪的一大支柱产业，当时全市有日厂34家、工人6万多名。为了转嫁损失，日本商人采用解雇工人、延长工时等办法，12月底又决定自1932年1月起全市日商纱厂一律取消每月赏金。

1932年1月8日，沪西日资企业同兴一厂工人首先宣告罢工，随后日华三厂、四厂，喜和一厂、二厂、三厂和公大三厂等日商纱厂相继罢工。至是月中旬，罢工人数达万人，先后成立了罢工委员会和罢工联合会。这次罢工时间长、规模大，使沪西日商纱厂大多陷于瘫痪，在沪日资企业尤其棉纺工业受到了沉重打击

"九一八"事变后，三友实业社毛巾总厂的工人们在中共上海地方党组织的领导下成立了抗日救国会，又组织了三友工人抗日义勇军。厂内有700多名工人参加抗日义勇军，组成了一个营，还聘请了黄埔军校学生杜授田当教官兼营长。义勇军组织健全，营以下设有连、排。参加义勇军的工人自己出钱做了浅灰色的军装，佩戴袖章，用木枪、铅皮刀当作训练武器。他们每天凌晨4点起床，操练两小时后上工。班长以上的干部每天晚上7点上军事课。抗日义勇军还在厂门口高墙上贴了一幅巨型宣传画，标题是《一定要收复东北三省》，画的是一个义勇军战士，拿着长枪对准日本兵。三友实业社毛巾总厂隔壁就是日商东华毛巾，厂内驻有日本海军陆战队，设有瞭望台。

396

日本人每天都能看到三友实业社毛巾总厂的行动，从此视三友实业社毛巾总厂为眼中钉。

1932 年 1 月 18 日下午，日本僧人天崎启升等五人打着"修行"的幌子，在马玉山路（今双阳路）三友实业社毛巾厂门前敲鼓击钟，还向厂内投掷石块。其行迹引起厂内义勇军注意，义勇军成员跟踪其后。天崎启升等人见状逃窜，逃到赵家宅附近时，遭到工人的拦截盘查，双方便殴打起来。造成日方一死二伤。这便是轰动一时的"日僧事件"。

第三天凌晨，日本宪兵大尉重藤千春带领日本浪人团体"日本青年同志会"60 余人袭击了三友实业社，纵火焚毁厂房 6 间、棉纱数百包，损坏织布机 24 台，还打死前来的工部局华捕 1 人，打伤 2 人。"三友"厂房被焚毁后不久，淞沪抗战爆发，三友实业社毛巾总厂被日军炮火炸毁，设备破坏殆尽，损失极为惨重。1932 年 6 月，三友实业社被迫停产。"那段时间是陈万运与三友实业社职工最困难的一段日子。"老工人陈立芳回忆，但陈万运始终把工人紧密地团结在自己的周围，还暗暗地支持、帮助一些工人抗日，或者支持工人积极分子从事地下抗日活动。

战后，田中隆吉在自供状中称，他知道三友实业社是"非常共产主义的、排日的，是排日的根据地"，于是就让和他很"亲近的女子"川岛芳子，去"巧妙地利用这个公司的名义来杀死日莲宗的化缘和尚"，借机"搞出点名堂来"。1932 年 1 月 28 日晚 11 时 30 分，日军发动了战争，第二天即占领了三友实业社。"日僧事件"成为"一·二八"事件的导火线。

牛进泉，1896 年生，卒于 1980 年，祖居中份村。他从小随父兄练"牛门洪拳"，健体强身。1926 年，牛进泉到三友实业社毛巾总厂务工，牛官堡村也跟去了 20 多人，牛进泉一边务工，一边拜高人为师，研练武术精髓，也收徒若干。一次，三友实业社工人张贴声援东北马占山的抗日标语，与一群日本浪人发生冲突，日本浪人暴打中国工人多名，引起民愤。牛进泉挺身而出，他去理论，日本浪人仗势撒野，牛进泉无奈出手，"啪啪"几个连环拳，就将日本浪人打翻在地"哇哇"乱叫。事后市民声援牛进泉见义勇为，并且抗议示威，最终厂方出面协调平息了事态。但三友实业社从此成为日军的眼中钉，日本人时刻想对"三友"制造事端。

周家嘴路农田的血拼

宏大的历史场景应由细节性的历史进程构成。每个历史细节都具有独立存在的历史意义。

"一·二八"事变前，三友实业社护厂队员追打挑衅寻事的日本人到周家嘴路农田，正好田边有个四齿耙——一种装有木柄的铁耙，用来翻地平地用的。一头是木制的，是用双手前后分开同时握住的把柄；铁制部分的另一侧是三个排列整齐的比较锋利的相互隔一定距离的四个尖齿。牛忠海的舅舅，三友实业社的张智英，他出自张胜吾村。张智英追到农田，他眼疾手快，操起地上的四齿耙，狠狠地朝日本人插下去，被打的那个日本人很快咽了气，剩下的跑回去报信。张智英在打死日本人之后，就去苏北投奔了新四军陶勇部队，解放后任江苏海安县县长。

张智英当时杀死了日本人，十多年未敢回家，直到上海解放那天，他才坐着吉普车回到引翔港，让乡亲们大吃一惊，欢呼雀跃。

第六章

劳工运动先行者

　　20 世纪 30 年代前，上海滩横空出世了以铁血豪侠王亚樵为首的斧头帮。由原来的安徽同乡会到安徽驻沪劳工总会，"斧头帮"专门保护安徽穷苦工人，维护底层劳动者的利益，他们与剥削者、日本人开战，他们反蒋抗日，加入"一·二八"救国敢死队，铁血除奸，锋芒毕露，名震海内外。后来，斧头帮里的很多人，毅然加入新四军。

一、安徽志士奔赴上海

陈独秀闯上海

20世纪初的上海是中国最繁华的国际都市，汇集了当时中国的文化、教育、出版界等精英，还有无数怀抱理想的青年人，他们宣传革命思想，对封建旧思想口诛笔伐，革命阵营逐渐发展扩大。

安徽到上海具有地理优势，顺长江直下芜湖再转小火轮，上海成为合肥人闯荡江湖的首选之地。安徽志士陈独秀、万福华、李次山、柏文蔚、王亚樵，不约而同地来到上海。

1903年，陈独秀再次从安徽来到上海，与章士钊、苏曼殊等人一道参与《国民日日报》的创办工作。他们还是一群年轻人，上海租界物价不低，生活显得十分穷困。《国民日日报》经营得并不成功，仅3个月又25天即告停刊。创业失败的陈独秀不得不离开上海，回到老家，不甘心的他又张罗主办起了《安徽俗话报》。其间，陈独秀曾又回过一次上海，这次来沪经历与此前迥然不同。

1904年秋，陈独秀受章士钊之邀，参加了"军国民教育会暗杀团"（一称"爱国协会"），其目的为"先狙击二三重要满大臣，以为军事进行之声援"。约莫一个月时间里，陈独秀日复一日地与杨笃生等革命党人一起试制炸弹。此时他还与"常来试验室练习"的蔡元培聚谈，从此两人结下友谊。天不遂人愿事十有八九，因华兴会长沙起义失败，加之革命党人万福华在沪行刺广西巡抚王之春事败，暗杀团机关被查抄，计划被终止，革命党人星散。

12年后，陈独秀37岁，中国已经没有了皇帝，但政治的局面似乎更坏了。尊孔复古的思潮在中国大地沉渣泛起，为袁世凯的帝制复辟鸣锣开道。陈独秀历经了"二次革命"的生死，逃亡日本，于此时再次回国，租住在法租界嵩山路吉益里（据考证为今太仓路 119 弄）。上海法租界当时刚刚扩充界址到此，原来是一大片农田的土地刚有了商业价值，房价要比法租界旧区与公共租界低廉许多，陈独秀所租住的吉益里，也是那批刚刚造好不及 1 年的一楼一底、砖木结构的里弄房子。他与阔别一年之久的妻子高君曼重聚，住在 21 号里，一同居住的还有三个儿子陈延年、陈乔年、陈松年和大女儿陈玉莹。上海居，大不易，陈独秀的家庭负担不可谓不重，家庭生活也谈不上和睦，但更让他痛心疾首的还是国家的持续沉沦。陈独秀认为，救中国、建共和，先得进行思想革命，而要改变思想，须办杂志。

他放弃安徽舒适的生活，再次选择在上海"蜗居"，心里是有着创办一个大型出版公司兼营杂志的一揽子规划的。这个事业似乎只有在上海才能完成。此时的上海已是中国出版中心，全国出版业80%以上的业务集中在这里，形成了比较完善的出版市场，从著书、编书到印刷、发行，都相当齐备，具有其他城市无法匹敌的优势。抵达上海的第二天，陈独秀就投身于这项工作，陆续与一些同乡、好友进行商量。

经过一段时间的奔走，这一宏大计划虽然没有完全实现，但出版一本杂志作为计划的一部分得以先行。也正是因为有了这一揽子远期目标，1915年，群益书社才会在并无赚钱胜算的情况下，慨然投入每月编辑费和稿费 200元来出版《青年杂志》，第二卷起改名为《新青年》。

当时上海市面上能看到的期刊、报纸数不胜数，从中脱颖而出，绝非一件简单的事。至于《青年杂志》为何很快更名，是因为当时上海的基督教青年会看到《青年杂志》出版，来信投诉，认为《青年杂志》和他们的《上海青年》（周报）名字雷同，应该及早更名。想不到"因祸得福"，《新青年》横空出世。

上海的法租界虽然秉承"出版自由"的理念，但也并非绝对安全。1914 年 12 月袁世凯政府颁布的《新闻法》明文规定：任何新闻工作者触犯

①陈独秀
②③④⑤《新青年》编辑部旧址史迹陈列

了"国家安全""社会道德""社会福利"都将被视为罪犯。杂志初创的第一年里，陈独秀非常小心地不直接涉及政治运动，而是集中精力召唤中国青年来注意西方进步的新思想。在首期《敬告青年》一文中，陈独秀解释了"新青年"对一个国家的重要性。青年是社会里最富生命力的成员，因而在社会现象中是有着决定性作用的。他希望看到的中国青年是"自主而非奴隶的、进步而非保守的、进取而非退隐的、世界而非锁国的、实利而非虚文的、科学而非想象的"（《敬告青年》，《青年杂志》第 1 卷第 1 号）。以后数年中，陈独秀一人于上海所办的《新青年》，号召"民主""科学""排孔""文学革命"，以欧美国家——尤其是法国为模范，以期使得沉落的中国能够民族复兴，快步迈向一个现代化的强国。

就在此时，蔡元培创办《新青年》之初，即十分自信认为"只要十年、八年的工夫，一定会发生很大的影响"，不承想成功来得比他预想的更快，《青年杂志》最初每期只印 1000 本；从第 1 卷第 2 号开始列出"各埠代派处"，计有 49 个省市的 76 家书局；后来越出越好，据汪原放的统计，《新青年》销量最多时"一个月可以印一万五六千本了"。陈独秀因为《新青年》杂志的成功，也成了极负盛名的人物，一跃成为中国知识分子的领袖之一。

就在此时，蔡元培正式出任北京大学校长，任命当天（1916 年 12 月 26 日）早上 9 点，他就来到陈独秀出差北京下榻的旅馆与之晤谈；同日，蔡元培应信教自由会之邀，在中央公园演讲，陈独秀到会聆听，并以记者名义记录为《蔡子民先生在信教自由会演说》，刊载在《新青年》第 2 卷第 5 号上。可以想象，陈、蔡两位有着过命交情的革命老友此时京城再聚是何等欢欣。

初晤之后，蔡元培之所以一而再、再而三地邀请陈独秀，是因为陈此时根本不想离开上海，心里放不下《新青年》。陈独秀显然更指望用《新青年》主笔的身份来影响全国的思想面貌，而非仅仅做一名大学教授。蔡元培立即劝他："就把《新青年》搬到北京来办罢。"既然有此承诺，陈独秀不便再加拒绝，于是答应蔡元培赴北京大学任文科学长。但陈独秀对北京之旅一开始就是心存疑虑的，他当时对吉益里的邻居岳相如说："蔡先生约我到北大，帮助他整顿学校。我对蔡先生约定，我从来没有在大学教过书，又没有什么学位头衔，能否胜任，不得而知。我试干三个月，如胜任即继续干下去，如不胜任即回沪。"

　　陈独秀北上，参与和领导了后来的五四运动。第一次世界大战的残酷进程以及丑恶结局，让西方国家走下了神坛。五四运动爆发后，陈独秀十分支持学生运动。1919年6月11日晚，陈独秀在北京城南新世界游乐场散发《北京市民宣言》爱国传单，遭北洋政府警察厅逮捕。在各方的奔走和营救下，迫于社会舆论的压力，北京政府当局在将陈独秀关押98天后，终于释放了他。听闻北京当局正在准备再次逮捕他，陈独秀于1920年年初，在李大钊的帮助下做了一番伪装，乘驴车至天津，又由天津转抵上海，暂住亚东图书馆。后来，同乡好友柏文蔚正要离沪他任，便把租住的环龙路老渔阳里2号的房屋（今南昌路100弄2号，中国共产党发起成立地暨《新青年》编辑部旧址）连同里面的家具一起留给了陈独秀。陈独秀夫妇住在楼上厢房，楼下客厅即《新青年》编辑部，亦为会客开会之所。陈独秀离开北大、回到上海，对近代中国之影响不可谓不深远。

南昌路100弄2号，是中国共产党发起成立地（《新青年》编辑部旧址）

打工者加入帮会

上海的工人一般通过两种方式投靠帮会：一是正式加入帮会组织，入会者必须填表，缴纳会费，会员名册须向政府的社会局登记。二是通过一定的仪式拜老头子（正式的叫法是"先生"），如跪拜、喝酒、递交弟子帖等，与老头子建立特殊关系，弟子须效忠老头子，老头子则负有保护弟子的责任。在上海帮会中，正式填表参加帮会的不多，拜老头子投靠帮会的人不计其数。利用这两种形式，上海帮会势力得以膨胀。

在福新面粉厂里，湖北帮与无锡帮的人数占大多数。如莫干山路的二厂、八厂，湖北人在厂内有 400 名，在码头有 310 名。无锡帮有 200 名，其他还有山东人，江阴、宁波人也有，但为数不多，各帮工人彼此对立，互相轻视。在福新机器厂内，甚至因籍贯不同而分开做工。湖北帮在此势力最大，几乎都是洪帮，拜码头工人为大哥。无锡人加入青帮最多，拜吕海山为师。

阜丰面粉厂里，安徽人最多有 900 人。纺织厂里，安徽人当机修工最多，机布间是苏北帮，印花间是湖北帮，染印部修理工不少是宁波人，纺织部是本地人。因籍贯不同分开工种，这种现象当时很普遍。工人们只是借帮会的集体力量保护自己、保障生活。

上海帮会在工界系统中，斧头帮威名远扬。有一支 1000 人的斧头队，腰插斧头，专门保护安徽籍穷苦工人的权益。此外，青帮、洪帮不同系统，分属不同山头。

杜月笙在上海工界势力最大。他插手工运，充当劳资冲突的调解人，这是杜月笙捞取政治资本、扩大个人势力的主要手法。在调解中，杜月笙常以"不偏不倚"示人，又能自掏腰包，以解决矛盾冲突，因此社会影响迅速扩大。

这些帮派中，以王亚樵为首的斧头帮锋芒毕露，青洪帮的杜月笙、黄金荣都说："王亚樵的事能躲就躲，惹不得。"1932 ~ 1934 年，三友实业社劳资纠纷案中，王亚樵自掏 6 万元大洋，让杜月笙出面摆平了这场持续 2 年、上海最久的工人罢工，为安徽合肥籍工人争取了应有的权益。

杜月笙

安徽驻沪劳工总会

在龙蛇混杂的上海滩，从乱世中横空杀出一条好汉，他就是来自安徽合肥的王亚樵。他召集一帮在上海的安徽同乡组织起"安徽旅沪同乡会"，为求自保和保护众人，打造了百把利斧作为防身武器。此后，这一百把斧头将上海滩杀得天昏地暗，连名震一时的青帮头子黄金荣、杜月笙也要让他三分，斧头帮从此声名鹊起。

肥东磨店集曾是旧时合肥东北乡的首集，因集镇内有大小两个水塘，集镇全貌像一个水磨而得名。原乡境内水系丰富，水上交通发达，许多石块运到集镇雕成石磨，集镇因卖磨得名。磨店历史人文资源丰富，晚清军政重臣李鸿章和爱国人士王亚樵，分别出生于磨店群治村和王圩村。

王亚樵出生于 1889 年 2 月 14 日，他自幼读书，聪颖过人，曾参加清末科举考试，名列前十。王亚樵秉性倔强，疾恶如仇，见义勇为，邻里友人多赞亚樵有古烈士风。后与友人组织"正气学社"，探讨文天祥生平事迹，结识吴旸谷、柏文蔚等。孙中山倡导革命，于 1911 年辛亥革命推翻了清王朝，是年王亚樵 22 岁。他在南京见到江亢虎组织的中国社会党，颇符志愿，即加入社会党，受命负责安徽支部。1912 年秋，王亚樵回到安徽，与全椒人刘大魁，巢县人丁鹤龄，怀宁人蒋非我，合肥人唐幼文、朱瘦梅、洪耀斗、许习庸，芜湖人杨柳堤等先后在合肥、全椒、巢县、安庆、芜湖各地成立县支部，安徽总支部设在合肥撮镇夏家祠堂，因王亚樵一向长于演讲，富有组织能力，所以各县加入者颇众。

王亚樵的生活很朴素，常穿一套旧西装，拿一根自由棍，口留小胡，奔走不遗余力，他常卧稻草、吃残饭，处世接物非常诚恳，因此社会党在安徽极为发达。北洋军阀皖督倪嗣冲称社会党为"乱党"，下令通缉，丁鹤龄遇害，王亚樵于 1913 年秋率领同志出亡上海。

到上海后，王亚樵白天做苦工，夜晚宿马路盖报纸，贫困不移其志，继续寻求革命，结识在国内倡导无政府主义的北大教授景梅九，钻研克鲁泡特金的无政府主义学说，参加无政府主义研究小组，研究怎样打倒社会上一切强权。

1911年，辛亥革命运动风起云涌。清廷摇摇欲坠之际，余诚格受命就任湖南巡抚。为严密监视新军和革命党人，余诚格任用湖南豪绅黄忠浩为全省巡防统领。当革命烈火烧到长沙时，巡防营倒戈，新军起义。余诚格乘轮船逃到上海。

余诚格到上海寓居不久，便组织安徽旅沪同乡会并担任会长，掌管了同乡会的财产。1921年，王亚樵为纪念他的亡友韩恢（字复炎）创办"复炎小学"，要求同乡会资助，余诚格大骂王亚樵。王亚樵一怒之下，便邀集同乡强行接管会馆。一天，王亚樵率领七八名随从，前往闸北中兴路的余诚格寓所，勒令余诚格办理会馆移交手续，当即遭到余诚格的严词拒绝。王亚樵性格刚烈，吩咐随从用预备好的利剪，将余诚格的长辫剪下，并令其限期移交，否则，"今天剪掉你的辫子，明天就割掉你的脑袋"。办移交那天，余诚格点烛焚香，跪在"万寿台"前，脑后又拖着一条辫子，王亚樵怒不可遏，又命随从剪下。

王亚樵终于接收了安徽会馆，这是1916年3月的事情。有了固定的"基地"，安徽旅沪劳工工会发展更快了，"斧头帮"的名声在上海滩骤响，王亚樵开始名声大振。随着影响的扩大，王亚樵十分注重队伍内部建设。为了站稳脚跟，他还聘请了著名大律师李次山为"安徽驻沪劳工总会"的法律顾问，使"斧头帮"能运用法律保护自己。同时，王亚樵还具有相当精明的政治头脑，他挑选门徒中精通文墨的人，组织了一个"公平通讯社"作为喉舌，自办油印小报，为自己声张呐喊。不久，王亚樵又推动改组了"安徽驻沪劳工总会"，推举柏文蔚为会长。

王亚樵

本书作者牛忠玉在巢湖北岸"斧头帮"创始人王亚樵陵园

柏文蔚不仅是民主党人，同时也是爱国人士。柏文蔚生于1876年，卒于1947年，自幼在安徽省寿县南乡柏家寨长大，因为祖上世代都是读书人，柏文蔚出生后，在父亲的培养下，除了对文学萌发浓厚的兴趣之外，还对军事作战产生了浓厚的兴趣。清政府在甲午战争中失败后，柏文蔚联合张树候、孙毓筠等人在安徽寿县城内创办了阅书报社，同时他们还创立了天足会，旨在吸收当地的有志青年加入改革浪潮中，拯救国家的命运。1899年，柏文蔚顺利考入安徽大学堂，得知清政府与俄国签订西藏密约之后，柏文蔚奔走疾呼，痛斥清政府不负责任，签订丧权辱国的条约。后来，柏文蔚多次前往南京，认识了张伯纯、赵声等革命人士，并且成立了"强国会"，以此来反抗清政府的统治。1904年他任南京防营第二十三标管带，与孙毓筠等谋炸两江总督端方，事败亡命关外，在东北边防督办吴禄贞手下任管带。1905年与陈独秀在芜湖成立岳王会，柏文蔚率领南京岳王分会成员加入孙中山领导的"同盟会"。从此以后，柏文蔚一直致力于挽救国家的命运。

当然，柏文蔚追随孙中山，整日为革命奔走，忙于事务，"安徽驻沪劳工总会"实际上还是由王亚樵负责。但如此改组，他进一步接近了皖籍名流，与政界取得了越来越多的联系，结识了不少政界名流。

第三篇 合肥人拳打上海滩

409

二、"斧头帮"力挺苦难劳工

王亚樵创立"斧头帮"

历史上安徽就是个水灾频发的省份，从记载来看，从1667年安徽建省至今，已发生的水灾达百余次之多。安徽省河流分布众多，江淮地区每年的降水量都偏多，梅雨季节长，内陆河流湖泊众多，这些因素的叠加，使得安徽易发生大洪水。

1910年夏天，淮河流域、淮北地区普降暴雨，长江沿江山洪频发，水势之大，沿江两岸房屋被毁，安徽60个县中56个受灾。

1911年，沿淮、长江流域又一次洪水泛滥，湖水漫溢，64万亩农田被淹，无为州淹死灾民2000多人，因灾饿死八十余万人。

1921年，淮河流域由于连续两个月以上的长期降水，全流域上、中、下游普遍成灾，当时淮河流域的山东、江苏、河南、安徽四省灾情调查统计资料显示，农田淹没面积近4973万亩，灾民760余万人，其中以安徽、江苏两省灾情最重。

清末民初时，上海滩时局动荡水灾频发，安徽、江苏、浙江、山东等大批灾民因水灾、瘟疫而逃难至上海谋生，特别是安徽籍的灾民，处在社会底层，非常艰难地在上海立足求生，这些人主要靠出卖重劳动力来维持生计。他们首选当码头工人，扛包，卸货，拿最低工资，还经常被资本家以莫须有的罪名扣发工资，黑帮、青帮也时常敲诈勒索。虽有驻沪安徽劳工会，在那弱肉强食的上海滩，根本无法与中外资本家、黑帮、青帮抗衡。

① "斧头帮"的黄檀把月牙短斧
② 上海斧头帮会员凭证
③ "斧头帮"的"四大金刚"：郑抱真、余立奎、余亚农、华
克之（从左至右）。郑抱真负责联系、行动及武器保管；余立
奎负责军事；余亚农负责政治；华克之负责锄奸

　　上海社会底层的合肥劳工只好靠着拳头说话，苦苦寻找时机。恰逢合肥巢湖北岸王亚樵正孤身一人闯荡上海滩，因为其生性好打抱不平，经常替在上海滩打工的安徽老乡出头。在一次码头工人与资本家的对峙中，王亚樵支持以安徽人为多数的码头工人。因为没有武器，王亚樵让上海的铁匠铺在一夜之间打出了100多把斧子，当100多个手持利斧的码头苦力冲进资本家的大院时，劳资纠纷应声而解。此一役，"斧头帮"的大名传遍上海滩。从此，上海的安徽会馆成了"斧头帮"的总坛。

　　王亚樵自小练过出自巢湖北岸武术之乡牛官堡的牛门洪拳和张式拳术，功夫上乘，打起架来也很在行，加之这帮劳工都是社会底层人员，也没什么顾忌，打起架来是异常玩命。逐渐的，斧头帮（党）在上海滩成了一股令人闻风丧胆的势力，连当时上海滩最大的黑势力青帮都忌讳三分。

　　王亚樵的保镖牛安如，及弟弟牛安全常住沪东引翔港北街，律师王述樵也常在引翔港西栅栏老虎灶茶堂与合肥老家习武同乡人喝茶聊事。引翔港一带修理木船的工匠较多，劳工随身带着斧、锯等劳动工具在路上行走，斧头便成为徽籍旅沪同乡会首选的自卫武器。他们参照引翔港牛门洪拳的月牙短斧，让周边铁匠铺用好铁锻造而成，往后上海滩就有了"斧头帮"黄檀把月牙短斧、"斧头帮"徽记的出现。电影《功夫》中出现的"斧头帮"，穿着西服，戴着黑礼帽，拿着月牙短斧，只是艺术上塑造而已，离民国时期现实版的"斧头帮"相去甚远。

　　王亚樵创作过一首词《念奴娇·西江烟雨》："西江烟雨哭陆沉，魑魅魍魉狐兔，北土沦亡黄流注。中原烽火弥路，悲恨相继，万里烟尘，江山知何处。堂堂中华，难忍东倭猖寇，醉生梦死内战，媚倭求存，何言对国人！闽海羊城兴义师，苍苍太无情，天涯海角，足迹无门，千载留泪痕。鸥蒙山重，北顾延河非孤云。"抒发了国难当前的悲愤心情，寄托了反蒋抗日的民族情怀。

铁血锄奸团

　　王亚樵在成立了"斧头帮"之后，才真正开始了他"暗杀大王"的生涯。据说当时上海滩上几乎所有的黄包车夫都是"斧头帮"的外围成员，因此"斧头帮"不仅人数众多，而且消息灵通。他成名的第一枪就打在了掌管7000余名警察并兼任"攻浙前敌总司令"的淞沪警察厅厅长徐国梁的身上。1923年11月10日下午，大世界对门的温泉浴室门口，刚刚泡完澡的徐国梁在出门上车之际被两名枪手击中要害，喋血上海最热闹的街头。

民国时期上海租界的吕班路（今重庆南路），王亚樵曾让手下在此路的文康里制作炸弹

　　在中华民族悲壮的抗战史上，有过一个现在几乎让人遗忘的组织——铁血锄奸团。汉奸卖国贼听到这个名字，无不闻风丧胆，噤若寒蝉，而锄奸团团长就是号称"民国第一杀手"的"斧头帮"帮主王亚樵。王亚樵率众自成

一派，常以斧头、手枪、炸弹等武器，专门对付其他帮会和欺压工人的富商，人称"斧头帮""暗杀团"，一时名震上海，王亚樵由此声名鹊起，成为上海滩的名人。他所控制的劳工总会会员众多，连黄金荣、杜月笙这些流氓大亨对他也忌惮几分。

"铁血锄奸团"更是上海的日军和汉奸们非常害怕听到的名字。跟随王亚樵多年的司机胡阿毛，在所驾车辆被日军强行征用时，驾车冲下黄浦江，和车上的几十名日军同归于尽。王亚樵还策划了派遣朝鲜爱国者尹奉吉用装在水壶里的定时炸弹炸死出席"淞沪战争胜利庆祝大会"的"日本派遣军司令长官"陆军大将白川义则，让他以另一种方式留在了侵华历史上——在中国被杀的军阶最高的日军军官。此外这一炸还顺便收走了日本驻华公使重光葵和第九师团长植田谦吉中将各一条腿。由此王亚樵得到了一个"远东第一杀手"的名号。

正是"斧头帮"亦正亦邪的传奇故事以及其在抗日战争时期奋力诛杀日本鬼子和汉奸的英雄行为，使得"斧头帮"成为现代港台黑帮片中最著名的帮派，甚至成了上海滩黑社会的代名词。虽然王亚樵拥护孙中山，但他更多地受到无政府主义和中国传统侠义思想的影响。他曾以国民党党员的身份上书孙中山，要组织暗杀团体去"锄除民贼"段祺瑞。虽然那时就被孙中山批驳说："解决革命，应以武装力量彻底推翻其组织，不在于杀死一个人。"可是王亚樵在追随孙中山多年之后，依然不舍"暗杀"这种"革命方式"。

劳资对抗的顶峰

"一·二八"事变后，三友实业社在1932～1933年发生了一起劳资纠纷。由于多种力量的介入，这次企业内部的劳资冲突激化成一个牵动全上海工人阶级、资本家阶级与国民党中央三方对垒和互动的事件，使一个地方性的局部事件扩大为一个全国性的乃至最终引起国民党中央修改劳资关系法的事件。后来，由杜月笙出面，王亚樵出资 6.5 万元，才解决了合肥籍工人与三友实业社长达近两年的劳资纠纷，这在中国罢工史上是空前绝后的。

20 世纪 20 年代末 30 年代初，三友实业社正逢事业鼎盛时期，每年盈余数十万元，成为当时上海数十家国人自营棉织厂中首屈一指的企业。随着三友事业的蒸蒸日上，工人组织亦不断发展壮大。据称该厂的工会组织是当时上海最健全的三个工会组织之一。1929 年，三友实业社在上海总厂之外，又设分厂于杭州。沪厂工人 1300 余名，杭厂工人 5000 余名。在当时国内同类型民族企业中，工人数量位居前列。

三友实业社总厂引翔港厂坐落在引翔港双阳路 62 号。1932 年的"一·二八"事变，日军就是从该厂启衅的。日军以该厂工人与数名日僧发生冲突为借口，寻衅挑起事变。事变一起，该厂首当其冲，厂址被日军占领。厂方被迫停工，1300 多名工人亦离厂四散。

1932 年 5 月 5 日，淞沪停战协定签字。按理说，三友实业社在停战后当迅速复厂开工，以挽回战争期间的损失，但三友实业社资方不仅无意复工，反拟将沪厂机器转移至杭州分厂。三友实业社资方主要出于下列考虑。一是上海的经营环境不如杭州，因杭州日常生活费用与工人工资比上海低，故三友实业社在战前即已着意经营杭州分厂，并力谋其发展，而对沪上总厂仅维持原状，并欲收缩。换言之，三友实业社的经营重心实际在沪战前即已转移至杭州。二是沪厂建厂已有 20 余年，工人大多年久薪高，如停闭沪厂，迁往杭州，即可排除年久薪高工人而改用廉价新工；另外，沪厂工会组织健全，工人不易驾驭，正可趁沪战停工机会将千余工人全体解雇。三友实业社资方的如意算盘为该厂工人所察悉。该厂工会组织工人请愿团，多次要求资方复工。资方坚拒。沪战期间，该厂大约有 140 余人因无家可归，滞留沪上。战事停息后，该厂外地工人多数是合肥人陆续返沪，人数达 700 人以上。由于工厂久延不复，工人生活顿失依靠，多次请求资方酌给津贴，均遭拒绝。

在此期间，国民党上海市党部、上海市政府社会局曾多次劝导资方，并训令资方"体恤工艰，酌予救济"，资方亦不予理睬。工人迫而回厂居住，并守护机器，阻止资方将机器拆运杭州。

1932 年 6 月 9 日，上海市政府社会局召集劳资双方进行调解。劳方提出，厂方应从速开工，并在未开工前供给工人食宿。资方则以战后存货过多，资金周转不灵，厂房机器损坏过甚等为由，拒不开工，并陈述在沪变初起时，公司即已发清工人工资并遣散，认为双方雇佣关系已经解除，伙食津贴亦无从谈起。由于资方毫无诚意，调解无果。调解未成，工人只好再向上海地方当局请愿，要求上海市政府严令资方从速开工，并派人彻查三友厂历年营业状况。于是应工人要求，上海市政府社会局一面派会计师到三友实业社查账，一面劝导资方在纠纷未依法解决以前，暂时维持工人临时生活。6 月 29 日，上海市政府批示，认为三友实业社资方在沪战时既未宣告正式歇业，对工人亦未依法履行解雇手续，自应赶速开工。但同时又认为该公司呈报亏负甚巨，一时不能恢复全部工作，亦属实在情形，为兼顾劳资双方计，姑准由该公司就目前情形在可能范围内尽量恢复一部分工人的工作，其余工人由公司送杭州分厂暂时安置。若杭州分厂容纳有限，剩余工人应依法解雇。

对上海市政府的批示，劳资双方均不满意。资方认为，沪厂惨遭日军蹂躏，负创甚深，即使局部开工亦无希望；杭厂方面因市况呆滞，现有工人工作尚难确保，无法安插沪厂工人。劳方则认为，三友实业社已开厂 20 余年，历年盈余殊为可观，而沪战中损失实属甚微，况且杭州分厂照常不辍，以总厂盈余开杭州分厂，而将总厂工人弃而不顾，法理人情，均有未合。市政府未加详察，即草率批示，所谓局部开工，给予资方以解雇大部分工人之便利。

据上海市政府社会局统计，1928～1932年，全市共发生劳资纠纷千余件，其中因资方停业、歇业、解雇所引发的纠纷占60%以上。

罢工和停业是劳资双方以中止工作作为保护各自利益的手段。三友纠纷，实为资方借沪战之机停厂解雇工人，而工人则极力要求复工。资方占取主动和强势。纠纷发生后，资方一直按兵不动，对劳方的要求坚决拒绝，对地方当局的调解亦不予理睬。因为纠纷拖延不决，资方并无多大损失；而劳方则不然，工厂一日不复工，千余工人即为失业，故劳方之计在于如何采取措施迫使资方尽快开工。劳方除了回厂守护机器，阻止资方将机器拆运杭州外，别无扼制资方的手段。

在这种情况下，劳方唯有求助于国民党地方党政当局。1932年4月至6月，三友实业社工人在工会的组织下，先后8次向上海市地方党政当局上呈，还向南京国民党中央上告，控诉资方摧残工运，陷千余工友生活于绝境；并呈控上海市政府处置失当，要求国民党中央予以纠正。

一般而言，这个时期的劳资纠纷案由地方党政当局出面调解仲裁后，便能很快平息，只有极少数较大的纠纷案闹到国民党中央后，或由中央直接派员前往裁决，或饬令地方党政机关就地调解。然而出乎意料的是，随着劳方向国民党中央的上告，三友实业社劳资纠纷非但没有很快消弭，反而使事态迅速扩大并日趋复杂化。

在国民党"中央民运会"尚在调查期间，三友实业社工人先后于7月16日和8月11日两次集队向资方请愿。8月11日请愿时，资方指使租界捕房驱逐、殴伤和拘捕工人。工人群情激愤。8月18日，工人方面呼吁请愿无望，乃组织绝食团。同时还组织哭诉团，分别向上海党政机关和各社会团体寻求同情与声援。孰料资方非但未为所动，反而停止供给工人临时生活费，并切断工人生活水源，使矛盾更趋激化。

8月20日，中央驻沪调查员姜豪从上海向国民党"中央民运会"发回关于三友实业社劳资纠纷近况的报告，对工人请愿、绝食情形和资方强硬态度均做了详细陈述。对于三友实业社资方的应变策略，国民党中央和上海地方当局几乎一筹莫展，但是又深恐三友实业社工人的绝食激变为全上海工人的同盟罢工和引发大规模的社会动荡，加之担心中共乘机暴动，在资方一再上诉，历经三审判决驳回后，本已再无顽抗之余地，可是资方仍旧拖延不开工，抗不履行裁决。按新修正的《劳资争议处理法》，上海地方当局本应强制资方执行，但在此期间，三友厂工人多次请求市政府依法强制执行而无结果。

直至 1933 年 12 月 29 日，在杜月笙的出面调停下，以资方支付工人 6.5 万元解雇金，工人声明放弃仲裁裁决所规定的复工权和伙食费等权利，纠纷才最终解决。这场持续近两年之久的声势浩大的劳资纠纷最后以工人被迫退让妥协而告终。

值得注意的是，杜月笙是以国民政府"全国经济委员会"下属的棉业统制委员会委员的"官方"身份参与调停的。调停过程中，是王亚樵私下拿出6.5万元替资方出了解雇费。王亚樵才是解决问题的关键人物，合肥籍劳工仰赖于他个人的魅力及在体制外所谋得的各种非正式权力。当国家权威无法平息这场旷日持久的劳资纠纷的情况下，最终竟然不得不借助于体制外非正式权力的介入才将纠纷了结。斧头帮才是真正保护安徽贫苦工人利益的组织。王亚樵的斧头帮在上海工界的地位就是这样树立起来的。

当然，三友厂工人拥有一个比较健全有力的工会组织。该厂工会成立于1928 年秋，是一个在上海市政府社会局立案，具有法人资格，获得国民党地方当局认可的合法组织。从工会在此次劳资纠纷中所扮演的角色，工人集聚在该厂工会的领导下，表现出相当强的自主组织能力和战斗力。该厂工会拥有一批知识青年组成的精英。在与资方的较量中，工人组织绝食团、哭诉团、请愿团，以及三番五次发表通电宣言，均由少数工会精英精心策划、动员和组织。在长达近两年的时间里，工人每一次与资方交涉、谈判、诉讼，以及向上海地方党政当局和国民党中央频繁地上访请愿，均仰赖于一个团结一致、运作有效、反应灵敏和切实代表与维护工人利益的工会精英团的领导。在这一过程中，三友实业社工人采取"置之死地而后生"的行动策略，将纠纷"闹"大。三友实业社工人在将纠纷"闹"大的过程中，即自始至终采取和平的"闹事"方式，如频繁地请愿上访，多次发表通电宣言，乃至组织绝食团、哭诉团等，这些行为既达到了将问题"闹"大的目的，又没有被加上破坏社会安定的罪名，可谓精心运作了。

三友实业社厂房外景

三、"民国第一侠"王亚樵的江湖

·

王亚樵抗日反蒋

·

1927年以后，国内政局起了巨大变化，无党派进步人士、中国国民党"左派"由反军阀转向反蒋。中国国民党内部各派系如胡汉民派、汪兆铭改组派、太子派（孙科派）、西南派等亦群起反蒋，但国民党内部派系反蒋多为争权夺利，时反时合，利益均沾则合，权利冲突则反。王亚樵是反蒋激进人物，自始至终不为利益与谁合流，但只要反蒋，不论何派何系，他都合作。

1927年，安徽军阀陈调元投靠蒋介石，任安徽主席，继续作威作福。驻安徽柏文蔚、常恒芳33军反受其排斥。陈杀害水口镇阚培林、张在中、刘醒吾、殷爱棠等进步同志，王亚樵痛心疾首，遂与33军军长柏文蔚、党代表常恒芳商讨对付陈调元，王亚樵力主杀陈以慰死难同志。

1928年秋，探悉全国建设委员会委员长兼安徽建设厅厅长张秋白请陈调元在其住所南京梅溪山庄午餐，王亚樵派宣济民、吴鸿泰、王干廷、牛安如、刘德才等前往刺杀，但陈调元不在，宣济民等杀陈不得，只当场击毙助陈做坏事的张秋白。

陈调元闻张秋白被杀，惶恐万分，请求调离，辞去安徽省主席，由方振武继任。1929年前后各派反蒋兴起，王乐平（同盟会会员）、柏文蔚、刘芦隐（胡汉民派）、王亚樵、恩克巴图等联合反蒋。时有留日归国学生赵铁桥伪装反蒋，加入王乐平为首的反蒋组织，从中搞破坏。

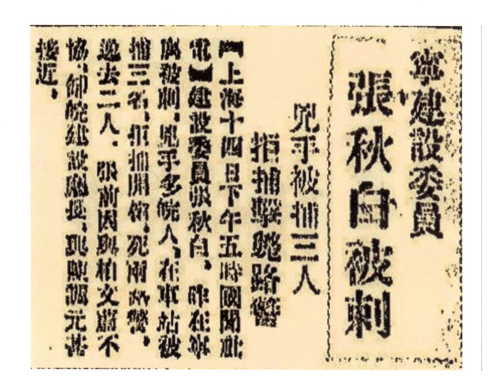

1928年5月17日，天津《益世报》报道张秋白被刺的新闻。里面提到"凶手多皖人"，指的就是斧头帮的人

◆ 三军讨蒋，杀赵铁桥

方振武非蒋嫡系，受排斥，王亚樵约方振武参加反蒋行动。方在安徽有余亚农、鲍刚两个主力师及新编部队数万人。石友三兵驻浦口附近，亦非蒋嫡系，王亚樵与石友三有旧交，再约石参加。余立奎旧部第四独立旅旅长彭建国兵驻常州，余立奎约彭建国起义，彭遵余意。但军费无着，方振武将安徽凤凰井、金河、沿河、湾址四个厘金局交王亚樵充军费等用。然而沿河、湾址两厘金局被杜墨林、朱雁秋两人侵吞，仅其余两局收入用于军费。王亚樵令其弟述樵拿3万元顶下上海亚洲饭店，将常州全部起义军人家属接至亚洲饭店居住，按月支给生活费用，免去家室之虑以坚其志。

三路相约，石友三率部攻浦口，方振武兵出安庆沿江而下与石友三会合。余立奎赴常州率彭建国部沿京沪线直捣南京。此事后人称之为"民国十八年三路军讨蒋"。

赵铁桥叛变告密，蒋介石闻讯，先将方振武骗至南京扣押，再派兵至常州围攻余立奎、彭建国，事出意外，余立奎战败被俘，与方振武同关押于陆军监狱。彭建国逃沪。石友三无方振武后援力战，不利逃脱。三路军讨蒋宣告失败。

李国杰与赵铁桥有嫌隙，遂收买王亚樵刺杀赵铁桥，许诺事成之后以"江安"号轮船作为酬谢，图为"江安"号轮船

三路军讨蒋，王亚樵居间秘密活动，未引起蒋介石注视，蒋介石注意力集中于王乐平。赵铁桥为进一步求得蒋介石宠信，媚蒋献策杀王乐平。1930年2月18日晚，赵铁桥于上海霞飞路霞飞坊王乐平寓所杀害了王乐平。赵铁桥后被任命为上海招商局总办。王亚樵、常恒芳等悲痛王乐平死难，痛三路军讨蒋失败，恨赵铁桥入骨，决意杀赵铁桥为王乐平及讨蒋死难者复仇。恰巧，李国杰与赵铁桥有嫌隙，遂收买王亚樵刺杀赵铁桥，许诺事成之后以"江安"号轮船作为酬谢，王亚樵见此一举两得，当即同意。

随后王亚樵指派王干廷、夏绍恩、牛安如、费祥元守候上海招商局门前，伺机杀赵。是年7月24日上午8时许，乘赵铁桥下汽车进招商局无备，四支手枪齐击，赵铁桥不治身亡，附近巡捕见击赵铁桥势凶而避之，王干廷、牛安如等四人安全走脱。

◆ 挫杜月笙，反"米照捐"

赵铁桥死后，李国杰夺得招商局大权，于是兑现诺言，把"江安"号轮船交与王亚樵。"江安"号轮船当时的经理叫张延龄，是张啸林的本家侄子，也是杜月笙的门徒。张延龄自恃后台强硬，拒不交船，双方相持不下。王亚樵于是派人乘夜将张啸林住宅的后院墙炸了个大洞，以示警告。王亚樵认为，杜月笙、张啸林虽势力雄厚，但妻妾成群、家财万贯，断无同人以命相拼的勇气。事情进展果如王亚樵所料。王亚樵再派遣数百人，手持利斧，上船逼张延龄交船。张延龄逃进杜月笙府求助，杜月笙害怕招惹王亚樵，请黄金荣出面向王亚樵求情，主动向王亚樵道歉赔罪，并立即交出"江安"号轮船。

王亚樵收回"江安"号轮船后，进一步向杜月笙提出平分上海江海轮买办职位的要求，并向杜月笙索要 10 万大洋，名为索要，实则就是敲诈。杜月笙虽痛心至极，但因惧怕王亚樵，最后还是给了王亚樵 10 万大洋并让出了部分买办职位。

1930 年前后，蒋介石在集中兵力"剿共"的同时，亟须扩军对付西南反蒋战线，但军费浩大财政枯竭，扩军备战受到限制，因此欲在全国试行"米照捐"，增加财政收入。西南政务委员会萧佛成到上海，联络上海反蒋人士，扰乱蒋介石扩军备战计划。

1931 年，蒋介石令安徽省主席吴忠信在安徽芜湖、大通、大胜关等产米区试办"米照捐"。王亚樵令其弟述樵联络上海大专院校学生戚皖白、杜敬纶、雷可南、汤绍松、刘竹青等筹组"安徽旅沪学会"，首由该会发难。王亚樵暗中敦促安徽反蒋人士支持。

"安徽旅沪学会"出面召开反"米照捐"大会，邀请柏文蔚、许世英、常恒芳、李少川、李次山、高一涵等参加，发出通电，推五路代表，分赴南京、庐山、安庆、芜湖、蚌埠请愿。发动安庆等地米商罢市，米船停运。一时粮运不通，粮价高涨。蒋介石被迫通过"行政院长"汪精卫下令撤销"米照捐"。

"米照捐"被迫停办，扰乱了蒋介石扩军备战计划。蒋介石获悉是王亚樵一手发动，"安徽旅沪学会"是王亚樵的反蒋组织，遂明令查封"安徽旅沪学会"，密令戴笠监视王亚樵行动。自此王亚樵与戴笠展开了针锋相对的斗争。

◆ 庐州独立，创同乡会

特别值得一提的是李少川。李少川（1885～1936 年），又名国凤，安徽合肥肥东县人，李鸿章族孙，乃一品官员李公经纶大人之长子。从小好学，酷爱书香。膝下有三男五女。家里人均在清政府做官，唯有李少川背弃此名门家族，献身于革命，参加了同盟会。武昌起义爆发后，李少川与王亚樵、王传柱、李元甫、张朝阳等在合肥举旗响应，宣布庐州独立，成立庐州军政分府。之后，无论是二次革命，还是护国、护法，无役不从，始终追随孙中山先生，推翻清政府，致力于民主革命事业。

1921年，李少川和柏文蔚一起创建组织安徽旅沪同乡会，聘请王亚樵为评议员，后改名"斧头帮"。据说，第一次50把斧头是王述樵出的主意，由李少川送给王亚樵的，因斧型、大小、把手等用起来不顺，才有后来沪东引翔港牛门洪拳的月牙短斧的出现。月牙短斧是在长期实战中慢慢演变而成的，呈月牙形，小、短、薄、锋利是牛氏月牙短斧的特点。

李少川后分别担任安徽造币厂厂长、广东电话总局局长、福建督军公署谘议、粤军总司令部参议、参政院参政、国务院铨叙局帮办、内务部顾问、交通部顾问，此外还是安徽辛亥革命的发起人之一。1925年孙中山逝世时，李少川为孙中山左绅护柩人，生前与冯玉祥、陈铭枢、王亚樵等名流均为患难之交。在协助其表哥招商局董事长李国杰（李鸿章的长孙，承袭了李鸿章一等侯爵的爵位，清末曾任散轶大臣）负责招商局事务时因轮船失火，一时突发脑出血，病逝于上海，享年51岁。

◆ **庐山刺蒋，北站刺宋**

1931年，蒋介石与胡汉民之间的矛盾愈演愈烈，蒋介石竟下令软禁胡汉民。胡汉民的家属林焕廷找到王亚樵，出20万大洋买蒋介石的人头。王亚樵与蒋介石交恶由来已久，当即应允，遂命华克之率陈成等跟踪蒋介石至庐山，由于一路上关卡重重，枪械无法携带，王亚樵便买来十几只火腿，用刀将火腿中间削空，然后将枪置于其中，再用针线缝好，外面涂上一层盐泥，如此掩饰几乎是天衣无缝。由王亚瑛、刘小莲两妇女将藏有枪支的火腿分送庐山。华克之等人取出枪支后，却将火腿随意扔在了路边。不料，蒋介石的侍卫在巡逻中偶然发现了一只火腿，他发觉这只火腿外表完好，可是中间却明显被人用刀削空了。他们分析一定有人夹带武器上了山，因此他们一方面加强了警戒，一方面封山搜索。6月14日，蒋介石在庐山散步，被王亚樵手下杀手陈成遇见，陈成本想等蒋介石走近以后再开枪，不料却被巡逻警卫发现行踪。迫于无奈，陈成只好冲出树林对着相距甚远的蒋介石开枪射击，一击不中，反被蒋介石身边侍卫乱枪打死。此事史称"庐山刺蒋"。

庐山事件之后，王亚樵杀蒋之心更切，国民党内部亦多起而反对，蒋介石为缓和内外，伪称下野退居奉化，密令财政部长宋子文卡住孙科财政，逼孙科下台。于是西南政务委员会萧佛成、"太子派"马超俊等均至上海，商讨锄杀宋子文打破蒋介石阴谋，各方反蒋人士公举王亚樵承担。王亚樵决定待宋子文来上海在火车北站将其锄诛。侦察宋子文行踪的急电告知：康叔（宋子文代号）将于 7 月 23 日上午 7 时抵沪不误。23 日清晨，各部人员领到手枪 24 支、烟幕弹一个，分赴北站守候。宋子文下车，华克之急命开枪，但宋子文与其秘书唐腴胪均穿白色西装，同戴白色拿破仑礼帽，身高年龄相仿，误将其秘书唐腴胪击毙。华克之亦误认击中，即命张玉华掼了烟幕弹，全部人员乘烟幕安全离开车站。此事后人称为"北站刺宋"。

◆ 出资办厂，枪击汉奸

王亚樵致力于暗杀，无论是手段还是目的，都与中国共产党并无共同语言。但是，骨子里同情弱者的王亚樵对中国共产党抱有同情心态。1931 年年底，中共地下党主办的《红旗日报》被国民党当局查封，华克之因而向王亚樵提议："九哥，你买个印刷厂送给共产党吧，你就给革命立了盖世之功。"王亚樵二话不说，不出三天，筹款万元交华克之转递，使中共《红旗日报》得以继续出版。一年后，印刷厂又遭查封，王亚樵再次解囊，出钱赎出被关押的工人并安置好他们的出路。此外，王亚樵还曾为去延安的共产党员提供路费，出资援请律师帮助被捕的共产党员辩护，等等。

王亚樵领导组织的暗杀事件表

1923.11.10	淞沪警察厅长徐国梁在上海遇刺身亡，横尸街头
1928.8.18	安徽省建设厅厅长张秋白在南京梅溪山庄被杀
1930.7.24	上海招商局总办赵铁桥在招商局内被杀
1931.6.14	国民政府主席蒋介石在庐山遭枪击，惊魂出窍
1931.7.23	国民党财政部长宋子文在上海北站遇刺，因与秘书同穿白色衣服，秘书被误杀，宋逃过一劫，却从此蒙上心理阴影，此后一触即跳，伴其一生

（续上表）

1932.3.1	日本海军主力舰"出云"号在上海黄浦江被炸
1932.4.29	日本派遣军总司令白川义则大将在上海虹口公园被炸身亡
1935.11.1	国民政府行政院长汪精卫在南京中央党部身中三枪，其中一发子弹打入脊柱，无法取出，最终导致汪精卫在九年后毒发死于日本名古屋
1935.12.25	国民党外交次长唐有壬在沪主持媚日谈判，在自己的公馆里被杀

　　后来，王亚樵还在国民党四届六中全会上把汪精卫的身上打出了三个窟窿，让这个汉奸头目一直深受由此造成的"压迫性脊髓症"之苦，直至1944年死在日本。

"一·二八"救国决死军

"一·二八"淞沪战役爆发后，"民国第一侠"王亚樵利用自己的社会影响，组建了淞沪抗日义勇军，开赴太仓战场，配合第十九路军作战，淞沪抗日义勇军后改名为救国决死军。

事变爆发的当天，王亚樵在桃园里40号召开"斧头帮"成员紧急会议，宣布"全力以赴抗日"。他把手下人员编成20个大队，命令肖佩伟、傅耀东、刘刚等人分任队长。这些队长带着人呐喊过街，分头组织工人、学生、市民参加抗日。

三天后，淞沪抗日义勇军成立，王亚樵任司令，蔡蹈和任参谋长，许志远任军事联络员。一日之间，义勇军集合了三千四百人，歌声嘹亮地开赴太仓前线，十九路军正在英勇作战。义勇军的到来，带来了新生力量。

当时，由于蒋介石一再强调"攘外必先安内"，消极抗战，十九路军的供给十分有限。他们虽然对王亚樵的抗日义勇军十分欢迎，但也不可能拿出更多的装备来武装这支新生的力量。十九路军尽最大能力，给了王亚樵四百余条枪支，包括少量机枪和轻炮。这点武装，对王亚樵手下三千多条汉子而言，无疑是杯水车薪。

战斗在激烈地进行着，王亚樵同蒋光鼐、蔡廷锴商量，动用上海兵工厂的枪支，但上海兵工厂厂长胆小怕事，致电南京请示，南京军需部立即回电"武器全部运往南京"。

2月1日，沪东民众便衣队在江湾路附近痛击溃退日军百余人，击毙日兵3人；2月21日，南京中央大学义勇团奋勇击退敌军向潘家宅的进攻；国民救国会义勇军在闸北太阳庙、引翔港、宝山路一带与日军激战数次，颇占优胜；南京中国抗日救国义勇军铁血军参加了保卫吴淞的战斗，在潘家宅战斗中不幸战死4人；四川省抗日救国义勇军敢死队编入第十九路军一五六

①冯庸大学女子义勇军队长龙文彬的历史照片。1931年11月1日，在张学良的支持下，冯庸大学学生抗日义勇军誓师成立。1932年2月上旬，冯庸大学组织的学生抗日义勇军126人，在校长冯庸的带领下，特由北平奔赴上海参战。其中16名女学生组成"女子抗日义勇中队"，由冯庸夫人、冯庸大学体育系学生龙文彬出任队长
②上海市民义勇军
③复旦大学学生义勇军

旅，在上海昆山前线加入作战，等等。这些义勇军作为活跃在淞沪前线抗日的有生力量，有力地打击了日军，在淞沪抗战中立下了不可磨灭的历史功绩。

救国决死军选拔精干人员组成敢死队，协助第十九路军侦察、爆破，并袭击日军司令部，有力地牵制日寇前方兵力。在决死队的打击下，日军司令部被迫撤至侵沪主力舰"出云"号兵舰。2月29日，日本陆军大将白川义则奉命亲临上海吴淞口，在"出云"号上坐镇指挥，王亚樵得知这一情报后，从决死队中挑选了熟识水性的士兵潜入水中，在"出云"号的底部安装炸弹，严重炸伤了"出云"号，大大挫败了日军的士气。

倾巢轰炸"出云"日舰

"出云"号系日本于 1900 年从英国购买的舰艇，所耗巨资竟然是甲午战争后大清国的赔款。因为"一·二八"事件的爆发，更多普通的中国人知道了"出云"号。1932 年 1 月 28 日晚，日军突然向上海闸北的国民党第十九路军发起攻击，随后又进攻江湾和吴淞。2 月 2 日，已经老迈的"出云"号作为日军第 2 舰队的旗舰开赴上海。它的到来给死守阵地的十九路军造成了重大的威胁，在"出云"号 200 毫米大口径炮火的猛烈轰击下，十九路军将士伤亡惨重。

蒋介石彼时忙于"安内"，以"不在上海驻扎正规军"等条件与日本妥协停战，中国军队不得已撤出了上海，但"出云"号却仍然停靠在黄浦江定海桥庆宁寺的江面上。

上海"斧头帮"帮主王亚樵看到日本"出云"号巡洋舰从吴淞口驶入了黄浦江定海桥，在庆宁寺江面上抛锚停泊，不间断向上海新市区射击，给上海百姓带来了巨大的伤亡，王亚樵怒火万丈，暗下决心，要把这肆无忌惮的日本"出云"号大舰炸沉。在了解到日本连司令部都搬到船上后，王亚樵更是恨不得马上炸掉这个日本侵华"出云"号巡洋舰。

王亚樵旋即在沪东引翔港"斧头帮"内寻找到熟悉这一带江面的渔民，特挑选十几名水性好的船工进行训练。这些船工一听说要去炸日本巡洋舰，个个摩拳擦掌。要炸船，只能从水底潜过去，王亚樵又出钱制作出了十几包既能防水、又有定时效应的炸药包。由十几名壮士开着渔船拖上炸药包出吴淞口，上海守备军暗暗护送至"出云"号巡洋舰附近，再由船工潜水至黄浦江定海桥庆宁寺江中，将十几包炸药包送至"出云"号大舰底部进行爆破。

虽然这次计划堪称完美，可惜当晚挂在日军"出云"号军舰的炸药包有些被水冲走了，致使爆炸时威力不够，只把日军军舰炸开一个窟窿，轻微受损，日军司令白川义则逃过一劫。

"斧头帮"因为这次没能炸沉"出云"号而懊恼，于是他们趁日军召开"淞沪战争祝捷大会"，炸死了日军主帅白川义则大将。

1937年7月，"出云"号作为旗舰率领第三舰队的三十艘军舰再次开赴上海，开启了它的第二次中国之旅。

8月13日起，在75万名中国守军与30万名日军的殊死较量中，"出云"号再次大逞淫威。它停靠于日本领事馆外码头，不断用其200毫米火炮、152毫米副炮轰击中国军队阵地和民居，为其陆军提供火力支援。

"一定要炸掉'出云'舰！"国军高层下达了命令。最先行动的是斗志昂扬的国军海空军将士，他们想以炸沉"出云"舰的军事行动为弱小的中国海空军赢得荣光，为鼓舞国人的抗日士气而效力。但是，现实的情况并不乐观，中日海空军的实力悬殊实在太大了，从一开始，中国的海空军就抱定了以死相拼的决心。

8月14日8时许，空军第二大队副大队长孙桐岗率领21架诺斯罗普式轰炸机飞抵上海空域，它们分成两个编队，一队轰炸敌军司令部、码头、仓库等军事设施，一队轰炸"出云"号等舰艇。10时许，中国6架轰炸机袭击"出云"号，投弹3枚均未命中目标，一小时后，3架轰炸机再次发起袭击，炸弹终于命中"出云"号，但是"出云"号只是轻微损伤。

国军空军将士不甘心就此罢休，下午，一架轰炸机冒雨第三次轰炸"出云"号，这次，敌舰高炮发起了猛烈的反击，双方反复交战20分钟，未果。

两天后，7架国军空军轰炸机第四次袭击"出云"号，可是，投下的重磅炸弹却落在了距"出云"号八九米外的日本邮船码头，即使这样，"出云"号也受了重伤。

眼见"出云"号仍然不沉，国军空军飞行员乐以琴怒火满腔，他不甘心、不服气，竟然发起了驾机撞击"出云"号的自杀式攻击，使"出云"号遭受严重创伤，乐以琴也以身殉国。

自中日甲午海战以来，这是中国军队首次对日本海军舰队主动发起攻击，中国空军以损毁5架战机的代价击伤了日舰，但匪夷所思的是，国军空军一系列的轰炸行动，竟然都未能使"出云"号完全瘫痪。

国军海军也几乎在同时参与了对"出云"号的袭击行动。8月14日晚，江阴电雷学校鱼雷快艇大队副大队长安其邦率两艘快艇隐蔽出航，"史102"号艇长胡敬瑞、"史171"号艇长刘功棣，他们于15日晚到达上海龙华码头。

安其邦和胡敬瑞化装侦察了"出云"号停泊的具体位置及江面情况，决定由"史102"号单艇出击。

16日晚，"史102"号艇高速冲过停泊在黄浦江上的日本海军驱逐舰和英、法、意等国军舰，在距"出云"号300米左右的江面，以顶角50度向"出云"号连续发射2枚鱼雷，然后迅速转舵回航。鱼雷未能直接命中目标，"出云"号和其他日舰集中舰炮向"史102"艇猛轰，"史102"艇多处中弹搁浅。安其邦和官兵泅水隐蔽在码头下面，侥幸躲过了日军的搜查。

国军海军的行动很快遭到日军的报复，8月20日，中国海军驻沪各机关和所属单位先后被日机炸毁，正在江南造船所修理的"永键"号炮舰被炸沉没。

9月28日，中国海军获悉日本海、陆军和外交首脑在"出云"号上召开军事会议，决定再次袭击"出云"号。此次袭击决定改用水雷。布雷兵王宜升、陈兰藩携带3具水雷泅水靠近"出云"号，在破除防雷网时，惊动了舰上的日军，两人设置好水雷引爆装置后迅速撤离。可是，水雷仅炸伤了"出云"号的尾部。此后，中国海军又连续两次袭击"出云"号，但均未成功。鉴于空军和海军损失很大，国军决定改用水下爆破。

王宜升、陈兰藩等6名潜水员趁着夜色悄悄地潜游到"出云"号的尾部，计划以水雷炸坏其动力装置，再由飞机投弹炸沉它。水雷爆炸了，可惜威力不够大，没能把"出云"号炸沉，"出云"号尾部被严重炸损，捎带着炸死了4个日军士兵，炸伤8人。

连续几次被袭后，"出云"号的防范措施更加严密了，后来的爆破行动均告失败。

"出云"号多次遭袭，数次受创，但由于其结构坚固，直到淞沪会战结束，"出云"号仍停泊在黄浦江上，令很多中国人为之扼腕。

1945年7月24日，美国舰载机投下3枚航空炸弹，"出云"号被直接命中，在巨大的爆炸声中，"出云"号在大海中几番翻覆，终于沉没，结束了其血债累累的罪恶一生。

历史上的日军"出云"号战舰

虹口公园惊天案

　　上海虹口公园，因鲁迅先生安葬于此而易名上海鲁迅公园。公园有一处景观，叫梅园。园内遍植梅花、松柏，门口的黑色石碑上刻有"纪念故人祈愿和平"，8 个字格外显眼。这是为纪念袭刺日本侵华大将白川义则的朝鲜人尹奉吉先生而建立的。

　　1932 年 1 月 28 日，日军向驻守上海闸北的中国国民革命军十九路军发动进攻。中国军队进行了两个月的抵抗后，遂放弃江湾、闸北之阵地，全线撤退。3 月 3 日，日军占领真如、南翔后宣布停战。随后，英、美、法、意等国出面调停。然而，双方正在进行谈判中，上海的日本军政要人却决定借 4 月 29 日庆祝"天长节"（昭和天皇生日）的机会，在虹口公园举行"淞沪战争祝捷大会"。

　　国民政府行政院副院长兼京沪卫戍总司令陈铭枢怀愤密至上海，找到了上海"斧头帮"帮主王亚樵，希望他能够帮自己挑一个合适的人选策反。王亚樵伸张正义，是抗日反蒋民族英雄，他有着十分丰富的暗杀经验，人脉很广。

　　当时王亚樵对于日本人野蛮侵略我中华的行径早已愤怒不已，当下便答应了陈铭枢的请求。王亚樵充分调查了白川义则的行动模式，谋划了周密的暗杀行动，计划在虹口"天长节"庆祝仪式上袭杀日军高级军政人员。

　　日军举行庆祝仪式的虹口公园，属于日控地区，只有日本人和朝鲜人能够进入，王亚樵的抗日义勇军"斧头帮"干将中没有符合这个条件的。当时，王亚樵不便亲自去找朝鲜人，他就让弟弟王述樵找到在上海的朝鲜流亡政府内务部总长安昌浩。朝鲜流亡政府的重要成员安昌浩和王亚樵的弟弟王述樵有来往，在法律问题上安昌浩受到王述樵多方面的照顾和帮助，彼此信任度很高。双方对联合刺杀日本首脑的计划一拍即合，于是在沧州饭店进行了秘密会谈。双方协商的结果是以朝鲜流亡政府出人、中国方面出钱和武器装备的方式联合实施此次刺杀计划。为什么这里不说是王亚樵而说是中国方面呢？因为本次刺杀行动得到了中国军政要员陈铭枢、蔡廷锴、蒋光鼐等人的大力支持，已经不能单纯称为个人行为了。

金九（朝鲜义士领袖）在接受此任务后，吸取李奉昌刺杀日本裕仁天皇失败的教训，严密进行了炸弹的准备工作。同时，金九找到了流落到上海的朝鲜爱国青年尹奉吉。在金九的主持下，"韩人爱国团"多次开会研究，决议利用侵华日军将于"天长节"这一天在虹口公园举行庆典的机会，锄掉在上海的包括白川义则在内的日本高级军政要员，并决定由"太洛太"成员尹奉吉负责暗杀。

尹奉吉是个 24 岁的青年，相貌堂堂，会说一口流利的日语，又有丰富的应对日本特务的经验，而且他愿意为韩国独立运动不吝献出自己的生命，是"太洛太"的骨干。更重要的是，尹奉吉刚刚来上海不久，日本特务对他并不是特别了解，让他装扮成日本侨民，再合适不过。尹奉吉当即同意了这一计划，并为能参加刺杀行动而感到光荣。

朝鲜流亡政府将刺客尹奉吉带来让王亚樵培训。面对这个年仅 24 岁的勇士，王亚樵赞赏有加，亲自向其传授了刺杀的行动要领以及自杀的方式。与此同时，刺杀行动所用的炸弹也在中国军队所辖的上海兵工厂制作，据说从开始研制到最终定型安装，一共进行了 20 余次爆破实验。1932 年 4 月初，王亚樵将隐藏在军用水壶及便当盒内的两颗威力巨大的特制炸弹送给尹奉吉，并让军火专家教授尹奉吉使用这两颗炸弹的方法。当时上海兵工厂归十九路军管制，一切大行动，须得到十九路军部认可。

为了将这次刺杀事件的影响力尽量扩大，"太洛太"于 4 月 26 日 10 时在法租界霞飞路宝康里 27 号召开宣誓会。尹奉吉站在了韩国国旗之下，左手紧握一枚炸弹，右手握住一把手枪，胸前挂着宣誓誓言，进行了宣誓，并留下了照片。这次宣誓，尹奉吉成为正式的"韩人爱国团"成员。尹奉吉宣誓道："为了祖国的独立与自由，我以一颗赤诚之心加入'韩人爱国团'，发誓击毙侵华日军将领。"

①尹奉吉于事件发生前在韩国国旗下宣誓
②虹口公园爆炸的一瞬间
③④被运回日本的日军士兵遗体
⑤缴获的日本旗帜

接下来的几天里，尹奉吉与"韩人爱国团"成员李东海扮作情侣，每天都去虹口公园踩点，考察现场，研究炸弹的投掷位置。

4月29日8时许，尹奉吉身着笔挺西装，肩挎军用水壶，一手提着饭盒，一手摇动着太阳旗，与其他日侨一道，若无其事地进入虹口公园。9时整，庆典开始。日军为了显示军威，首先举行阅兵仪式，鸣放礼炮21响。接着在第9师团长植田谦吉指挥下，第9师团主力，第11、第14师团，军直属部队以及海军和航空兵部队依次通过检阅台，接受白川义则大将和日本驻华公使重光葵等军政要员的检阅。10时30分，所谓的军民联欢会开始举行。会上，白川义则、重光葵、第3舰队司令官野村吉三郎海军中将等一个接一个地发表演讲，无耻地鼓吹"侵略者有理""侵略有功"论，大肆叫嚣"武运长久""圣寿无疆"，等等。这时尹奉吉看看怀表，时间还早，就先悠闲地在园内四处观看，一直磨蹭到11时前后，他才挤到检阅台左角前10米处。而后，他点燃一支烟等待时机。

11时40分演讲完毕。在雨雾弥漫之中，全场1.3万名日军官兵和数千名日侨扯着嗓子高唱日本国歌，注意力都集中到检阅台上的两面巨幅日本国旗上。这时，尹奉吉扔掉烟头，拿起水壶突然将手臂向后一伸，"嗖"的一声，把水壶抛了出去，准确地落到检阅台的中央。"轰"的一声巨响，顿时检阅台坍塌，血肉横飞，一片鬼哭狼嚎之声。白川义则被炸得像血人一样；重光葵被冲击波抛上半空，犹如风中之叶，落地后右腿血流如注；其他军政要员也多处受伤。检阅台上，无一人幸免。顿时，公园内一片混乱，日侨争相逃命。

爆炸发生后，日本宪兵立刻一拥而至，把尹奉吉逮捕。这时被炸伤的日本军政要员被紧急送往各大医院进行抢救。当时白川义则被送进平凉路的日本兵站医院。这是日军在上海最大、医疗条件最好的一家医院，但也没能挽救恶魔的性命。白川义则因伤势过重，于1932年5月26日毙命。1932年5月5日，重光葵躺在上海宏恩医院病床上，在淞沪停战协议上签了字。1945年，在美国军舰上，这个一条腿的重光葵外长代表日本在战败投降书上签了字。

白川义则死后，中国一家报纸报道该事件用了这样的标题《乘着军舰而来，躺着棺材而去》。

虹口公园惊天案发生后，蒋介石为拉拢王亚樵特奖赏4万大洋，并邀约其出任安徽省省长，授予中将军衔等。王复：四万大洋收下，其他就免了。气得蒋介石四肢发凉，骂声不绝。

金九在王亚樵的精心安排下，离开上海去嘉兴农村浙江省省长的宅院躲避风头，躲过了日军的疯狂搜捕。

再来说刺杀后的事情。炸弹爆炸后，日军派人封锁了虹口公园的所有出口，捉拿其余刺客，但是没有什么收获。日本人恼羞成怒，派特工抓捕及杀害了数十名无辜的中国老百姓。朝鲜流亡政府首脑为了不连累中国朋友，于1932年底，在"韩人爱国团"发行的《屠倭实记》中刊登《虹口炸案之真相》一文，文中声明4月29日的刺杀事件是"韩人爱国团"所为，并详细介绍了刺杀行动的前因后果及刺客尹奉吉的家庭背景和宣誓照片。出于保护中国朋友的原因，《虹口炸案之真相》一文只字不提此案与中国人的关系，这篇文章也成为目前部分韩国学者不承认中国人参与此次刺杀行动的依据。

四、新四军的安徽力量

·

"斧头帮"的共产党员

·

在"斧头帮"中，有一位特殊的兄弟叫宣济民，他化名为"小济"，是王亚樵的得力干将，屡屡暗杀仗势欺人的反动工贼，替劳工撑腰，为早期工人运动立下奇功。

宣济民，原名宣职章，曾用名周执章。1903年11月出生于肥东山王乡小宣村。18岁与三哥宣南生到上海日华纱厂做工。

1924年，第一次国共合作，工人运动也开展得如火如荼。这时候的宣济民进一步接近共产党组织，政治上逐渐成熟。因为他身手不凡，1925年被委派去保卫著名工运领袖刘华。刘华公开的职务为沪西工友俱乐部秘书。1925年，上海的日本棉纱工厂工人举行罢工（罢工因日本资本家开除男工改用男女童工，并拘捕工人代表而引起），地下党组织全市工人支持他们，一些地痞流氓混入其中企图捣乱，斗争形势十分复杂。刘华住在俱乐部里，宣济民就拼起两张乒乓球台为床，睡在刘的屋外。一天凌晨，来了7个流氓，个个手持洋镐棒，但他们刚闯进宣济民住的房间，宣的大棒就劈头盖脸砸下来，一手一个，第三个人的手指也被打断了。前面三个流氓吃了亏，后面的不敢贸然上来，跑回去报信。刘华说对方肯定会再来，命令宣济民严阵以待。果然天亮后来了60多个流氓，气势汹汹地将俱乐部团团围住。宣济民已经调了搬运工人前来守卫，人数虽没有对方多，但对方都是乌合之众。宣济民经历过一些战争，懂得点战术，他指挥工人们分成两组，互相照应，攻防有序，结果对方被打伤20多人后狼狈退走。宣济民以少胜多，他的能力在众多兄弟们中崭露头角。

宣济民

1926 年，由余庆生介绍，宣济民秘密加入了中国共产党。

1927 年，"四一二"反革命政变发生后，白色恐怖笼罩全国，党组织的处境十分危险。为制裁叛徒内奸，党组织决定成立小斧队。自刘华于 1925 年 11 月 29 日牺牲后，宣济民就在江苏省委农民运动委员会书记何孟雄的领导下工作。

1928 年 1 月 29 日，宣济民所在的沪西日华纱厂，一名姓刘的工人中午出了厂门去买大饼，日本老板借口其没有请假而要开除他。两名工友上去替他说情，也要被开除。20 多名工人闻讯罢工，以示抗议，日本老板非但不让步，还扬言要统统开除。得知此事，宣济民大怒，组织了一帮人，第二天一早，手持铁棍站在厂门口举行罢工。日本老板眼看局面难以收拾，就找来一个叫王绍良的去对付工人。王绍良的表兄熊式辉是淞沪警备区司令。王曾留学日本，回来后担任日华纱厂人事部总翻译，同时兼工总会（黄色工会）交际部部长及沪西区总指导员。他气势汹汹地贴出布告，限令工人 24 小时复工，违者当作共产党一概抓起来。于是，地下党决定除掉此人杀一儆百，同时也给高压下的群众鼓鼓劲。这个铲奸除恶的任务就落到宣济民身上。

王绍良非常好色，老婆在江西，自己和上海的姘头住在曹家渡存善里49号后楼。他的姘头徐阿四20多岁，是日本纱厂的一名"拿摩温"。1928年1月28日，宣济民打听到王绍良的行踪，并带上吴道庆、叶宗钦等几个兄弟，叫了一辆大号的祥生汽车直奔曹家渡。到了存善里，宣济民命三个兄弟把守弄堂口，自己带着吴道庆埋伏在弄堂内，等王绍良一露面便行动。宣济民一见到王绍良，就朝吴道庆使了个眼色，吴道庆迎面冲上，对准王绍良连开数枪将其打死了。徐阿四听见枪声下来，抱着王绍良的尸体号啕大哭，一会儿警察到了，宣济民却早已指挥吴道庆等人撤出，自己留在看热闹的人群中，后撤离。

王亚樵一直不知道能干的"小济"是一名共产党员，1928年他派宣济民作为刺杀安徽省主席的主攻手，党组织得知这一情况，便指示宣济民利用杀陈调元的机会，杀死张秋白。

张秋白早期是同盟会员、孙中山的得力干将。1922年1月，孙中山派他为特使参加了共产国际在莫斯科召开的远东各国共产党及民族革命团体第一次会议。临行前，孙中山还写了一封信托张秋白带给列宁。应该说，在国共两党的合作进程中，张秋白做过一些工作。可是后来他又跟着蒋介石一起反共。为此王亚樵十分鄙视其为人，虽然都是安徽同乡，但王亚樵严厉警告张秋白必须离他远点。

张秋白当上安徽省建设厅厅长后，伙同陈调元大肆捕杀共产党人。由于张秋白在国共合作期间结识过不少共产党员，所以危害性特别大。在芜湖的中共安徽省临委向中央紧急报告，要求赶快除掉张秋白。

这时，何孟雄得知张秋白要在南京的梅溪山庄宴请陈调元，便指示宣济民以进献水利图纸为由，进山庄杀陈调元、张秋白。不料当天陈调元未在，宣济民对张秋白假借献图，便一枪把张撂倒在地上，枪声使门外守卫冲进来，一阵枪战，惊动了下关车站警察，宣济民他们且打且退，宣的衣服上被打了几个弹洞，幸亏是小伤。被追散后，宣济民在天黑时找了一条小船，给了船主 40 元，才脱险到芜湖。

刺张之后，宣济民脱离王亚樵回到上海，继续为党工作，化名周执章。

宣济民为人胆大心细，做事果断谨慎，三四年间制裁了王为民、柏生等走狗叛徒，都干得很出色，没有纰漏。不料祸从天降。1932 年的一个晚上，警察突然冲进家中铐走他，这次被捕是因王亚樵策划的谋杀招商局总办赵铁桥和刺杀宋子文未遂引起的，两案件造成极大的社会影响。蒋介石严令戴笠抓捕王亚樵，然而王亚樵十分机警，戴笠屡屡扑空。正当戴笠一筹莫展时，公共租界老闸捕房来报告说，他抓了暗杀赵铁桥的凶犯，那就是化名为周执章的宣济民。

其实宣济民并没有参加刺杀赵铁桥的行动，他被查到只因他是王亚樵的斧头帮成员，因而做了替罪羊。为了大局，宣济民假装屈打成招，从未暴露自己是中共党员的真实身份。

在宣济民被关押的日子里，王亚樵制造了震惊全国的南京国民党党部枪击案，汪精卫遇刺受伤。戴笠亲赴香港抓王亚樵，1936 年派人在梧州将其杀害。王亚樵手下被杀的被杀，被关的被关，宣济民坚决咬定自己是帮派会员，在经历了艰难的牢狱生活后，在王亚樵弟王述樵及老师沈钧儒的努力下，终于以"它罪"定论出狱。

宣济民一出狱，正值抗日烽火四起，他想着尽快归队，于是将家人留在洛阳，自己一人去延安"抗大"学习。

那时候淮河一带抗日武装纷纷涌起，家乡已经搞得非常热闹了。宣济民的三哥宣南生从上海回到山王乡老家，他政治经验丰富，且善于结交朋友，短短几个月，就拉起了一支近百人的队伍，配合新四军在肥东一带打游击。

宣济民一回到家，乡亲们便纷纷来投奔他，他将三哥宣南生、堂弟宣友章和宣耀章的队伍扩充到 500 多人，组建了淮南抗日人民自卫军，不久就加入了新四军，为（津浦）路西二旅十八团二营，宣济民任二营营长。随后宣济民率领这支抗日劲旅转战江淮。三年后，营发展成团，宣济民任新四军巢北支队独立团团长。到1945 年，宣济民任巢北支队司令员，程明远任政委。

宣济民的革命事迹，一直在肥东大地流传。中华人民共和国成立后，他就任中共中央华东局社会部上海社会处组长。1950年秋，宣济民调任皖北行署（省级）劳动局任副局长，后任安徽省人民政府劳动局（首任）副局长，1983年因病逝世。

新四军中的上海兵

1940 年，新四军三支队副司令员谭震林从皖南军部来到苏南，任"江南抗日救国军东路指挥部"司令员兼政委，并派人到上海扩军。二纵队政治处主任张鏖接到命令后，马上组织了不定时轮番变动的三个扩军组人员，彼此之间互不交叉，单线与其联系，独立执行任务，并将招募来的人员通过地下交通线秘密输送到"江抗"。

不到一年，"江抗"在日伪眼皮底下，冒着生命危险在上海开展扩军工作，扩军超过 2000 人。这些上海籍战士文化程度高、见识广，经过教育和培养后很快成长为部队骨干。后来，这支部队不断经过战争的洗礼而壮大，又与其他革命队伍互相整合，逐渐发展成为后来的解放军第 20 军。20 军当时究竟有多少上海籍战士？以上海兵最集中的 20 军 60 师 178 团为例，排以上干部就有 104 人为上海籍，178 团一营，连以上干部几乎全是上海子弟。这些上海籍战士在解放上海的过程中发挥了很大的作用，他们不仅作战勇猛，而且在搜敌、劝降和后勤等方面表现得尤为出色。

1949 年 5 月 25 日零时左右，20 军 60 师 178 团第一营官兵最先冲到了位于上海市中心的南京东路，这是南京路历史上迎来的第一支解放军部队，一支上海人民的子弟兵队伍。

张智英，肥东长临河张胜吾村人，早年在引翔港三友实业社当学徒，后来在纷争中打死日本人，随后去苏北投奔新四军陶勇部队，中华人民共和国成立后任江苏海安县县长。当张智英得知引翔港的妹夫牛进义以及张泽民在解放前参加过"斧头帮"，并在沪东一带收过保护费，名声不好，就劝他们去当时的榆林公安分局（杨浦分局的前身）投案自首，争取政策的宽大处理，张智英是他们的救命恩人。还有著名的军旅作家白桦叶楠兄弟也是从三友实业社去苏北投奔新四军的。

①解放上海时的老照片，这张
著名的照片里的部队就是178
团。这支曾夜宿南京路的部队，
后来奔赴朝鲜长津湖战场
②解放军日夜兼程向上海进军
③178团指战员在新新公司（现
第一食品公司）门前行军

火烧日本军鸽舍

引翔港牛进明家的五儿子阿共，有时在去定海桥游泳的路上，看着天上飞往川沙乡下找野食的鸽群，他都能认出自家的鸽子是哪一群。

牛家的鸽子养得好，当年在上海滩颇有名气。1965 年，有一羽信鸽夺得北京放飞上海的赛鸽比赛的亚军，冠军是吴淞口以前开豆腐店的王姓老板家的。那时牛家参赛的三羽信鸽都是日本细川势山母系杂交优秀品种，全部归巢，其中一羽是受伤后归巢的，在上海信鸽界轰动一时。北京放飞的是一羽雌鸽，灰雨点鸡黄眼，水桶身子，浑身羽毛油光瓦亮。后来牛家这羽信鸽已舍不得放飞，留着育种。

牛家的鸽子，是从烽火连天的抗日战争年代而来的，是合肥地区抗战的胜利果实，与一个顶天立地的汉子宣济民有着千丝万缕的联系。

话说宣济民回到肥东拉起队伍抗日，在巢湖蒋家河口伏击了日本鬼子，这是新四军成立后对日寇的第一仗。宣济民作战英勇，后来又任新四军巢北支队司令员，活动在合肥东乡及巢湖周边。当时有日伪军发生内讧，都会诅咒对方：谁要是亏良心，让你出门就碰上宣四牯子（家乡人称宣济民叫"宣四牯子"，因其身材魁梧，像大牯牛一样，又武功高，胆大包天）。在宣支队与日伪军进行艰苦作战的过程中，夜间宿营地时常遭敌人偷袭，慢慢地，新四军发现是汉奸间谍跟踪部队，等部队宿营后悄悄地画上地形图，绑在带来的日本军鸽腿上，然后放飞军鸽。这些军鸽速度快，飞得高，传递情报迅速，日本军从而得以快速且准确地对抗日队伍进行打击，致使抗日军民遭受了极大的损失。

日本在侵华战争中，利用了大量的军鸽传递信息。当时的日本政府大量培育优良的信鸽品种，在军方建立的军鸽舍中进行训练，并将经过训练的信鸽投入战场。由于中国军队的战士们对于军鸽的危害还没有那么深入的了解，加上战争的紧张，因此对于这些天上飞的鸽子并不太在意，这让多个地方的日军得到了情报，从而快速且准确地对我军进行打击，致使我军吃了大亏。后来我军发现了敌方使用信鸽这一情况，为了不让这样的情况继续下去，我军针对日军传递信息的方式制定了相应的对策，即成立灭鸽小队，对日本军鸽的灭杀甚至优先于日军军官。此后，在战士以及百姓们的努力之下，日本军鸽被及时灭杀，这样军鸽能够传递出去的情报也是少之又少。若是当时发现得再晚一些的话，那后果真是不堪设想。

日本军鸽的起源，早先由法国人古雷卢凯带法国名鸽来日本，后由势山庄太郎精心培育，又经细川英之郎培育。"二战"期间，日本军部大规模培育细川势山系信鸽作为军用，在中国战场投放的军鸽有五万羽之多。新四军和抗日军民要与日伪军进行战斗，还要想方设法地灭杀日本军鸽。

而在日本利用军鸽的事情广为中国百姓所知之后，有许多的爱国百姓也加入了灭鸽的队伍之中。百姓们也有不少人持有猎枪，因此当他们看到有军鸽经过时便会将其击落，此外，没有猎枪的百姓们也自制了弹弓，让军鸽有来无回。甚至还有平民英雄发现了日军的军鸽训练基地，他们不顾生命危险潜入，在其水中下毒，让日军的军鸽大量死亡。正在这时，长临河牛官堡村人牛善金从上海回到家乡，听闻此事，暗自备好利斧火药，夜闯长临河鬼子小队，火烧日本军鸽舍。烧鸽舍之前，他先顺手捞出几只日本细川势山系军鸽，烧鸽舍得手以后，他将事先捞出的几只军鸽带去上海喂养，由此才有了牛家与日本细川势山系军鸽几十年的传奇故事。解放战争中，牛家这些日系军鸽在西南战场传递信息，在战争中发挥了积极的作用。

经历了太多的变迁，你很难想象到，引翔港如今已是一个居民小区的名字。

合肥人在上海倾心经营与奉献的年代，给引翔港近代纺织业带来的历史贡献，早已淡出人们的记忆。

工业遗产景观带来的资源，长江三角洲都市圈同城发展，引翔港新的家园已跨越了时间和地域。如今，人们重新注视这里，不只因为辉煌的过去，还因为它充满希望的未来。

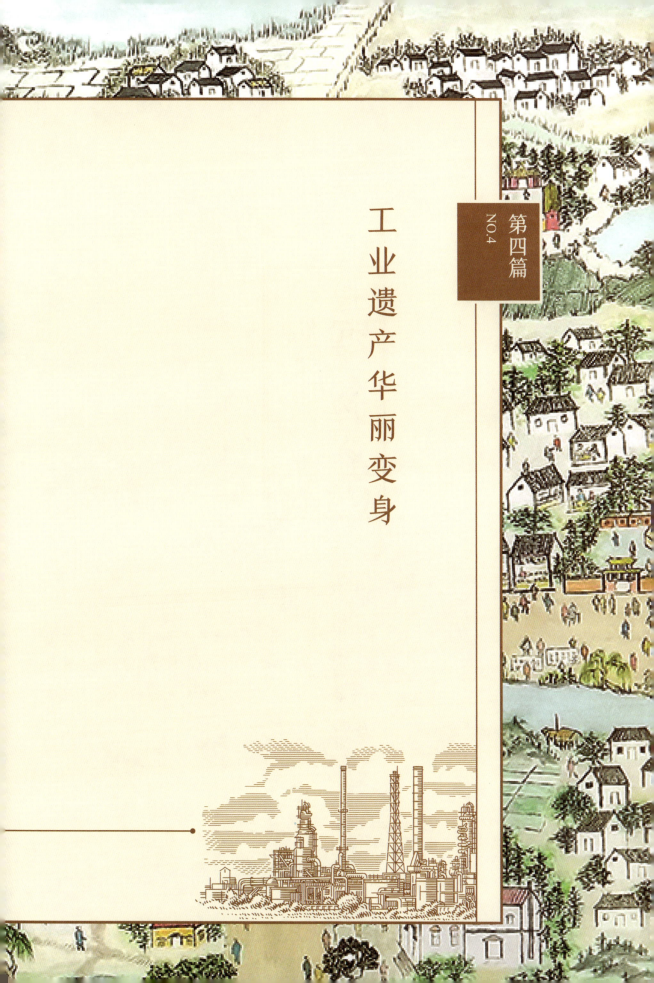

第四篇
NO.4

工业遗产华丽变身

第七章

纺织工人撑起一边天

曾经的岁月，引翔港千百位劳动者用双手日夜不停源源不断地为大上海织出了繁华。三友实业社的毛巾技术和品牌，让合肥人雄心勃勃，无论岁月如何变迁，都有立足生存的资本。毛巾担当起对家乡合肥反哺的角色，长临毛巾厂成为安徽第一个出口的创汇企业。

一、保卫上海

·

十九路军血战淞沪

·

两次淞沪战役，给上海东北部的引翔地区带来的打击是沉重的，造成的灾难是全方位的，这些打击和灾难被深深地嵌入了引翔港的集体记忆里，永远无法褪去。

"一·二八"抗战中，引翔港古镇被侵华日军纵火焚毁，引翔乡的自然村基本被炮火夷为平地。1932年1月28日夜11时30分，日军盐泽幸一少将统率日本海军陆战队在北四川路西侧突然向中国驻军发动进攻，十九路军156旅张君嵩团当即予敌猛烈还击。此时，日军以二十余辆铁甲车为前导，分兵五路，从闸北各路口发动进攻。29日上午10时前后，日机投掷炸弹，商务印书馆总厂和东方图书馆被大火焚毁，包括众多古籍善本在内的30多万册馆藏图书被付之一炬。

"一·二八"抗战开始后不久，张治中将军率领的中央军全德械装备的87师、88师和教导总队正式组建成第五军，以十九路军的番号参战。佩戴德式钢盔的中央军德械师，是抗战初期战斗力最强的中国部队。1932年2月4日，日军发动第一次总攻，战火扩大到江湾、吴淞一线。激战竟日，吴淞露天炮台虽被敌军狂轰滥炸摧毁，但在中国守军的顽强抵抗下，日军始终不能登陆。此次总攻被粉碎后，盐泽幸一被撤职调回本国。2月下旬，日军猛增至八万之众，30余架飞机向上海附近所有市镇村庄大肆轰炸，十九路军在不到200米的短距离与敌肉搏多次，伤亡5000余人。1932年3月3日，日军在英、美、法等国"调停"下，宣布停战。1932年5月5日，南京政

日军蓄意挑战

DELIBERATE PROVOCATION OF THE JAPANESE ARMY

九一八事变后,日本帝国主义在我国东北的侵略行径,遭到国际社会的强烈谴责。为了转移中国和世界各国的视线,掩护炮制伪满洲国傀儡政府的阴谋,日军蓄谋在上海寻衅,并于1932年1月28日当晚突袭闸北,挑起战事,一·二八淞沪抗战爆发。

After the September 18th incident, the aggression of Japanese imperialism in Northeast China was strongly condemned by the international community. In order to divert the attention of China and other countries and cover the conspiracy of the puppet government of Manchukuo, the Japanese army planned a deliberate provocation in Shanghai and raided the Zhabei region on the night of January 28, 1932. The January 28 Battle of Shanghai thus broke out.

①和平钟
②上海淞沪抗战纪念碑
③④日军蓄意挑战引发"一·二八"淞沪抗战史料

府代表郭泰祺与日本特命全权公使重光葵分别代表中日双方签订了《淞沪停战协定》。由于《淞沪停战协定》的限制，中国军队不能在上海市区及周围驻防，市内仅有淞沪警备司令杨虎所辖上海市警察总队及江苏保安部队两个团担任守备，兵力薄弱。日本在"一·二八"事变以后，即在上海虹口、杨浦一带派驻重兵，专设日本驻沪海军陆战队司令部，驻沪兵力有海军陆战队3000余人，大批日本舰艇常年在长江、黄浦江沿岸巡弋。

1937年8月13日，抗击入侵日军的淞沪会战在黄浦江两岸打响。引翔地区属沪东战区范围，当天枪炮声通夜不停。第二天，激烈的空战在引翔的上空打响，日机对上海狂轰滥炸，不少工人被迫返乡避难。1937年11月11日深夜，中国军队奉命撤离上海的两天后，南翔弃守，历时3个月的淞沪会战宣告结束。上海市区全部沦陷，伪上海市政权于12月5日在浦东成立，上海的租界区尚维持原状，形同"孤岛"。

上海淞沪抗战纪念馆

①

②

③

④

⑤

①为纪念国民革命军第十九路军
"一·二八"淞沪抗日战役中阵亡将士，
1933年由华侨捐资在广州建成十九路军
淞沪抗日阵亡将士陵园
②戴戟将军墓
③④上海淞沪抗战纪念馆里陈列的"日
本向同盟国家投降书"
⑤佩戴德式钢盔的中央军德械师，是
抗战初期战斗力最强的中国部队

虬江码头反登陆

在共青森林公园边有一条"虬江码头路"，路的东面临江就是"虬江码头"。这是 20 世纪 30 年代"大上海计划"时候建造的码头，在虬江汇入黄浦江的河口，军工路东侧。这个码头现在看虽然十分不起眼，但在当时却是中国军队在上海最大的军用码头。

抗战爆发后，虬江码头成为反登陆第一线。1937 年 9 月 5 日夜，黄浦江上的日军驱逐舰"枫"号开始向虬江码头炮击，饭田七郎指挥日军乘着夜色在虬江码头附近登陆，意在夺取虬江码头、军工路、沪江大学等地，没想到遭到防守虬江码头的 61 师 66 团的火力阻击，日军对虬江码头的第一次登陆以失败告终。但是我方火力点已暴露，随即在日军的猛烈炮击中不得不撤出虬江码头，日军第二次登陆夺取了虬江码头，继续向军工路、翔殷路方向进攻，换防的 57 师 342 团进行了顽强抵抗，虽然只持续了几天，而且以中国军队的失败而告终，但也让日军付出了极为惨重的代价。

虬江码头路路牌

日军占领了苏州河南边的全部地区（租界除外），巧立名目，侵吞在沪华资工厂，有黄浦江两岸11家华资船厂、6家铁厂、1家水泥厂、17家纺织厂，以及战前唯一能生产成套棉纺织机的大隆机器厂等。日军实行"军管理"的形式，与军事密切相关的工厂由日本军部直接控制，实际经营管理则委托相同行业的日商企业代管。1938年，侵华日军将荣家的茂新，申新三、五、六、七厂作为"敌产"，实行"军管理"，棉花、棉纱、棉布、物料等皆被劫用。

1941年，太平洋战争爆发，申新二厂、申新九厂也被实行"军管理"。在引翔乡高郎桥的荣家三家纱厂均被日军窃占。申新六厂门口被挂上"上海纺绩株式会社管理所"的招牌，数日后又换上"海陆军特务部指定日商上海纺绩株式会社经理"木牌，随后，申新五厂也被日军委托日商裕丰纺绩株式会社接管。由日本兴亚院以通知开会的形式，胁迫在沪的纱厂业主们与日方签署为期3年的一纸"合作协议"，将这些纱厂的经营权交由日资厂掌握。作为合作一方的中方对厂的业务一无所知，合作另一方的日资经理也从未将每年的经营报告书送交中方。

位于虬江码头路2号的上海虬江机械厂　　虬江老码头一角

战时棚户区

　　沿马玉山路向南走到现今的长阳路口，就是曾经著名的引翔港古镇。引翔港古镇民宅以传统的砖木结构瓦平房为主。清光绪年间，引翔港古镇又出现砖木结构 2 层楼的旧式里弄和新式里弄，至清末已是民团、学区和城镇乡自治机构的中心。1931 年后，出现花园住宅。抗战前夕，有居民三四百户，商店百余家。

　　引翔港的合肥人来此居住，还与长临河的张义纯、刘和鼎两位将军有关。在淞沪抗战时，张刘二人带部队在大场浏河前线与日本人血战，有许多长临河的热血青年投奔他们参加抗战，后来这些人就留在了上海，张胜吾村就有多人住到了引翔港。

　　19 世纪中叶，现杨浦境内尚属县郊僻壤。农民自建住宅形成众多的自然村落。1863 年和 1899 年，租界两次扩张以及杨树浦一带大量工厂的开设，使得该区域的城市化进程不断加快。由于工商业的发展，大量外来人口前来此地谋生。他们一般在工厂附近的空荒地上搭建草棚栖身。由此小木桥、茅家塘、蒋家浜等棚户区相继出现。

作者牛忠玉走访张义纯将军故里，图为牛忠玉与张义纯将军后人合影

1937 年 "八一三" 事变后，出现第二次外地人口向上海大规模移民。上海人口从 1937 年的 385.2 万人增至 1942 年的 392 万人。

1945 年抗日战争胜利以后，居民大多返还故乡，上海人口减少。

后因内战爆发，出现第三次外地人口向上海大规模移民。上海人口从抗战胜利时的 330 余万人，到 1949 年初达 540 余万人。

1937 年的抗日战争中，引翔港古镇被侵华日军纵火焚毁。人们劫后重建，变成结构简陋的平房。"八一三" 淞沪抗战爆发，全镇建筑绝大部分毁于战火，被夷为一片废墟，仅白衣庵幸存。战火内移后，居民陆续返回旧地重建家园，在毛巾厂前空地和周塘浜两岸搭起棚屋。随着周围工厂的兴建和发展，大批工人涌向这里就近择居，沿周塘浜一带棚户逐渐增多。抗战胜利后，居民陆续返回，搭建棚屋定居。1946 年后，棚户更为集中。当时在今双阳路南端开设有几家小商店，但已不复昔日集镇的面貌。

1945 年抗战胜利后，工厂复工。引翔港及邻近的空地，被从江苏（苏北）、浙江、山东等来沪谋生者搭建棚屋定居，这一带至上海解放前已形成一个规

引翔港古镇遗址，现已成为小区

模较大的、人口密集的棚户区。其中较大的中联村、平定路、富禄里等，占住宅建筑面积的51%。1948年，建造上海第二劳工医院（今杨浦中心医院）。眉州路的小木桥棚户区，被地痞流氓和恶霸所霸占，周围居民称之为"梁山"。各种走江湖的，在这里耍猴、卖拳头、摆西洋镜、唱露天戏，十分热闹，又称为"小世界"。昆明路的吴家浜原来是自然村。1930年在村西建造两埭出租房屋，名和乐里，后在村南侧又建造两埭出租房屋，名天福里。1937年抗战中，村中大部分房屋被毁。1949年年初，周塘浜已成为一条狭窄的臭水浜，浜北岸有一条小路，一眼望去，全是竹篱茅舍，是一片散乱的棚户区。在三友实业社旧址上有一家人民造币厂。1954年，马玉山路（双阳路）改从五一电机厂门前延伸至长阳路，沿路设有小商店及摊贩。1962年，因长阳路向东延伸扩建，周塘浜被填没，棚户房屋被拆除，改筑成为宽阔的柏油马路。引翔港北段（至周塘浜一段）亦填没筑成宁武路，北段与长阳路相交。1981年起在双阳支路南侧拆除简屋，兴建四幢多层新住房。长阳路南建有12层楼的长阳饭店，长阳路双阳路口设有百货、五金、饮食等商业网点和集市贸易市场。20世纪以来，引翔港因时而变，引翔港一带老居民住宅均全部拆迁，拆迁后兴建了高层和多层住宅。引翔港成为小区。

张义纯将军（合肥巢湖北岸张胜吾村人）在松潘路盖的房，当年供驻沪合肥同乡人居住

引翔港小区老大门

二、合肥人的织物情结

巢湖夏布

巢湖夏布是土布的一种称谓，指窄幅的土布。中国古代的传统夏布是用苎麻为原料，而巢湖夏布原料是用棉纱，而且是手纺的土纱。移民来到巢湖北岸时，正是明朝鼓励种植棉花时，棉花这种新的纺织原料替代了本土的苎麻。巢湖北岸老家人牛善金所说的"夏布"，就是窄幅的土布，可以用来做包头帕、手巾等。

巢湖夏布的隆重面世，是淮军的军帽——包头帕的出现。穿着破烂的淮军初次进入上海时，"草鞋短衣，布帕包头"，"布帕包头"就是军帽，遭到外国军队的讥笑。李鸿章在上海许多富商的帮扶下，成功使军队面貌焕然一新，"布帕包头"也变成了军帽。如果单看头顶，那还真是一支"威武之

李鸿章的嫡系淮军的戎装，包头帕是淮军的传统

师"。未及一年，"尽改旧制，更仿夷军"，淮军变得洋气起来。可事实上，淮军不穿草鞋短衣了，但裹头的习惯一直没改，并且带到了军舰上。堂堂北洋水师，大清国的官兵，忽然一下子全拿布裹头了。北洋水师的根基是淮军，包头是淮军的传统，水兵用布包头，是沿袭了淮军的传统。

裹头布，正是使用巢湖的夏布做成的。它是一种生活的智慧。裹头的习惯，在云、贵、川，两湖及至北方都有。裹头布可以保护头部，冬天可以防风御寒，夏天又能当汗巾擦汗、当手巾擦脸、当腰带保护腰杆。对练武的人来说，还是隐形的武器，湿了水的裹头布用力甩出去，可以当流星锤使用。裹头布在当地人的生活中的作用太多了。裹头布的颜色一般为黑色，一条裹头巾少说要3米左右长的布头，才能将头部缠几圈，这些布足可以做件衣衫了。一般是把脑袋围两层以上，合肥称这个动作为"裹"，裹在头上还顺直，走起路来都精神。他们入伍后，把裹头巾带到队伍里，使之成为湘军、淮军的标志性装束。

手工织造的夏布衣服

合肥地处江淮腹地，土地较为肥沃，雨量充沛，气候适宜，发展纺织工业生产所需要的棉、毛、麻、茧等资源都比较丰富，尤其是宋末元初棉花传入后，手工棉纺织发展很快，乡村里机杼声昼夜不停。巢湖夏布的经济价值很高。巢湖之滨"十之六七的农户"习惯于农闲之时纺纱织布，纺织业成为基础产业。合肥民间历来讲究穿自己家纺织的棉布。大姑娘、小媳妇的女红，重要的一项就是看会不会用纺车织布。当时都是用自家纺织的布做衣服，每天晚上，家中的妇女有的就着忽闪忽闪的煤油灯纳鞋底，有的转着用牛骨头关节做成的纺坠，手捻细纱，织成长长的棉线。1937年，合肥曾经做过调查，当时全县有织机1万架左右，织户人口约10万，占全县人口的13%。

合肥及其周边纺织业的兴盛，离不开合肥老乡李鸿章后裔的功劳。开埠后，他们在芜湖开设了拥有百余架手摇机的作坊，又把产品倾销到老家，带动了合肥许多小规模的作坊，加上合肥手工棉纺织布向来有基础，因此纺织成为基础产业，家家户户都在纺布。

合肥人以前最常用的染布方法是用稻香灰、皂角叶等作染剂，但染出的布匹色彩比较单调，只有灰色和蓝色等几个色调，一直到1852年以后，合肥才有了第一家专业的染制花布的汉坊，而合肥当时已经有许多专业的机织户了。作坊业主将棉纱交给那些机织户，织成统一尺寸的土布，然后再收回去，用桐油纸镂空花式样框套在布帛上，把拌匀的豆腐、石灰涂抹在空白处，晒干后浸入染缸上色，捞上来再晒干，击碎干了的豆腐、石灰，清漂晾干即成轧花。

1910年，合肥长临河洪远记染坊就开始用化工原料染纺阴丹士林布。据统计，到1945年，合肥总共有专业的染织坊42户，生产的染色印花布基本上是手工制作的。

三友基因的爱国织物

三友实业社以生产爱国毛巾成为当时纺织业的一面旗帜，引领和鼓舞了众多热血青年投身加入新兴崛起的家纺行业，上海又先后出现了民光床单、民光织物社和上海太平洋织造厂，它们壮大了爱国品牌阵营。

1935 年 6 月 6 日，上海东北部杨浦区的岳州路兴祥里，一条不起眼的弄堂内，28 岁的杭州人项立民开设了一家仅有 8 名雇工的小厂。项立民并非出身商贾之家，文化程度也仅为贫儿院高小毕业，但他从三友实业社的练习生做起，在沪杭巾被业摸爬滚打，靠着自身的勤奋、聪慧和敬业，一路做到工程师、部主任、厂长，直至开始他的"民光织物社"创业史。当时的上海滩有毛巾被单厂 116 家，而这个弄堂作坊仅人力毛巾木织机和人力被单木织机各 1 台，却得以在那个经济自由高速发展的年代生存下来，还孕育了国货名牌，正应验了项立民起名"民光"的期冀。这年，民光生产的第一条床单货号是 2465，24 代表民国二十四年，6 即 6 尺，5 为五彩印花，采用油纸花板套色印花，品质直逼床单鼻祖"三角"，月产量 200 条左右，供不应求。第二年，项立民又在兰州路兰桂坊租用 2 幢石库门房子，添置10 余台织机及简单的漂印设备，雇用 20 余名工人。1937 年，开办才两年的民光在"八一三"中遭破坏停产。项老板可不认命，次年移址延平路叶家宅恢复生产，后一年又合资创办了印染厂和织造厂。后来这三家厂合并为民光织物社制造厂，并择地通北路 6 亩 4 分，陆续建造厂房，扩大生产规模。及至 1956 年公私合营时，民光已全部实现电力织机生产，拥有织机近 80 台，职工 600 余名。

由于"民光"两字非常光明进步，"民光，民光，为民争光""民光，民光，为国争光"这样的广告语富有新社会气息，民光品牌得以幸存光大，"文革"期间，厂名被改成了上海第七被单厂。

1986 年的上海路边，居民晾晒的国货床单

　　1939 年 2 月，三友实业社职员赵才生、李道发、许安卿等人集资法币 2.2 万元筹建工厂，先在市郊购买半成品毛巾代加工后试销。5 月租借北江西路（现江西北路）370 号双开间 3 层楼房 1 幢，安装双幅毛巾机 6 台，招工 27 人，正式开工，取名太平洋织造厂，商标为"邮船"牌。民国 29 年（1940 年）扩大生产规模，再租厂邻房屋 12 间，增加机台和品种，在筹建处设立发行所，加强销售。翌年，利用三友实业社苏州路制药工场场地，安装毛巾机 12 台、被单织机 16 台，开设太记分厂，合同 3 年，产品供三友实业社门市部销售，利润平分。1942 年 11 月，盘进齐物浦路（今江浦路）961 号皇后织造厂为工场。其时，太平洋织造厂有 3 个工场，织机 40 台，职工 150 余人。为加强后处理能力，与民光织物社、百老汇漂洗厂合作开设三益漂染厂。1943 年 3 月，又在南市永泰街 15 号开设三六织造分厂，安装毛巾木机 24 台，有职工 30 余人。同年，日伪控制棉纱，太平洋织造厂经协商将生产设备迁入安达纱厂，用该厂棉纱生产毛巾被单，成品销售不受限制，经营兴旺。1945 年，以 4 万打毛巾的代价，购得斜土路 645 号上海美亚第五绸厂

厂房 49 间及空地 2500 平方米为总厂厂址，各工场陆续迁入，翌年 2 月投产。1949 年 5 月上海解放时，总厂有职工 421 人，有织机 81 台，厂房面积约 3500 平方米。产品有毛巾、被单、浴巾、枕巾、餐巾等 30 余个品种。1952 年，兴盛织造厂等并入。1954 年 10 月实行公私合营，时有织机 113 台，有职工 787 人，主要产品有 444 鸳鸯巾、666 博士巾、777 纪念巾、999 芷江巾、6004 彩格印花英雄被单、6005 锦地彩格被单等。1956 年，中国铸工厂并入，扩大厂房 2000 余平方米。1958 年，在行业中率先实现"煮、浆、漂、染、烘"机械化操作，并试制成功螺旋形毛巾和浴巾，填补国内毛巾生产的空白。1963 年，为扩大出口创汇，贷款增置毛巾自动烘燥机、卷染机、平洗机和磨毛机，大批量生产螺旋形毛巾产品。1968 年，专一生产中式印花被单，在行业中首先使用丝网印花和台动式印花机，提高印花被单档次，其中 777 飞孔雀印花被单深受中东国家消费者欢迎，至今供不应求。1983 年，建造 5053 平方米新厂房，增加织机 76 台、被单印花机 3 台及织物丝光机、烘燥机和污水处理设施 1 套，提高产品档次，船牌 60 支金银丝飞燕迎春被单获国家银质奖。1987 年，增加职工福利设施，改建餐厅、俱乐部、浴室、更衣室、办公室 3535 平方米。1988 年被评为国家二级企业。1989 年，为深化后处理工艺，下放织机 200 台，拆除旧厂房 2000 平方米，新建厂房近 6000 平方米，新购导带印花机、长环蒸化、烘毛、拉幅、平洗、轧烘等现代化后处理设备。1992 年末，有职工 1438 人；占地面积 17654 平方米，建筑面积 29121 平方米；固定资产原值 1478 万元，净值 1302 万元；年产被单 195 万条；总产值 4667 万元，利税总额 369 万元。

民光和太平洋代表了被单、毛巾上海制造的先进水平。

①"民光"商标
②民光被单广告
③当年民光被单厂的生产车间
④民光厂创办人项立民

上海毛巾十二厂

解放前，杨浦区境内有不少分散在各处的生产毛巾的作坊，这些作坊少则几台织机，多则十来台，这些作坊的雇主解放后划定的阶级成分叫"小业主"。除了生产毛巾的作坊外，还有一些与之配套的漂染加工点等。

解放后走集体化道路，个体经营的小作坊都归并为若干合作社。1956年，由五家生产毛巾的"耀华""普益""十一""伟力""奋力"合作社合并为"勤建棉织生产合作社"。1958年，"勤建棉织生产合作社"改组为"地方国营上海勤建毛巾被单厂"。1960年，又先后有"引翔""永明""中和""汇光""成昌元记"五家合作社并入。1966年改名为上海毛巾十二厂。

1966年5月后，上海的所有毛巾厂厂名都统一以编号命名：毛巾一厂、毛巾二厂、毛巾三厂、毛巾四厂（原名锦乐）、毛巾五厂（原名徐汇）、毛巾六厂（原名统一）、毛巾七厂（原名源康祥）、毛巾八厂（原名鼎兴）、毛巾九厂（原名萃众，"414"毛巾是该厂生产的）、毛巾十厂（原名三友，最早叫"三友实业社"，1932年上海"一·二八"事变的起因与之有关）、毛巾十一厂（原名三益）、毛巾十二厂（原名勤建）、毛巾十三厂（原名新生）、毛巾十四厂（原名卫星）、毛巾十五厂（原名恒泰）、毛巾十六厂（原名合成）、毛巾十七厂（原名宝华）、毛巾十八厂（原名川沙棉织）、毛巾十九厂（原名川沙棉织三厂）、毛巾二十厂（原名五洲）、毛巾二十一厂（原名十一墩）、毛巾二十二厂（原名暮紫）、毛巾二十三厂（原名德昌）、毛巾二十四厂（原名永和山）、毛巾二十五厂（原名福新）、毛巾二十六厂（原名蔡路）、毛巾二十七厂（原名泰丰）、毛巾二十八厂（原名亚洲）。

上海的毛巾厂与被单厂等组成纺织局所属的上海毛巾被单工业公司，简称"巾被公司"。1966年5月后，被单厂也以编号命名，如民光被单厂改名为被单七厂，大中被单厂改名为被单八厂，太平洋织造厂改名为被单十二

①上海毛巾十二厂生产的宇星牌毛巾
②上海申星牌毛巾
③上海毛巾十二厂政治学校校徽

厂。机械化以前的毛巾织机都是靠人力的，工人形容为"手拉脚踏"。从老照片上看到过这种简陋的生产场景，还看到有的工人晚上睡觉就睡在织机上面搭建的搁板上，条件非常艰苦。

当初的勤建毛巾被单厂（毛巾十二厂）是先后由十个合作社组成的，这些合作社的人员多数是安徽籍，因此厂里老一辈的工人以安徽人为多，他们的祖籍地又以肥东居多。

上海毛巾十二厂，是三友实业社安徽肥东籍的工人自发联合在一起共同创业的，凭借着三友的技术沉淀，生产的浴巾、沙发巾、沙滩巾都是同时期行业领先产品，也是上海轻工产品出口企业。这些都没让中日纺织商战的对手忘记。

1994 年 7 月 8 日，由中国上海毛巾十二厂和日本国稻冈工业（株）、钟纺（株）三家企业合资的"上海华钟瑞和毛巾有限公司"，在上海静安宾馆九楼马德里厅举行了合资合同、董事会章程和可行性研究报告等文件的正式签字仪式。应邀出席该仪式的，除专程从日本前来签字的稻冈工业（株）社长稻冈每一和钟纺（株）代表董事青木大三等先生外，还有来自上海市外资委、外经贸委、纺织局、中国工商银行上海市分行、文汇报社、上海毛巾被单公司、上海华钟咨询服务有限公司和上海毛巾十二厂等单位的有关领导和代表近 50 人。在合资三方分别致辞后，有关领导代表上海纺织工业局和上海毛巾被单公司对该合资项目的正式签约表示热烈祝贺，并衷心希望该合资企业尽快建成投产，早出效益。随后，三位法人分别代表三方合资企业在合资合同等文件上签了字，并相互交换了文本。由此，多年来中日较量的纺织战由此结束。

长临毛巾厂

　　1949 年中华人民共和国成立，庐州改称"合肥"，升为安徽的省会城市。跟安庆、芜湖这些历史沉淀厚重的城市相比，合肥只是"五平方公里五万人，五条马路一座城"的地方，加上过去战争不断，这里经济凋零，基本上没有什么工商业，工业就是一片空白。解放后，合肥城内的宗姓祠堂全部做小学使用，长临河的牛官堡牛氏宗祠也不例外。牛氏宗祠占地 30 亩，祠堂建在隆起的坡上，旁边是一大片荷花池，祠堂院子里有两棵参天大树。星二小学是祠堂旧址，近些年牛氏族人牛和恩出资又盖了三层教学楼，学校面貌一新。

　　星二小学前身是育英小学，解放初年曾为长临河牛官堡小学，1966 年改名星二，有志记载："庐巢之滨，三村圣地，有一宗祠，重檐层宇，古木参天，后改学府，取名育英。育英小庠，跨两乡之地，处岗圩之间。东临黄鳝坡，惠风绿柳，碧水涟漪；西近中份村，境幽而不孤，清净而不僻。南北两边皆田园，春绿，夏青，秋实，冬银。含稻浪，衔菜花，春华秋实，随四季之演化。人迁事徙由时势之变更，悖俚俗，倡大化，诚读书求学之乐土，育英树才之佳处。1949 年，更名牛官堡小学，昔日老祠，旧貌新装，樟楠桑梓，浓荫匝地，雕梁画舫，古朴雅望。尤以园内一对古柏，经年逾百，郁郁苍苍，身围过抱，高达数丈，不蔓不枝，遒劲修壮，依立如兄弟姐妹，结伴似妻随夫唱。距数里之故人，可观其冠而辩方位，处他乡之旧客，可望其木而寻其庄。宝序靠'合中'，接淝水，连村野，达向阳，交通便捷，远招八方，晨昏书声琅琅，授新文化、新思想，夜阑挑灯习武，承先辈志、扬国光，物华天宝，龙光射牛斗之墟；人杰地灵，徐孺下陈藩之床。时至'文革'，又名星二。育英弟子数千，圣地桃李天下。适逢改革，势在发展，为报三春之晖，结草之遇八方学子，云集故园，由和恩先生牵头，慷慨解囊，莘莘子弟，纷纷响应，筹资数十万，新建教学楼。今大厦雄起，英园生辉，梅傲菊艳，

①②星二小学，解放初年曾为长临河牛官堡小学
③牛氏祖田

松青柏齐。探玄机，后生可畏，究鸿蒙，贤才济济，运筹华夏，盼我阶庭兰玉，帷幄乾坤冀吾育英弟子，受权公之命，乡野叟侠，恭疏短引以志之。"

1978年改革开放的号角吹响，翌年长临河公社（乡）党委康书记利用地域人才优势计划办家毛巾厂，但苦于计划经济时代毛巾织机很难买到。上海纺校（现上海纺织大学）毕业的牛官堡人牛中诚立即找到安徽滁州三八布厂的老同学，买了几台二手机，支持了长临毛巾厂创办，同时引翔港的合肥人回老家，决定用先进的技术反哺老家，从上海毛巾十二厂先拿出4台一米多的旧毛巾织机支援老家办毛巾厂，还把先进的工艺技术无偿提供给老家。他们运回了上海毛巾十二厂旧的机器，不计报酬，不辞辛苦，把旧机器维修得像新的一样，又将厂里的外贸订单拿回长临河，上海的合肥人师傅按照订单要求做好工艺质量把关。几年下来，长临毛巾厂依靠上海毛巾十二厂的外贸3388代号羽毛球牌浴巾订单，出口量剧增，发展迅猛。还有上海毛巾十二厂技术科长牛自维亲自带队指导，技术员牛进周、牛进皇、牛进山、牛进元、牛善恩、牛中玉、牛中诚、许家银、王玉锁、徐清泉、张礼轩等不计报酬无私奉献，把机器维修得像新的一样。几年下来，长临毛巾厂在合肥已小有名气。

巢湖北岸长临毛巾厂遗址

　　长临毛巾厂是合肥第一家出口创汇企业，以后才有了安徽外贸进出口公司。1982 年获外贸部批准享有自营进出口权，是国家"贸工农"全国出口商品生产基地、省明星企业、省出口产品重点生产单位、花园式工厂。1983 年春，长临毛巾厂迎来了时任安徽省委书记张劲夫、省长周子健的视察，他们当场表态：充分肯定长临毛巾厂取得的杰出成绩。它是安徽省首批出口创汇重点企业，为了企业发展，领导拍板贷款 70 万元人民币给长临毛巾厂。这数字在当时是一笔巨款，长临毛巾厂立即更换 1.9 米多的宽幅新机 72 台，使出口数量成倍提高，为创汇作出重大贡献。职工人数也达到近千人，成为大型现代毛巾生产企业，还培养了一批专业技术人员，对安徽省内毛巾纺织、纺布工业发展起到积极的推动作用。

　　2014 年后，环巢湖生态整顿，这个创汇企业、花园工厂被关闭，也完成了它转型期起飞的使命。

三、引翔港的记忆

·

难忘合肥故乡情

（张智才）

·

20 世纪 60 年代，家中来了客人，母亲自是要忙的，她早几天就得盘点着。那时物资匮乏，计划经济许多的食品都凭票，有钱买不着东西，没钱就更作难了。

记得那个年头，家里来了客人，主打菜就是一碟花生米，还有咸猪头肉或咸鸭子炖黄豆，有时还配上五毛钱的卤猪耳朵，再就是去临青饮食店买个三鲜汤，只需三角五分钱一碗。饭桌上大多是母亲平日里腌的咸白菜、萝卜条、长豆角，还有七宝大曲、绿豆烧、五加皮。

家里来客人，饭桌上的豆制品少不了，原因是家对面的宁国菜场职工上班进进出出都要从我家楼下的过街楼走，时间久了，大家都熟了。父母待人热情，经常招呼这些工人来家歇歇脚，冬天喝热茶，夏天喝大麦茶，给些纸烟抽。我们家去买菜，他们也关照，那时菜场猪油渣到货了，或是什么菜来了，都给我们留一些。我们去买豆制品，他们只在卡上假意一划，下午还能再换个人去买。

在酒桌上，叔叔伯伯们只是喝些酒，聊着天，荤菜很少动筷子，嘴里嚷嚷着"给伢们吃，伢们在长身体"。

巢湖北岸那些单身叔叔伯伯们春节回家乡探亲后再回上海，总是要给引翔港的合肥移民带些家乡的土特产，有花生、黄豆、合肥大麻饼、烘糕，牛官堡村的还带些自家制的鞭炮、咸麻鸭，还有用鸟枪在巢湖打来的野鸭子。他们和我父母叙家常聊天时总要说说家乡去年的收成，是否受了水旱灾害，

①家乡味道：尖椒肉丝

②长临河咸麻鸭

③腊肉腊肠

④全家福

⑤虾糊

故乡的孩子家人的情况等。从他们的一言一行中，我们感觉到这些叔叔伯伯们是那么爱生活、爱家乡和家乡的亲人，他们长年单身在外地工作，仍舍不去故乡之恋。

记得有一年，一位伯伯带来了自家做的挂面，言谈之间讲起了长临河老家的泥鳅下挂面。我母亲看这伯伯这么念想家乡的味道，就去菜场买了泥鳅，给伯伯做了泥鳅下挂面。之后的几十年，我在合肥工作，也在巢湖、庐江等走过不少地方，掏心窝子讲，我还没吃过比母亲做的泥鳅下挂面更美味的面条。

正宗的家乡挂面，得用正宗的烹饪方法：先用稻草擦去泥鳅表面的黏稠物；冲洗干净，用滚烫的水将泥鳅烫了；热油锅将葱姜蒜爆香，倒入泥鳅煸炒，再倒入料酒、酱油等各种调料红烧；用清水煮挂面，挂面煮好，倒入煸炒好的泥鳅即可食用。

家乡的泥鳅下挂面是泥鳅洗时不剖肚，吃的时候用筷子剔去泥鳅肠子。我的天呀！那个鲜味真让人招架不住，用长临河家乡的话讲，叫"打嘴不放"。

合肥特色美食"泥鳅挂面"

栅栏口的弄堂

（牛忠玉）

引翔港古镇中心有十字街，向四周辐射逐渐形成东、西、南、北四条街。各条街口砌有 3 米高的栅墙，装有栅门，早启夜闭，以策安全。镇上的栅墙安全设计，起源于明嘉靖以后为防范倭寇而修建，在上海乡镇建设历史上实为罕见，是古镇的一大特色。

当时引翔农村以产棉为主，男耕女织，几乎家家纺纱织布，因而纺织土布成为引翔农村的家庭副业，这里逐渐成为棉布加工的集散地，镇周围四乡所产的"东稀"布，厚实保暖，畅销远近。清康乾以后，社会安定，人口日增，市场繁荣。晚清镇上有居民约 500 家，以周、沈、万、赵、王五姓为主。后来，奚家浜一带有安徽移民迁入。店铺都依河傍水，多数是砖木结构清末老房子。镇中心有一块空地的市场，以鱼、肉、禽蛋等业为主，每天早晨，四乡农民即挑运各种农副产品来赶集，集镇上人们熙来攘往，非常热闹。

20 世纪 30 年代，"大上海计划"使引翔区从田野之地走到了中国现代化的前排，开始了跨越式发展。"大上海计划"首次引进功能分区概念，根据区位和基础条件，将上海城市的用地性质划分为行政区、工业区、码头区、商业区、住宅区五种，征收了市中心区翔殷路以北、闸殷路以南、淞沪路以东之土地约六千亩，引翔港的土地被征用，地价最贵，殷行、江湾次之。引翔港的地产投资热度持续上升，进入了房地产发展的黄金时期。

对比当时上海租界地价每亩 2000 元，引翔港的地价每亩 800 元，而且实行上海土地执业证。借鉴租界对个人土地权益严格保护的土地制度，民国政府在土地制度上从法律依据、管理程序等方面都比以往有进步，规定在市政府所辖范围内，原有之田单或其他凭证都必须转换为土地执业证。土地局派专人清丈土地，绘制地形图样，亩数、尺寸以及四至均详载明确。土地权益的转让，包括买卖、分割、赠予，都要限时到土地局在土地执业证上做好过户或者分割手续，并加盖局长官章，必要时另换新证。这种举措使个人在引翔地产投资不断增加，不少合肥人也在引翔港买地建住宅。西栅栏口一带，逐渐形成了新式的街区。沿着街区建立了一排排的私人住宅。

在 20 世纪 30 年代，上海已经形成了一个很完整的地产开发链条，一户居民若想要建造一栋新房子，从最初的土地规划，到房子落成的整个过程中，中间的设计、具体营造、监理等，在当时都已是一应俱全的。在眉州路上有栋房子有一个十分珍贵的地方，它的外墙壁上有一个很是特殊的石碑，上面写着三行字，分别是："监造者李鑑清，地基计六分七厘七毫，民国十九年十二月落成"。这大概是全上海独一块包含监造者等信息的石碑了。

1937 年"八一三"日军轰炸，引翔港古镇成为一片废墟。第二年，逃难返回上海的合肥人，又在废墟上临时搭建了简易房，开始了新的生活。合肥人又聚集在一起，互相扶助过日子，邻里关系和谐，对各自的隐私都很尊重。

隆昌南路，日本式联排住宅

①眉州路珍贵的含有监造者信息的石碑
②明德里、新华里都是仿日式建筑，是张义纯将军的房产，他当年为引翔港的合肥人所建
③眉州路上1931年建造的这栋房子，代表了住宅的建筑风格。它的外墙壁上有一个很是特殊的石碑，即①图
④顺成里，牛忠福外公家在这里开机房

约在 1967 年夏天，弄堂里许多男孩子跟着牛进常伯伯习练牛门洪拳，当时学校停课，孩子们不能上学了，夏季就去黄浦江和北边走马塘的祠堂桥、卢家桥游泳玩耍，弄堂的大哥哥们因上过初中高中，他们识字，时常传阅些古典小说或者唐诗宋词，那个时候麟麟、大双、小双、德奎、大文俊、忠福、忠仁等，他们喜爱阅读，一本书传着看，纸张都能翻烂，有的还在家中写毛笔字、画画。

弄堂里的长辈多为工人，经济不宽裕，又赶上计划经济时代，居家过日子，粗茶淡饭能过得去就属不易了。弄堂里的小弟兄们从中机厂弄来机器齿轮、铁棒当杠铃，磅秤房的秤砣当石锁，进行体力锻炼。大哥哥们带着小的，人多就排着队轮流练，哪一个从家里弄来一点白糖冲开水，大家你一口、我一口地喝；谁买来赤豆棒冰，也是小伙伴你咬一口、我咬一口。在引翔港，1925 弄发小们这份情谊一直延续至今，浓浓的不加掩饰。

记得有天傍晚约 6 点多的光景，弄堂里徐清泉大伯手拿《新民晚报》，从双阳路回来，他看见孩子们正在练杠膀子（练肘打），心情特别的好，他平日里从不和孩子们说话，当时却停了脚步开口说道：肘打这招很凶，当年"王老七"打码头，一肘将人打吐血。孩子们的练拳地点在大文俊家东山墙边，靠墙边有一废弃的木电线杆，徐大伯讲得高兴，一肘向那电线杆打去，打得电线杆乱颤动，小伙伴们面面相觑。临走时徐大伯讲道："伲们哎，要好好练啊！"有孩子回到家中向父亲讲起徐家大伯的事，其父点头笑着说道，"旧社会的男人们都会个三拳两脚的，不受人欺负，看徐大伯那身体架势，用肘击打的力量速度，他年轻时一定是练过石担石锁或拳脚功夫的。"

徐清泉祖籍肥东长临河镇牛徐村，早年间来上海创业打拼，靠着自己的辛劳和智慧，成为引翔港地区最大的个体机房业主。引翔港北街的大食堂就是徐清泉家的机房。他在引翔港受人尊重的另一个原因是教子有方。徐大伯的长子徐民和，毕业于北京大学，在新华社工作，后担任《瞭望》杂志主编。弄堂里同乡人长辈教育孩子常讲，"你们学学大班（牛进明）家忠贤、忠俊，考上北京的北外、北二外，好好读书。"说来也是巧，牛徐两家都是解放前开机房的成功人士，两家的孩子都有出息，是引翔港工人子弟的榜样。

定海路桥

（牛忠海）

　　定海路，建于 1927 年，是上海市区内黄浦江上第一座桥。在建造之初以及之后很长的一段时间里，定海路桥是出入周家嘴岛（今复兴岛）的重要通道。定海桥区片形成规模始于 20 世纪初，伴随沪东地区工业的兴起，定海桥周边开始建有裕丰纱厂、密丰绒线厂、怡和啤酒厂、大康纱厂、英商电气公司发电厂、杨树浦煤气厂、公大纱厂等，吸引了大批安徽苏北等地来此谋生的移民。他们沿定海路两侧搭屋栖身，开设商店、菜场，市面逐渐热闹。随着人口、摊贩、店铺增加，逐渐发展出一片属于自己的社区。"定海桥"渐渐演变成这一区片地名，由于移民主要来自安徽苏北，安徽苏北方言通行于街巷里弄，"定海桥"成了他们自己的文化符号。

　　定海路桥址附近原为黄浦江滩地，1925年，浚浦局沿中国面粉厂、公大纱厂、沪江大学至虬江口开掘运河，用以行驶小火轮和拖驳货船。运河外为黄浦江下游凸肚滩地，自成岛屿，因旁有周家嘴村而名周家嘴岛。定海路桥上承载了很多引翔港人儿童时的美好时光，维系了一代代人对定海路桥的共同记忆。"小学时，下午不上课，小伙伴们就结伴到此玩耍。""以前这里是没有围墙的。小伙伴们就坐在江堤边，黄浦江上驶过的大轮船，激起阵阵涟漪把鞋子打湿了。夏日里，索性光着脚泡在江水里。""小孩时，常去定海路桥下捉蜻蜓、游泳戏耍，高兴起来还会从桥上往下跳。如今，这里拆迁，有很多人离开定海路桥，也有很多人搬入，人员不断流动。"定海路桥在城市的角落里，依旧生机勃勃。

①定海路桥始建于 1927 年，设计建造年代早于卢浦大桥约 80 年
②定海路桥是上海市区内黄浦江上第一座桥。1949 年 5 月 7 日，
蒋介石从这里匆匆逃往台湾
③从定海路桥看退潮后的滩涂

祠堂桥

（万家胜）

清末时，五角场属上海县引翔乡，是一片乡野田畴。这里较著名的人文景观，是为纪念明末嘉定城的抗清英雄侯峒曾而立的"圆沙墓"，墓旁有石人石马。1942 年，屯兵于此的日军开始盗挖圆沙墓，传闻墓中文物及董其昌所书墓志铭被劫掠一空。解放后，平整农田，圆沙墓被填平，这里又恢复了自然村的模样。笔者记忆中的五角场贫瘠而荒凉，60 路公交车一过宁国北路桥（今黄兴路桥），就到了宝山县境内，视野豁然开朗，万顷良田，一望无际，且河渠纵横，水资源丰富。那时，一到夏天，引翔港的孩子就会到祠堂桥，从桥上跳下去游泳，有时粘知了、掏麻雀窝……忙得不亦乐乎。

祠堂桥就是现在的双阳路桥，位于东走马塘上，因塘北曾建有周家祠堂而得名

祠堂桥是引翔港河与北部走马塘（虬江）交接处上的一座大木桥。解放前二者水系是相通的。祠堂桥就是双阳路桥，位于东走马塘上，因塘北曾建有周家祠堂而得名。直到 21 世纪初，在双阳路桥北才开辟了一条"双阳北路"。当时周边都是公社的菜地，种着黄瓜、西红柿、长豇豆、圆白菜、菜花。孩子们游泳饿了，就到地里偷吃黄瓜、西红柿，时常被农民发现后呵斥追打得无路可逃，"扑通扑通"往河里跳。五角场除了祠堂外，还曾有观音堂、土地堂、白灵庵等庙宇。然而，这些建筑早就没了踪影。祠堂桥一带，曾是民国政府"大上海计划"中"新市区"的向南延伸线——规划中的"大同路"。当年，围绕着上海市政府大厦（位于今上海体育学院内），设计了十字交叉的大道，西为三民路，东为五权路，北为世界路，南为大同路，规划却始终停留在图纸上。

祠堂桥外几里地远，有个"白洋淀"，它的东边是上棉十九厂，早先是日商开的一个纱厂，西边就是上海毛巾十二厂。白洋淀靠近军工路，附近原来有国民党军队的一个大军火库。1937 年第二次淞沪抗战期间，日寇飞机轰炸军火仓库，"白洋淀"就是日机炸出的几个大坑，填平后成为水塘。每年夏天都有杨浦周边的人去那里游泳，后来那里也整修成泳池，现在是白洋淀青少年足球训练基地。

经祠堂桥（双阳路桥）的虬江河面

消失的老虎灶

（牛进朋口述，牛忠玉整理）

在西栅口 22 路车临青路终点站，有一家规模很大的老虎灶，可有年头了，门口靠墙的是老虎灶，左边有几个台阶，走下去是一片很大的喝茶、说书的地方，光线昏暗。老虎灶灶面上，置有三只深的烧水锅，三只锅中央有一加煤孔，烧水锅和烟囱之间还有两只积水锅，通过余热保持积水锅内水温。"泡开水"时，身材瘦小的老师傅左手将一只带长木柄的铁漏斗插在热水瓶口上，右手则用带长木柄的铁水勺，将开水倒入漏斗下的热水瓶中。去那里泡水，不但可以看到、听到许多新鲜的东西，而且还能与伙伴玩耍。尤其是冬天里的傍晚，灌热水瓶的、灌汤婆子的、冲盐水瓶的，这老虎灶煞是热闹。

在生活条件相对艰苦的年代里，普通百姓家中使用的是煤炉，烧热水不是很方便，而老虎灶提供的热水价格低廉，为大家提供了方便。冬天的晚上临睡前，家家户户都会到老虎灶去打点儿滚烫的开水回来，用它洗脸、烫脚，再灌满"汤婆子"塞进被窝，寒冷的冬夜里睡觉就有了温暖。3 勺开水正好约等于一瓶普通热水瓶的容量。以前习惯以"一分钱一瓶开水"为计价单位，即使以后炉灶改造，改用自来水龙头放水，也一直沿用以瓶计价的方式。笔者记忆中，"一分钱一瓶开水"延续了几十年，直到 20 世纪 80 年代中期才开始涨价。为了方便，各老虎灶还自制竹片代价筹码，俗称"水筹预售"，有"壹根""拾根"之分，并烙有本店招牌，限定本店销售代币流转使用。这种水筹一直沿用至老虎灶彻底停业。

上海的老虎灶分几个档次，最小的只供应热水，稍大的兼营茶室，再大的兼营浴室。老虎灶附设的茶馆，价格低廉，接待的多为劳动阶层、平民百姓。一般是摆几张四方桌，四周放上长条木凳，有茶客上门，即时泡上需要的茶水。

① 20 世纪 30 年代的老虎灶

② 2018 年 10 月 1 日，在上海展览中心举行的"勇立潮头——上海市庆祝改革开放 40 周年"大型主题展上，还原了 20 世纪 80 年代以来的"上海生活"，昔日的"老虎灶"吸引了好多观众

③ 作者牛忠玉（左）采访 90 多岁的牛进朋（右）老人

90 多岁的牛进朋老人回忆：王亚樵在引翔港的时候，就是在老虎灶的茶馆里，与斧头帮的弟兄们见面，策划了无数个惊天动地的事件，增添了老虎灶的神秘色彩。抗日战争胜利之后，在老虎灶有时也会悄悄传些苏北新四军反击国民党军之类的新闻。在上海老虎灶喝茶的茶客，多半是来自江苏盐城、兴化、淮安等地的苏北籍农民，他们逃荒到上海后，拾垃圾、磨剪刀、剃头，干泥瓦匠、皮匠之类的营生。当国民党发动内战时，来自苏北新四军驻地的亲友将家乡情况透露出来后，这些茶客会情不自禁地到老虎灶茶馆来传播，同时发泄他们对国民党统治的不满。

解放后老虎灶的客人以上年纪的老人居多，他们一般三五成群围桌而坐，天南地北神吹胡侃，有时也会成为"小道消息"的发源地和传播站。1966年"文革"开始，老虎灶茶馆店与所有的茶楼茶室一起被作为资产阶级生活方式勒令关闭。"文革"结束后，老虎灶兼营茶室一度恢复，成为当时退休老人的集聚地之一。老虎灶里的"清水盆汤"，是一种提供简易沐浴的形式，俗称"浑堂"。大凡有场地条件的老虎灶，都会在屋后辟出一间房间，备上几只大木盆和存放冷水的木桶，待浴客上门，店内工作人员立刻送上热水和毛巾肥皂，客人即可入内洗浴。洗浴完毕，设有茶室的还会奉上茶水，让浴客喝茶小憩。

引翔港的老虎灶都带"清水盆汤"，起先是在夏天开放，专为男客服务，后来有些店家逐渐开放女宾洗浴，有的一直开放到冬季。在相当长的一段时间里，由于居民家庭不具备沐浴条件，"清水盆汤"收费低廉，深受一般居民的欢迎。引翔港工人子弟多，进工厂浴室洗澡如同一种福利，比起纺织厂的水龙头洗澡，"清水盆汤"实在是太简陋了。2013 年，曾有媒体报道上海最后一家老虎灶关门熄火的消息，据说这家老虎灶开设了近一个世纪，是上海最后一家有茶馆的正宗老虎灶，最后一任经营者为蔡氏夫妇，来自安徽合肥，虽然他们苦心经营，无奈还是撑持不下去，终于在 2013 年 10 月关门停业了。

弄堂口油墩子

（牛忠福）

二十几年前，卖油墩子的小贩一般是早上或者下午在弄堂口开张，放上一只煤炉，上面支一口小铁锅，锅内则是冒着热气的食用油。他们用这简单的装备，满足了不少学生和上班职工的用餐需求。

各种新的食物不断抢滩上海，但让我们忘不掉的还是这小巷里的老味道，想念这道童年记忆里的美食。

在寒冷的冬日里，卖油墩子的摊头旁，总是三五成群地围着很多人，等待新鲜的油墩子炸出锅。油墩子不用醒面发酵、擀面，外面包裹着面浆，里面是白萝卜丝、小葱、虾米皮。小贩在热油锅里先用勺子放进一点油，随后倒入面浆，依次加入白萝卜丝碎、虾米皮、小葱，煎香硬身后，再在油锅里翻滚炸至金黄焦脆，闻起来香喷喷的。咬一口外表酥脆，内馅咸香美味。趁热吃进嘴里，浑身都是暖洋洋的！寒冷冬季放学时，脑子里想的都是油墩子。

承载着一代人美食记忆的油墩子，也和很多童年美食一样，正逐渐消失在这繁华的大都市里。如果走在上海街道上，你正好遇到了卖油墩子的摊头，那一定要买来尝尝，将这烫手的胖墩墩的油墩子拿在手里，把这份美味定格在舌尖上。

上海的特色小吃『油墩子』

家乡土味道

（牛善金口述，牛忠玉整理）

◆ 臭卤渣面糊：牛氏失传家常菜

泗水牛氏以"家族文化"体现并传承，包括爱国、持家、忠孝、商苑、礼教等诸多方面。好的家族文化、家风可以让家族及各个家庭受益匪浅，直接影响下代或下几代人。泗水牛氏与时俱进致力于自己家族文化的研究发掘与传承，弘扬闪光点，积极影响后代，激励后人，励志于未来，努力进取，于国于民于家族皆受益良多。

在很多老引翔港人的心中，那个饥饿的年代里有一道至上的美味叫"臭卤渣面糊"土菜，这是引翔港牛氏的家常菜，风味独特，闻着臭，吃起来特香，是孩子们饥肠辘辘地等在灶台上盼望着菜快点熟的美味。等到菜好了，一股又臭又香的气味扑面而来，喜欢的人闻到此味，会忍不住流下口水，趁着热，赶紧吃饭，筷子夹不住的话，就用勺子舀，浇到饭上。蒸出的渣面糊里吸满了臭卤释放的氨基酸鲜味，臭、香、鲜、滑，不仅下饭，还让营养价值倍增，令人回味无穷。

泗水牛氏臭卤古法制作，根据曾祖母口传：1.洁净陶罐，选罐需肚大口小，膝盖以上高；2.凉开水到罐中上部；3.入粗盐过火炒过斤半、白酒二两、野蒜两大把、带霜冬瓜皮两斤、西瓜皮带白瓤三斤、菜帮两斤、雪里蕻三斤、嫩长豇豆三斤、白萝卜皮两斤、老姜一斤、红枣十二颗，以上洗净沥干水放入陶罐中，压上三大块洁净鹅蛋石，用干净的稻草封口，并用蒸布和牛皮纸扎紧封口；4.在大暑日腌制，放阴凉处自然发酵至立秋，即可开罐食用。剩余臭卤汁，取出一大碗为新罐开腌备用，再重新加入新料新盐二次封罐，至来年立夏开罐，臭卤汁即完成。可供渣面糊、臭鱼、臭豆腐、臭千张、臭冬瓜、臭虾米糊等泗水牛氏臭菜之用，是牛官堡老家过去一年四季必备之品。

①巢湖虾
②干渣肉
③米粉肉和巢湖虾米糊
④牛官堡臭鳜鱼
⑤咸鸭
⑥渣虾米、臭干椒丝、蛋饺
⑦炸圆子

将腌菜缸中的臭卤汁盛到碗里，墨绿色的汤汁，让人看其色就能联想到其味。墨绿色汤汁上面零星漂着菜渣，这就不得不感叹自然的魅力，外人闻来这味道奇臭无比，可在孩子们口里却是奇鲜无比的卤汁。将炒香的米粉倒入臭卤汁，装入碗中搅拌成稀糊状，在土灶烧柴煮饭时，等米收汤即放入双十字竹箅子上一起蒸，饭熟后，这道臭卤渣面糊也就完成了。

腌菜臭卤汁的来历，相传祖上早已有此制作方法，巢湖北岸一支牛氏家族元代末年因涉反元朝、拥大明，遭官府追杀，弃宣城经营家业，逃往巢湖北岸安家。牛氏家族从生活中发现了储存食物的方法，每到夏季来临，家家户户都制作腌菜，臭菜卤汁被精心制成调味汁，用于臭菜系列，在经历几代传承后，几乎家家都有自己的臭菜味道。在移民的艰难岁月里，腌菜臭卤汁解决了人们由于食物不足，极度贫困的生存问题。在现代物质丰富的年代，这一传统腌菜臭卤汁手艺已失传。

在引翔港，大奶奶（其丈夫辈分高，是牛氏家族老大，所以都称她为大奶奶）家的臭卤汁是最香最鲜的，总有人厚着脸皮去讨臭卤汁。大奶奶打开坛子，在黄绿卤汁里打上一勺，空气中立刻弥漫着臭味，孩子们嘴上喊着"臭死了"，心里却惦记着那奇特的鲜味。

◆ 炸圆子：过年仪式感

圆子，是合肥人最熟悉也是最喜欢的一道美食。在肥东，它有着不可替代的作用和意义，掺杂着浓浓的无可取代的亲情。说到圆子，在一定地域的范围内，人们都会说是肥东的。引翔港自清末民初，大量合肥巢湖北岸人离乡背井移民至此，开创中国历史上工业移民的先河，大量的贫苦农民为了求生，不断涌向上海引翔港，这里成为"安徽帮"最大的聚集地。他们在引翔纺织工业开发区工厂求得一份不错的工作来养家糊口，因此形成了引翔镇范围的移民岛，他们的方言及各种生活习性，与巢湖北岸人完全一样，无丝毫变化。引翔港安徽移民继承了巢湖北岸的人情风俗，特别是过年，家家户户炸圆子、吃糊粉是不可少的。

炸圆子一年只开一次油锅，人们平时省下的植物油，放在年三十那天上午用，叫开油锅。一大早家里奶奶、爷爷开锅煮糯米饭，凭着他们的经验，做出的饭不软不硬，把控恰到好处。约40分钟后，就将事先准备的食材调料如香菇、金华火腿、海米、酱油、食盐、姜末、葱花等，放入大锅热饭中拌妥，然后，大人小孩齐上阵，将一团团糯米饭在手心中滚成圆子，沾上黄豆粉，下油锅，由妈妈主勺，决定第一批炸圆子的出锅时间，并由爷爷、奶奶或曾祖父、曾祖母主持开食，口中声声念道："真圆，真好，真香，真顺溜，真幸福。"最后大声说道，"真好吃！"随后儿孙们拿着筷子往小碗里夹圆子，屁颠屁颠满世界跳跃着，大口大口吃炸圆子。午饭当就免去了。奶奶、妈妈将盛好的大碗炸圆子送往四邻八舍，请亲友们品尝自家的炸圆子，同时也收到各家回赠的炸圆子。此曰：巢湖北岸合肥人，迁移上海引翔港，年逢三十炸圆子，家家户户盼团圆。

圆子是一年只有一次的奢侈品。据说肥东的圆子是从梁园镇传进来的，它是肥东饮食文化中最不可分割和丢弃的一部分，无论是红白喜事，还是正规宴席，圆子是雷打不动的一道菜肴。尤其是春节，圆子必然是饭桌上的主角。朋友宴请，亲戚走动，餐桌上没有圆子是不可想象的。

圆子是浓浓的年味，是乡情，是乡愁。家家户户在端上圆子时，大家共同祈愿新的一年安康、幸福。

◆ 糊粉：忆苦又思甜

历史上巢湖北岸的移民来自元末明初的江西、河南省，但大部分移民还是来自安徽的宣城、皖南、无为等地。按移民类型大至分军籍、商籍、民籍三类。牛关保兄弟三人落脚长临河北岸边，经过660多年的繁衍，已扩展到牛徐村、庙前牛、中份牛、涧埂牛、小郢牛、井份牛、牛墩、牛中户、三家牛等，继承了牛氏家族的宗族文化：自强、感恩、勤俭、仗义。

糊粉体现了祖先"民以食为天"的信仰。自明朝起，巢湖北岸引进了番薯种植，解决了人多地少的食物困境，而大丰收之年，番薯有剩余时，人们便用番薯做成了薯干、薯粉。逢歉收年份，薯干、薯粉就成为牛氏宗族困难户人群相互救济的主要食物，薯干是主食，薯粉便是菜。

每年大年初二早上，家家户户必用薯粉做一餐美味的糊粉来忆苦思甜。先准备材料：豆泡丝、豆干丁、咸肉丁、巢湖白虾米、黄花菜末、肥西老母鸡汤、葱花、长临河挂面、猪油、白薯粉、食盐、酱油、黄酒等；再下猪油，把豆泡丝、豆干丁、咸肉丁、黄花菜末用中火炒 1 分钟，放少量黄酒，用两大碗井水煮开，然后放鸡汤，挂面碎断，再大火滚开。最后放白薯粉水浆，边翻边小火煮开，下白虾米、葱花、食盐、酱油，滚开收火，即可上桌食用。

在艰难的饥荒年代，薯粉易于保存，粮食少时，家里孩子多的，稀稀的一碗糊粉也能顶饱。到了过年，糊粉中的食材内容就不一样了，加了肉丝、香菇、香菜等，糊粉华丽转身，成为忆苦思甜的美味是很特别的一道小吃。

◆ 干渣肉：土得掉渣的美味

合肥菜属于徽菜，但不是最正宗的徽菜，本地人自称为"合肥土菜"，但合肥各地又自成体系，有肥东土菜、肥西土菜、三河土菜、长丰土菜等，味道偏咸，咸鸭、咸肉，加上巢湖白虾干，是传统的大菜食材。

春节过后，从上海回长临河老家探亲的工友们，就会带回来家乡的干渣肉、咸鸭、白虾干，各家送点，尝尝味道。

干渣肉是合肥方言，就是干的粉蒸肉，选用上好的猪五花肉，抹上盐、酱油等腌渍，再裹上自制的米粉，在太阳下晾晒两天就制成了酥而爽口、肥而不腻的干渣肉。吃的时候上锅蒸半小时，就可以就着米饭享受美味了。别看干渣肉外表土得掉渣，吃起来味道咸香，特别解馋。

◆ 咸鸭：精制巢湖麻鸭

咸鸭是用巢湖麻鸭制作的，皮薄骨细、脂肪适中、肉嫩味美，咸鸭可以放在饭上蒸，香味四溢，也可以做成咸鸭焖黄豆等大名鼎鼎的菜肴，这是一道让人难以忘怀的家乡美味。

四、纺织新时代

女劳模黄宝妹

　　黄宝妹，1953 年成为第一批全国纺织工业劳动模范，先后 7 次被评为上海市、纺织工业部和全国劳模，3 次出席国际会议，8 次受到毛主席的接见。从 1954 年到 1960 年，《人民日报》47 次报道黄宝妹。作为媒体宣传的热点人物，劳模黄宝妹的事迹和大幅朴实美丽的照片频繁出现在人们的视线中。1958 年，著名导演谢晋根据其事迹拍摄了同名电影《黄宝妹》，她在影片中饰演黄宝妹，成为当时工人的时尚偶像。

1953 年，黄宝妹（左二）获评纺织工业部劳动模范

1931 年 12 月，在上海浦东高东镇麦家宅诞生了一个瘦小的女婴，谁也不会料到，这个女婴日后会成为闻名全国的劳动模范，她就是黄宝妹。黄宝妹家里很穷，除父母以外，家里还有哥哥、弟弟、妹妹 3 个人，全靠父亲做豆腐赚钱为生。为了全家人的生计，黄宝妹 12 岁就开始同母亲贩盐，每天下午出门到东海滩，赤脚踏着海水上船，担 20 多斤的盐很晚才回到家。第二天一早，她挑上盐，再跑上十七八里，赶到高庙卖盐，吃尽了苦头。但是这种经历也为日后吃苦耐劳打下了基础。

1944 年春节期间的一个早上，她在高庙听说杨浦日本人的纱厂要招工，就和小伙伴一起去报名应试，但又担心自己长得又矮又瘦不被招用。后来她知道被录取后，高兴得几乎跳了起来。第二天一早，她便到纱厂报到。

年仅 13 岁的黄宝妹满怀兴奋地踏进了裕丰纺织厂，她被分配在细纱车间，是纺织生产上最重要的岗位。车间里一排排细纱机，轰隆隆的声音很响，黄宝妹打从进车间做活就知道要吃苦，因此，她一刻也不休息和偷懒，一天工作下来人累到路也走不动。比起贩盐来说，这点苦算什么！何况家里还要靠自己劳动糊口，她当一名纺织工是很高兴的。厂里的"拿摩温"大多数是女的，她们专门负责监视工人生产。一开始，"拿摩温"领着大家到车子边学接头，她做了一个动作后就让新人练习，一练就是三四个钟头。黄宝妹没学多长时间就被派到一部最容易断头的车子，这部车子就是进厂多年经验丰富的大姐也来不及接头，何况是刚刚挡车的黄宝妹。可是，她起早摸黑，提前进车间，认真劳动，勤学苦练，拜老工人为师，虚心求教，苦练接纱头。在巡回时，她跑得快，有充足的时间处理断头和绕皮辊花衣。

曾经贩盐的经历不仅锻炼了她的体力，也形成了她坚持不懈、坚韧不拔的毅力。别人挡车一般 270 锭，超过这个指标很难突破，但黄宝妹却比别人多挡 130 锭，她挡 400 锭细纱车。每分钟能接上十几个头，脚也巡回不停。她的操作技术一直在车间名列前茅，别人很难追上她。她挡的车白花也比别人少，达到一定的标准，为以后改进和创新纺纱操作法，提高看锭能力打下扎实基础。车间里的姐妹称赞黄宝妹"肚皮里有个钟，手里有磅秤"。

①电影《黄宝妹》剧照

②黄宝妹积极学习

③纺织女工黄宝妹工作照

④2020年作者牛忠玉与引翔港老邻居黄
宝妹相聚。一头银发的她神采奕奕、十
分健谈，很难想象黄宝妹已经90岁了

工厂每天工作 12 小时，平时上下班两头不见太阳。逢到上早班，早晨 3 点左右就得起床，从家里出门走到庆宁寺轮渡码头，乘轮渡过黄浦江，再要过定海桥到厂里上班，走得快要 40 分钟。那个年代过黄浦江仅有 3 条小船，遇到刮风下雨船就不正常了，错过时间脱一班船，上班就迟到，不仅要扣工资，还要吃苦头。对于新进厂的工人，日资裕丰厂的"拿摩温"特别严厉，有时，伸个懒腰打个哈欠都会有人来管。每次跑巡回，超过规定的时间，就要挨打。车头上的口袋里皮辊花多了，也要挨呵斥，逼得黄宝妹不仅要跑得快，每次从饭单（围裙）口袋里把皮辊花放进车头上口袋里的时候，她总要在手里掂量一下重量，假如多了，她就要分析原因，设法减少。

经过长期的锻炼，黄宝妹不看表跑巡回一分不差，她的手就成了一个磅秤，来督促自己少出皮辊花。讲究时间、成本、效率的日本纱厂生产管理理念，深深地影响了她，使她的手工操作达到了精准。

解放后，黄宝妹和姐妹积极响应纺织工业部的号召，认真执行"郝建秀工作法"。郝建秀是青岛一位年轻的棉纺织女工（细纱挡车工），看 600 多锭。她的操作方法成为国内棉纺织系统推广的第一个（细纱）标准操作方法。

黄宝妹不仅学得快，而且从中摸索出一些规律性的东西，全厂细纱车间的挡车女工中，数黄宝妹的皮辊花出得最少，她很快成为厂里的生产能手，她纺的二十三支纱，皮辊花只有 0.307% 磅，达到了郝建秀的同等水平。

1953 年起，新中国正式拉开社会主义建设的序幕。22 岁的黄宝妹以一人可照看 800 个纱锭的全厂最快纪录，从上海 30 多万名纺纱工人中脱颖而出，成为新中国第一代劳模。

黄宝妹牢记少出一两皮辊花，就可以多纺一两棉纱，节约用棉，降低成本，为国家多积累工业化的资金。为了减少损耗，提高效率，她探索出一套"单线巡回、双面照顾、不走回头路"的先进操作法。在她的启发之下，为扩大看台能力，同车间的几个小姐妹约定实验，每个人看台能力从原先的 400 个纱锭扩大到 800 锭，开始是两个人各挡 1200 锭，另一个人专门做清洁工作，实验后不行，3 个人都太累，后来改为 3 个人各看 800 锭，但巡回不走回头路，减少重复劳动，摸索出"单线巡回、双面照顾"的巡回路线，后来在车间里推广了。

女劳模的操作奇迹，转化为班组姐妹们的集体操作水平，大大提高了生产效率。在不增加人员的情况下，由二班开出三班，实现了 8 小时三班运转工作制的工时改革。

黄宝妹在减少皮辊花的过程中，注意从机器上发现问题，做到标本兼治。同事们都打趣地说"黄宝妹是机器的保姆"，把机器保养得特别好。原来挡车上歪锭子容易断头，多出皮辊花。挡车工除了接头外，还要能逐步做到逐锭检修，减少歪锭子。所谓"逐锭检修"，就是挡车工要对 800 只锭从上到下，从粗纱锭子到牵伸部分，再到细纱锭子，有顺序地进行检查，每次查 40 只锭子，发现歪锭子，就要及时进行调换，改善机器状态。为了减少牵伸部分的飞花，保证棉纱质量，黄宝妹还会同保全工一起试制了一种"红芯子"（集合器），使皮辊花大大减少。皮辊花从 1950 年的 3% 降为 1.5%。

当时的上海纺织工业局局长鲁纪华对黄宝妹"逐锭检修""红芯子"的创造极为重视，认为这是一项创新，便亲自到十七棉召开现场会。鲁局长要求各厂领导带着教练员一起参加，推广和学习黄宝妹的"逐锭检修"法。

黄宝妹在车间里就是"火车头"，她带动着大家一起前进。她所在的生产小组被评上了"上海市先进小组"。

2021 年 6 月 29 日，建党 100 周年庆祝大会上，中共中央授予黄宝妹"七一勋章"。正如颁授词所说："她，是新中国纺织工人的优秀代表，为实现全国人民穿好衣的梦想，在平凡的岗位上干出了不平凡的业绩，坚持发光发热，是退而不休的老劳模。"

包车上班的纺织女工

到了 20 世纪二三十年代，越来越多的女工进入缫丝、毛纺织等厂，成为一名纺织姑娘或是成为被称为"湖丝阿姐"的缫丝女工。早期纱厂女工多来自浦东、常州、无锡，后期有苏北、安徽等地女工加入；缫丝女工多半是湖州和杭州人，因为此两地是传统的丝绸产地。

1881 年上海商人黄佐卿设立公和永缫丝厂，有丝车 100 部，主要雇用女工。1887 年扩充生产，丝车增至 900 部，雇用女工数量也大为增多。由于女工工价便宜，一些丝栈也招收女工来选茧，贫家女子争做女工蔚然成风，以至"一闻有人招雇女工，遂觉勃然以兴……无论小家碧玉，半老徐娘，均各有鼓舞，踊跃之心，说项钻求，唯恐不能入选"。

纺织女工的待遇，曾经有过黄金时代，一人工资可以养活全家，女工的手上戴个金戒指不是什么稀罕事。进入 20 世纪 30 年代，资本家为降低成本，采用增加处罚、压低工资、招用童工等做法，女工工价大为降低，工薪一度降到几乎只够她们维持生存。在杨浦，纱厂女工一天要工作十多个小时，从早晨 6 点做到晚上 6 点，或从晚上 6 点做到早晨 6 点，故而有"日工做到两头黑，夜工做到两头亮"的说法。1920 年，厚生纱厂女工每日工作 12 小时，月工资仅 8 元。纱厂女工分三类：直接雇用制、包工制和包身工，一些包工头到江苏泰州、扬州一带的农村招收农家姑娘当包身工。

当年的苏州河沿岸丝厂林立，缫丝女工不下八九万人。生活虽说艰难，但这些从农村来的女孩很快接受了都市文明，她们爱唱越剧、沪剧，喜爱模仿明星，像这座城市中所有正值青春年华的女孩一样爱漂亮爱打扮。"栀子花，朵朵开，大场朝南到上海，上海朝东到外滩，缫丝阿姐好打扮，刘海发，短口衫，粉红裤子肉色袜，蝴蝶鞋子一双蓝，左手戴着金戒指，右手提着小饭篮，船上人问大姐：啥点菜？——呒（方言：无，没有）啥菜，油煎豆腐汤淘饭"。青春妙龄的她们宁可省吃俭用，也要打扮得漂漂亮亮。

繁华的大上海让许多女性充满了向往。当时的纺织行业无可争议成为最有前途的行业，建一个五万锭的棉纺织厂，投产一年可以收回投资。纺织工自然成为最热门的工种，只要招工，大家都会争着去，这种情况一直持续到20世纪中旬。

英美等国人开设的纱厂、纺织厂招收了大量纺织女工，女工为赶上班时间，但又没有公共交通，她们常常乘坐"包车"。史料记载："在租界闹区以外及乡间，小车载客仍极普遍，尤以工厂女工借以代步为多，每当上下班时络绎不绝，一车可载多人。当时纺纱及缫丝女工居住相近的几个人合雇一辆包车定一段时间，称为'包车'。"

20世纪二三十年代，纺织女工乘坐在"包车"上班。由于城乡之间的道路还不够完善，在泥泞崎岖的道路上，独轮车更合适，价格也更低廉。

20世纪二三十年代，上海学生和纱厂女工乘坐"包车"

为了纺织工这份体面的工作，她们从不会因各种原因耽误上班时间。准时的时间观念是从农民转变为城市工人的标志。纺织女工的收入也是令人羡慕的。

中华人民共和国成立后，当时纺织工人的月收入如下——

年轻人：学徒 12 ～ 18 元（因里弄生产组、集体、国营的单位不同而异），转正后 24 ～ 36 元不等。

大学刚毕业：本科 48.5 元，大专约 42 元。转正后：本科 58 元，大专约 52 元。

中老年纺织女工：50 ～ 75 元不等。

实际上当时每月拿 100 多元的工人也不少，各个老厂都有，纱厂上年纪的女工，月工资也在 100 元以上。

昔日上海城市的第一支柱产业——纺织业，造就了一支赫赫有名的产业女工大军，甚至在当时造就了一些"工人贵族"。

壮士断臂促产业转型

1992 年，对上海来说是个特殊的时间点。一方面是传统产业的嬗变，另一方面是浦东开发开放和新兴产业的崛起，这都使上海经济包括纺织产业处在一个历史转型的交汇点上。

当时上海只有 2.4 万人的汽车工业利税一下突破了 14 亿元，把雄踞上海 40 年的第一大支柱产业纺织业赶了下来，当时令全纺织行业感到震撼！以国际化大都市为目标的上海，已经难以接受一个粗放的、传统的劳动密集型产业，纺织业必须换一种活法。

当时，上海纺织工业局拥有 462 家企业，亏损的有 176 家，其余很多家也处于勉强维持状态。如果断一条不健全的手臂可以激活全身，那上海纺织工业宁愿做个"健康的残人"。从 1992 年开始，"全国压锭一千万，上海砸响第一锤"，使命很光荣，实是阵痛中的抉择。

中华人民共和国成立后，纺织工业在相当长的一段时间是上海的支柱产业、利税大户。1949 年到 1993 年，上海纺织业累计生产总值 6320 亿元，实现利税 806 亿元，出口创汇 280 亿元。行业员工最高时达 55 万人，对上海的经济发展和社会稳定做出过巨大贡献。

由于历史原因和城市定位，上海纺织"壮士断臂"实施战略转移，开始了第二次创业。

都市纺织的定位，一手破，一手立。1994 年，上海第二织带厂破产，是从计划经济转向市场经济的过程中，上海第一家破产企业。"立"就是根据"头脑"在上海、"手脚"在外地的模式，重新布局大服装、大装饰和产业用纺织品三大支柱，以"名厂、名人、名牌"重新组织企业集团。1997 年，三枪集团资产运营规模扩大了 10 倍，销售收入增长了 12 倍，经济效益提高了 100 倍，一跃成为全国针织行业规模最大、品种最多、效益最好的企业。

上海纺织工业调整是以纺织职工下岗做出个人牺牲为代价的。为了实现50万人安全转移，上海出台了夫妻双方只能下岗一个的铁政策。企业也在摸索创造新就业门路，自行消化一批——转岗培训；向外输送一批——鼓励自谋出路；允许挂职一批——将大龄下岗者组织起来，离岗不离编；集体劳务输出一批；年老体弱者退养一批。这么大规模的有序退出，在全国纺织行业史无前例，空前绝后。

坐落于苏州河畔的申新纺织九厂，其前身是1878年李鸿章主持在杨树浦筹建的上海机器织布制造局，这是中国第一家机械棉纺织厂。上海机器织布制造局后几经周折，易名为：华盛纺织总厂、集成纱厂、又新纱厂和三新纱厂。1915年，无锡著名实业家荣宗敬、荣德生兄弟集资30万银圆，在上海创办申新纺织无限公司。1931年荣氏兄弟从盛宣怀的后人手中购得三新纱厂，并更名为"申新九厂"。1932年，申新九厂迁入澳门路150号。新厂房的每一块砖头都是由旧厂房拆迁而来的，不断延续着上海纺织工业的基因。

至1932年，申新系统拥有9家厂，成为民族资本中规模最大、发展最快的纺织企业集团。随后，申新九厂正式投入生产，彻夜轰鸣的纺织机器响彻了65个春秋。

从20世纪20年代初到上海解放这段时间，纺织业作为上海的"母亲工业"开始迅速发展。据统计，1930年上海产业工人有28.5万人，其中纺织行业有20万人，至1949年上海解放时，共有纺织企业4552家，棉纺锭243.54万枚，占全国棉纺锭总数的47.23%，上海可谓全国棉纺织业的"半壁江山"。

很长的一段时间，申新九厂创造过纺织企业的许多辉煌，九厂最兴旺时，厂里有7500名员工、8000名退休工人，10万多个纱锭、800多台织布机，还有线锭、气流房等各类纺织专业设施。从1955年公私合营一直到1992年，累计上缴国家的税收相当于每年可以再造一个申新厂。1966年，申新九厂改名为"上棉二十二厂"。

20世纪90年代上海纺织业以壮士断臂的勇气进行大刀阔斧的改革，加上苏州河综合整治，申新九厂于 1991 年开始逐步调整。1996 年 9 月，申新九厂关闭最后一台隆隆作响的机器，车间主任为同事们开完最后一个会，工人们把更衣箱的衣服等生活用品整理好，申新的许多纺织人又重新走向新的岗位。

申新九厂经历了从洋务运动的初探到中华人民共和国成立后公私合营的崛起，再到改革开放后的低迷，见证了上海纺织业的百年兴衰，也成为上海纺织企业一路走来的缩影。虽然申新九厂已不复存在，但在其厂房原址上，建造了一座上海纺织博物馆，2009 年上海纺织博物馆建成，它保留与诉说着百年来历代纺织人的记忆。

2020 年长三角文博会在国家会展中心（上海）举行，图为上海纺织博物馆展位

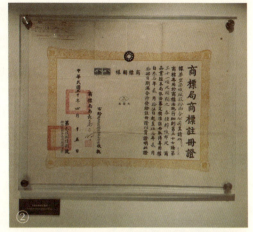

①中华民国18年（1929年）工商部中华
国货展览会奖凭

②中华民国30年（1941年）商标局商标
注册证

③上海棉纺织企业曾经使用的各类印章

④中华民国24年（1935年）中华总商会
国货扩大展览推销大会的奖状

⑤英商"上海毛绒纺织厂股份公司"门
牌石

这是一批情结不改的老纺织人，他们从各处搜集了关于纺织的物件、文字、影像等，用两万余件展品撑起了博物馆。气势恢宏的序厅、底蕴厚实的历程馆、时空连贯的撷英馆、互动迭现的科普馆、赏心悦目的京昆戏服馆，演绎了上海纺织产业的历史和文化。

馆内还有上海老布庄的等比例场景还原，连同200多张纺织商标包装纸集锦，展示了"培罗蒙""三枪""古今"等上海乃至全国人耳熟能详的老字号商标。

上海纺织业的历程浸润了历代上海纺织人的心血，展陈中有纺织业的荣誉展示和国际交流成果展示，还有"纺织专家"墙、"纺织劳模"墙，让人深切体会到上海纺织人是上海工业的骄傲。

①手工制作的绅士皮鞋、南京路商店时装包装袋、纺织染化料罐等展品
②上海纺织博物馆展出的书籍《上海第九棉纺织厂工人运动史》

第八章

百年工业 文明出新彩

历史中的引翔港逐渐模糊了，新一轮的黄浦滨江地区开发建设迎来发展机遇。随着长江都市圈同城化，上海与合肥共融于长江三角洲的大家园，而不再仅是传统城市各自的发展和繁荣。创新、智慧的城市拥有蓬勃生机，新移民仍在涌入上海，为城市注入新动力，为新产业添砖加瓦、锦上添花。

一、世界级滨江工业遗产带

・

北外滩老码头

・

引翔港在历史上有三次机遇，成就了它的发展。"黄浦夺淞"、公共租界向东扩展、"大上海计划"新市区中心，这三次机遇是引翔港自形成到跨越式发展和取得辉煌的历程。租界东扩，加速了引翔港的变化，我国近代第一个开发区由此拉开了序幕，工业化的进程率先在引翔港启动。

1848 年，美国圣公会传教士文惠廉（1811 ～ 1864 年）在苏州河北岸虹口地区购地建屋，建立教堂。上海道同意把"吴淞江（苏州河）北岸虹口沿江三里之地"辟为虹口美国租界，当时并无正式协定，也未确定四周界址。随着美租界的东扩，高昌乡 23 保（后称"引翔乡"）的浦西沿江地带杨树浦西侧逐步纳入租界辖区。这个地区是苏州河以北沿黄浦江的一块广阔的区域，虽然被称作美租界，但实际上美籍人并不多。后来，它的大部分区域被日本人占据了，虹口地区俗称"日租界"。这个区域没有形成租界中心部繁华的商业、消费空间，而是沿着两条发展路线，一条是生活路线，沿着吴淞路、乍浦路、北四川路（今四川北路）一路往北，发展商业，逐步向江湾镇方向逼近；另一条是生产路线，沿着滨江地带向东开拓。早期的码头、仓库、货栈、工厂、住宅等产业都在这里发展，支撑着工业开发区的欣欣向荣。这里的马路都和黄浦江平行，早期开发的有扬子江路、黄浦路、大名路（接东大名路）、长治路（接东长治路）、汉阳路（接东汉阳路）、余杭路（接东余杭路），后来往提篮桥、杨树浦方向延伸，杨树浦路、平凉路、长阳路就依次成为这一区域内的主要马路，每条马路都有百年以上的历史，是"以港兴市"形成的城市空间。这里自同治年间以后不断发生惊天动地的大事件，具有无数可歌可泣的人物和故事。

引翔港码头，位于今天的制皂厂码头处入口。引翔港码头是入黄浦江的重要的泄洪出口，清乾隆上海县志所刊河道图，东北部只载虹口港和迎祥口，即引翔港入黄浦江之口，因为虹口港和引翔港原是泄洪口。

码头意味着船只的频繁进出，船舶停泊期间，需必要的维修保养，木工、铁器等手工业因此兴起。离码头不远处，相隔 500 米就有引翔港船坞、和丰厂船坞和丰船厂，后来被耶松船厂收购。

明清时期，引翔河港纵横，曾有 100 多条河流，水路比陆路更为发达，可直通长江。而陆路当时大多为泥土路，遇上雨季便泥泞不堪，况且舟船装货比陆路的推车马车装得更多。当时引翔港码头是一个重要的水旱码头，商贸交通十分繁华，舟船是人们货运出行的主要交通工具。

"北外滩"这个名词是新创的，它是延伸了"外滩"这个金字招牌的概念而来。此前，上海南市区政府提出"南外滩"概念，意在招商引资，改造十六铺码头地段。相应地，虹口区也有了"北外滩"的说法。

北外滩包括大连路以西，吴淞路以东，杨树浦路、长阳路一带的沿江区域。这块区域，滨水岸线长达 3.53 公里。北外滩区域在近代以来，曾作为美租界、公共租界的一部分，是外滩的向北延伸，是上海开埠后现代市政最早发育的老市区，拥有丰富的历史文化资源。

北外滩所在地曾是近代上海内河港区，主要分布在今胶州路以东至外白渡桥间的苏州河两岸。它的形成和延伸，是由内河轮运业的发展和租界的兴盛直接推动的。上海开埠前，苏州河下游河面并非商船过往干道，后为调节水位曾在今福建路桥附近建有一座水闸，后人习称"老闸"。后此闸坍塌毁坏，又移址西侧即今新闸路桥附近又建一闸，人称"新闸"，两闸近旁渐有市集。1851 年，引翔镇里人周锡璜慷慨解囊，修筑了一条便民石道，从引翔镇开始，往西通到虹口，沟通了老闸镇与引翔港集市之间的陆路交通。

借助河运便利，1859 年，英商怡和洋行在上海苏州路设机器缫丝厂。1861 年建成，定名"上海纺丝局"，有缫丝机 100 部，以蒸汽为动力。这是外商在中国开设的第一家缫丝厂，1870 年 5 月停业。1878 年，美商旗昌

北外滩景观

洋行在老闸桥开办缫丝厂，有缫丝机 50 部，次年开工。1881 年，改为旗昌缫丝局，1887 年后称"老闸旗昌缫丝局"。1881 年，丝商黄佐卿在苏州河北岸创立公和永缫丝厂，有缫丝机 100 部，次年开工。这是中国民族资本在上海开设的第一家机器缫丝厂。

苏州河、黄浦江交汇之处，这里有河运，又通海运。上海开埠后，最早建立的一批轮船码头在这里，它是上海拥抱世界的港湾，是外国人第一眼看到上海的地方，也是上海最早的领馆区。根据 1911 年《字林行号录》载的各国领事馆地址，当时有 14 家外国驻上海领事馆，其中有 10 家在今天的区域内——历史上日本领事馆（106 号，今黄浦饭店）、美国领事馆（60 号，原址建为海鸥饭店）、德国领事馆（80 号，原址建为海鸥饭店），以及奥匈帝国、丹麦、比利时、葡萄牙、西班牙、挪威等共 10 座重要国家的领事馆，这一区域的高端客源，是 1846 年开业的礼查饭店的强大支撑。

北外滩的核心地带码头林立，它们见证过鸦片贸易、白银外流、犹太难民、日舰"出云"号等风云变幻。自西往东，直到大连路，1947 年出现的依次为招商局第二码头、老船坞（奥）、马勒码头、顺泰码头、公和祥码头、招商局第一码头、华顺码头、汇山码头、杨树浦码头和黄浦码头。1949 年以后整体转变为上港三区、上港五区。

19 世纪 60 年代以后，新兴的轮船开始取代西式帆船，进入黄浦江的外国船只的数量也越来越多，外滩原有的码头不敷使用，各洋行开始在虹口黄浦江畔建造码头，其中以英商实力最大。

◆ **怡和码头**。清道光二十五年（1845 年），英商东印度公司在徐家滩（今东大名路、高阳路一带）首建 2 座简陋的驳船码头。1860 年，英商宝顺洋行建造宝顺码头，长 36.9 米，为上海第一个正式轮船码头。此为上海最早的外商码头。后来的英租界，成立道路码头委员会，负责外商码头建筑事务，又建成 4 座英商驳船码头，外滩江边已有 10 余座外商驳船码头。码头均为石条砌成的直出台阶式踏步码头，多以洋行名称命名，如怡和码头、宝顺码头、琼记码头、和记码头等。英商宝顺洋行在虹口建造轮船码头，1862 年，怡和等 6 家英商洋行分别建成 6 座轮船码头。1864 年，英商虹口码头建成，

1866 年，蓝烟囱轮船公司的大型远洋轮"鸭加门"号首次停靠该码头。自此，外贸进出口中心从外滩移到虹口沿江地带，黄浦江沿岸码头林立。

太古洋行是近代仅次于怡和洋行的商务机构，1816 年成立于英国利物浦，1867 年在上海设立办事处。之后，上海成为太古洋行在东南亚的总部，统管中国、日本、南洋各地业务。最初业务与怡和、宝顺一样，1872 年业务重心转向轮船。这一年，太古轮船公司成立，与怡和轮船公司、旗昌轮船公司并驾齐驱。

太古洋行担任蓝烟囱公司的英国远洋航运企业驻上海的代理人。1873 年，他们聘用了时任宝顺洋行买办、著名维新派人士、《盛世危言》作者郑观应为首任买办，次年，郑被聘为太古轮船公司总经理。郑观应在太古轮船干了 8 年，直到被盛宣怀"挖"去轮船招商局做帮办。

郑观应与在上海出生、能说一口中国话的美商琼记洋行业务骨干晏尔吉不负众望，他们采取许多有效办法以招徕中国人的货运，旗昌的一些老主顾也被他们拉来了。晏尔吉一干便是 30 年，为太古轮船在华航运业务立下汗马功劳。这些职业经理人并没有投入资金，但他们的利润分成比例却达到 8%～20% 不等。即使在洋行业绩不佳的时候，创办人宁可少分红，也要保证这些经理人的利益。

至于太古代理的蓝烟囱轮船公司，后来也变成了太古的子公司，专司远洋航线。其位于浦东洋泾港与民生路之间的"蓝烟囱"码头一度成为远东首屈一指的新型码头。太古后来发展成为上海乃至亚太地区数一数二的航运商贸企业。

◆ **招商局码头**。1872 年年底，轮船招商局（简称"招商局"）组成，打破了轮船码头均为外商把持的局面。1874 年，招商局收购耶松旧码头，改建成为招商局北栈码头，同年购进耶松老船坞。1877 年，招商局购得旗记码头，与耶松船坞旧码头俗称为"外虹桥码头"，连在一起改建为钢质浮码头，并建仓库、堆场，定名为招商局中栈。北栈、中栈因吃水较深，经常停靠远洋轮船。

19 世纪 80 年代，中栈和北栈一起被江海关指定为关栈（保税仓库）。毗邻的耶松老船坞后成英商马勒码头，抗战期间为日军侵占。抗战胜利后，归还招商局，中栈和北栈分别改名为第二码头和第一码头。1952 年，移交上港三区，改名为外虹桥码头，同年改属上港五区。1964 年，改建为国际客运码头。

◆ **日商码头**。近代日本开国以后，从长崎到上海这一日本最早的海外定期航路，是 1859 年由英国半岛和东方轮船公司开设的。1865 年，英国公司又开设横滨至上海的定期航路。1867 年 8 月，美国太平洋邮船公司也开设横滨至上海的定期航路。1868 年，日本明治政府发布维新改革的诏令，公开奖励民间购买外国轮船。岩崎弥太郎创立九十九商会，开设东京—大阪—高知的航路，1873 年，改称邮便三菱汽船会社（简称"三菱汽船会社"）。日本内务省命令三菱汽船会社开设横滨至上海的定期航路，与英国、美国的邮船公司对抗，同时决定对与外国海运业进行竞争的本国海运业实行保护政策。三菱汽船会社在日本政府的大力资助下，投入"东京丸""新潟丸""高砂丸""金川丸"四艘轮船，开设上海至横滨间的定期航线，每星期航行一次，这是日本最早开设的海外定期航路。

为适应航运事业在中国的扩展，日商在上海港大量购买、建造码头，至1920 年，在黄浦江两岸已拥有 12 座码头，占上海港码头总长度的 24%，仅次于英国。至 1936 年，日商码头总长度约为英商码头的 76.2%。日商在上海的主要码头，集中在虹口地区，除了日本邮船中央码头外，还有大阪商船码头、汇山码头等。

三菱码头又名日邮中央码头或东洋码头，位于苏州河与黄浦江合流之处，黄浦路与武昌路口。最初的三菱码头设在法租界的原泰来洋行，不久，美国太平洋邮船公司以 78 万美元的价格将上海航路的航路权和所属船只以及虹口码头等出让给三菱汽船会社，日商便在虹口拥有了自己的第一个轮船码头，亦称三菱码头。"往长崎、神户、横滨，每周三黎明开轮。三菱洋行轮船，在虹口本行码头。" 船票为"长崎洋 6 元、神户洋 10 元、横滨洋 15 元"。上海至长崎的船票比上海至福州（8 元）、广东（10 元）都便宜，显示了日本为争夺上海航路权采取低价格的霸市之策。

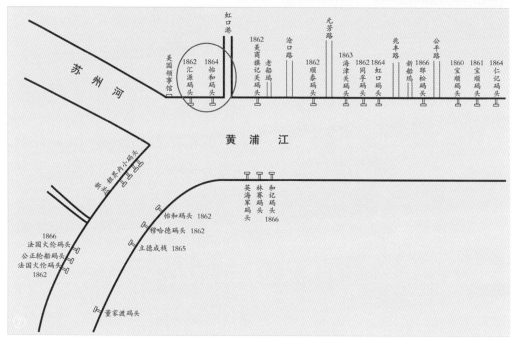

①②③④⑤⑥上海古码头旧址铭牌
⑦上海古码头分布示意图

1885 年 9 月，三菱汽船会社与共同运输会社合并成立日本邮船会社，并在上海设立事务所，虹口三菱码头随之改名为日本邮船中央码头，又称东洋码头。1916 年，收购毗连的英商怡和码头，使两座码头连成一起，其结构由 2 座木面铁壳浮码头和 1 座铁面铁壳码头组成，可同时停靠两艘 3000 吨级海轮或一艘万吨级海轮，是日商在上海的第一座码头。日本驻沪领事馆建在该码头边上，隔着武昌路，紧靠日邮码头，大部分来华日本侨民就是从该码头登陆虹口，聚集在码头附近逐步向虹口纵深发展，这就是许多人都误认为虹口是日租界，也把附近有众多日本商铺的吴淞路称为"日本街"的由来。

甲午战争以后，日本的航运会社纷纷以上海港为基地，向长江流域和沿海地区扩张，如大阪商船会社开辟长江航线（沪汉线）、日本邮船会社经营上海至天津的定期航线、日清汽船会社经营长江航线等等。至 1918 年，日本轮船进出上海港的吨位数占上海港总数的 37%，超过英国的 32.5% 而占首位。

汇山码头，位于今日黄浦江北岸，提篮桥地区南侧，始建于 1872 年。起先，这里只是简易的江边沙滩小码头。汇山的得名，源自 Wayside Wharf，直译是"路边的码头"。1903 年，麦边洋行因在长江航运竞争中失利，将汇山码头、仓库、三艘长江航运轮船以 130 万两白银的价格卖给了日本邮船株式会社。早期的汇山码头只有两座十分简陋的木结构浮栈桥。1904 年，日商宇森公司投资 250 万日元，请英商协泰洋行设计，华商馥记营造厂承建施工。建成后的汇山码头成为综合性码头，有驳船港、办公室、砖木结构仓库和货栈。

1913 年起至 1917 年，码头进行了重建，成为当时设施一流的钢筋混凝土结构的大码头，主要停靠该公司经营的上海至长崎班轮及其他世界航班。早年鲁迅、郭沫若等都曾从这里登船东渡日本。

很多国际名人曾从汇山码头上岸，看到了上海的"第一眼"。1922 年 11 月 13 日上午 10 时，汇山码头人山人海。爱因斯坦偕夫人艾尔莎乘日本邮船来沪，在汇山码头登岸。在船上，爱因斯坦收到瑞典科学院电报，得知自己获得了诺贝尔物理学奖。高兴的爱因斯坦在码头面对欢迎人群，写下相对论中的 β 因子，这是他留在中国的唯一手迹。清晨，当贵宾爱因斯坦夫妇在汇山码头靠岸后，他们即驱车来到"一品香"餐厅用餐，后在小世界游乐场听了昆曲。此后，爱因斯坦又游览了城隍庙、南京路等上海主要景点。晚餐时分，爱因斯坦在中国书画家王一亭位于乔家路梓园的家宴上享用中国美食，为一道又一道的美味感到惊诧。

几个月后，1923 年 4 月 12 日清晨，汇山码头上又迎来了一群上海文化界名流，包括徐志摩、张君劢、殷志龄、潘公弼等人，另还有在沪外侨三十多人。大家在这里恭候一艘名为"热田丸"（Atsuta）的轮船到来。船上，是他们等待的诺贝尔文学奖获得者、印度诗人泰戈尔先生。而泰戈尔第一次抵沪，也享受了超高规格待遇。诗人还未下船，人们就涌上船，为他戴上花环，并摄影留念。报社的记者迫不及待地在甲板上对泰戈尔进行了采访。在中国朋友的簇拥下，泰戈尔一行登车驶往静安寺路的沧州别墅。泰戈尔在徐志摩等人的陪同下，来到了上海西南的龙华赏花，此后出席各种盛大的欢迎会、茶话会和宴请。

当时许多赴法勤工俭学的学生从上海出发的起航地之一，就是汇山码头。中国第一批留法勤工俭学学生就是于 1919 年 3 月 17 日从上海汇山码头乘坐日轮"因幡丸"起航，89 名学生乘坐驳船登上了这艘大轮，经受了五四运动洗礼的学子，奔向法兰西。1919 年到 1920 年，先后 20 批 1900 多人在此赴法勤工俭学，这些学子留学归来后成我国各个领域的栋梁之材。

1937 年，"八一三"淞沪抗战爆发，中国军队奉命攻击汇山码头，阻止日军增援部队在虹口登陆。汇山码头争夺战是"八一三"战役中令人瞩目的一役。

8 月 13 日下午 3 时，国军第 88 师由易谨少校率领的搜索营进抵八字桥时，与刚赶到的日本海军陆战队迎头相撞，毫不迟疑打出了会战的第一枪。8 月 14 日下午 3 点，张治中通电诸部：誓不与日寇共戴一天。今日之事，为甲午以来五十年之最后清算。怀着"甲午海战，中国军人心中的刻骨之痛"的第 88 师、第 86 师和第 87 师三个德械师全面进攻黄浦江北岸的日军阵地。

第 36 师是当时中国最精锐的德械师，受德国军事顾问训练，官兵士气高昂，视死如归。担任主攻汇山码头的是 216 团，团长是胡家骥（黄埔五

①②③ 20世纪年代前后，留法学生从现在的秦皇岛码头出发

④ 卓别林曾来过上海，登陆北外滩汇山码头

⑤ 作者牛忠玉（右）在汇山码头爱因斯坦塑像前与引翔港张智才（左）合影

期），共有官兵 2000 余人，半夜 12 点时攻击开始，日军占据路边高楼顶端对国军进行俯射。胡团长身先士卒，带领第 1 营英勇无畏的战士连续冲过日军防御工事，与敌人展开激烈的巷战，逐屋争夺，直逼汇山码头。残余日军坚持不住，争相向西逃过外白渡桥，向桥南的英军投降。但是，冲到汇山码头的部队，被码头大门的铁栅栏阻挡。日军占据江边的工厂、仓库的顶层，居高临下地对我军进行射击。胡团长率先爬上铁门，士兵相继跟进，然而受到日军机枪的疯狂扫射，士兵牺牲惨重，胡团长 5 处负伤被送下战场。由于国军缺少大口径武器，无法轰开汇山码头的铁栅栏，而黄浦江面的日本军舰却用大口径火炮对冲锋的国军将士进行攻击，国军许多官兵壮烈殉国。

至此，汇山码头争夺战功亏一篑，第 36 师伤亡 570 人，毙敌 400 余人。汇山码头争夺战在"八·一三"淞沪抗战中，与姚子青营长血战宝山、谢晋元八百壮士死守四行仓库等战役同样驰名中外。

上海解放后，汇山码头归属上港三区。如今是北外滩滨江绿地最后一段亲水平台。2008 年，原高阳路码头上，北外滩上海国际客运中心建成，它的标志性建筑"一滴水"以新颖独特的造型、流光溢彩的幕墙吸引众人眼球。很快，人们就将"一滴水"作为国际客运中心的代称，实现了上海港区功能的华丽转身，在上海整个黄浦江两岸的开发当中，留下了浓墨重彩的一笔。

根据上海市政府的规划，南浦大桥和杨浦大桥两桥之间的老港区要退出生产进行功能转换，还江于民。北外滩上海最早的码头，新中国成立后变成上海港务局的两个装卸作业区：上港三区，是公平路客运码头，主要做内贸件杂货；上港五区是外虹桥国际客运码头，主要做外贸件杂货。出口件杂货包括四川来的涪陵榨菜，还有各种五金、日用品、钢材、农药化肥、生铁等，都是靠人工往里面装，没有一点机械化。上港五区承担了上海市外贸进出口量的三分之一，地位非常重要。这个老码头有过一个非常繁荣的时期，在 20 世纪 80 年代末到 90 年代初，它的吞吐量、生产效益都非常高，职工有 3000 多人。当年有个规定：装卸工不能随便调离一线，要保持装卸工队伍稳定，除非有工伤、有疾病，且检查确认了，经过人事部门批准才能调动工作。

随着黄浦江货物装卸功能的逐步衰退，黄浦江客运码头功能进行了整合，成立了上海港客运总公司。总公司下面有三个客运码头：第一是有名的十六铺客运码头，客船的主要航线是长江，到重庆、武汉、南京等地，叫大班轮；第二是公平路客运码头，这个码头主要承担沿海的客运，到天津、大连、青岛、温州、广州等地；第三个是外虹桥国际客运站，主要停靠国际班轮航线，也经常有国际邮轮停靠，这个国际客运站条件非常简陋。

在国内航空铁路公路交通不发达的时候，水路客运因为低成本，占了交通中很大份额。20世纪90年代中期，全盛时期的上海港国内客运航线达21条，每年的客流量达到1200万人次，直到2005年十六铺码头消失，水路客运基本停止。

这时的上海已瞄准了国际邮轮产业发展趋势，把原来上港五区的码头岸线规划成国际邮轮客运中心建设用地。上港五区从外虹桥到公平路码头岸线不到1.1公里，除了新外滩花园外，其他绿地基本上是连通的。地面留出了大量的空间作为北外滩滨江绿地。客运站属于地下建筑，共三层，每层近2万平方米。交通换乘不在马路上，而是在地下一层，避免了马路的拥堵。换乘之后旅客进入客运站，再上船。

最早记录外虹桥国际码头和国际邮轮的是清朝的载沣（溥仪的生父），他曾在此坐国际邮轮出国。近代以来，上海很多来往于全球各地的国际邮轮都是停靠在外虹桥国际码头，因为它是一级口岸，设立"一关两检"，可以停靠境内外邮轮。但是，由于杨浦大桥净空高度和航道宽度的双重限制，超大型的船舶进不来，8万吨级以上的豪华邮轮不能停靠国客中心码头。

为了发展邮轮产业，上海市决定在长江口再造一个码头以满足大型国际邮轮停靠需求。宝山区政府就在吴淞炮台湾地区规划立项建造了16万吨级的国际邮轮码头和相关设施，以此来提高上海港接待大型国际邮轮的能力。2010年6月28日，吴淞口国际邮轮码头投入使用，这个新的国际邮轮码头现在已经是中国沿海十大国际邮轮码头之一、亚洲第一的国际邮轮母港，成为上海新的对外交流窗口，弥补了上海以前没有大型邮轮港口的空白，让上海成为中国邮轮发展的先行者和领导者。

2016年，上海吴淞口国际邮轮港共接靠邮轮471艘次，出入境旅客吞吐量 284.7 万人次，亚洲排名第一，世界排名第四。

　　码头文化露天博物馆把航运发展与上海城市化有机结合起来，展示上海作为港口的商业文化历史。原来设置在国客中心段的铁丝围栏被改造成了玻璃围栏，并以玻璃墙为载体，打造了一座露天码头博物馆。这是个开放式的码头文化历史长廊，为北外滩的码头、航运事业留下了岁月的痕迹。600 米的玻璃墙就是它的"展馆"，雕塑、勒石铭碑、史地人物标志、建筑构件小品等，再配上声、光、电，结合虹口丰富的历史人文资源，以 1843 年上海开埠为起点，到上海近代工业创办，再到先进的社会文明开启，一一展出。透明的玻璃墙分为三部分：码头衍变、西学东渐、名人踪迹，通过历史图片和二维码可以看到上海沿江码头的历史变迁，早期中国知识分子远涉重洋，在此踏上赴海外留学的道路探求真理，学习国外先进知识，参与文化交流的场景，以及许多世界文化名人和科学家如泰戈尔、爱因斯坦、卓别林等人从这里上岸来华访问讲学的情景。

东外滩工业奇迹

东外滩，中国近代工业的发祥地。这个被联合国教科文组织专家称为"世界仅存的最大滨江工业带"的老工业区，浓缩了上海城市文明崛起的历史。

东外滩是指西起大连路，东至复兴岛，北抵平凉路，南达黄浦江的区域，即杨浦大桥两侧、滨江绿化带和复兴岛地区。这里历史上原是工业区，1869 年，公共租界当局在原黄浦江江堤上修筑杨树浦路，拉开了杨浦百年工业文明的序幕。随后的岁月里，杨树浦工业区在发展历程中创造了中国工业史上众多之最。至 1937 年，区域内已有 57 家外商工厂，民族工业已发展到 301 家，成为中国近代重要的工业基地。据统计，中国近代工业上海约占其中的 70%，而杨浦约占上海企业比重的 1/3。

杨浦滨江沿岸"工业之最"熠熠生辉：中国最早的机械造纸厂、最多船坞的修船厂、最早的外商纱厂、最早的工业自来水厂、远东最大毛条生产厂、中国最早综合性塑料加工厂、中国最早的纺纱厂、中国最大电站辅机专业设计制造厂、远东最大制皂厂、远东最大火力发电厂等。中国最早的自来水厂——杨树浦水厂仍在运行中。这里被称为"中国近代工业文明长廊"，是世界上仅存的工业"锈带"，如今经过开发，工业遗产"锈带"变身"生活秀带"。杨浦滨江的全国重点文物保护单位有杨树浦水厂、百年高校沪江大学近代建筑。

目前，杨浦大桥以西至秦皇岛路码头的沿江约 2.8 公里的岸线已实现贯通。这里有上海船厂、杨树浦水厂、新怡和纱厂等一批工业遗存建筑，串联起了百年工业遗存博览带。其入口是曾经全国第一的上海鱼市场，渔人码头上还保留着原有的铁轨，轨道上放置独特的吊轨花车。与此相接的是钢木结构的水厂栈桥，栈桥呈船型的结构，紧邻建成于 1883 年的英式水厂建筑，同时水厂原有的六号取水口被整合到栈桥的界面中。栈道上的景观小品"箱亭框景"为钢结构翻折形成的箱型凉亭，从一侧望去，滨江景色尽收框中。随后，岸线进入上海船厂滨江区域。昔日的装焊平台，老工业时代的轨道、登船梯、塔吊等被最大限度保存下来，未来将成为沿江的船坞秀场。

此外，滨江岸线利用多处原有轮渡站的巧妙设计，连接断点，同时将其建造为望江制高点，"还江于民"，把生产性岸线置换为生活性岸线，这才是杨浦滨江贯通的更深层意义。

◆ **东方渔人码头**。当年中国最大的海洋鱼市场、曾经船进船出的渔港，如今摇身一变成为新建的东方渔人码头的主体部分之一。鱼市场留下的建筑已被修缮改建，营造了"渔港再现"的场景。在"八一三"战事中，定海岛鱼市场即毁于日军炮火。1937 年定海岛被日海军占据，成为日军的军械仓库。抗战胜利后，国民政府先后派唐承宗、杜月笙、王晓籁等来沪，接收日伪华中水产株式会社上海鱼市场。原打算修复定海岛上的鱼市场旧址后重新开张，但因其几成废墟，只得在齐物浦路（今江浦路）日伪建造的鱼市场场址复业。1946 年 3 月 1 日，江浦路上海鱼市场正式复业。这个鱼市场占地 30 亩，规模仅为定海岛老鱼市场的一半还不到。复业后的鱼市场，其人事机构及规章制度大体上都参照老鱼市场的模式，理事长仍为杜月笙。

码头上两条巨大的"卧鱼"和"跃鱼"相映成趣，成为上海的一个时尚新地标。"渔人码头"的建设，是杨浦区滨江开发的首个重大项目，一座融文化、博览、娱乐、休闲、商业服务于一体的大上海东方"渔人码头"，横亘在长约 700 米的滨江杨浦。在创造最大化地观赏江景线的同时，又为浦江两岸的美景群增添一道新的亮丽风景，成为浦江两岸一颗新的明珠。

◆ **杨树浦水厂**。上海最早的水厂，杨树浦水厂也是当时（1883 年 5 月建成）远东第一大水厂，至今仍在供水。杨树浦现存老建筑为古典哥特城堡式风格，主要为砖混结构，承重墙以青砖砌筑，嵌以红砖腰线。强烈的色彩对比和装饰性元素在立面上有韵律地重复应用，成为杨树浦水厂建筑群的独特风格。如今的杨树浦水厂在继续完成它使命的同时，也已成为杨浦滨江上一道独特的风景线。杨树浦水厂段的滨水栈桥是由同济原作设计工作室设计的，作为杨浦滨江示范段，也是杨浦滨江公共空间的启动段。滨水栈桥解决了这一区域近百年的"临江不见江"的城市难题，将宝贵的滨江资源合理开发，提供给城市一个新的功能场所，也为滨江注入了新的活力。

东外滩概貌

◆ **英商怡和纱厂（大班住宅）**。上海第一毛条厂的前身是 1915 年怡和洋行在沪创办的"英商新怡和纱厂"，这是上海开埠后外商在沪开设最早的纱厂。新怡和纱厂英国大班的住宅是如今上海第一毛条厂唯一保留下来的建筑。这幢小洋房建于 1918 年，从整体风格到细节都透着英伦感。如今这里是一家咖啡店对外营业，顾客可以在这里小憩。

◆ **毛麻仓库**。这座杨浦滨江带现存面积最大的无梁楼盖仓库，始建于 1920 年，建筑结构为四层砼板柱结构，平面布局呈长方形，屋顶为平屋顶，曾作为瑞记纱厂、东方纱厂、申新七场厂址，新中国成立后成为上海第一丝织厂。

◆ **"绿之丘"**。原为烟草公司机修仓库，是一座 6 层钢筋混凝土厂房，其前身可追溯到 1920 年最早进入上海的外贸洋行——怡和洋行建立的怡和冷库。2019 年"绿之丘"以全新的面貌展现在人们面前。如今的它已然成为集市政基础设施、公共绿地和公共配套服务于一体的城市滨江综合体。

◆ **永安栈房**。建于 1922 年的永安栈房，记载了杨树浦港物流仓储发展的历史。紧挨着杨浦大桥，处于滨江岸线中心位置，有一幢造型左右对称的双子楼，是永安第一棉纺织厂保留下来的仓库，旧称"永安栈房"，总建筑面积2万平方米，同毛麻仓库一样采用无梁楼盖结构。永安栈房曾经是支撑永安百货兴盛繁荣的重要物流仓库之一。

1918年9月5日，旅澳华侨郭乐、郭顺兄弟创立的上海永安百货在南京路上开门营业。开幕当天，顾客必须先购买一张"门票"才能进场。作为当时上海最新潮、高雅、时尚的地方，永安百货只出售最高档的环球商品。随着企业影响力的扩大，郭氏兄弟受到"振兴实业，挽回利权"发展民族工业的号召，在海外各地华侨中众筹资金，于1922年6月正式成立永安纺织股份有限公司。公司下辖的永安栈房就是当年重要的物流仓库之一，每天一艘艘货船进港，一批批商品通过码头工人的肩膀从这里上岸并运往南京路，支撑着永安百货的兴盛繁华，同时还作为棉纺厂仓库存放纺织用的各类原料和设备配件。

根据《上海工业历史建筑》记载：上海永安纺织公司栈房，1921年英商洋行设计，钢筋混凝土无梁楼盖结构，立面构图整齐，1922年竣工。内部空间为八角形棱角斗状柱帽楼板，极有特色。1949年，永安第一棉纺厂由上海第二十九棉纺织厂接管，永安栈房变成第二十九棉纺织厂仓库。1961年，为支持国家化工事业，将西面一半仓库划给了上海化工厂。

双子栈房西侧仓库保留着水泥拉毛外立面，东侧仓库采用一种可读性的新材料——玻璃丝网印刷工艺，将西侧的纹路"复印"在东侧的玻璃上，从远处看，两座仓库在阳光的照耀下如同"孪生子"，除了外立面以外，体现仓库特色的长条格式高窗、具有较高保护价值的八角形棱柱无梁楼盖结构、栈房屋顶水箱、运货滑道等建筑构件也被依照历史原样恢复或保留，只是不再承担仓储物流的功能。

2018年6月，永安栈房西侧建筑被世界技能组织甄选为世界技能博物馆所在地，博物馆将以展示陈列、教育传播、国际交流、收藏保管、科学研究等5个功能为核心，改建为世界技能展示中心、世界技能合作交流平台、国际青少年技能教育基地和官方文献中心。

◆ **上海船厂**。其前身是1900年由德商瑞记洋行创办的德瑞镕船厂。

2005 年 5 月，根据上海市整体战略发展规划，上海船厂在陆家嘴地区的生产主体部分被搬迁至崇明岛新建的修造船基地。2014 年，浦西分厂全部搬迁至崇明岛。

◆ **杨浦大桥**。是上海市区第二座跨越黄浦江的特大跨径桥梁，杨浦区内环高架路的重要组成部分。1993 年建成通车的大桥全长 7654 米，主跨 602 米，为当时世界主跨径最大的斜拉桥，它犹如一道横跨浦江的彩虹，是上海著名的旅游景观和门户特征。杨浦大桥于 1991 年 4 月 29 日动工，1993 年 9 月 15 日建成，1993 年 10 月 23 日通车。杨浦大桥工期仅为 2 年 5 个月，创造了世界斜拉桥工程施工工期的最短纪录。杨浦大桥主桥工程获 1995 年度国家优秀工程勘察设计金质奖（一等奖）及 1995 年度国家建筑工程"鲁班奖"。

上海杨浦大桥

复兴岛何时再复兴

复兴岛内侧，即复兴岛运河，南起定海路，北迄虬江口，亦称定海路运河，原为黄浦江滩地。运河的导治工程从 1925 年初开始，在南端沉柴排筑堤坝，在北端用挖泥船作业，历时三年，至 1927 年告竣。运河以西，这一片地在 1899 年沦为公共租界，地处偏僻，南面靠周家嘴，北面有陆家宅，多为农田、坟地。1913 年至 1923 年，才开始筑有浦那路。

复兴岛是浦江内唯一的封闭式内陆岛，拥有得天独厚的自然地理条件。目前唯一的景点是中部的复兴岛公园，园里有幢别墅叫白庐，据记载蒋介石 1949 年离开大陆前的最后时刻在此住过。

复兴岛何时再复兴？它的开发不会轻易启动的，一定要等到条件成熟再开发建设。未来的复兴岛开发建设要立足高起点、高水准、高品质，项目定位将与大虹桥枢纽、上海迪士尼同等级，可拭目以待。

今日的复兴岛码头

黄浦滨江岸线"还江于民"

　　黄浦滨江岸线从吴淞口开始。黄浦江在上海市区的滨水岸线有 85 公里长，这在世界大都市中绝无仅有，但除了 1600 米的外滩可以凭栏望江，黄浦江几乎没有可亲水的岸线。这条一直是以生产之江贯穿在上海城市中间的黄浦江，承载着太多上海的历史记忆。如何引领上海下一个百年？黄浦江的开发，两岸功能转变，把黄浦江变成一个全新上海的标志，已达成共识。如今，一段精致婉约的黄浦滨江岸线徐徐展现在人们眼前，由北至南分为五大主题区段。

　　◆ **外滩段，是经典的世界级滨江空间，主题为"世界窗口"。**位于市中心黄浦区的黄浦江畔，是最具上海城市象征意义的景点之一。主题为"世界窗口"的外滩段，是经典的世界级滨江空间。外滩的精华就在于 52 幢风格各异、被称为"万国建筑博览群"的外滩建筑群。外滩的建筑虽不是出自同

苏州河直望浦东天际线

一位设计师，也并非建于同一时期，但它们建筑色调却基本统一，整体轮廓线处理也格外协调。凭栏远眺，两岸的新老建筑相得益彰，浓缩着上海都市景观的精华。晚间，浦江两岸霓虹齐放，漫步其中，"夜景远观有气势、近看有气质、细读有故事"，韵味与浪漫扑面而来，也因此可以更充分地感受十六铺段主题为"城市远航"，打造而成的水陆游憩衔接的滨江空间。20世纪90年代以来，随着铁路、公路交通的迅速发展，水上交通所占比重急剧下降，十六铺码头"水上门户"的地位日益消减。最终，在2004年12月2日凌晨的爆破声中结束了它的"前半生"。而今涅槃重生后的十六铺，以大型公共绿地、现代化水上旅游和配套商业设施的面目开启了它的新时代。

◆ **南外滩段，主题为"创意水岸"，定位为时尚休闲生活、怀旧文化体验的滨江空间**。波浪形的亲水平台，种上了漂亮的绿植，市民可从老外滩经十六铺一期、二期，通过改造后的东门路至复兴东路轮渡站，一路通过亲水平台走到"复兴五库"——卢作孚、虞洽卿等近代实业家早年沿江兴建的五座老仓库，合称为"复兴五库"。这些老仓库已转型成为艺术空间、酒店、餐饮店等。在近年来黄浦滨江公共空间开放中，老仓库的价值被重新挖掘出来。五座老仓库进行外立面改造、修旧如旧，周边配套景观同步建设。夜幕降临，新安装的景观灯光映射在老仓库上，将建筑轮廓凸显出来，形成黄浦滨江一道新的风景。

◆ **世博浦西园区段，主题是"城市博览"，文化游览的滨江空间**。这里充分利用高桩码头，开放出十多个观景平台，方便市民近距离亲近江水。其腹地是"中国近代工业的发源地"。同样在这片土地上，上海成功举办了2010年世博会，因此，也很容易唤起大家对上海世博会的温暖记忆。位于蒙自路818号的世博会博物馆，是一个以"世博记忆"与"城市生活"为建筑设计主题的建筑，由3730块三角形玻璃组成的"欢庆之云"夺人眼球；3根"云柱"撑起空中走廊，其中设置了800平方米的展示步道，连接陈列展览、公共服务和屋顶花园等功能区，形成独特的空中特展区"云厅"。

◆ **南园段，主题为"慢生活港湾"，体现健康慢生活的滨江空间**。这段景观长0.5公里，从卢浦至日晖港，沿着步行道、跑步道、骑行道，从外白

外滩万国建筑

渡桥经过老外滩至十六铺，沿南外滩穿南浦大桥至世博浦西段，接卢浦大桥至南园公园，可以一路畅行黄浦滨江。

◆ **杨浦南段，主题为"后工业未来水岸"，体现科技感的滨江空间**。夜晚漫步在杨浦滨江，东方渔人码头"鱼鳞大楼"与老船厂留下的巨型塔吊交相辉映。水厂如城楼般蜿蜒的古老外墙上，"水立方"发射着蓝光，科幻感十足。在这里，可以一边俯瞰江景一边阅读红色经典；在雨水花园中，观赏百草，享受满眼绿意；在江边的跑步驿站，与人工智能的灯光地景邂逅；在老厂房遗址前，通过交互技术感受工业时代的变迁……未来，滨江公司将在完成既定的 2.7 公里的滨江绿化工程的基础上，再按照相关方案进行景观、灯光的提升，最终形成有统一风格的杨浦南段滨江 5.5 公里的"后工业未来水岸"。听江水拍岸，看绿意盎然，这是有温度、有趣味的城市文化空间新体验。

滨江岸线，日益成为各类跑步、骑行、健身等活动的时尚地。绿道贯通，不断延伸，母亲河黄浦江真正实现了"还江于民"。

二、黄浦江神龙腾飞

·

上海港向海而强

·

从上空往下俯瞰，贯穿上海引领上海百年的黄浦江，像一条神龙，龙头在引翔港，黄浦江神龙腾飞需点睛。

黄浦江这条神龙头上的眼睛何在？一只眼睛是深水港，另一只眼睛是保税区。深水港、保税区两只眼睛一旦点"活"，两个基本生长点就让黄浦这条神龙腾飞起来。

深水港的建设，最早是孙中山提出的。1917年，孙中山在《建国方略》中提出了建设东方大港的设想。孙中山设计了两项建设方案：甲是计划港方案，选择杭州湾的乍浦，建港水深40米，可以停泊当时世界上最大的远洋货轮；乙是以上海为东方大港，上海港向吴淞口移动建虬江码头。

江海一体，是上海被自然赋予的独特地貌特征。过去的上海港，不是海港，是河港。进出上海港的远洋船舶吨位也并不大，多数在1万吨左右，白天从长江口停泊的锚地出发，乘潮从吴淞口进来一直到十六铺，晚上再乘着涨潮驶离。到1992年，每天有两三百条船压在吴淞口，压船一天就要收一天的费用，船在外面停一个月的都有。船舶大型化趋势致使黄浦江水深不够的问题，早在20世纪初就成了上海港发展的最大制约。

自上海开埠以后，黄浦江就表现出了淤浅的趋势。早期西方列强曾试图在吴淞建港，通过铁路将货物转运至上海，但清政府为了保持主权完整，断然拒绝了这一要求。1876年12月全面通车的吴淞铁路，在清政府收回后，被下令全部拆光。

此后，列强将重心放在了黄浦江的疏浚上，并将疏浚浦江的条款写入了《辛丑条约》。由此上海港的重心一直保持在黄浦江沿岸的租界附近。在"大上海都市计划"中，虬江码头的建设也因抗战影响而停止。相当长的时期内，走向海港这一愿景并未实现。

如果还在黄浦江里面，上海港是不可能成为一个世界大港、世界强港的。必须一面走向长江去，一面走向海洋去。

纵观近现代上海港发展的过程，经历了从十六铺、外滩苏州河口、吴淞港区、外高桥港区到洋山港区的变迁。

2002 年，上海港开始大规模迁移，从杨浦大桥到南浦大桥两桥之间的老港区全部撤出。港区转换功能，还江于民。这两桥之间有 64 座码头，共涉及上海港务局 11 家企业、近 12 公里的岸线、近 1.8 万名职工。港口的岸线是不可再生的，如今，两桥之间开发的基础工作完成了，如果没有这些沿江码头装卸功能的转移，黄浦江不会建成滨江 45 公里的岸线和两岸滨江步道。

上海洋山深水港

上海港一手牵着长江，一手牵着世界。图为上海港

2004 年，作为地标的十六铺客运大楼被成功爆破。陪伴了上海 100 多年的十六铺码头，告别了黄浦江。这意味着水路客运基本停了。全上海仅剩的一条航线是上海到普陀山的航线。

上海港走向长江，走向海洋，经历了三大跨越。

1990 年之后，上海港从苏州河、黄浦江进入长江，在长江口的外高桥建立了一期码头，上海港的水深达到 12 米。

2002 年，上海在洋山建设洋山深水港。2009 年时，洋山港一二三期全部建成，上海港走向了海洋。

2017 年，洋山港四期建成，这是全球最大规模、自动化程度最高的集装箱码头，上海港终于站在了国际海港的 C 位。

洋山深水港，位于上海浦东的东南角，满载货物的万吨巨轮从世界各地远航而来，再由此出发。2005 年 12 月 10 日，上海国际航运中心洋山深水港区一期工程开港，当年整个上海港集装箱吞吐量是 1800 万标准箱，位列世界第三。到 2007 年，首次超过香港，跃居全球第二。它担起航运中心发展的重任，上海港一手牵着长江，一手牵着世界。上海港集装箱班轮航线直达全球近 300 个港口，至今连续多年位居世界前列。很难想象没有港口贸易的上海会是怎样。

上海自贸试验区成立以来，一批批诞生于此的创新制度逐步走向全国。国际贸易"单一窗口"改革的实施，让以前三五天才能跑下来的申报手续一次性就能搞定。正是利用自贸试验区在制度创新方面的优势，让包括长江经济带沿线的越来越多的企业愿意到上海做生意。在上海港，每装卸 4 个集装箱，就有一个来自长江沿线。长江对上海港的整个物流，每年都保持 10% 左右的增长。

长江三角洲城市群

　　黄浦江是长江汇入东海之前的最后一条支流。上海地处长江的入海口，与长江三角洲和长江沿岸各地区之间的经济交往源远流长。近代上海作为长江流域乃至全国经济中心城市的崛起，得力于港口开发和口岸贸易。在上海成为中国航运、商贸、工业、金融中心和大都会历史进程的早期，持续增长的上海港口贸易所产生的刺激效应，有力地带动了整个长江流域经济的发展和长江沿岸的城市发育，形成了稳固的经济纽带。

　　长江经济带覆盖上海、江苏、浙江、安徽、江西、湖北、湖南、重庆、四川、云南、贵州等 11 个省（市），面积约 205.23 万平方公里，占全国的 21.4%，人口和生产总值均超过全国的 40%。

　　长江经济带覆盖上海、江苏、浙江、安徽、江西、湖北、湖南、重庆、四川、云南、贵州等 11 个省市。图为游船停靠在长江三峡重庆段

①安徽也进入长江三角洲城市群。图为合肥城市建筑
②扬州瘦西湖的古典园林

这条滋润着九州大地、滋养着中华文明的母亲河，在上海完成了她6397 公里的奔流。上海是长江经济带的龙头，它也是长江三角洲城市群的核心、门户和枢纽城市。中国正在进入城市化 2.0 时代。这个时代的最大特点是，围绕着核心城市的"城市群"在崛起，最根本原因是轨道交通（城际铁路、轻轨、地铁）扩展了通勤的有效半径。

在长三角一体化新进程中，一个最明显的特点是上海以更加包容、开放的姿态，从更大范围内紧密服务于上海大都市圈、长三角城市群。上海正在加快推进国际经济、金融、贸易、航运、科技创新"五个中心"建设，全力打响"上海服务、上海制造、上海购物"和"上海文化"四个品牌，不断增强城市吸引力和创造力，推动长三角城市群在世界经济版图上拥有更强的竞争力。

国家认定的"长江三角洲城市群"，在上海市、江苏省、浙江省、安徽省范围内，以上海为核心，由联系紧密的多个城市组成，主要分布于国家"两横三纵"城市化格局的优化和重点开发区域。规划范围包括：上海市，江苏省的南京、无锡、常州、南通、盐城、扬州、镇江、泰州，浙江省的杭州、宁波、温州、嘉兴、湖州、绍兴、金华、舟山、台州，安徽省的合肥、芜湖、马鞍山、铜陵、安庆、滁州、池州、宣城等 26 市。国土面积 21.17 万平方公里，2014 年地区生产总值 12.67 万亿，总人口 1.5 亿。

从全球经济角度来说，这里是经济最具活力、开放程度最高、创新能力最强的城市群之一；从我国发展格局来看，这里是"一带一路"与长江经济带的重要交汇地带，2.2% 的国土面积，占全国 11% 的人口，却创造了近20% 的国内生产总值。

城市群的发达程度与地区的创新程度有直接关联。以美国五大湖城市群为例，这里集聚了全美最大的科研机构、世界上最好的大学，从人力资源到科技资源都是全球高地。所以，人是科技创新的根基，上海大都市圈是面向全国吸引人财物的流入，最终，将做大长三角整体的"蛋糕"。

杭州城市景观

迈向卓越的全球城市

1946 年"大上海都市计划",第一次把上海确定为远东的商贸、工业、金融中心。中华人民共和国成立后 1959 年第一版规划,是将上海定位于中国重要的工业基地。改革开放以后,国务院共批复过 3 次上海总体规划,分别是 1986 版、2001 版、2017 版三个版本。

1986 年的规划,首先强调上海的国内工业基地职能。当时总规划上海最高目标是:"还应当把上海建设成为太平洋西岸最大的经济贸易中心之一。"

2001 版规划,不再那么强调工业,而是明确要以技术创新为动力,全面推进产业结构优化、升级,重点发展以金融保险业为代表的服务业和以信息产业为代表的高新技术产业,不断增强城市功能。更是以国际化为背景,为上海发展的重点确立了这个方向。提出了经济、金融、航运、贸易四个中心的功能定位;把上海的全球目标从太平洋西岸再次扩大,明确上海的国际大都市目标,而且要在经济、金融、贸易、航运四个方面都做国际中心之一。

最新 2017 版(2017 ~ 2035 年)上海城市总体规划,是要把上海打造成卓越的全球城市。上海的城市性质和目标实现了重大跨越:从太平洋西岸最大的经济贸易中心之一,到迈向卓越的全球城市,不仅要求上海为全国改革发展稳定大局做出更大贡献,还要求着力提升城市功能,塑造特色风貌,改善环境质量,优化管理服务,努力把上海建设成为创新之城、人文之城、生态之城,卓越的全球城市和社会主义现代化国际大都市。

发展模式也随之变化。从调整好工业结构到充分发挥上海中心城市作用,构建上海大都市圈,打造具有全球影响力的世界级城市群。此次最新 2017 版的上海总规划,在经济上的着墨已经很少,上海已经过了大干快上拼经济、拼规模的阶段。上海要立足于国际国内和本地实际,主动服务"一带一路"建设、长江经济带发展等重大战略,切实在全面深化改革、创新驱动发展、优化经济结构等方面下功夫,在深化自由贸易试验区改革上有新作为,继续当好全国改革开放排头兵、创新发展先行者,为全国改革发展稳定大局做出更大贡献。

积极探索超大城市发展模式的转型途径。优化城市空间格局，主动融入长三角区域协同发展，构建共享城镇圈。从长江三角洲区域整体协调发展的角度，充分发挥上海的中心城市作用，加强与周边城市的分工协作，构建上海大都市圈，打造具有全球影响力的世界级城市群。

创新、人文、生态的发展理念贯穿着"上海2035"，这三个维度正体现了上海对"卓越"的期待与向往。

建设更具活力的繁荣创新之城，上海将逐步提升全球城市核心功能，增强城市综合竞争力。深入推进中国（上海）自由贸易试验区改革创新，探索建设自由贸易港。以上海张江综合性国家科学中心为核心，向具有全球影响力的科技创新中心进军。

优化营商环境也是上海不断进取的目标，将着力保障先进制造业发展，并塑造国际文化大都市品牌和城市整体形象，打造国际时尚设计之都和世界著名旅游目的地城市。

为了突出"更开放的国际枢纽门户"地位，上海将建设浦东枢纽、虹桥枢纽和洋山深水港区国际级枢纽，同时强化便捷高效的综合交通支撑，形成城际线、市区线、局域线"三个1000公里"轨道交通网络，基本实现10万人以上新市镇轨道交通站点全覆盖。

奔向更富魅力的幸福人文之城，上海将聚焦优良人居环境建设，提高人民群众的获得感和幸福感，让人民群众生活得更舒心。

"15分钟社区生活圈"遍地开花，社区居民从居住地出发在步行15分钟的范围内，能够享受到方便、快捷、舒适的社区服务，社区服务覆盖率将为99%左右，且每个新城、城市副中心至少有一所大学，每个新城有一处三甲综合医院。加快建立租购并举的住房制度，多渠道增加租赁性住房比重。

随着黄浦江45公里岸线公共空间如期贯通，上海将构建黄浦江两岸地区、苏州河沿线地区滨水贯通并向腹地延伸的公共开放空间，推进重大文化集聚区建设，并以此为契机推进"通江达海"的蓝网绿道建设。

打造更可持续的韧性生态之城。未来的上海，将致力于应对全球气候变化，提升城市抵御自然灾害的能力。构建城市防灾减灾体系，强化灾害预警

浦东的摩天大楼以及夜景

防控和防灾减灾救援空间保障，提升城市抵御洪涝、地面沉降等自然灾害以及资源能源供给、突发公共事件等城市运行风险的能力。

上海要构建"双环、九廊、十区"多层次、成网络、功能复合的市域生态空间体系，建设崇明世界级生态岛。到2035年，全市森林覆盖率达到23%左右，人均公园绿地面积达到13平方米以上，PM2.5年均浓度控制在25微克/立方米左右。

结合城乡体系和市域空间布局，上海将完善由城市主中心(中央活动区)、城市副中心、地区中心和社区中心4个层次组成的公共活动中心体系。中央活动区包括小陆家嘴、外滩、人民广场、徐家汇等区域。城市副中心共16个，包括9个主城副中心、5个新城中心和金山滨海地区、崇明城桥地区的核心镇中心。

卓越的国际化大都市上海

三、引翔新地标崛起

·

老厂房蝶变长阳创谷

·

长阳创谷是原建于 1920 年 10 月的日商的东华纱厂。1943 年改为日本第五机械制作所，从事汽车零部件的生产。抗日战争胜利后，日商所开的华中丰田汽车厂被国民党接管，并和华东纱厂合并成立中国纺织机械特种制造有限公司，专门从事纺织机生产。1952 年将河间路第一分厂并入，更名为中国纺织机械厂（简称"中纺机"）。

中华人民共和国成立后，日方人员撤离回国，中纺机设计人员徐钢对丰田 G 型老式织机图纸重新改造设计。1955 年，我国自行设计的新型 1511M-44 英寸自动换梭机终于面世。这是中国织机制造史上的一大进步。但这台机能够织制的织物比较单一，新的织机研发成为徐钢的新课题。1957 年他研究开发出国内首台具有自动换梭、成格、起圈等性能的自动毛巾织机，打破了中纺机厂织机品种的单一性，填补了当时国内织机的一项空白。

20 世纪 60 年代，徐钢仅用两年半时间共设计出六项新产品，开发出能够织造斜纹、色织、灯芯绒、提花等系列织物的织机，使中纺机成为能生产大批量、多品种、多规格的织机的大型企业而闻名于国内外。

1986 年开始，中纺机与意大利斯密特纺织厂合作生产 TP 型箭杆织机，并结合本厂改造梭织机的成果，设计制造出普及型箭杆织机。1992 年 5 月，

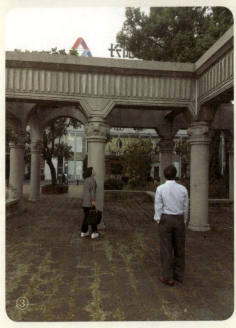

①三层小楼是东华纱厂日籍管理层住房
②原东华纱厂工房
③长阳创谷的改建,既推动了纺织机械新旧动能转换,又实现了纺织产业文化
价值的延续
④日商东华纱厂旧址铭牌

中纺机改制为中国纺织机械股份有限公司。

2014 年，闲置了 10 多年的纺织机械厂在杨浦区委、区政府的推动下，开始更新改造。长阳创谷的开发交给了杨浦科创集团。长阳创谷在开发规划初期就被定位为上海中心城区最符合知识工作者生活、工作、学习的 Campus 创新创业街区。设计中充分考虑环境的可持续性，按"绿、光、锈、合"的设计理念来开展城市更新项目，将清新空气、自然阳光引入老厂房改

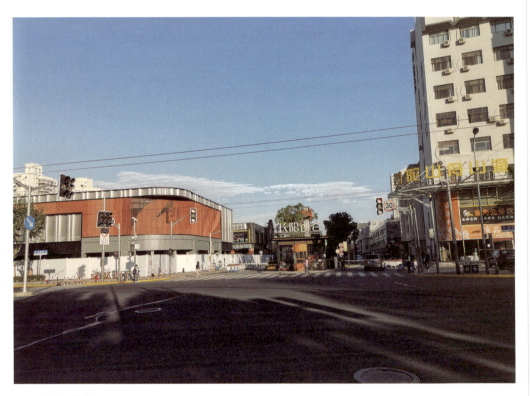

长阳创谷

造后的建筑物内，为现代知识工作者创造亲切舒适的空间体验。

南北园区分别开辟 7000 平方米和 5000 平方米的草坪与果园，运用最新绿色技术来倡导绿色生活，将自然生态理念和自然光引入建筑物内；开创性地采用光庭、光塔、光斗的空间创新理念，避免传统工业空间在现代办公环境改建中的采光量流失，实现了自然光源向建筑内部的延伸；对工业遗存修旧如旧，保留厂房建筑历史特征，让锈迹斑斑的老物件焕发实用新气象，B 楼老厂房的外立面是上海目前最大的室外马赛克墙，见证了一个时代的变

迁；园区内建筑不仅仅是独立的空间结构体，更是主张人员流动与聚集的生命体，有效完成多空间的充分互联与沟通，拥有更多发展空间，创造出独特的"无边界"步行体验；契合了上海大转型的潮流，又把城市更新和科技创新相结合，长阳创谷的成功更新是时代的偶然，也是历史的必然。

长阳创谷承接高校集聚的智力优势，充分利用区内复旦、同济、财大等高校创新禀赋和创业资源，完善创新实践平台，健全创业孵化网络，营造鼓励创新氛围。

2017年9月，全国"大众创业、万众创新"活动周在长阳创谷精彩圆满地成功举办。活动周期间，主会场参观人次超过15万，仅"创新创业七日谈"一项活动间接参与者就超过100万人次。2018年4月，时任国务院总理李克强在视察上海期间来到长阳创谷，对老厂房改造升级、新旧动能转换成果给予充分肯定，提出了"打造双创升级版"，把长阳创谷早日建成世界级创谷的要求。

长阳路1687号，昔日中纺机厂百年老厂房变身成了创业创意园区。机械的轰鸣声已被新一代创业者奋发有为的键盘敲击声所取代。中纺机没有被尘封于历史，它在新时代焕发了新生机。

上海国际时尚中心

上海国际时尚中心位于杨浦区 2866 号，原为裕丰纺织株式会社、上海国棉十七厂所在地。复兴岛运河流经定海桥注入黄浦江。奔流不息的江水与鳞次栉比的厂房默默见证了近代上海纺织工业的兴衰荣辱与如今创意产业的华丽蝶变。

这里有上海的纺织记忆，有全上海保留最完整的纺织业锯齿厂房，一片片接连不断，壮观宏伟。旧厂修复更是突出了锯齿厂房特色，让人过目难忘。一块块清水红砖堆砌而成的纺织车间，一级级台阶拼接而成的运输通道，既保留了 20 世纪 20 年代老上海工业文明的历史年轮，又融入了当代时尚的审美元素。"修旧如旧"的修缮理念，不但还原了老工业建筑的原貌，也让原本老旧的工业厂房焕然一新。穿行其中，仿佛回到过去，看到纺织工人们忙碌地穿梭于各个厂房的场景。

这里有全上海保留最完整的纺织业锯齿厂房

上海国际时尚中心已成为上海文化创意的时尚地标

  上海国际时尚中心已俨然成为上海文化创意的时尚地标，享有"亚洲第一秀场"美誉的多功能秀场，每年承办无数各类国内外文化、时尚活动，如上海时装周、大型音乐节、潮流时尚嘉年华、品牌发布会以及车展等。

  百年前这里是上海纺织业最领先的厂房，百年后这里蝶变成为多元文化的现代时尚地——上海国际时尚中心。

中国烟草博物馆

中国烟草博物馆坐落于上海市杨浦区长阳路、通北路交会处，与上海卷烟厂隔路相望。它是一个以收藏、展示和研究中国烟草为主的专业博物馆，也是上海开埠后第一批烟草企业的纪念馆。

上海卷烟厂前身是英美烟公司，是1925年，开设于上海韬朋路（今通北路）的烟厂（又称"英美烟三厂"）。1934年9月，颐中烟草股份有限公司成立时，改称"颐中烟三厂"，是上海历史较长的外资企业之一。1952年4月，政务院批准颐中烟公司转让于上海烟草公司。颐中烟三厂随之更名为国营上海卷烟二厂。1952年4月，由上海烟草公司接办前，该厂职工共有2179人，其中工人2047人，职员120人，外籍人员12人。1960年12月，国营上海卷烟二厂易名为上海卷烟厂，成为当时上海唯一的一家生产卷烟和雪茄烟的大型卷烟厂。著名产品有熊猫牌香烟、中华牌香烟、红双喜牌香烟、中南海牌香烟、上海牌香烟、牡丹牌香烟、大前门牌香烟、江山牌香烟、恒大牌香烟。

中华牌香烟简称"中华"，是中华烟草公司于1951年创立的中高档香烟品牌，现属于上海烟草公司。它是中国烤烟的代表性产品，也是中国市场上销售额最高的香烟品牌之一。中华香烟曾荣获"国家质量金质奖""全国十大驰名商标"。最初生产的"中华"卷烟是二十支软包光嘴烟，1959年开始生产过滤嘴卷烟。

熊猫香烟是中国一款由上海烟草（集团）公司生产的高档香烟，诞生于1956年。其原料全部取用国内外优质上等烟叶，其质感清雅飘逸、烟气丰润细腻。

目前我国对外开放的烟草博物馆主要有上海中国烟草博物馆、青岛烟草博物馆、云南大理烟草博物馆，同时也是科普教育基地。

①上海卷烟厂，其前身是英美烟公司
②③中国烟草博物馆局部

英美烟三厂的工人阶级具有革命传统,共产党在工人中影响大。"四一二"政变白色恐怖时代,英美烟厂三厂党的支部在十分艰苦的条件下,紧密地团结和依靠工人阶级坚持斗争,使沪东地区的工人运动持续发展。1927年9月至10月,英美烟厂一、二、三厂的110天大罢工震惊上海,被称作"除省港罢工之外是中国工运历史上少见的大规模罢工",尽管斗争失败了,但烟厂工人并没有屈服,在党的领导下,他们持续不断地开展斗争。

中国烟草博物馆精美的建筑外形以大型商船和玛雅神庙为设计理念,构成了长约80米、宽约25米、高约30米的外形结构。博物馆外墙中部镶有长140米、高4.1米的"烟华风云录"主题花岗岩浮雕。它以生动的笔法,精巧的工艺将千年烟草发展历程及烟草文化凝固在这幅长卷上。

矗立在博物馆前的五根直径0.85米、平均高度9米,刻有龙、凤、狮、鹤、马吉祥物的大型图腾柱,形成了富有表现力的外形特征。除此之外,中国烟草博物馆还有占地600平方米的大型藏库、可容纳150多人的多功能报告厅、装潢高雅的贵宾室、导游系统以及专供参观者休息的茶室和烟吧等。精美的建筑语言,富有生命张力的建筑符号,给人提供了无限遐想空间,置身其间,仿佛是在欣赏一件美不胜收的艺术佳作。

四、巢湖移民闯天下

·

环巢湖进入长江都市圈

·

一个世纪前，引翔港的价值被发现，它在上海的区位优势，使 1899 年公共租界东北部界限横穿引翔港，一乡两治，使引翔港的历史发生了改变。沪东工厂区的兴起，上海近代工业化的进程，率先在这里启动。每天运棉花、棉纱、棉布的船只，沿着黄浦江到杨树浦港的码头来来往往，一片繁忙。著名的国棉十九厂、十七厂、十二厂、九厂、十厂都在黄浦江旁边。引翔港，开启了合肥巢湖北岸农民到上海打工的时代，成为合肥人闯荡上海滩的新天地。

百年里，合肥与上海总是一边干瘪、一边丰满。现在合肥都市圈被纳入长三角发展的规划范围，合肥被确定为长三角世界级城市群副中心，将与上海比翼齐飞了。这是一个由三省一市组成，以上海为中心，并以南京、杭州、合肥为副中心，连带着各个重要的支点城市，编织起来的一幅巨大的城市网络。

合肥是全国唯一一座拥抱五大淡水湖之一巢湖的省会城市，安徽实施强省会战略，巢湖成为合肥的内湖，交通配套不断完善，以环巢湖全线贯通和徽州大道南延为代表，相关产业不断布局这一区域，未来周边将形成一个环巢湖都市圈。巢湖周边县市区都会获得相应收益，肥东、肥西、舒城、庐江、无为、巢湖，逐渐形成各自特色的产业圈，环巢湖由此进入长江都市圈。

同属于五大淡水湖之一的太湖，环太湖都市圈是中国最富裕的地区之一，这里聚集了全中国最富有的地级市：苏州、无锡、常州、嘉兴、湖州。

八百里巢湖波澜壮阔，环巢湖国家生态示范区面积广大，资源承载力强，而且区位优越，具有将长三角都市圈与长江中游都市圈串联起来的优势，并且生态旅游规划高起点、高规格，与国际化都市相匹配。这样大体量的生态文明示范区在长江经济带是独一无二的。

总长155公里的环巢湖旅游大道的全线贯通，从巢湖东岸的巢湖市区湖光路起，沿着湖北面堤岸一直向西，经过中庙，穿过滨湖新区，再向南，经过肥西，过三河、庐江，再沿巢湖南岸的316省道，回到巢湖市湖光路，形成一个围着湖的"心"形道路，串起了各色风景，盘活了这一带的旅游经济发展，环巢湖地区将潜力无限。

环巢湖旅游大道不仅是一条普通的公路，作为环巢湖生态示范区建设的重要组成部分，环巢湖旅游大道还将建成兼顾生态、环保、防洪、旅游等众多功能的精品道路，成为一条生态旅游大道。沿着巢湖北岸滨湖绿道行走，宛若置身于园林当中，临湖岸边设有观景台、慢行绿道，还有专门从快车道分离出来的观光道路。渡江战役纪念馆、滨湖湿地森林公园、牛角大圩、生态农庄、长临河古镇……环巢湖旅游大道串联着这些临湖而居的美景，让游客一饱眼福。

巢湖南岸观光旅游大道两侧空地采用高标准绿化，道路中央分隔带绿化宽约1.7米，道路两侧景观林带各约10米，外围还预留50米宽廊道。树种也将呈现多样化，有女贞、桂花、红叶石楠、红花碧桃等20多种不同植物，采用混交或群落式种植方式，可让游客饱览四季颜色变幻。

环巢湖旅游大道上，正在建设四座大桥，自北向南分别是派河大桥、杭埠河大桥、白石天河大桥和兆河大桥。这四座桥梁，将成为环巢湖大道上的四道"彩虹"。

自2016年5月11日起实施的国家《长江三角洲城市群发展规划》，将合肥市和合肥都市圈纳入规划范围，合肥被确定为长三角世界级城市群副中心，进一步促进了合肥未来的整体发展。当下合肥在往东扩展，南京在向西扩张，未来合肥和南京会连成一个大的城市圈。从城市规划上来看，合肥拥有多条高铁线路，周边交通十分便利。

在新型城镇化、巢湖生态文明示范区建设和打造长三角世界级城市群副中心的大背景下，拥有深厚文化底蕴的环湖各乡镇正面临着难得的发展机遇，这也是合肥市在长三角经济带生态旅游一体化建设中赖以支撑的政策依据。

　　应势而生，用崛起的力量与时代共筑辉煌。环巢湖地域的淮军文化将重新走进人们的视线。

合肥城市里的仿古建筑

重返淮军故乡

160 年前，从巢湖地域走出了保卫上海的"叫花子兵"，抗击法军、收复台湾的淮军，还有甲午海战的北洋舰队——中国第一支海军。乡勇民团起家的这个群体，被叫作淮军。重返淮军故乡，是探寻和解码中国近代历史淮军、淮系集团的色彩及时代影响，从移民文化的视角，诠释环巢湖地域尚武侠义、创新学习背后的"文化密码"，与历史对话，传播淮军文化。

如今，散布在长三角和全国各地的安徽人，大部分是当年淮军的后裔。尤其是在太平天国到晚清以后，从巢湖地域走出去的淮军及淮系集团名人辈出，出现了李鸿章、刘铭传、段祺瑞等足以影响中国历史进程的大人物，让淮军文化走进世人眼中。不得不说，中国的近代历史少了李鸿章是不完整的，少了淮军也不完整。

环巢湖地域就是近代淮军的发源地。如果按照自然水系来划分，它应该泛指整个巢湖流域；如果按照行政区划，它应该包括相当于今天的肥东、肥西、舒城、庐江、无为、巢湖地区。

经过了漫长岁月的洗礼，巢湖北岸的移民注定要走进中国历史的一个重要时段。

1351 年，朱元璋参加了推翻蒙元的残暴统治的起义军。造反初期，起义军面临着险恶形势，部分义士被告密后，举家迁移巢湖北岸，一面隐居，一面练功防身，等候着天降大任。国家每逢乱世，必有尚武精神，一直在血液中流淌。

500 年后，1851 年太平天国金田起义，这是 19 世纪中叶中国最大的一场大规模反清运动。太平军不剃发、不结辫，披头散发，被称作"长毛"。巢湖北岸长临河一带不少青年也参加了太平军。

太平军和捻军的兴起，为李鸿章崛起于帝国政治舞台，提供了千载难逢的机遇。

在李鸿章的眼里，合肥西乡这个地方，是一片神奇的土地。当地民风彪悍，个个争勇好斗。一有什么风吹草动，这些人就能打起来，何况还是太平军这么大的火药桶。合肥西乡人好战、好打、好劫之性，令人瞠目结舌、目瞪口呆。太平军只要敢来，他们就会群起而攻之，太平军一走，他们则为了争夺战利品再次开战。即所谓"寇来则相助，寇走则互攻，视为故常"。

合肥西乡的民众居然还有自己的武装组织。当地的周公山、大潜山、紫蓬山上，各有一支团练的队伍，队伍里的人那都是身经百战，以一当十，极其凶猛的主儿。周公山上的张树声、张树珊兄弟，哥哥善谋，弟弟善战，兄弟二人配合默契，无往而不利；紫蓬山下的周盛波、周盛传兄弟，经历过大小二百多次恶战，六兄弟战死了四人只剩下两人，多次参战手下成员死伤过千。而大潜山的刘铭传，更是一个传奇式的人物。他骁勇善战，贩私盐，杀大户，抢豪门，干着杀富济贫的事情。虽然有这些"丰功伟绩"，但刘铭传没有去投靠太平天国，反而接受了朝廷的招安，最终他成为台湾首任巡抚，后将台湾带入近代化时代，令台北成为当时中国最先进的城市之一，被称为"台湾近代化之父"。

这些山大王，就是淮军的资源宝库，他们也注定会成为淮军的主要将领，成为李鸿章的左膀右臂。

1862年，当曾国藩站在安庆北门外阅兵时，他不禁大吃一惊。李鸿章就像变魔术一样，一下子变出十三营六千多名两淮官兵。虽然这些士兵衣衫不整，身体精瘦，但均目光凶悍。这支部队，在历史上有一个响亮的名字，一个不完全输给湘军的名字，他们叫——淮军。

李鸿章创建的淮军，在镇压太平天国之后，由军事集团转化为政治集团。

在变动最激烈的中国晚清政局中，作为以乡勇民团起家的淮军，逐步成为晚清第一大国防军和洋务运动最积极的推进者。淮军左右晚清军前后达四十年，在晚清所经历的"三千年未有之奇变"时代，淮军作为主力，参加了平定朝鲜的"壬午兵变"、中法战争、中日甲午战争和八国联军入侵中国的重大历史事件。从中国近代史上最著名的地方武装，演绎出后来的淮系集团，影响晚清的政治、军事、经济、外交、文化教育等各个领域。

以李鸿章为代表的淮系集团从根本上动摇了满汉畛域之见，真正确立了

①光绪十五年，李鸿章倡募重修中庙寺
②李鸿章在倡修中庙三年之后，为纪念
淮军将士而奏请清廷敕建的昭忠祠，又
称淮军祠
③"李氏家族的家乡遗迹"陈列主题

汉人的政治地位，也为康梁的"戊戌变法"奠定了政治基础。淮系的后者袁世凯继承了李鸿章的衣钵，凭手中掌握的北洋军镇压资产阶级革命，维护北洋政府的反动统治。从某种意义上说，"戊戌变法"及袁世凯的北洋政府统治都是李鸿章和淮系影响的继续。

清末，乡土观念中添加了官场基因，凝聚了清末一个个地方实力派系。乡土观念的凝聚力有时甚至超过朝廷提倡的忠孝观念的力量，皇帝们对此不敢小觑。

李鸿章出于曾国藩湘军幕府，所建淮军，所成淮系，主要的士兵来源、将领幕府也都以皖籍为主。甚至淮军中的九大将领有7人都是合肥人，与李鸿章为同乡。因此淮军中有一种乡土观念的凝聚力。这就形成了淮军中的另一个特点：家长式统治和人与人之间的精诚团结。同时这也使淮军带有了一定的私军色彩。

安徽是个以农业经济为主体的地区，小农经济占主导地位，农村中大宗小族分片集中居住，血缘关系亲密，宗法势力是历代统治阶级既要利用又非常疑惧的力量。这些宗族群体往往有土堡、土围，有自己的武装、监狱、公堂，有自己的家庙、祠堂。在这样的情况下淮军无论从任人到运作，都与宗族派系有密切联系。这就使其在选拔人才时，不再像湘军那样，以儒生来领农民，而是广收杂揽了。正如淮军各营的统领除潘鼎新为举人、张树声为廪生外，其他诸如刘铭传、吴长庆等人均不属儒生。

淮军成军时，一切均仿湘军，武器装备主要为大刀、长矛、小枪（鸟铳）、抬枪、劈山炮等旧式兵器。淮军的新式武器装备，最初主要是通过各种渠道购自于外洋。但是，向外洋购买价格昂贵，又缓不济急。因此，在向外洋购买武器的同时，淮定开始自设局厂制造新式军火，首先建造兵工厂。

淮军在武器装备方面有变化，相应地，在组织编制方面也出现变化。先是洋枪队的增设。淮军采用近代化的武器装备，也必然采用先进的训练方法。新式训练需要大批掌握新式军事技术的教育人才，为此，淮军积极推行新式军事教育。李鸿章首先聘用洋人，为其服务。

近代化的淮军，远远超过了同时期的其他清军。清末新军的近代化，也直接或间接地受到淮军的影响。淮军的近代化，促进了中国对西方的军事科学、先进的武器装备和军工生产技术的引进，推动了中国军事制度的变革。

从这个意义上说，淮军在中国军队由封建的八旗、绿营向带有资本主义性质的新军过渡中起到了桥梁的作用。

淮军是近代化运动最积极的推进者，淮军文化的尚武精神、乡土观念、"师夷长技以制夷"的学习创新态度值得我们探究，我们还可以利用巢湖北岸如今仍保留完整的特有的移民遗迹与移民文化传统，来探寻和解码淮军文化的精神和时代影响。

位于合肥市淮河路步行街的李府，1999年10月修复，作为晚清重臣李鸿章史迹陈列馆正式开馆，以李鸿章少年科举、中年戎马、壮年洋务、晚年外交的一生经历为主线，实事求是的陈列和讲解，赢得了较大的客流量。在2002年5月，该馆在后半部又推出了李鸿章家族和淮系成员文物史迹陈列，因颇具乡土风味，也获得广大观众青睐。从2004年起，李府东扩工程，继老馆的李鸿章个人史迹、李鸿章家族和成员文物史迹两个系列之后，重点展示了"淮系集团与近代中国"，下设淮系概貌、洋务自强、西学东渐、抵御外侮四大板块，展现以李鸿章为首的淮军和淮系集团，这样一个中国近代史上最大的洋务集团，是如何从内地走向沿海、从安徽走向全国、从传统走向近代化的。

如今，当地开发了两条以"淮军游"为主题的旅游线路，分为东西两线。以紫蓬山为中心的刘铭传故居，以刘老圩为龙头的肥西圩堡群，以三河古镇和庐江淮军将领遗迹，如刘秉璋墓，其山形地理、自然风貌俱佳的水乡游，以上两条构成淮军旅游的西线；以肥东六家畈淮军将领吴毓兰吴毓芬故里、李鹤章公馆所在、四顶山、巢湖中庙、姥山、昭忠祠为连线，构成淮军游的东线。这两条旅游线路，相辅相成。

合肥这样一座历经沧桑的千年古城，到了近代，正是因为出现了以李鸿章为首的淮系集团、以段祺瑞为首的皖系集团，才使得它能够在国内外闻名遐迩。

六家畈吴氏子弟

1851 年，太平天国起义，1853 年攻克安徽省会安庆，安徽各地兴起团练，对抗太平军。吴镒第十一世孙吴璠全家住在六家畈，其长子吴毓芬（1821～1891 年），与弟弟吴毓芳、吴毓蘅、吴毓兰（1836～1882 年）等人在六家畈兴办团练。同属合肥东乡的李鸿章及其父李文安先后奉命回乡办理团练，吴毓芬兄弟追随左右。1861 年年底至 1862 年年初，李鸿章奉命招募淮勇组军时，吴毓芳（1856 年考中进士）、吴毓蘅已去世，吴毓芬带其长子吴兆楣，和弟弟吴毓兰一起加入淮军，并将熟识的张树声、刘铭传、吴长庆、潘鼎新等人引荐给李鸿章。

吴毓芬先在淮军营务处管理营务，1862 年冬组建淮军"华"字营，自任统领。1867 年，称病请假回乡，吴毓兰接任"华"字营统领。1868 年，吴毓兰辞官回乡，六家畈人吴育仁接任"华"字营统领。吴育仁约在 1884 年又接管"仁"字营，遂将两营合并，统称"仁"字营。1894 年中日甲午战争爆发前，"仁"字营将士乘英国轮船"高升"号前往朝鲜牙山增援，途中遇到日本军舰拦截，发生激战，871 人殉国，多为六家畈吴氏子弟。

因为战功，吴毓芬、吴毓兰、吴育仁被清廷赏戴封典，从祀淮军昭忠祠。在六家畈吴氏宗祠西侧，还建有专祠。

从团练到淮军，再到国防军，从六家畈走出无数吴氏子弟。据统计，吴毓芬、吴育仁、吴谦贞、吴球贞、吴辅仁等人获得"巴图鲁"（勇士）称号，吴育仁授建威将军（正一品），吴谦贞授振威将军（从一品），吴球贞授武显将军（正二品），吴兴仁、吴建寿、吴辅仁、吴锐仁、吴本谦、吴有发、吴合贞、吴桐仁、吴合义等人授武功将军（从二品），吴毓蘅、吴鸿逵、吴谦贞、吴兴仁、吴椿、吴沛然、吴国瑞、吴承志等人去世后也入祀昭忠祠，42 人戴上孔雀花翎，44 人戴上蓝翎，军功五品顶戴、六品顶戴比比皆是。

①吴氏宗祠
②③长临河古镇老街淮军将领
吴毓芬、吴毓兰故居

北洋时期，吴桐仁、吴佩之、吴中英在段祺瑞政府内担任军政要职，民国时期，担任中将的六家畈吴氏人员还有吴廷纪、吴渤海等，少将有吴光杰（吴中英三弟）、吴秉仁（洼地吴村）、吴笃仁（洼地吴村）、吴近义、吴义勋、吴复礼（鸡鸣山村，1943 年任甘肃省秘书长、代理省长）等。

中华人民共和国成立后，在六家畈及周边地区设立湖滨乡，驻地六家畈。2000 年 4 月，撤销湖滨乡改设六家畈镇，六家畈影响力进一步扩大。2006 年 5 月，安徽省归国华侨联合会批准六家畈为"侨乡"，这是安徽省首次批准的唯一侨乡。

六家畈吴氏子弟中涌现出许多优秀人物。离开家乡、在外居住，侨居海外的六家畈儿女仍然挂念家乡，努力为家乡的发展做贡献。

为支持养正小学的发展，吴宗俊（吴毓芬三子吴兆榮的曾孙）、吴朝玉（吴毓兰长子吴鼎荣的曾孙）家族捐故居及"也是园"等处房屋 94 间；吴中英、吴中流、吴光杰家族捐款 90 万元、故居房屋 98 间；吴敬初家族捐款 4 万元，故居房屋 23 间。侨居美国的吴世珊女士（吴中流女儿）不仅为养正小学积极捐款，还在安徽大学设立"吴世珊奖学金"，多次介绍美国企业家和台商到合肥考察投资，被合肥市政府授予"合肥市荣誉市民"称号。

首任台湾巡抚刘铭传

今天，在台北市中心的新公园内，刘铭传的铜像与郑成功、丘逢甲、连横鼎足四立，足以说明他是当之无愧的台湾近代化事业的奠基人。刘铭传（1836～1896年），字省三，自号大潜山人，清末合肥西乡（今合肥市肥西县刘老圩）人。1884年，中法战争的战火烧到祖国宝岛台湾，这位养疴田园14年的淮军名将奉诏出山，临危受命，领导台湾军民成功地进行了抗法保台反侵略战争，为保卫祖国神圣领土立下了赫赫战功。中法战争的硝烟，使清政府进一步认识到台湾作为东南沿海七省门户战略地位的重要性。1885年，清廷颁旨，使台湾正式成为中国的一个省份，而刘铭传则被任命为首任台湾巡抚。此后，刘铭传大刀阔斧地在台湾进行了各项建设和改革事业。

奠定建制。刘铭传到台湾各地巡视、查勘，将全台行政建置定为三府、一州、十一县、四厅，从而基本奠定了今天台湾地方行政区划的基础。

整肃吏治做到赏罚分明、秉公执法，惩处了一大批贪赃枉法的官员，保荐和提拔了一大批为台湾军事防御和经济建设做出贡献的人才。

加强防务。根据台湾四面环海的地理特点，刘铭传集中解决防务中炮和船两大问题。共修筑新式炮台10座，配置新式炮，以澎湖作为海防建设的重点，派水师驻扎澎湖，添购兵船，改变了台湾"水师无船"的状况。此外还创办了一批军事工业，以制造枪弹为主，兼务修理军械。他还对全台防军进行了整编，以一个战略家的眼光，看出了日本对台湾的侵略野心，因此重点在面对日本的台湾北部地区设防。

"理番"。"番"主要是指当地少数民族。少数民族和汉族民众之间尖锐对立。刘铭传总结了前人"理番"的经验教训，采取了"以抚为主，以德服番"的方针。于是各番社头目纷纷就抚。

发展工商业。其中最著名的为基隆煤矿，清政府创建最早的近代新式煤矿，光绪二年（1876年）官府正式办矿，机器开采并聘英国工程师。中法战争中遭破坏后改为商、官合办，光绪十四年（1888年）后复归官办。

交通方面也发展迅速。1887年，沪尾至福州川石山海底、安平至澎湖妈宫港海底电缆铺设成功，自此台湾与大陆电信畅通。刘铭传在此基础上设立了电报总局。于1888年在台北设立邮政总局，发行邮票。

最值得称道的是台湾铁路的修建。刘铭传指出修铁路对加强海防有重大意义，提议修建台湾铁路。他认为，铁路是国家"血脉"，断不能听任外人垄断。刘铭传在台北设立铁路总局，聘用外国技术人员担任设计、测量工作。经过将近四年的艰苦施工，台北至基隆段铁路于1891年竣工通车。台湾铁路是中国自行集资、自行兴建、自行控制的第一条铁路。台湾铁路的建设，对于促进中国近代铁路建设和台湾近代工商业的发展，都有着重要的影响。

淮军将领刘铭传故居位于安徽省合肥市肥西县紫蓬山区最高峰大潜山北麓2公里处，是一处被两道城墙和两道护城河包围起来的江淮庄园建筑

大力发展近代教育。在全台各地开办了几十所书院、义学、官塾。他还兴办了一座"西学堂"，开设英文、法文、地理、历史、测绘、算术、理化等课程。这些新式学堂培养出来的学生，既为台湾经济建设输送了人才，同时也促进了台湾文化教育事业的发展。当他被迫离开台湾以后，他把朝廷历年来给他的养廉银和赏银，都留给了台湾的西学堂和番学堂。

1890 年，刘铭传因通商口岸税务问题上与外商的交涉以及基隆煤矿招商承办等事，遭到顽固派官僚的激烈反对和清廷的严厉申斥，忧病交加，被迫向朝廷提出辞呈。1891 年，刘铭传乘轮船离开了他为之苦心经营 7 年之久的宝岛台湾。

刘铭传返乡后，《马关条约》签订的消息传来，刘铭传得知自己一生中花最大精力为之付出的台湾省被割让给日本，忧思郁结，口吐鲜血，于 1896 年 1 月在六安麻埠刘大圩病逝。

到上海去

　　1840 年，英国借所谓禁烟问题为借口，发动了第一次鸦片战争。在广东，因抵抗派林则徐等严密设防，英军未能侵入广州，遂调兵北上，在我国沿海的福建、浙江、江苏发动了一连串的攻势，先后占领了厦门、定海、镇海、宁波等地。其目的，就是要夺取中国东南重镇上海。

　　两江总督牛鉴受命亲往长江口防守。牛鉴，甘肃武威人，进士出身，任两江总督前是河南巡抚。如大多数儒生出身的清朝官员一样，不谙军旅之事，对准备交战的英国，更是一无所知。他单一地强调吴淞口的重要性，在吴淞口修筑海塘，他的作战布置之一，就是在吴淞口派 300 名士兵，各戴五色面具，穿着老虎衣，隐藏在海塘后面，时而跃出土塘之外，互相跳舞。他竟想用这种原始部落的打仗方法，吓退工业革命后的英国军队，愚昧无知可见一斑。

　　吴淞口开战后，牛鉴到前线督战，不忘摆设他总督的仪仗队，这反而让英军知道这边是个大官，于是排炮对准猛发，牛鉴随兵多被击毙，自己吓得逃回宝山。兵败如山倒的局面形成，吴淞口守将陈化成见清军无后援，在吴淞口炮台与英军展开了一场短兵相接的激战，持续了两小时，最后在战场上牺牲。英军占领宝山后，获悉上海城内大乱，城内官员、富人、士兵已逃逸一空，决定趁机迅速占领上海，未有任何抵抗，上海就这样失守了。

　　屈辱的上海之战，英国用炮火轰开了闭关自守的清帝国大门。"求赏码头，贸易通商"，这个鸦片战争时前中英交涉的主要题目，通过战争得到解决。《南京条约》第二条载："自今以后，大清皇帝恩准英国人民带所属家眷，寄居大清沿海之广州、福州、厦门、宁波、上海等五处港口，贸易通商无碍；且大英帝国君主派设领事、管事等官住该五处城邑，专理商贾事宜。"当时在上海登记居住的英国人有 25 人，为商人和传教士，他们随着首任英国上海总领事巴富尔一起，从广州乘一艘小火轮到了上海。这些外商都在上海城内租有房产，安置家眷，同时在城外觅地建房，设立商行、仓库和临时码头。于是，有了划定界址，规定"永租"与"华洋分居"租界的起源。

1843 年年底，曾在上海作过短期逗留的英国植物学家罗伯特·福琼（R.Fortune）数年后重来上海，他这样写下重见黄浦滩的观感："我在英国住了三年之后，现在（1848 年 9 月）又坐在上溯黄浦江开往上海的一只中国小船里了。驶进上海时，我首先看到的是樯桅如林，不仅是前次来上海时引人注目的中国帆船，而且还有许多的外国船只，主要来自英国和美国。现在泊在上海的有 26 只大船，其中有很多船只运来英国各工业区的产品，并且装着生丝和茶叶驶回英国去。但是，除了航运以外，更使我惊异的是江岸的外观。我曾听说上海已经建造了许多英、美的洋行，我上次离开中国时，的确有一两家洋行在建筑，但是现在，破烂的中国小屋地区，在棉田及坟地上，已经建立起一座规模巨大的新的城市了。"

殖民者们确实在这块土地上开拓他们的天地了。当然，近代上海的发展是多方面的因素作用的，其天然优越的地理位置，是殖民者在远东落户、创业、建立联系的一环，并且日渐成为最重要的一环。

在晚清中国四大买办中，除席正甫是苏州人外，其他三位——唐廷枢、徐润、郑观应，都来自香山。伴随着上海的崛起，广东输往上海的是一批被称作"买办"的人。

1843 年上海开埠后，作为中国发展最快、规模最大的通商口岸，上海成为广东香山人谋求发展的重点城市。上海社科院熊月之估计说，在 1853 年以前，上海有广东人 8 万，其中广肇人最多，潮州人其次，雷钦惠梅人最少。在广肇人中，香山人数有 2 万多，从而奠定了香山买办在上海的影响。

巴富尔（第一任英国驻上海领事）抱怨说："我刚到上海，就立刻注意到广州的一些人已经纷纷来到这个口岸，并且把广州流行的许多坏的习惯和观念也带了进来。"亦即"非常普遍地倾向于结成行结帮来和外国人进行贸易"。

鸦片战争之前，除广州十三行商馆里有一部分外国人外，其他的都聚集在澳门。按照广州府的规定，一只外国商船来广州，必须先在澳门靠岸，船主在那里聘请一个引水、通事和买办，才能开往广州。通事为外国人向粤海关办理纳税和进口手续，买办则供船上人员伙食、代雇码头搬运工人、代购日常必需物品。1839年，怡和洋行还出资在澳门兴办了中国第一所教会学堂，香山人唐廷枢就是毕业于该校，后来成为上海怡和洋行买办。这些买办是最早贴身尾随洋商而动的人群。

上海早期怡和、旗昌、宝顺、琼记四大洋行广东籍买办在数量上占绝对优势，几乎为广东帮所控制。香山人靠着百年承接西风的历史熏染，近水楼台的地缘条件及语言优势，以一个地域群体的力量把握先机，将影响由澳门逐渐扩张到上海乃至天津及全中国。

吴健彰出身贫寒，早年卖鸡谋生，后来在广州洋行做仆役，游走于广州澳门之间，说得一口流利英语，被洋商器重，1842年随洋商来到上海。在旗昌洋行进入上海的第二年，吴健彰成为该行的首位中国股东。上海特定的地域环境与文化认同，有别于内地的儒家文化传统，在洋行里干过事、与外国人比较熟悉、会说英语的商人吴健彰在1851年坐上了上海道台之位，是当时唯一能说英语的道台一级的官员。

老上海街貌

在洋务运动中，李鸿章将早期的洋务交由香山商人统筹经营，粤人也因此多留在了上海。

太平天国江南受难，上海租界成为庇护所。江南凋敝，苏州不再是经济中心，几乎所有的人才资本一夜间聚集到上海，上海租界吸引了无数中国乡绅富豪和平民百姓。

上海冉冉升起，是东亚资本主义的前沿。日本明治维新前夜，维新志士到上海考察，开启了明治维新向西方学习的热情，上海成为日本向资本主义学习的试验区，比本土更加先进开放。日本人成群结队来到上海，并因为是"迟到者"而懊恼，迫不及待地开战，要求签订《马关条约》，开放上海长江内陆。于是，上海近代开发区出现。甲午马关条约后，外国人可以在上海办厂，日资纺织厂多达 25 家。

不管是当年还是现在，上海始终是一座国际化的大都市。

如今，上海人口是 2480 万，其中有 1000 万是新上海人。而即便是这 1000 万之外的"老上海人"，如果论籍贯，85% 也是外地来的。熊月之认为："上海是一个移民城市。改革开放之后，我们正在恢复上海的移民老传统。"在一定意义上说，人类的文明史就是一部移民史。无论是哥伦布发现"新大陆"后欧洲人拥向美洲，还是中国历代的大迁徙，人类总是在或被迫或主动地辗转变化着自己的居住地。所以，"移民城市"的概念，其实是相对于某一时段而言，就像个性鲜明的"上海人""香港人"，在 20 世纪上半叶，也几乎全部是由移民。随着人口迁移所产生的移民文化，对于一个时代、一个国家和地区的文化建设，具有不可忽视的重要意义。对本土文化来说，移民文化是一种创新的文化。由于移民是文化最活跃的载体，不同的移民承载着不同的文化，所以一个地域的移民来源越多，那么移民文化就越丰富。因为移民传带的外来文化总要面对本土文化，为了取得延续和扩大，往往必须做出调整和改变。移民在传播某种文化的同时，也使本身发生量或质的变化。移民文化往往兼有各地文化的优点，却又在互相的冲突中淘汰了各自的弱点，就像海洋一样吸纳着大小河流，又把它们汇成一个整体，但海水已不是任何一条河里的水。移民文化并不是迁出地文化的复制或转移，具有较少包袱、较少框框的特点，具有较大的开拓性和开放性，容易接受新生事物，乐于进行新的探索和试验，这正是移民文化独具的魅力。

个人是元素，家庭是细胞，社会是组织，个人的移民史因为家庭的移民史而丰厚。人们在寻根问祖中意识到自己的责任、奋斗的动力和幸福的源泉。

移民是一种动力，凡是移民聚集区都是创新能力很强的地区，只要管理同步，就会经济发达，社会进步。

淮军走出中国走向世界，是移民史上辉煌的篇章，却少为人知，令人遗憾。今天安徽人再次流动到上海，他们继承了祖先巢湖北岸移民敢于闯天下的宝贵基因。

寻根问祖是人的共性，也是一种文化现象，更是一种感恩行动，我们需要发扬移民文化和精神。

番外篇

·

"牛门洪拳"传承人牛忠福自述

·

牛忠福，20 世纪 50 年代出生于上海引翔港古镇，祖籍合肥长临河牛官堡。引翔古镇出生的孩子应该都是"40 后""50 后"，安徽人习惯把这些孩子统称为"伢们"。中华人民共和国成立后的引翔古镇，那个时期人们的生活还是比较清贫的。伢们要想吃上一顿饱饭，或是穿上一件新衣、一双新鞋都是一种奢望。当年的伢们，已变成如今的老人们，他们对那个年代的苦难是刻骨铭心的。好在那个年代童趣多多，女孩子喜欢跳皮筋、格房子接麻将牌等；男孩子则喜欢打弹子、刮香烟牌子、斗鸡、抓蟋蟀、粘知了、去祠堂桥或者定海路黄浦江游泳⋯⋯ 发小们聚会时都会津津乐道话当年，这也许就是苦中作乐另外的意义吧。不过，作为男孩子都有一个共同的爱好，就是喜欢习武。也许习武是一种基因，因为我们的先辈们都喜欢习武。长久以来，有关

牛门洪拳上海第四代传承人牛忠福

洪拳大师牛洪川、牛三教师等的传奇故事一直在牛姓家族中广为流传。

说到习武之事，就不得不重点着墨一下我的恩师（父亲的二哥）进常二伯，早年在长临河牛官堡时，他就师从牛洪川的徒弟牛善璧大爹爹（爷爷）。由于二伯自幼聪明过人，骨骼清奇，天资聪颖，拳架端正有力，所以深得师父偏爱，在同门之中也深得赞誉。据传二伯在老家武狮队里担任耍狮人一角，可以从三张八仙桌高处空翻而下。几十年后，这事仍在上海引翔古镇的乡亲们之间流传着。由于生活所迫，进常二伯二十多岁时随众多亲友们开始闯荡上海滩。

进常二伯来沪之后曾和家父在杭州路顺成里我外公家打过工，后来才到国棉十二厂成为正式工人。二伯住的虽然是厂里提供的单人宿舍（在宁武路），但是，每天晚饭之后他总是赶到引翔港1925弄来和亲朋好友们刮蛋（聊天）。二伯文化程度不高，识字也不太多，但是他有过目成诵之能，头晚上看的小说，第二天就能够以说书的形式，把书中的人物和事说得惟妙惟肖、生动逼真。那时每天晚饭后，里弄里的老老小小们都很自觉地提个小马扎，聚集到23号和24号之间的空地上，有滋有味地听二伯说书。有《水浒》，有《三侠五义》，有《七侠五义》，有《说唐》，有《隋唐演义》，等等，这已经是老少爷们儿茶余饭后的精神享受了。

大概是20世纪50年代的某一天，二伯在讲完故事收场时，三狗子的母亲（也就是我的二姥）说了，二哥啊！你讲的那些英雄豪杰和侠士们都功夫高超行侠仗义，你的拳打得这么好，有空可以教教伢们哪，要不就失传喽！二伯说：现在伢们饭都难吃饱，打拳又费鞋，还有谁愿意捣鼓这个啊？谁承想在场的那些伢们都七嘴八舌地表示要学武，因为他们的血液里都流淌着巢湖北岸洪拳武术之乡的基因啊！有道是近水楼台先得月，像帮品大哥、忠锁大哥、忠仁三哥等年长一些的，在第二天就开始操作了，压腿的压腿，扎马步的扎马步，冲拳的冲拳，都在练得嗷嗷叫，好不热闹。从此，引翔古镇1925弄的空地上又多了一道风景线：二伯和一些伯伯爷叔们围在一起喝茶，一边时不时地点拨练拳的后生们……

当年的我，大概也就是三年级，十岁不到吧。虽然为有这样的二伯而自豪，虽然我也酷爱武术，但是对武术没有概念。有时遇见别人练拳，我也就是挤在人堆里看热闹。有次二伯看见我就说：你也来练练嘛，会武术至少以后不怕人家欺负你。我便愉快地加入习武的队伍之中。现在想想也是好笑，如今十来岁的孩子，还在和父母撒娇呢，我们那时已经可以帮父母承担许多家务了。担水、劈柴、生煤炉、买米、买菜、洗衣服、带弟妹，等等，干着和年龄远不相符的事情，从小就具备了吃苦和自理能力。我那时也是非常刻苦的，每天早上五点左右也不要人叫，自己就爬起来了，起床后就到门口的小树上拉韧带，练基本功。早饭后再去上学。晚上做完作业就在后门口的空地上练习。寒来暑往，经过一年多的苦练，我的基本功也比较扎实了，渐渐地成为这支伢们习武队的领头羊。我们习武的队伍也有模有样了，得到了二伯和长辈们的赞赏。在二伯的尽心传授下，我们学会了十路弹腿、擒龙掌、小洪拳、大洪拳、四门拳、小洪对拳，等等。当时的生活非常困难（尤其是三年严重困难时期），而且练武又费力、费粮、费鞋；加之习武必须自律，受得起苦，渐渐地有些兄弟们就淡出了，但是我和智才、家胜、开安、忠仁、忠锁、邦品等还是坚持了下来。

几年后已经有了"文革"的前戏，二伯说书有宣扬"四旧"的嫌疑，作为一个老党员他也不敢再说了。几个老家伙只能玩扑克，打六副头大怪路子。看似平时还比较温和的老头儿们，有时会为了一张牌而争吵得面红耳赤、脸上青筋暴突。事过之后一切如旧，仿佛啥也没有发生过。这也许就是底层老百姓的生活乐趣吧。经过几年的苦练，我们几个都有了一定的武功基础和套路，弄里的"螺蛳壳"已经不能再做道场了，我们有时早上去公园，晚上就在我家后门菜场门口操练，或者到马路对面，或者到华钢厂边上的绿化带里练，倒也玩得不亦乐乎。

王少龙老爹，是我们很尊敬的武术前辈，那时王老爹已经六十多岁了，他年轻时也有一些武术功底，见多识广。有一次，老人家郑重其事地对我说：忠福啊！你们光这样练还是不够的，应该到外面去看看人家是怎么练的，要集百家之长补己之短，这叫寻师访友，古往今来的好拳师都是如此。我听后一愣，这样子对二伯好像是大不敬了吧。老人家微微一笑说道：你二伯不会这样想的，他也希望你在武功上能更上一层楼。你除了洪拳，还要了解其他拳种的特点、长处。你不仅会长拳套路，还要会器械，还要练气功、硬功。伢们！路还很长啊！老人家的一番话醍醐灌顶，使我茅塞顿开。从此，我们的练武内容又多了一个新的路子。每逢星期天早上，我就到上海的各大公园去看别人是怎么练武的，杨浦公园的马庭亮、平凉公园的李从文、八埭头的郭廷良等，他们涉猎了华拳、查拳、地趟拳、心意拳、八卦、太极，等等。随着我朋友圈的扩大，在一些武术好朋友的指导下，我逐渐学会了一些其他拳种。我还从新华书店买来了国家比赛用的规定拳套路书籍，学会了一些规定拳和规定器械套路，比如刀、枪、剑、棍以及九节鞭的使用，等等。期间，我要特别感谢当年帮助过我的长辈和兄弟们。比如智才家老爷，毛巾十二厂的一些武术长辈们，人民广场三角花园里的师父们，他们让我认识了洪拳之外的一些东西，使我对武术的见解和实践都上了一个新的层次。

时代在变迁，"文革"已经进入高潮。当年练武的伢们也像野草一般在倔强地成长着，已是初中或者高中毕业的青年了。他们因为生活所迫，因形势所逼，好点儿的进了工矿单位，有的去了三线工厂，有的去当兵，再差点儿的只能去插队。因为知识青年到农村去大有作为！我还算是幸运的，1968年海军征兵及格后都要发军装了，结果还是被探亲在家的父亲给搅和了。结果下半年被学校按政策分配到了上海工矿。

儿时有儿时的乐趣，因为一切都有父母顶着，伢们可以无忧无虑地玩乐、练武。成年有成年的烦恼，因为你要为生活奔波了，要为自己的前途打拼了。所以，练武之事已经不能像儿时那么有长性了。

我对于练武是比较痴迷的，不管是在南京工作（9424工厂），还是在部队里（1971年我还是瞒着父亲去空军当兵了），抑或转业回沪后，我依然比较自律地坚持着。通过我从儿时开始一直到成家有了孩子后，几十年习武的感受，我认为武术是中华国粹，既能强健体格，又能锻炼心智，人若习武，有百益而无一害。武术的内涵是博大精深的，我只是学了点皮毛，但也受益匪浅，终身受用了。

我们学任何一样运动项目，都要强调先打好基本功，才会有进步的空间。

老前辈们也经常对我们说：打拳不溜腿，到老是冒失鬼；打拳不练功，就是一场空。这两句话充满了哲理。我们那时早上就必须先压腿拉韧带，然后就是踢腿，再就是飞脚，有单飞，有双飞，有摆莲腿，有旋风腿。然后是站桩、马步、弓步、金鸡独立等。热身之后才可以练拳，这是多少年来养成的好习惯。俗话说：拳不打力，力不打功。也就是说你的拳套路打得再花哨，也不过是绣花枕头。因为武术除了可以强健体格之外，主要的功能还是竞技格斗、防身御敌，所以当一个武术爱好者，他拳路打得漂亮，但是与一个身强力大的人打斗的话，那么很可能胜利属于后者。反之，如果身强力大的人遇到了一个有功夫的人，那么结果又不一样了。我们通常说的功夫是指具备两种功能，攻击和防御。平时我们看到的硬气功之类即是此类，你打他，他禁打不在乎。他打你你吃不消。如果两个同样都会武术的人交手，有功夫的一方即会是胜者，当然冷兵器时代和现在又不能一概而论。

　　我们总是想把自己练成一个武功高超的人，从小时候开始我就尝试过练各种功夫。蹲马档时就面对大树，或者墙壁，然后用手掌击打树桩或墙面。这样既练了腿功，又练了手掌。天长日久后，下盘更稳了，掌上也结了厚厚的老茧，也可以打两块砖了。有时为了练排功，就用棍棒或者小凳子击打自己的腹部、肋部。有时为了练鹰爪功，就在咸菜缸里面放沙子，手抓缸口走步，逐渐加量，天长日久之后手指是厉害了，但是关节也变形了。成年之后，看看自己满是老茧的手：以后要找女朋友的话谁敢要你啊？再者，生活环境和时间也不允许。只有寺庙里的和尚和深山里的老道才能练成完整的功夫。再说，现代社会你的功夫对付谁呢？这倒是仗打赢了，医药费也赔多了，弄不好还有可能吃官司。

　　通过几十年的习武体验，我确实体会到很多习武的好处，例如可以强健体格、增强意志，可以加强人的灵敏度和柔韧性。下面我举几个例子，讲几件趣事。

　　第一件事。我刚进单位时是做市政工程的，第一次是在佳木斯路做驳岸。有一天，只见场地上摆着一块夯地铁坨，据说200多斤，中间有个铁环穿上绳索，几个人就可以打夯。只见有位马夫师傅用右手二指扣进环里，轻轻地就把铁砣提起来了，众人喝彩。我看了就想这有 200 斤吗？也就上去照样子试试，没想到我也比较轻松地将铁砣提起来了。因为那时的我也就十七八岁，还没有发育完全，并不算精壮。师傅和阿姨们都说：乖乖！这个小牛还蛮结棍的嘛！几个一起分配进单位的同事就悄悄地说，小牛会武功的。

第二件事。那时"文革"，各单位还有所谓的牛棚，"文革"时的牛棚它不是养牛的，而是关那些所谓"地富反坏右"分子的。当时有个工人，比我们只大三四岁，但是工龄倒有五六年了，小学文化水平。此人身高 175 厘米，因为常年从事体力劳动，他的体力过人。据传有一次为了和人家打赌，赌注也就是一包大前门香烟，要求把一百块 95 砖（每块大概四五斤重）分两头挑起来走 20 米路，这家伙居然赢了。做下水道工程时，三米多深的沟槽挖土方，他在沟下挖土可以不要接桥，直接甩到沟边。他年轻文化水平低，平时说话嘴上没有把门的。因为讲了当时的禁忌话，所以被单位审查而关在牛棚里。那么对看管这样的人必须也"有两下子"，所以，组织上就安排了两个人，一个是我，还有一个高中生，他原来得过闸北区少年摔跤冠军。

牛棚设在虬江路的一个工班里。我们的工作就是轮流值班看着他写交代，还不能出事。实际上他是胡说的，根本没有东西可以交代。我们闲聊时，他仍在吹嘘自己如何如何厉害，他说："现在是虎落平阳，只好被你们管着，要在以往你们这样的根本不在我眼里。"有一天正好没事，我就对他说：今天没事，我们两个人练练，就和平时锻炼身体一样。你放心，无论输赢我都不会讲出去，你现在不是牛，我也不是看管。"练练"的形式还是以摔跤为主，还都不能受伤。我们在房间里找了一些草垫子就练起来了。说句实话，这家伙力气确实大，但是我的下盘稳。一时间谁也搞不倒谁。后来我改变了技巧，在运动中找他的破绽，连续摔了他七八跤。最后问他服了吗？他说：摔不过你。当天晚饭我还把带来的红烧肉给了他几块，他高兴极了。后来审查下来他也没啥大问题，就解除了他的牛棚。以后我也从来没在别人面前提过此事，他也逢人就说小牛人好。我们也成了好朋友。

第三件事。由于我的工作表现不错，1969 年初就把我调到机具站去学挖掘机，那可是上海第一批挖机司机啊！学了半年又把我派到南京参加

"9424"项目建厂工程，那是属于上海的炼铁厂。干了一年多，总算一号高炉出铁了，我们开挖机的任务也算完成了。就在回沪的前一个星期天，我们七八个同事搭伴去南京城里玩，并准备买些土特产带回去。就在人民公园玄武湖拍照时，有十来个南京当地的小青年，老是在我们的身后转来转去，就是存心捣乱。我们想还是回去吧，多一事不如少一事。可是那几个青年还在骂骂咧咧的，我那时年轻气盛，就转身去和他们理论。可是上来三个人就和我动手。说句实话，这几个人我是根本不放在眼里的，只是想教训一下他们。可谁知有两个同事一看，怕我吃亏，同事就和其他人干起来了。我这边把人放倒一个，他们把两个家伙打到玄武湖里了。这下事情搞大了，驻公园的军代表出面把我们都带到派出所去了。虽然人无大碍，但是影响极坏。那时南京人本身就对上海人反感，那个军代表足足训了我们几个小时，直到最后一班班车快到时，才放了我们。后来领导知道了这件事，原本是要处分我们的，经过了解情况才知道错不在我们，再说我在单位一直都表现不错，因此放了我一马。事后想想还是自己年轻气盛，遇事不够冷静。

回上海后没几个月，又遇上征兵了，我每次体检都是合格的，所以我这次就决定瞒着父亲当兵去。儿时的我心里就有个当兵的梦。年轻人应该到外面的世界去闯荡一下。

军队可是锻炼年轻人的好地方，也是一个大熔炉。我所在的是空军飞行部队，平时操练比较少，主要是和飞机打交道，保卫祖国南部领空。因为是和平年代，所以平时空余时间，除了学习毛选和马列外，就是在球场上嗷嗷叫。当然这肯定是少不了我的。可见年轻人还是精力旺盛。有时熄灯了我还去外面溜溜。有一天晚上熄灯后，我来到宿舍边上的球场上想活动一下，谁知场边的芭蕉林里有动静。走近一看原来是几个江苏兵在练武，虽是蛮力有余，但基本功不实。有人问我：老牛，你还不睡啊？玩玩？我说：太早了睡不着，一起玩玩。随后我动了动腰腿，就打了几个双飞脚和旋风腿。他们都愣住了，说：你们上海兵也会武术啊？我说我原籍是安徽的，他们说怪不得呢。那之后我们就经常在一起练，他们还给了我一个雅号叫"武术家"。我记得几十年后有次老战友们在南京聚会，那几个还围着我叫"上海兵的武术家"，现在想想也是蛮有趣的。

几年后我复员回沪了，几年的军旅生涯所得到的东西，绝不是用金钱可以来换算的。

回沪以后我还是回老单位工作。因为生活上各方面条件比部队好多了，所以我的习武之路比以前更有规律了。每天早上先到杨浦公园练功，然后去上班。晚饭后就到宿舍里，和朋友们共同交流。回沪以后的十多年里，眼界比以前要开阔多了，见识也涨了。因为自己多年的苦练，各方面的技艺都有所提高。在外也小有名气，还带了不少学生。但是，我始终都记住前辈们的教诲：练武之人决不能恃强凌弱，要讲武德，行事要低调。

记得单位有个小青年，在学校里就是个捣蛋鬼，进了工厂后也不学好，不是吵架就是打架，连领导见到他都要让三分。可能他听别人说过牛师傅怎么厉害，他想要是能把牛师傅都搞倒了，那今后在单位里就是老大了。有一天，我去仓库领配件，回来的路上他看到我叫了声："牛师傅好！"，然后和我勾肩搭背的仿佛很亲热。可是我感觉他的手上在发力，好像要把我往下按倒。感觉他不怀好意，我也发力了。两人僵持着往前走，脸上还都笑嘻嘻的。在都发力的同时好多同事也在看着。我想这样不行，要给他点颜色看看了。就在他继续发力的同时，我就借势一个前插步，然后再一个蝎子摆尾，将他整个从我的后背上往前面地上冲去，我又向前一小步拉着他的手提了起来，还说：当心点，当心点！大家一笑了之。后来，他和其他师傅说：我也不晓得那能格，就莫名其妙飞出去了，还好伊拉牢我了，否则一跤蛮结棍的。以后，小家伙看到我时客气万分，还吵着想要跟我学打拳。我想他这样的人是不能练武术的，本领越高怕是早晚越闯祸。

说句实话，现代人要学好武术是很难很难的，因为随着年龄的增长，有学业、事业、家庭等各方面的压力，很难做到一心一意地去完成自己的事情和心愿。不过作为现代人，适当地习武锻炼身体，强健体格还是可以的。但是，要注意方法，切不要无辜受伤。我现在老了确实是知道了，年轻时落下的伤病正在无时无刻不影响着我。

引翔港的慈善记者俞新宝

俞新宝，男，祖籍江苏南通，中共党员，1948 年生于上海杨浦区引翔古镇，是牛忠玉 50 年的挚友。1966 年 5 月 11 日，俞新宝在高中二年级时便加入了中国共产党，同年考入中共中央华东局、上海市委机关报解放日报社，扬帆起航，开启了他人生的新闻工作生涯。曾荣获上海市首届十佳记者，上海市首届慈善之星。是上海解放日报社高级记者，中国新闻界最高荣誉奖——首届范长江新闻奖获得者。1992 年起，终身享受国务院专家特殊津贴。

俞新宝

当年由时任中共上海市委副书记龚学平题词的"俞新宝与您同行"，是解放日报社社史上，首创第一个以记者个人名字命名的图文并茂的品牌专版栏目（每月一期共出版了 99 期）。1982 年，俞新宝率先冲破报道英雄人物"高大全"的禁区，连续并追踪数十年报道了《身怀六甲 下苏州河救人的青年女工陈燕飞》，在社会和新闻界同行中产生了广泛而深远的影响。1996 年 8 月 31 日，上海市慈善基金会联手上海三报二台共同举办了"纪念俞新宝从事新闻工作 30 周年暨慈善慰问演唱会"，积极参加义演的艺术界大明星有王文娟、戚雅仙、毕春芳、杨飞飞、杨春霞、李炳淑、马莉莉、钱惠丽、单仰萍、孙花满、陆义萍、赵志刚、孙徐春、梁菲等，他们都是俞新宝的好友（徐玉兰因在美国探亲未到场）。俞新宝还亲自下场与老同学、素有沪剧界"梅兰芳"美誉的马莉莉合演沪剧《雷雨》选段"求萍"，并别具匠心地彩妆反串演出了京剧《霸王别姬》梅派虞姬一角，他那段精彩的虞姬舞剑赢得了经久不息的掌声。俞新宝独创的艺术风格，凭借纪念他从事新闻工作30周年的契机，成功地举办慈善慰问演唱会，当场为成立两年的上海慈善基金会募集到了40余万元的善款，这在当时的上海新闻界还属头一回，载入史册。

2006年，俞新宝参与创建了上海市慈善基金会"俞新宝与您同行助困慈善基金"。时任中共中央政治局常委、国务院副总理黄菊发来寄语表示祝贺。时任国务委员陈至立发来寄语表示祝贺，并托有关同志向该基金转交5000元慈善捐款。

俞新宝以一名新闻记者特有的敏感和强烈的爱心，积极参与慈善事业，用相机和笔把聚焦点投向亟需社会扶助的特困户、残疾孤儿和生活拮据的老人，呼吁社会关爱和帮助他们，并热忱地为每一位报道对象四处奔走寻求帮助，直到困难解决。

俞新宝还积极整合社会爱心资源举办慈善义卖等，多渠道筹集善款，充实该助困慈善基金，让爱的力量传播人间，使凝聚着中华民族优良传统美德的慈善春风吹进千家万户。

慈善记者俞新宝（右）

结束语

本书追溯引翔港往事，呈现巢湖北岸合肥人在近代上海滩的发展，历经一个多世纪，在上海城市崛起中合肥人留下深深痕迹。由此试着了解来上海的合肥人。

地处南北文化交融之所，作为中华文明最初发祥地之一的环巢湖流域，自古以来山川秀丽，乃鱼米之乡。元末明初以来，巢湖北岸形成了移民迁入和流出的地域，人才辈出。

这里产生了中华人文始祖之一有巢氏、著名军事谋略家范增、三国名将周瑜、北宋包拯、晚清重臣李鸿章、淮军名将刘铭传、"三将军"（冯玉祥、张治中、李克农）等一大批代表人物，形成了独具特色的"环巢湖文化线"，是淮系集团的发源地。

近代上海城市崛起，李鸿章保卫上海，使得李鸿章淮系集团在中国近代历史舞台上熠熠生辉，令中外瞩目。

当时合肥有句土话：只要会说合肥话，马上就把长枪挎；只要认识李鸿章，长枪马上换短枪。到李鸿章那去求个官，小官很好当。一种不可遏制的诱惑，几乎吸引了巢湖北岸所有的姓氏参加淮军，大量的人口因为参军而外流。巢湖北岸的移民村落，人情味特别浓，人重情义，这种密切的乡情和亲切的民情，使李鸿章带着他一帮哥们儿弟兄组成的淮军，从土包子军队到了上海十里洋场，接受了西方先进的洋枪洋炮，然后从内地走向沿海，从巢湖走向全国，成为国防军的主力部队，从传统走向近代化。当年整个淮系的将领1300人，有近700位是安徽巢湖北岸的肥东、肥西人。

在淮军中，又有相当一部分人从军事转向了商业贸易，业务遍布全国。

中国近代工业发展，淮系集团规模影响较大的江南制造局、轮船招商局、机器织布局和电报局，这几项事业的基地都在上海，客观上引发了晚清上海城市经济的发生和发展，为上海打下了经济建设百余年来长期领先于全国的扎实基础，同时也开风气之先，带动了巢湖北岸的农村人口流动到上海，上海引翔港成为合肥人的聚集地，中国近代最早的纺织工人、同乡会和工会组织由此产生。

引翔港的合肥人，在当时引进技术最成功的企业，淮系集团把持的中国第一家机器纺织厂——上海机器纺织局当工人，中国近代第一批纺织技术力量开始出现，纺织技术得到飞跃发展。这为日后上海成为中国最大的纺织基地，为上海发展成为中国最大的经济中心城市做出了彪炳史册的贡献。

淮系集团在天津、青岛等地也极力推动机器纺织的发展，形成了近现代中国著名的"上青天"（上海、青岛、天津）纺织基地，推动了中国近现代工商业的发展和壮大。

中日较量，从引翔港三友实业社的毛巾驱逐日本产品，到"一·二八"的淞沪抗战，引翔港成为最激烈的战场，弥漫的硝烟中一股不容小觑的震慑力正是来源于合肥人，这里合肥人打的是国际码头。"什么闸北、虹口流氓，都不如杨浦工人阶级的拳头硬。"这句话至今犹在耳畔。

合肥人王亚樵在"安徽旅沪同乡会"的基础上，组建了"安徽旅沪劳工工会"，发展成拥有数万人之众的"上海劳工总会"。工人纠察队使用的维权标配是斧头，被黑恶势力蔑称为"斧头帮"。维权、杀蒋、抗日、参加新四军，"斧头帮"成为上海滩的江湖传说。

1922年出生于安徽合肥巢湖三河镇的杨振宁，在1957年问鼎诺贝尔物理学奖，是中国科学院院士，著名的物理学家。杨振宁1942年毕业于国立西南联合大学，1944年获清华大学硕士学位，1945年获穆藕初奖学金，赴美留学。辗转半个多世纪，所获殊荣无数，于2003年年底回中国定居。杨振宁在粒子物理学、统计力学和凝聚态物理等领域做出里程碑式的贡献。20世纪50年代和R.L.米尔斯合作提出非阿贝尔规范场理论；1956年和李政道合作提出弱相互作用中宇称不守恒定律；在粒子物理和统计物理方面做了大量开拓性工作，提出杨-巴克斯特方程，开辟量子可积系统和多体问题研究的新方向等。2022年被评为"感动中国2021年度人物"。杨振宁是合肥人的荣耀，也是中华民族的骄傲。

如果你是合肥人，在引翔港街头，你一定不会寂寞。一样的口音，一样的习惯，即使萍水相逢互作矜持，也会在讲起合肥家乡话后一见如故。

所以，在引翔港，你时常想起：在巢湖，你是淮军后代；在上海滩，你有"斧头帮"的拳头。你有移民的地理基因，有巢湖岸边自古带来的侠气。

后 记

　　这本书从酝酿到写作，勾起了引翔港人的集体回忆。

　　本书试图从引翔港作为近代工业的开发区，合肥人带着手织毛巾的技术来到上海滩打码头，由此产生的"斧头帮"与日本人斗争，而导致"一·二八"淞沪抗战爆发的角度展开叙述。虽距事件发生的时间久远，但采访中依旧感受到合肥移民的性格与侠气。

　　"文革"前夕，我在宁国路第二小学读书，"文革"开始后，红卫兵走街串巷，社会变得动荡不安。造反派到家里，让我们下放，让父母带着我们回安徽老家。爷爷牛善金对造反派说，我的孙子们太小，他们回农村能干啥？他们不能走。我老了，哪里都不去，在这里给孙子们做饭吃，不给政府添麻烦！爷爷把话都挑明了，孙子们就留在上海。后来只有父亲上崇明岛去开垦芦苇滩地了。

　　解放前，父亲牛进明11岁就进入英美烟公司烟厂当童工，14岁就为党组织秘密传递情报，积极参与英美烟厂工人罢工。后来上海"白色恐怖"组织联站全被破坏，他的单线领导牺牲了，他一直在烟厂工作，没人能证明他曾经为党组织工作过。英美烟公司后来合并为上海卷烟厂，所生产的熊猫、中华、牡丹、双喜、凤凰、前门等香烟都是最优质的产品，父亲都参与过这些烟丝的调制技术工作。

　　父亲每天上班骑着一辆日本"铁锚"牌脚踏车，我们管它叫"坦克车"，车身钨钢，从不怕摔，下班后回家放在前院从不上锁。我们兄弟和弄堂里的孩子们都靠这"坦克车"学会了骑自行车，儿时这一片只有这一辆自行车，神气得很。

　　工作之余，父亲唯一的乐趣就是养信鸽，而且远近闻名。我们家鸽子还有专门的鸽楼，常有海军送来海上落到军舰上的信鸽，有时公安系统的叔叔也提着糖果点心到家里向父亲请教驯养信鸽。家里的信鸽品种——日本势山系和比利时种鸽，都是用来参加比赛的信鸽，长年在沪上参赛，获得了无数次的大奖，如上海飞兰州2000公里第二名。小时候每当跟着父亲骑着那辆"坦克车"，载着鸽笼去人民广场放鸽子时，是我最开心的事情，可以蹭上一碗咖喱牛肉粉丝汤，那个香味，是过去岁月留下的令我难以忘怀的美好记忆……

然而，在那个文攻武卫的"文革"年代，到处打砸抢，引翔港的孩子们便全心贯注拜在牛门洪拳第三代传承人牛进常二叔门下，系统学习牛门洪拳功法，以防不测。孩子们每天早上4点多起床练功，多的时候二三十人，其中成了二叔高徒的有牛忠福、万家胜、包开安、牛忠仁、张智才，这些练武的孩子们学习了十路弹腿、大小洪拳、擒（青）龙手、四门拳，把引翔港周边想欺负人的社会混混都打服了，这一带老人常说"没事别惹引翔港的人"。

可是，爷爷不许我们家孩子练武，两个哥哥偷偷练，不让爷爷发现。爷爷在引翔港不仅辈分高，最受人尊重，更是武功高人、独行大侠。他没念过书，16岁就出来闯荡江湖，押过镖，当过捕头。抗战时期，经常在上海、江浙、山东等地独来独往，从不畏惧日军盘查。

有时爷爷也小露一手，掌劈砖头，翻身上房顶。爷爷喜欢孩子们，那个年代，我们家的院子就成为弄堂里小伙伴们的开心乐园。家里原来是开织机房的，房子又高，梁上挂上绳子，大家模仿着红色电影里的情景把小伙伴手脚绑着吊起来，大家还争着玩耍。在院子里有一口水井，夏天用篮子吊着西瓜放入井水中冰镇，三伏天吃井中捞出的冰镇西瓜，小伙伴们大快朵颐。后院的大缸里养着鸽友送来的五条珍珠大金鱼，至今历历在目。

五哥忠海，人称"阿共"，腰圆膀粗，力气大，爱打抱不平，是孩子们的头儿，平时上下学我们都跟在他后面看阿共的眼色行事。夏天到了，男孩子都喜欢游泳，弄堂里大多数是工人的后代，一张游泳票三分、五分也舍不得买。天热时，小伙伴常常三五成群，十几个人去往附近的定海路桥、祠堂桥、卢家桥等江河里游水嬉戏。有时成群的打赤膊、光着脚，在夏日晒得滚烫的柏油路上奔跑，去黄浦江游泳。

广德路码头在宁国路东面，紧邻上棉九厂，是黄浦江木材码头的集散地，一眼望不到边的全是黄浦江上游运来的木材。夏季，黄浦江和周围的大小河流时常有人溺水，弄堂里的孩子们也曾二次黄浦江遇险，但在生死关头互相帮助，发小们至今仍如亲兄弟一样。因去黄浦江游泳，谁家老大被父母打屁股，老二、老三就陪着跪，有时连隔壁的孩子都陪跪，这在引翔港1925弄是常有的事。五哥阿共从不怕打，惹事后全身肌肉绷紧站在那儿，任凭母亲用小竹竿怎么打都不动。有一次，阿共不知犯了什么大错，父亲气极了，随手将铁锹飞抛过去，阿共在逃跑中听到后面"嗖嗖"的声音，阿共飞跳起来，铁锹刚好擦地而过，阿共才算躲过一劫。后来，阿共等几个小伙伴去了云南生产建设兵团，从此，五哥阿共离开了引翔港。

引翔港合肥人打码头和拜老头子入帮会，都是非常神秘的事情，老人们都有回忆。儿时我家有把月牙短斧，爷爷、父亲从不说它的来历，在他们对这些事漠然和有意回避的态度上，我越发感觉那里面一定有更多秘密。当年社会上流传一句话："闸北流氓、虹口黑道，不如杨浦工人阶级的拳头硬。"

一百多年了，引翔港打码头的基因，一直以不同的方式在传承。有一点可以肯定的是：他们赶上了上海滩的各个开发年代，开启了他们的冒险。

经过对搜集资料的反复研究和体会，本书于2020年初开始动笔，至2022年2月完成初稿。

在写作本书的这两年里，我得到了牛中权、牛进一、牛和厚、牛福权、李克新、牛忠福、侯乃昌等亲友们提供的宝贵文史资料，在本书出版之际，我谨向他们表示真挚的感谢，感谢大家的帮助与支持。

黄宝妹，新中国纺织工人代表、中国共产党建党100周年"七一勋章"获得者，1944年她13岁入日商裕丰纱厂（国棉十七厂的前身），中华人民共和国成立后，一直在国棉十七厂工作到1986年退休，历时42年。她住在引翔港，是我们引翔港的骄傲。我经俞新宝介绍认识黄老，已入耄耋的黄老非常健谈，为实现"全国人民穿好衣"的梦想，她不当官，她矢志不渝地在平凡的岗位干出了不平凡的工作。老人家的先进工作事迹充分体现了引翔港纺织人的进取精神，这种进取精神是激励我写这本书的动力。

　　在此也向张智才、牛忠武、包开安等我的发小们表达我真诚的感谢，他们提供的牛门洪拳、"斧头帮"、引翔近代工业区的宝贵素材，对本书的写作有着不可或缺的帮助。

　　在写作此书时，我曾与杨浦区图书馆的金祖人馆长联系，获得了馆藏资料的支持，有些资料查阅的书籍甚至是孤本。金馆长还为本书的编写特别提供了若干大上海的资料。对此，我深表感谢！

　　最后，特别感谢林彦教授忍受病痛，兢兢业业撰写、整理书稿，于病榻上仍挂念此书的出版。林彦教授，历史专业出身，是中国杰出的历史学家陈乐素先生的私人秘书，曾担任广州天河区人大常委会委员。她为本书所涉及的历史事件、人物背景等用文字佐证，提供了无私的奉献，在此深表敬意和感谢！

　　但愿此书成为引翔历史的一部分。

　　谨以此书献给引翔港自强不息、砥砺前行的合肥人。流年似水，繁华似锦，衷心祝愿明天更美好。

牛忠玉

2023 年 3 月

广宁码头（广德）上的"大老吊"